浅田正彦

日中戦後賠償と国際法

Post-War Reparations between Japan and China under International Law

東信堂

はしがき

本書の基礎となった論文は、京都大学法学部の紀要である『法学論叢』に、「日華平和条約と国際法」と題して二〇〇〇年七月〜二〇一四年一月に連載したものである。今般、単行本にまとめるに当たってタイトルを変更し、『日中戦後賠償と国際法』とした。それは一つには、右の論文に加えて後述の最高裁判決の評釈を収録したこととも関連するが、そもそも右の論文も、書き進むうちに当初の構想を超えた広がりを持つようになり、タイトルと内容との間に若干のずれが生じていたことにも関係する。すなわち、論文の軸はあくまで日華平和条約にあったが、その内容は同条約には留まらず、日中共同声明の解釈論や、日華平和条約と日中共同声明の関係を含む日中間の戦後賠償問題全体にまで及んでいった。したがって、本書の射程をより正確に読者に伝えるためには、タイトルの変更が適当と考えた次第である。

タイトルの変更を決めた後も、具体的なタイトルとして「戦後補償」なのか「戦後賠償」なのかの迷いがあった。一般には「戦後補償」という用語がかなり定着しているのは事実である（伊藤哲雄「第二次世界大戦後の日本の賠償・請求権処理」『外務省調査月報』一九九四年度1、八九―九〇頁参照)。しかし、個別的には戦争「賠償」、役務「賠償」という用語が使用されながら、他方で、それらを一括して語る際には突如戦後「補償」となるということには以前から違和感があった。そのことは、個人を含む請求権との関係でも同様であり、それらは違法行為に対する「賠償」であって、国内裁判所においても「損害賠償(等)請求事件」と表現されてきた。全体として違法行為に対する「賠償」問題であることが明らかな中で「補償」の語を用いることは、問題の本質を見誤らせる恐れもある。そのように考えて、これまで「戦後補償」と表記してきた部分を、今回すべて「戦後賠償」に改めることにした。

「日華平和条約と国際法」を加筆・修正したものが本書の中心をなすが、それに加えて、『民商法雑誌』第一三九巻六号(二〇〇九年三月)に掲載した「日中共同声明における請求権の放棄と私人の請求権」を「補論」として収録した。これは、西松建設事件と中国人慰安婦二次訴訟の最高裁判決の判例批評である。二つの最高裁判決の判例評釈を「補論」の形にしたのは、連載中であった「日華平和条約と国際法」が未完の段階で両判決が出されたため、その評釈を本論に組み込むことが技術的に困難であったという理由からである。

それらの判決については、多くの方から拙稿が基礎となっているとの指摘を受けた。「戦後補償問題を考える弁護士連絡協議会」の髙木喜孝弁護士には、「最高裁判決の理論的基礎となった浅田説」とまで書いて頂いた(髙木「日中共同声明第五項のウィーン条約法条約の原則による司法解釈」『法律時報』第八〇巻四号(二〇〇八年四月)一〇一頁)。研究者冥利に尽きるありがたい評価である。もっとも、著者が最高裁判決の理由づけについて、そのすべてを支持している訳ではない。その辺りの違いも、「補論」に加えて「本論」の終章において指摘しておいた。

それにしても、日中間の戦後賠償の問題は複雑を極める。とりわけ日華平和条約における賠償問題の扱いについては、条約本体を見ただけではその内容はまったく明らかとならず、対日平和条約を参照し、さらには日華平和条約議定書に照らした上で、同意議事録において確認しなければ、その全体像は明らかとはならない。それゆえ本書では、日華間の賠償・請求権の処理について、その内容を繰り返し想起している。

そして、日中間の戦後賠償には、これに中華人民共和国政府の問題が加わることになる。日華平和条約に、その適用地域を台湾・澎湖諸島等、中華民国政府の支配下にある領域に限る旨を定める交換公文を附属していたこと、しかし戦争状態やその終了は基本的に国家と国家との間の関係であること、いずれにしても中華人民共和国政府は日華平和条約を一貫して不法・無効と主張してきたこと、にも拘らずその人民政府との日中共同声明は政治的文書とされていることなど、分裂国家にかかる多くの複雑な問題を凝縮させたかのように難問が広がるのである。

このように問題があまりに複雑であるため、本論を通読する中で全体像が見えにくくなるのではないかとの危惧も生じた。そこで、若干ではあるが、理解に資するよう、関係する事項を整理した表を掲載すると共に、本論の「終章」に本論の要約を載せ、そこを見ればいつでも全体の流れが把握できるよう便宜を図った。その点では、「終章」をはじめに通読しておくとよいかも知れない。

「何がきっかけで日華平和条約の研究を始めたのか」と時々尋ねられる。これまでの私の主要な研究分野とは「毛色が違う」からであろう。一口でいうならば、「偶然」である。一九八〇年に、外務省条約局法規課(現国際法局国際法課)と協力して日本の国際法事例を蒐集・検討する「国際法事例研究会」という研究会が、一〇名ほどの国際法研究者で発足した。その創始のメンバーである安藤仁介先生や中村道先生の推薦で、私も一九九三年にそのメンバーに加わらせて頂いた。当時、条約法をテーマにした作業がすでに進行中であり、遅れて参加した私には「条約と第三国」というテーマが与えられた。作業の過程で、日本と第三国との間の二国間平和条約の締結について定める対日平和条約第二六条が目に留まった。日華平和条約がそのような二国間平和条約であるのかについて調べていくうちに、この条約が国際法の観点から「宝の山」であることが分かった。こうして日華平和条約そのものを少しまとめて勉強してみようと考えたのが、そもそものきっかけである。研究の過程では、国際法事例研究会のメンバー諸兄と外務省法規課(国際法課)の歴代の課長、担当官の方々には大変お世話になった。この場を借りて、改めて謝意を表したい。

思えば国際法の研究を始めてから三〇年余りの歳月が過ぎた。当初は国際政治学出身ということもあって不安で一杯であったが、太寿堂鼎先生と香西茂先生の指導を受けて、何とか大学院のスクーリングについて行っていたという記憶がある。また、幸い京都大学には、田畑茂二郎先生を中心として多くの先輩方が集う「国際法研究会」が組織されていたことも大きかった。自分の関心分野を専門とされている先生方と自然に知り合うことができ、大学院の段階で多くのことを吸収することができたのは、まさにこの研究会のお蔭である。田畑先生、太寿堂先生、香西先生に加えて、竹本正幸先生、小川芳彦先生、安藤仁介先生、藤田久一先生は、ほぼ毎週研究会に出席されて定席に座られる常連であった。今更ながら錚々たるメンバーである。

同様に幸運であったのは、同世代に多くの同輩、後輩がいたことである。同期の桐山孝信、戸田五郎、一年下の小畑郁、真山全、二年下の山形英郎の各氏とは、大学院時代に研究室内外において大いに議論を交わしたものである。近くに同世代の研究者が多いのは良いことである。特に考え方の違う同世代の者との議論は、その率直さゆえに本質を突くやり取りに繋がりやすく、まさに得難い経験であった。もちろん、京都大学の同僚である(あった)杉原高嶺先生、位田隆一先生、そして酒井啓亘、濵本正太郎の両氏に種々お世話になってきたのはいうまでもない。

本書の出版は、多くの方に勧められた。連載が長く続いたこともあるし、分量的に単行本にするだけの量になったこともある。しかし、何よりもそれは、八年半にわたった中断にも挫けることなく何とか「完成」させた努力に対する労いであったように思う。本来であれば、この「完成」の喜びは、亡妻・洋子と分かち合うはずであったが、彼女の体は悠長な仕事の完成を待ってはくれなかった。しかし、長寿の母・倭子はこの日を待ってくれたし、妻・砂代と娘・舞も喜びを共有してくれた。私事にわたって恐縮であるが、研究を優先させる私を常に寛容にも許してくれたこれら四人の女性に本書を捧げることにしたい。

研究書の出版は、東信堂の下田勝司社長から二〇数年来勧められてきたものである。出版事情が困難ななか、常に励ましを頂き、かつ、辛抱強くお待ち頂いたことに対して、心よりお礼を申し上げたい。また、本書の索引の作成について青山学院大学の阿部達也准教授に、本書の校正について京都大学大学院法学研究科の伊藤遥さんに、それぞれお世話になった。急な依頼にも拘らず誠実にご対応頂いたことに対して、記して謝意を表したい。なお、本書の出版に当たって、二〇一四年度科学研究費補助金・研究成果公開促進費(学術図書)の助成を受けた。

書斎より「紀の森」を眺めながら

二〇一四年八月

浅田　正彦

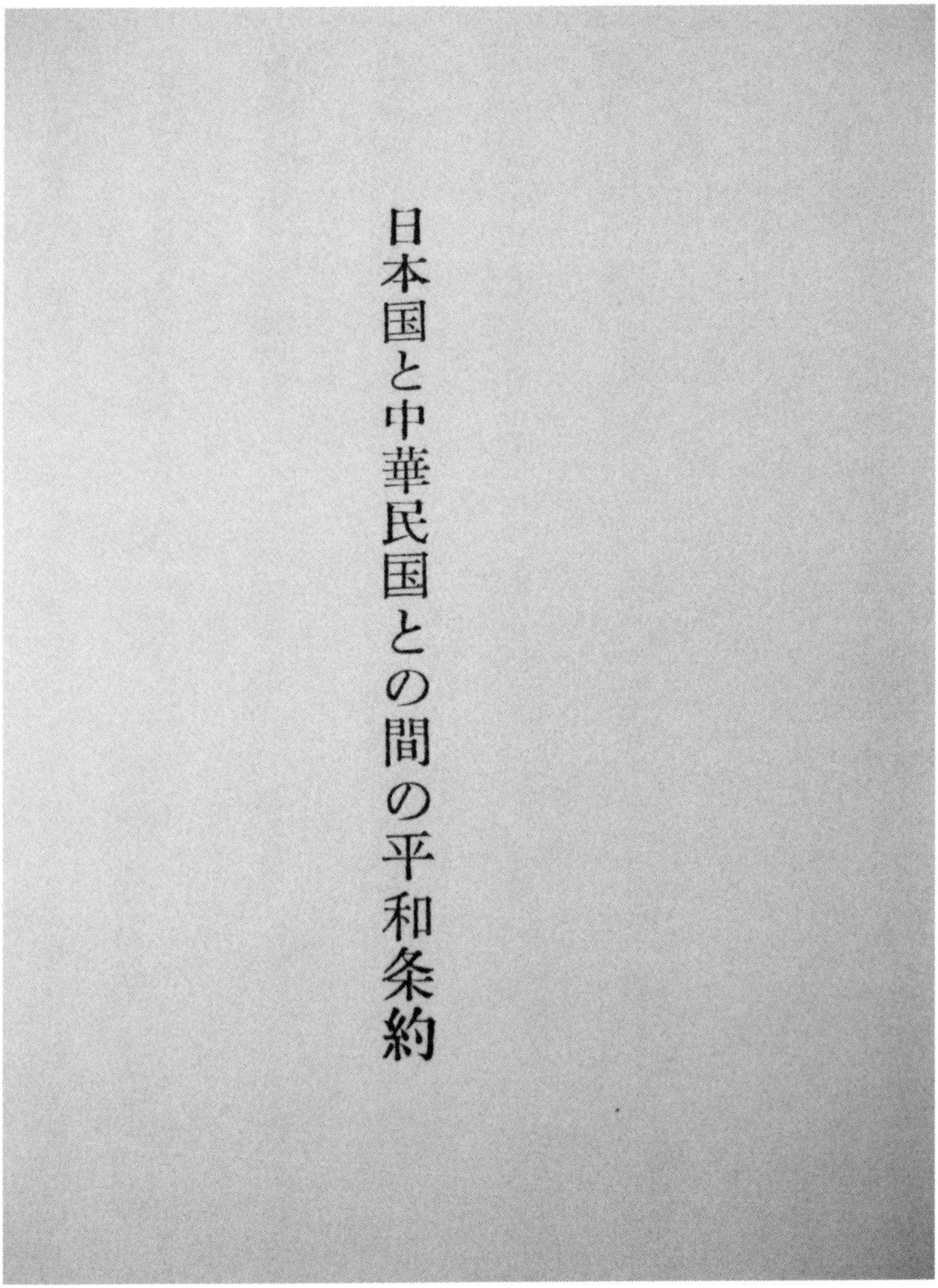
日本国と中華民国との間の平和条約

日華平和条約（原本、タイトル）

※写真はすべて著者撮影

日華平和条約（原本、署名）

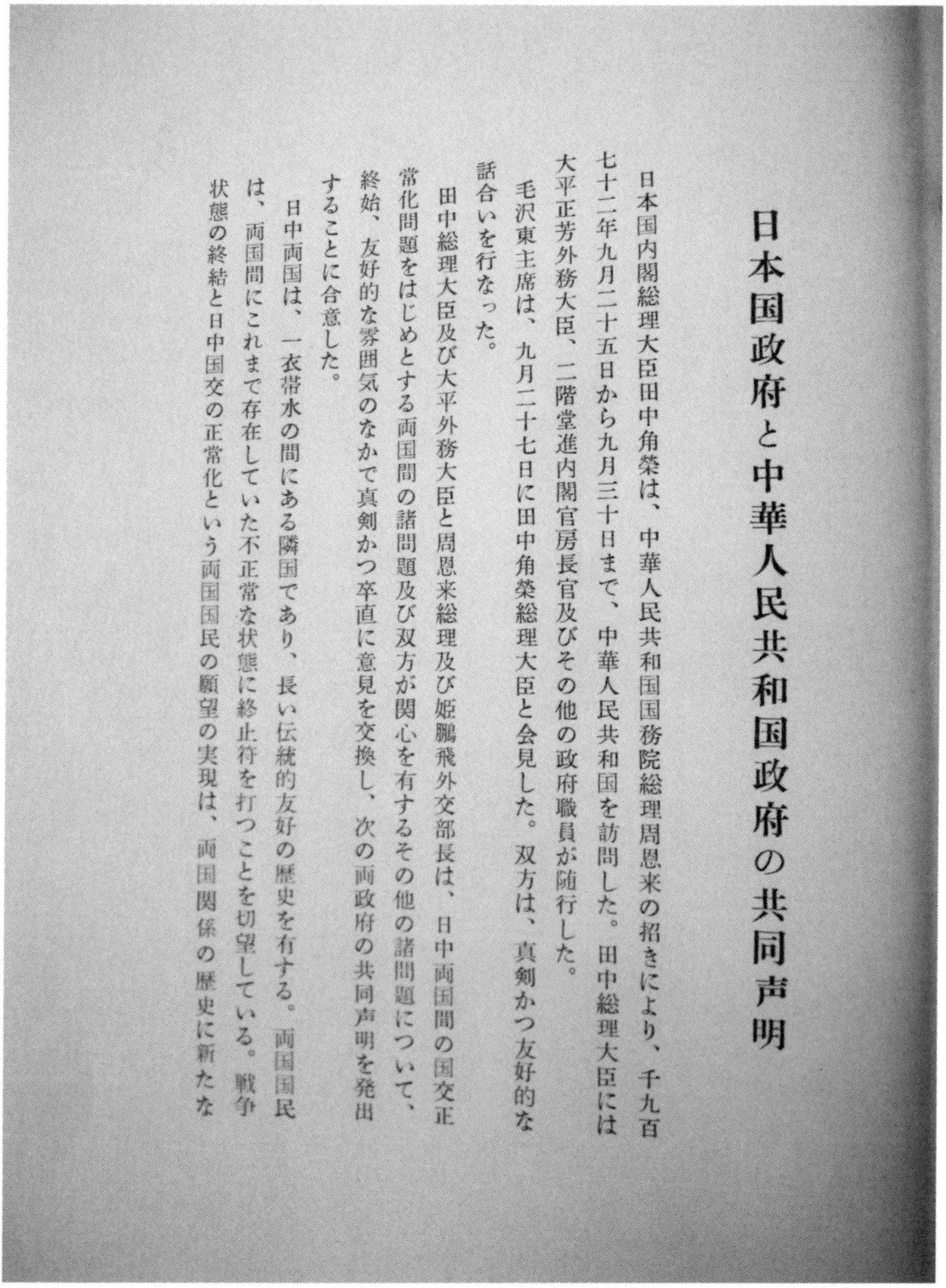

日本国政府と中華人民共和国政府の共同声明

日本国内閣総理大臣田中角栄は、中華人民共和国国務院総理周恩来の招きにより、千九百七十二年九月二十五日から九月三十日まで、中華人民共和国を訪問した。田中総理大臣には大平正芳外務大臣、二階堂進内閣官房長官及びその他の政府職員が随行した。

毛沢東主席は、九月二十七日に田中角栄総理大臣と会見した。双方は、真剣かつ友好的な話合いを行なった。

田中総理大臣及び大平外務大臣と周恩来総理及び姫鵬飛外交部長は、日中両国間の国交正常化問題をはじめとする両国間の諸問題及び双方が関心を有するその他の諸問題について、終始、友好的な雰囲気のなかで真剣かつ卒直に意見を交換し、次の両政府の共同声明を発出することに合意した。

日中両国は、一衣帯水の間にある隣国であり、長い伝統的友好の歴史を有する。両国国民は、両国間にこれまで存在していた不正常な状態に終止符を打つことを切望している。戦争状態の終結と日中国交の正常化という両国国民の願望の実現は、両国関係の歴史に新たな

日中共同声明(原本、タイトル)

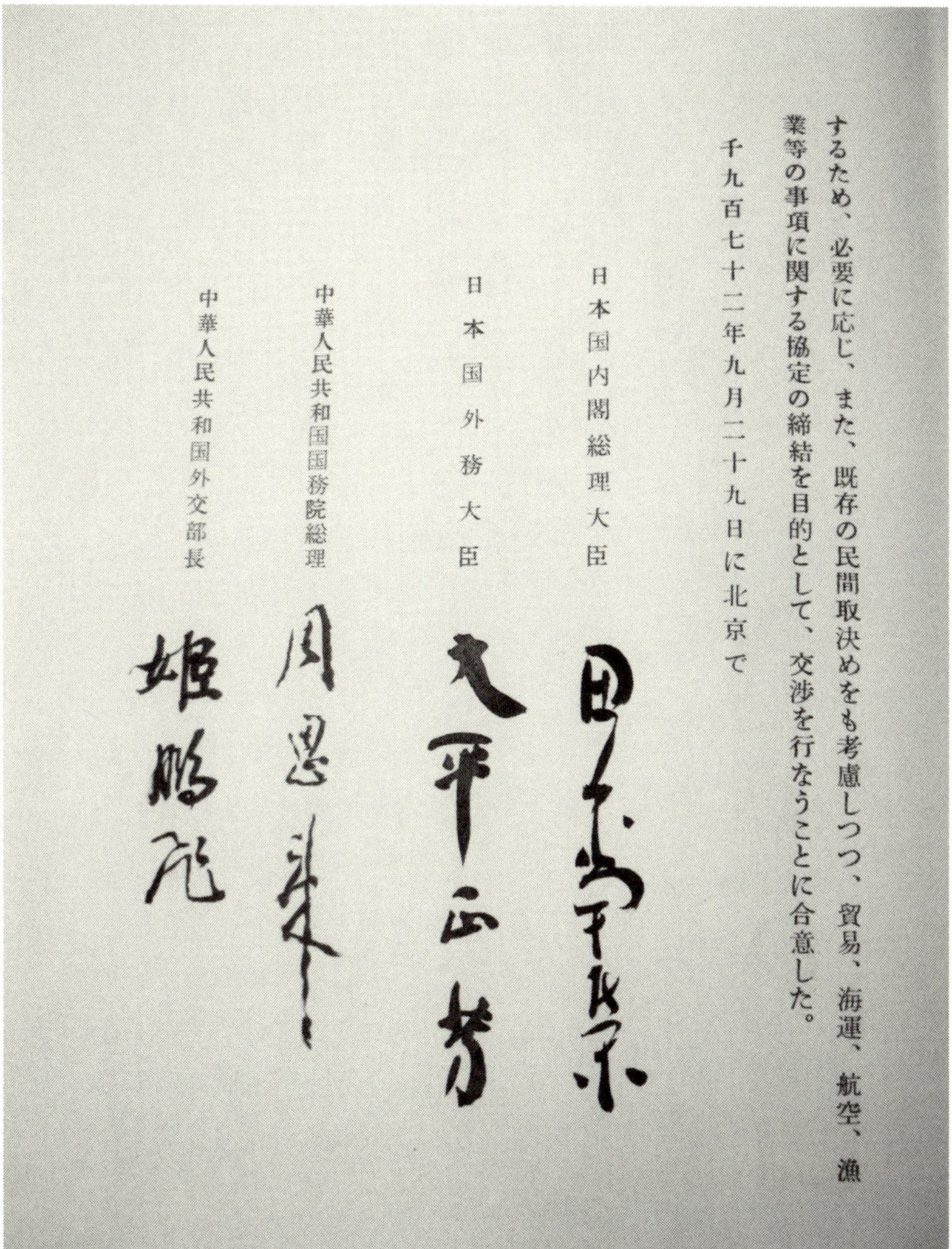
するため、必要に応じ、また、既存の民間取決めをも考慮しつつ、貿易、海運、航空、漁業等の事項に関する協定の締結を目的として、交渉を行なうことに合意した。

千九百七十二年九月二十九日に北京で

日本国内閣総理大臣 田中角栄

日本国外務大臣 大平正芳

中華人民共和国国務院総理 周恩来

中華人民共和国外交部長 姫鵬飛

日中共同声明（原本、署名）

大目次／日中戦後賠償と国際法

詳細目次／日中戦後賠償と国際法

資　料(一〜一五)……………………………………431

日中戦後賠償と国際法

序　章　問題の所在

「日本国と中華民国との間の平和条約(Treaty of Peace between Japan and the Republic of China)」(以下、「日華平和条約」という)は「不思議な条約[1]」である。一九五二年四月二八日に台北で署名され、同年八月五日に発効し、そして一九七二年九月二九日に日本政府により「終了」を宣言された日華平和条約は、その成立、適用地域、内容、位置づけ、そしてその終了のいずれにおいても、不可解な部分が少なくない。

まず第一に、その署名時期である。日華平和条約は、「日本国との平和条約」(以下、「対日平和条約」という)が発効したまさにその日に署名されている[2]。これは単なる偶然なのであろうか。両者の密接な関係(ともに日本との平和条約であるだけでなく、対日平和条約第二六条には特に中国を念頭に置いた、二国間平和条約の締結に関する規定が置かれている)からして、単なる偶然とも思われない。もし偶然でないとすれば、同一の日が意図的に選ばれたのか。それとも、より早い日が目指されつつ、結果として同一日となったのか。いずれにせよ、対日平和条約の発効は日華平和条約の署名にいかなる意味をもったのか。こういった点が解明されなければならない。

第二に、その適用地域である。日華平和条約をめぐる様々な問題の根源はここにあるともいえるが、そもそもその意味するところを理解するのも容易ではない。すなわち、日華平和条約は、交換公文においてその適用地域を定めており、それによれば、同条約の条項は、中華民国に関しては、「中華民国政府の支配下に現にあり、又は今後入るすべての領域に適用がある」ものとされている。ところが、同条約の「同意された議事録(Agreed Minutes)」において、中華民国代表は、右の適用地域に関する交換公文のいう「『又は今後入る』という表現は、『及び今後入る』という意味にとることができると了解する。その通りであるか」(傍点引用者)と質し、これに対して日本国代表が、「然り、その通りである。私は、この条約が中華民国政府の支配下にあるすべての領域に適用があることを確言する」と応答している。

交換公文においては「又は」で合意しておきながら、中華民国代表が、交換公文の「又は」を「及び」と読むことができるといい、それを受けた日本国代表は、「然り」と述べつつ、通常は鸚鵡返しに応答すべきところを、中華民国代表の発言とは異なる表現で応答しているのである。この点を捉えて、並木芳雄委員は、衆議院外務委員会において、「実に奇々怪々[で]了解に苦しむ」と述べているし[3]、寺沢一教授は、「珍妙な問答」であり、日本国代表は中華民国代表の了解を「うわの空できいていたかのよう」だとして、「いつの日か、こうした不思議さが解明されることを望みたい」と記している[4]。

右の適用地域の問題は、日華平和条約の性格づけ・位置づけにも密接に関係する。すなわち、同条約の効力が大陸中国にも及ぶかという適用地域の問題は、日華平和条約が日本と第二次世界大戦を戦った国家としての中国との間の平和条約であるのか、それとも台湾に局限された中国の一地方政権との間の地域限定的な条約であるのか、という条約の性格づけ・位置づけの問題と密接に関係してくるのである。そして、後者の問題に対する解答のいかんは、日中間の戦争状態の終了の問題や、戦争賠償の問題などにも直接に影響することになる。

その日中間の戦争状態の終了に関して、日本政府は、後に次のように述べるようになる。すなわち、「日中間の戦争状態の終結の問題につきましては、法律的には、わが国と中国との間の戦争状態は日華平和条約第一条により終了したとするのがわが国の立場でございます」（傍点引用者）としつつ、「日中間の戦争状態終結の問題は、［一九七二年の日中国交正常化の際の］日中共同声明により最終的に解決している次第でございます」（傍点引用者）とも述べているのである5。しかし、戦争状態が「法律的」に終了した後、さらにその問題が「最終的」に解決するとは、いかなることを意味するのであろうか。この点も必ずしも明確でない。

同様のことは賠償・請求権の問題との関係でもいえる。日中共同声明第五項の「戦争賠償の請求を放棄する」との規定について、日本政府は、一方で「賠償並びに財産及び請求権の問題についても、戦争状態の終結と同様、…日華平和条約によって法的に処理済みであるというのが、我が国の立場であ［る］」（傍点引用者）と述べながら6、他方で「戦争にかかわる日中間の請求権の問題はこの一九七二年の日中共同声明発出後存在していないというのが我々の立場でございます」（傍点引用者）とも述べており7、この両者の関係をいかに理解すればよいのか、必ずしも明確ではない。

さらに、日華平和条約の終了との関係でも疑問がある。一九七二年九月二九日の日中共同声明署名直後の北京での記者会見において、大平正芳外相は、「日中関係正常化の結果として、日華平和条約は、存続の意義を失い、終了したものと認められる、というのが日本政府の見解でございます」と述べている8。この立場表明にいう「終了」は、明らかに条約規定に基づく条約の終了ではない。では、「条約法に関するウィーン条約」（以下、「条約法条約」という）に照らした場合、一体いかなる理由による条約の終了に当たるのであろうか。一方的に終了が宣言されたということからすれば、これを一方的廃棄と考えることもできるが、もしそうだとすれば、そもそも平和条約を一方的に廃棄することが認められるのかという疑問が生じてくる。同時に、日華平和条約が終了したということになれば、日中間の戦争状態の終了や賠償・請求権の問題は果たしてどうなるのかという疑問も生ずることになろう。

このように見てくるならば、日華平和条約に係わる問題は、日華平和条約のみの検討では解明し尽せないことが分かる。それが日中戦後処理の問題に係わる限りで、日華平和条約と日中共同声明の関係はもちろんのこと、日中共同声明自体に係わる疑問も解明されなければならない。それらの疑問には次のようなものが含まれる。

まず、大陸中国を含む日中間の戦争状態の終了についていえば、これは日華平和条約の適用地域の問題とも密接に関係するが、それは日中共同声明によって終了したのかという問題がある。また、もしそうであるとすれば、日中共同声明第一項が、戦争状態の終了ではなく、「不正常な状態」の終了を定めていることの意味はいかなるものかという問題もある。次に、日中間の戦争賠償についていえば、これも日華平和条約の適用地域の問題と密接に関係するが、日華平和条約における賠償・請求権の放棄と日中共同声明第五項における戦争賠償の請求の放棄との関係はいかなるものかという問題がある。また、日中共同声明第五項が「戦争賠償の請求を放棄する」と規定していることとの関係では、明文で規定されていないいわゆる「請求権」（戦争中に行われた不法行為の結果生じた請求権など戦争の遂行中に交戦国相互間・国民相互間に生じた請求権であって戦争賠償とは別個のもの）の問題はどのように処理されたと理解すべきなのかということも問題となる。さらに、戦争状態の終了と戦争賠償の双方に係わる問題として、日中共同声明が法的文書ではないとされていることが、それらの処理にいかなる影響を与えることになるのかも解明されなければならない。

以上、日華平和条約および日中共同声明との関連で疑問とされてきた問題、あるいは疑問と思われる問題をいくつか列挙してみたが、こういった問題が今日すべて解明されているようには思われない。日華平和条約についていえば、同条約が終了したものとされていることが、これらの問題が未解明のままに残されている最大の原因であろう。しかし、条約そのもののもつ現実的な意義についてはともかく、国際法学の観点から見れば、それらの問題を未解決のままに残しておいて良いということにはなるまい。とりわけ日華平和条約には条約法上の重要な先例というべきものも少なからず含まれており、それらの諸問題の解明は、先例研究という観点からの意義を少なからず見出せるように思われる。

のみならず、その意義は、歴史研究、先例研究といった純学問的な範疇に留まる訳ではない。近年の日中関係の悪化を背景に、最近になって、日本企業を相手にした多数の戦後賠償裁判が中国において提起されている9。その審理に当たっては、当然のことながら関係する国際文書としての日華平和条約と日中共同声明が中心的な検討対象となるであろう。その意味では、右の諸問題の解明は、現に発生している紛争との関係においても、少なからずその解決に資することになるように思える。

以上のような問題意識と展望の下に、以下では、右に掲げた疑問点・問題点についてそれぞれ検討を加えることにするが、それに先だってまず、日華平和条約締結の経緯を、その背景となる対日平和条約締結の経緯をも含めて、想起しておくことにしたい。

注

1 寺沢一・杉山茂雄「戦後日本の国際法的課題」『現代法と国際社会』(岩波書店、一九六五年)二九二頁(寺沢執筆)。
2 吉田茂『回想十年・3』(一九九八年、中央公論社)八七頁もこの事実に注目している。
3 『第十三回国会衆議院外務委員会議録』第二六号(一九五二年五月二三日)二四頁。
4 寺沢・杉山「戦後日本の国際法的課題」二九三—二九四頁。
5 『第八十五回国会衆議院外務委員会議録』第一号(一九七八年一〇月一三日)三二—三三頁(大森誠一外務省条約局長答弁)。
6 中国人強制連行京都訴訟(京都地裁)「被告国最終準備書面(補充)」(二〇〇二年七月一七日)二六頁。

7 『第百二十三回国会参議院内閣委員会会議録』第四号(一九九二年四月七日)五頁(竹中繁雄外務省アジア局審議官答弁)。

8 「日中国交正常化の際の大平外務大臣及び二階堂内閣官房長官記者会見詳録(一九七二・九・二十九)」霞山会『日中関係基本資料集 一九四九年—一九九七年』(霞山会、一九九八年)四三一頁。

9 『読売新聞』二〇一四年四月三日によれば、二〇一四年二月二六日に四〇人の原告が三菱マテリアル(旧三菱鉱業)と日本コークス工業(旧三井鉱山)を相手に北京の地裁に提訴し、三月二六日には一九人の原告が日本政府、三菱マテリアル、日本コークス工業を相手に河北省の地裁に提訴し、三月二八日には四四人の原告が三菱マテリアルを相手に河北省二市の地裁に提訴し、四月一日には三一人の原告が三菱マテリアルと日本コークス工業を相手に河北省の地裁に提訴し、四月二日には一四九人の原告が三菱マテリアルを相手に河北省の高裁に提訴しており、このうち二月二六日の提訴については裁判所が三月一八日に訴状を受理している。

第一章　日華平和条約締結の経緯

第一節　対日講和[1]への動き

日華平和条約の締結は、サンフランシスコ対日平和条約の締結過程を抜きには語ることができない。それゆえまず、対日平和条約の締結過程における中国問題の扱いから振り返ることにしたい。

第二次世界大戦の平和条約に関しては、まず一九四七年二月一〇日にパリ講和会議において、イタリアなどヨーロッパ五カ国との間の平和条約が署名された。そして同年三月一七日には、マッカーサー連合国最高司令官が「日本の軍事占領は早く終らせ、正式の対日講和条約を結んで総司令部を解消すべきである」との爆弾発言を行い[2]、その後同年七月一一日には、アメリカが、極東委員会参加一一カ国による多数決方式の「対日講和予備会談」を提唱したものの、ソ連が四大国(米英ソ華)の拒否権を排除することとなる方式には最後まで反対し続けたため[3]、実現には至らなかった。こうして日本との平和条約の早期締結は困難となったが、一九四八年から四九年にかけてのいわゆる「事実上の講和」を経た後、一九五〇年に入ると、英連邦外相会議におけるイギリスの平和条約促進努力[4]（一月）や、アメリカではジョン・フォスター・ダレスの国務長官政策顧問への就任（四月）と彼の対日講和問題担当など、講和の機運が高まってきた[5]。同年六月の朝鮮戦争の勃発によって対日講和問題は一時棚上げにされるのではないかとの懸念も持たれたが、却って「多数講和」による平和条約の締結へ向けて、急速に事態が進展することになる[6]。

トルーマン大統領は、五〇年九月一四日、極東委員会構成国（四九年一一月以降は一三カ国で構成）との非公式な予備交渉の開始を国務省に指示し、非公式予備会談が九月二一日から一〇月末まで開催された。この会談のためにアメリカが用意したのが九月一一日付のいわゆる「対日講和七原則[7]」であり、本書と関連のある部分としては、①対日平和条約の当事国に関して、「日本国と交戦関係にある何れかまたはすべての国であって、［ここに示された］提案を基礎としかつ合意されるような講和を成立させる意思を有するもの」とされていたほか（第一原則）、②台湾・澎湖諸島・南樺太・千島列島の地位に関しては、日本がイギリス・ソ連・中国（China）・アメリカの将来の決定を受諾するものとし、平和条約発効後一年以内に決定が行われない場合には、国連総会が決定するものとされていた（第三原則（c））。一九五一年になると、アメリカは、極東委員会構成国との非公式予備会談の結果を基礎として各国別の交渉を開始し、トルーマン大統領の特使としてダレスが日本を始めとする諸国を歴訪（一月―二月）した後、アメリカの条約草案（三月草案）が作成されることになるのである。

第二節　中華人民共和国の成立と英米の対応

この間に中国では重大な変化が起こっていた。一九四九年一〇月一日の中華人民共和国の成立である。この中華人民共和国の成立によって、中国には二つの政府が存在することとなった。北京に成立した中華人民共和国の中央人民政府(以下、「人民政府」「中共政府」「北京政府」ともいう。また「中華人民共和国」の表記で同政府を指すこともある)は、自らが中国を代表する唯一の合法政府(正統政府と同義8)であると主張し、同時に、第二次大戦後、中国本土で展開した内戦に破れて台湾に移った(四九年一二月七日に台北遷都)中華民国政府(以下、「国民政府」、「国府」「台北政府」ともいう。また「中華民国」の表記で同政府を指すこともある)も、依然として中国を代表する唯一の合法政府であることを主張したのである。

中華人民共和国の成立に際して、ソ連は、翌一〇月二日にこれを承認した。これに対してアメリカは、中華民国政府が唯一の合法政府であるとの声明をその翌日(一〇月三日)に発している9。こうして、両国の間で異なる中国政府を承認するという事態が発生したが、中国に対する政府承認をめぐる対立は、米ソ間のみには留まらなかった。一九五〇年一月六日には、イギリスが中央人民政府を「中国の法律上の政府」として承認したからである10。その結果、来るべき対日講和において、中国の代表として中華人民共和国政府と中華民国政府のいずれを招請すべきかという問題が、英米間においても生ずることになったのである。

対日平和条約の草案としては、まず先に言及した一九五一年三月のアメリカ草案11が、そして同年四月にはイギリス草案12が完成した。しかし、両者の間には、特に中国問題との関連で大きな相違点があった。アメリカ草案では、この条約に署名・批准しない限り、いかなる国にもいかなる権利も与えられないと規定しながら、日本による中国の特殊権益の放棄はその例外として明記されていた(第一九条)ことから、中国が平和条約の当事国とならない可能性が考慮されていたと考えることができるのに対して、イギリス草案では、前文において「中国」を連合国の一つとして列記した上で、賠償に関する第二三条では「中国中央人民政府」という名称が明記されていたことから13、中華人民共和国を署名国として考えていたことが窺える。

また、台湾の扱いについても、アメリカ草案では、日本によるその「放棄」が規定されていた(第三条)のに対して、イギリス草案では、台湾は中国(China)に「割譲」すること[14]が明記されていた(第四条)。このような相違の存在は、イギリスが三月三〇日に中国問題に限定した対日講和に関する覚書をアメリカに手交したときにすでに明らかとなっていたものである。右覚書は、第一に、中国中央人民政府が、対日平和条約締結のいかなる交渉にも参加するよう招請されるべきこと、第二に、対日平和条約における台湾の処理に関しては、日本は台湾に対する主権を放棄してこれを中国(China)に割譲するよう求められるべきこと、という二点からなっていたのである[15]。

そこで、一九五一年六月四日から一四日にかけて、ロンドンへ赴いたダレス特使とモリソン英外相とを中心に、両国間の協議が行われることになった。この協議の結果合意された内容は、台北政府の反発を招くとして公表されなかったが[16]、以下のような事項を含むものであった(ダレス・モリソン了解)[17]。第一に、「平和条約はいずれの中国による連署もなしに進める」こと、つまり講和会議には中国からはいずれの政府も招請しないこと[18]、第二に、「中国人民の利益は多数国間平和条約の規定によって保証される」こと、第三に、「日本と中国の将来の関係は、条約の予定する主権・独立の地位を行使して、必ず日本自身が決定しなければならない」こと、第四に、「日本は台湾および澎湖諸島に対する主権を放棄し、条約そのものはこれらの諸島の将来を決定しない」こと、という諸点を含んでいた。これらは、五一年七月一二日に公表された英米両国による条約草案[19](英米草案)にも反映されることになるが、このような英米二国による決定に対して、中華人民共和国政府と中華民国政府はいかなる反応を示したのであろうか。

第三節　中国代表不招請の決定と中国の反応

中華人民共和国政府は、すでに一九五〇年二月一四日にソ連との間に締結した「中ソ友好同盟相互援助条約」（五一年四月一一日発効）の第二条において、他の連合国と共同して可能な最短期間のうちに対日平和条約を締結するために努力することを約束しており、その後もソ連と共同歩調をとりつつ対日講和問題に対する見解を表明していくことになる。そして五〇年一二月四日には、周恩来外交部長が、対日平和条約問題に関して、とりわけ次のような内容を含む声明を発表している[20]。第一に、中華人民共和国政府は、中華人民を代表する唯一の合法政府であって、この政府が対日平和条約の準備・起草・署名に参加しなければならず、対日平和条約の準備と起草に中華人民共和国が参加しない限り、それは不法であり無効である、第二に、台湾および澎湖諸島はカイロ宣言で中国への返還が決定されており、これらの領土問題を再び討議する理由はない[21]。

五一年七月に平和条約英米草案が公表され、講和会議に中国代表が招請されないことが明らかになると、周外交部長は再度声明を発して[22]（八月一五日）、対日平和条約案は連合国宣言、カイロ宣言、ヤルタ協定、ポツダム宣言などの国際協定に違反し、基本的に受諾できないだけでなく、サンフランシスコ会議は中華人民共和国を除外している限り基本的に承認できないとした上で、中華人民共和国がその準備・起草・署名に参加しない対日平和条約は不法であり無効であると繰り返し表明している。さらに、同年九月八日になって、実際に対日平和条約の署名が行われると、周外交部長は、条約の不法・無効を重ねて訴える声明を発している[23]（九月一八日）。このように中華人民共和国は、英米両国が推進した対日平和条約の有効性を一貫して否認する立場を維持してきたのである。

他方、中華民国政府は、アメリカによる当初の極東委員会構成国非公式予備会談の提案以来、基本的にソ連と同様、四大国（米英ソ華）に拒否権を認めるべきであるとの主張を展開していたが、中華人民共和国の成立後は、台湾の保持・本土復帰をますますアメリカに頼らざるを得ない関係となったので、次第にアメリカの構想に同調するようになっていく[24]。

五一年六月のダレス・モリソン間のロンドン会談までの時期、対日平和条約関連の米華間の会談は、主として、ダレス顧問と顧維鈞駐米中華民国大使との間で行われ、その際の議論の焦点は、台湾の地位であった[25]。「対日講和七原則」において、アメリカが、台湾・澎湖諸島・南樺太・千島列島の地位を事実上当面凍結することを提案していたのに対して、中華民国政府はこれに原則として同意することを明らかにしていた。ところが、五一年三月のアメリカ草案が、南樺太のソ連への「返還」と千島のソ連への「引渡し」を規定しながら[26]（第五条）、台湾・澎湖諸島については、日本国によるその権利・権原・請求権の「放棄」を規定することで、その帰属を未定としていたことから[27]（第三条）、顧維鈞は、その差別的な待遇に繰り返し抗議し、「中華民国へ返還される」と改めるよう修正を求めた。これに対してダレスは、台湾・澎湖諸島と南樺太・千島を別個に処理する方が、実際には中華民国に有利なのだとして次のような論理を展開して説得している。「千島・樺太両島はもしソ連が講和条約に参加しなければ、その主権は引き続き日本国に属する。もし台湾・澎湖をそのように規定するならば、万一、貴国が調印に参加できない場合、両島の主権もまた日本に戻ることになる。これは決して貴国の望むところではない[28]」（五月二九日）。

講和会議に中国の代表を招請せず、中華人民共和国政府と中華民国政府のいずれを選択するかは日本の自主的な決定にゆだねられる、という五一年六月のダレス・モリソン了解も、ダレス自身から顧維鈞に対して直接に説明がなされた（六月一五日）。顧維鈞は、右の英米妥協案に対して失望を表明しつつも、「アメリカは我が方が日本と別に講和条約を結ぶことを主張するが、アメリカと日本政府はすでに了解があるのか。日本は必ずその通りにするのか」と尋ねた。これに対して、ダレスは、了解が「ある」と答えるとともに、「私は日本政府の貴国に対する態度が非常によいことを知っている。日台間の商務もかなり発達しており、必ず貴国と条約を結ぶことを願い、中共との関係を成立させることには反対している」と述べたといわれる[29]。中華民国政府は、その後も多数国間の対日平和条約への署名の可能性を探っていたが、五一年九月八日に対日平和条約が署名されてからは、まず九月一一日に葉公超外交部長が、日本とサンフランシスコ平和条約の原則を基礎とした二国間の条約を締結する意思がある旨を表明し[30]、その後は日本との二国間条約の適用地域の問題を中心に、米華間の協議が続けられることになる。このように国民政府は、人民政府とは異なり、対日平和条約の有効性を否認する態度はとらず、対日平和条約を前提とした上で、二国間の条約の締結へと向かうことになるのである。

第四節　対日平和条約と中国問題

一　サンフランシスコ講和会議と中国問題

対日講和会議(五一カ国＋日本が参加[31])は、一九五一年九月四日から八日までサンフランシスコで開かれ、最終日の八日に対日平和条約の署名が行われた。この会議は、基本的に条約署名のための会議であり[32]、一一カ月にわたる交渉を経て作成された平和条約の最終草案[33](八月一五日公表)が、何らの修正も加えられることなく署名された。

会議では、冒頭、ソ連全権のグロムイコが中華人民共和国を会議に招請すべきことを主張したが、手続規則の採択が先決とする仮議長の裁定が支持され、英米両国の起草になる手続規則が採択された。採択された手続規則によれば、会議の議事は修正案の提案・採択を含まない特定の事項に限定されており、この手続規則の採択の結果、修正案の提案は認められないことになった[34]。にも拘らず、グロムイコは、その演説の中で、日本は台湾・澎湖諸島などに対する「中華人民共和国の完全な主権」を認めること、また、条約の発効要件について、日本の批准書のほか、アメリカ、イギリス、ソ連および「中華人民共和国」を含む特定一六カ国の過半数の批准書の寄託で発効すること、などを含む多数の修正案を提出した。しかし、手続規則違反とする議長裁定が支持され、ソ連の修正案が表決に付されることはなかった[35]。

他方、アメリカ全権のダレスは、演説において、中国問題に関して次のような説明を行っている。すなわち、中国がこの会議に参加していないことは甚だ残念であるが、中国の内戦と連合国諸政府の態度によって生まれた事態のために、中国代表に関して一般的な国際的合意がない、しかし、だからといって日本との平和条約を遅らせることは正しくないので、中国は本条約には署名せず、日本と二国間の平和条約を締結することになる、この点を反映して、第二六条で中国は、本条約と同一の条件で日本と平和条約を締結する権利を与えられている、さらに中国は、第二一条により、署名を要せずして、在中国日本特殊権益一切の完全な放棄と、その管轄の下にある日本財産の差押えが有効とされるのであり、条約は連合国の一国としての中国の権利を完全に保護している、と述べた[36]。ダレスはまた、日本の台湾および澎湖諸島に対する主権の「放棄」に関連して、連合国の中には、日本の主権を画定するだけでなく、日本から分離される各領域の最終処分をも特定して規定すべきであるとする国もあったが、［いずれの側に与えるべきかという］現在も合意に至っていない問題が生じた可能性がある、連合国が争うあいだ対日講和を拒否するのではなく、未決の点は将来この条約外の国際的解決策で解決していくのが賢明である、と述べている[37]。

こうして、中国関連部分については基本的にアメリカの三月草案に沿った形で[38]、日本は「台湾及び澎湖諸島に対するすべての権利、権原及び請求権を放棄する」ことを規定する第二条と、日本は連合国宣言の当事国であって日本と戦争状態にありながらも対日平和条約の署名国でないものと、「同一の又は実質的に同一の条件で二国間の平和条約を締結する用意を有すべきものとする」と規定する第二六条を含む、対日平和条約が署名されるに至ったのである。署名国は、会議参加五二カ国のうち、署名を拒否したソ連、チェコ、ポーランドを除く四九カ国(日本を含む)であった。

二　対日平和条約署名後の日本の対応

この間、そしてとりわけ対日平和条約の署名後、米華間においては、将来の日華間の平和条約に関連する問題(特に適用地域の問題)についてやり取りが本格的になされていたが、他方の当事国となるべき日本政府の態度は、明らかに消極的なものであった。それを象徴するのが、衆参両院の「平和条約及び日米安全保障条約特別委員会」(以下、「特別委員会」という)における吉田茂首相の一連の発言であった。まず、衆議院特別委員会では、一九五一年一〇月一八日に、中国のいずれの政府を相手として条約を結ぶのかとの質問に対して、「選択権はかりに日本にありとしても、これを行使するには、日本としては列国の間の関係をよく考慮して、そうして決定をいたさなければならないのであります。ゆえにしばらく今後の推移を待つて決定をいたしたいと考えております」と答えた。また、すでにこの問題に対してダレスは日本政府から国民政府と講和するとの保証を得ている、との内容の外電に関して質問がなされたのに対して、「ダレス氏に対して国民政府を承認するというような保証を與えたことはかつてありません。…いずれの政府と講話《ママ》條約を結ぶかということは、愼重審議いたした上で堂々と決定いたすつもりであります」と答弁している[39]。

参議院特別委員会では、吉田首相は、同年一〇月二九日に、台北の在外事務所[40]設置に関する質問に対して、在外事務所は在留民の保護や通商関係が主眼で、政治的な関係ではないのであって、ゆえに「若し中共が上海に在外事務所を置いてくれないかということがあれば置いて差支えないと思つておる」と発言し(ただし、後に「今直ちに…設ける意思はない」と発言)、また翌三〇日には、「講和條約の相手方として日本には権利があるというふうに書いてありますけれども、…如何にその権利を行うかということは、客観状態を考えなければならず、中国自身の事情も考えなければならず、日本との将来の関係も考えなければならないので、仮に権利があるからといつてかるがるしくいずれかを選ぶということはいたさないつもりである」と発言しているのである[41]。

こういった発言に、米華とりわけ中華民国が驚いた。前述のように、ダレスは顧維鈞大使の質問に答えて、日本は中華民国との間に二国間の平和条約を締結する、との了解がある旨述べていたからである。中華民国の葉公超外交部長は、一〇月三一日、ランキン駐華米国公使を外交部に呼び抗議した。これに対してアメリカ政府は、次のような内容の回答を提示している(一一月五日)。①国務省は吉田の国会発言について事前に何も知らなかった、連合国総司令部の承認を得たものでないことはいうまでもない、②アメリカ政府は日本政府が中共と関係を結ぶいかなる企てにも反対であるし、日本政府が中共と海外代表を交換することにも反対する、③このような見解をアメリカ政府は日本当局に再度強調することにする[42]。この第三の点を実践したのが、五一年一二月一〇日のダレスの訪日(二〇日まで)と、ダレス訪日の間に作成された一二月二四日付のいわゆる「吉田書簡」(五二年一月一六日公表)である。

第五節　吉田書簡

一　吉田書簡の背景

中国問題に対する吉田首相の基本的な考え方は、「台湾との間に修好関係が生じ、経済関係も深まることは、固より望むところであったが、それ以上に深入りして、北京政府を否認する立場に立つことも避けたかった」し、「[北京政府か台北政府か]」の選択の問題は、急いでこれに片をつけることを避けて、成るべく先に伸ばして情勢の変化を見極めたい」というものであった[43]。このような考えが衆参両院の特別委員会における右のような発言につながったのであろう。しかし、吉田にしてみれば、特別委員会での発言はアメリカとの間で確認した了解に合致するものであったはずである。というのも、サンフランシスコ講和会議の前々日(一九五一年九月二日)、吉田首相はアチソン国務長官と会談し、その際に、吉田が「[対日平和条約]第二十六条の規定は日本に、今直ちに国民政府と中共政府のいずれを選ぶかを決定することを要求するものではないと考えてよかろうか」と質問したのに対して、アチソンが、「さようである。…日本はこの問題を平和条約成立後、じっくり考慮して決定するというふうに応待《ママ》してもらいたい」と答えていたからである[44]。

もっとも、この会談に同席していたダレスは、席上、「総理の私信で自分は、日本が中共と単独講和をされる意思がないことを知っている。…もちろんこれは日本政府の決定されるべきことである」と述べている。ダレスの言及した私信が何を意味するのかは必ずしも明らかでないが、おそらく同年八月六日に吉田首相がダレス宛に送っていた「日本国政府は共産政権と二国間条約を締結する意図を有しないことを最も確実に確言することができます」との内容を含む書簡であろう[45]。

しかし、吉田は、サンフランシスコで確認を求めたように、中国のいずれの政府と二国間平和条約を締結するかの選択権が日本にあると信じ、しかもそのような選択権の行使はできるだけ先に延ばしたいと考えていたのである。吉田のダレス宛の右書簡は、文字通り共産政権と二国間条約を締結しないということのみであって、だからといって国民政府と二国間条約を締結する決定を行ったということまで意味する訳ではなかった。これに対して、ダレスは、右の吉田からの書簡が共産政権との二国間条約締結を明確に否定していることからも、吉田は国民政府と条約を結ぶものと考えていたのである。このような両者の理解の食い違いが、前述の衆参両院の特別委員会における吉田発言を一つの契機として、大きな動きへと展開していくことになる。

対日平和条約の批准承認を行うアメリカ上院では、民主・共和両党ともに中華民国支持派が優勢であった。上院においても親台湾派が優勢であった点は、サンフランシスコ講和会議から数日後に、わずか一日の間に五六人もの上院議員が、次のような内容の大統領宛書簡に署名しているという事実からも窺える。すなわち、その書簡には、「対日平和条約が上院に上程される前に、われわれは、日本による共産中国の承認または共産中国の政権との二国間条約の交渉は日本およびアメリカの両国国民の最善の利益に反するものであると考えることを明らかにしておきたい」と記されていた[46]。この時期、アメリカは朝鮮戦争を戦っていたが、一九五〇年一〇月末には中国の参戦によって戦況は苛烈を極め、アメリカ国民そして議会上院の北京政府に対する感情は極度に悪化していた。上院の空気には、日本による中華人民共和国政府選択の可能性を許さないものがあったのである。

一九五一年一二月に来日したダレス[47]は、日本の国会での議論が上院筋に日本の真意に疑惑を持たせるに至っており、もともと国府支持派の勢力の強い上院の対日平和条約批准への空気が必ずしも楽観を許さない情勢となっている旨を説明し、会談の結果、このような空気を緩和するため、日本政府が国民政府と条約を結ぶ[48]意向であることを明らかにする書簡を往復して、適当な時期に公表するということになった[49]。その結果、同年一二月二四日付でダレス宛に発出されることになったのが、いわゆる「吉田書簡」である。もっとも、「吉田書簡」の起草者は吉田茂ではなくダレスであり、ダレスが起草した書簡案に若干の修正を加えてでき上がったのが吉田書簡である[50]。

二　吉田書簡の内容

右のような経緯を経て作成された吉田書簡は、以下のようなものであった。

「拝啓

過般の国会衆、参両院における日本国との平和条約及び日米安全保障条約の審議に際し、日本の将来の対中国政策に関して多くの質問がなされ言明が行われました。その言明のあるものが前後の関係や背景から切り離されて引用され誤解を生じましたので、これを解きたいと思います。

日本政府は、究極において、日本の隣邦である中国［英文ではChina］との間に全面的な政治的平和及び通商関係を樹立することを希望するものであります。

国際連合において中国の議席、発言権及び投票権をもち、若干の領域に対して現実に施政の権能を行使し、及び国際連合加盟国の大部分と外交関係を維持している中華民国国民政府とこの種の関係を発展させて行くことが現在可能であると考えます。この目的のためわが政府は、千九百五十一年十一月十七日、中国国民政府の同意をえて日本政府在外事務所を台湾に設置しました。これは、かの多数国間平和条約が効力を生ずるまでの間、現在日本に許されている外国との関係の最高の形態であります。在台湾日本政府在外事務所に重要な人員を置いているのも、わが政府が中華民国国民政府との関係を重視していることを示すものであります。わが政府は、法律的に可能となり次第、中国国民政府が希望するならば、これとの間に、かの多数国間平和条約に示された諸原則に従って両政府の間に正常な関係を再開する条約を締結する用意があります。この二国間条約の条項は、中華民国に関しては、中華民国国民政府の支配下に現にあり又は今後入るべきすべての領域に適用があるものであります。われわれは、中国国民政府とこの問題をすみやかに探究する所存であります。

中国の共産政権に関しては、この政権は、国際連合により侵略者なりとして現に非難されており、その結果、国際連合は、この政権に対するある種の措置を勧告しました。日本は、現在これに同調しつつあり、また、多数国間平和条約の効力発生後も、その第五条(a)(iii)の規定に従ってこれを継続するつもりであります。この規定により、日本は、「国際連合が憲章に従ってとるいかなる行動についても国際連合にあらゆる援助を与え、且つ、国際連合が防止行動又は強制行動をとるいかなる国に対しても援助の供与を慎むこと」を約している次第であります。なお、千九百五十年モスコーにおいて締結された中ソ友好同盟及び相互援助条約は、実際上日本に向けられた軍事同盟であります。事実、中国の共産政権は、日本の憲法制度及び現在の政府を、強力をもって顚覆せんとの日本共産党の企図を支援しつつあると信ずべき理由が多分にあります。これらの考慮から、わたくしは、日本政府が中国の共産政権と二国間条約を締結する意図を有しないことを確言することができます。

敬具[51]」

この書簡の眼目は二つある。第一は、中華民国政府が希望すれば、日本として、対日平和条約の諸原則に従って「両政府の間に正常な関係を再開する条約」を締結する用意があり、中国の共産政権とは二国間条約を締結する意図がないことを明らかにした点であり、第二は、日華間の条約の適用地域は、中華民国に関しては、中華民国政府の「支配下に現にあり又は今後入るべきすべての領域」とするという点である。

注意しなければならないのは、これが必ずしも対日平和条約第二六条に従った二国間平和条約を日華間において締結することを保証したものではなかったという点である。書簡の第二段落で、「中国」との「全面的な政治的平和及び通商関係」の樹立は、「究極において」希望しつつ、第三段落では、「現在可能」なものとして、「両政府の間」(両国の間とはいっていない)に「正常な関係を再開する条約」(平和条約とはいっていない)を締結する用意があることを言明しているに過ぎなかったからである。

この点に関する日本側の立場は明らかであった。ダレス訪日時に日本側から提示された日華間の「日本国政府と中華民国国民政府との間の正常関係設定に関する協定案(要領)」(五一年一二月一三日付)は、日本と台湾・澎湖島との間の正常交通の開始と両政府間の特派使節の交換に加えて、対日平和条約第四条(a)の取極(日本からの分離地域の財産処理取極)の交渉開始、中国戦争犯罪法廷の裁判を受け日本で拘禁中の日本国民の釈放への同意、日本と台湾・澎湖島との通商航海における最恵国待遇、民間航空運送関係などについて言及するに留まっていた[52]。すでに述べたように、当時の吉田首相の考えは、対日平和条約第二六条のいう「二国間の平和条約」は、中国代表問題が国際的に解決されるまで延ばしたい、というものだったのである。実際、吉田首相は、吉田書簡の公表後の国会において、国民政府と結ぼうとしている条約は対日平和条約第二六条にいう二国間平和条約ではなく、単なる善隣条約である旨の発言をしている[53]。

他方、ダレスは、訪日時の吉田書簡作成の際に、「その内容は日本側の主張通りでいい。ただ名称は日本政府の気に召されないかも知れないが、サンフランシスコ条約にいう二国間条約としてほしい。これは譲れない」と述べたといわれる[54]。サンフランシスコ条約にいう二国間条約とするという点は、ダレス・モリソン了解を顧維鈞に説明した際に、ダレスが顧維鈞に対して、日本と国府との間に二国間の平和条約を締結することについて、アメリカと日本との間には既に了解があると述べていたことから、「譲れない」点であったものと思われる。しかし、右に述べたように、吉田書簡を見る限り、そのような趣旨は少なくとも明確には見て取ることができないといわなければならない。

ともあれ、ダレスはこの書簡を一九五二年一月七日に受け取り、一月一六日に公表した[55]。そしてアメリカ上院は、一月二一日に対日平和条約の公聴会を開始し、三月二〇日には、六六対一〇の多数で同条約の批准を承認したのである[56]。この承認に当たって「吉田書簡」が大きな役割を果したことはいうまでもない[57]。しかし同時に、吉田書簡は、その後二〇年間にわたる日本の対中国政策についても、「決定的に重要な意味[58]」をもつことになるのである。

第六節　日華平和条約交渉

一　日華予備交渉

早くも吉田書簡公表から二日後の一九五二年一月一八日、中華民国の葉公超外交部長は、平和条約の早期締結のためいつでも日本政府と交渉に入る用意がある旨の声明を発表した[59]。これに対して、日本側は、一月三一日、吉田首相から中華民国駐日代表団の何世禮団長に対し、中華民国との正常な関係を回復する二国間条約について検討するため、河田烈・元蔵相を全権とする代表団を送りたい旨を正式に伝えた[60]。何団長は、二国間条約とは二国間平和条約を意味するとの了解の下、河田全権の訪台に同意する旨を回答した[61]。

このように、日華条約交渉には、当初から両者の間に基本的な認識の不一致の兆しが見えていた。この点は、とりわけ交渉開始前後における、日本側全権の河田烈に対する全権委任状の範囲、そして会議と条約の名称をめぐる争いに反映されることになる。全権委任状に関しては、日華会議開催前に、葉外交部長が木村四郎七・台北在外事務所長に対して、台湾側は全権代表に平和条約締結の全権委任状を与えるが、日本側全権代表が同等の権限を持っていない場合には、重大な困難が生ずる旨を警告した。これに対して、日本側の態度は、吉田書簡でも「平和条約」とは書かれておらず、吉田書簡の範囲を超えることは国内で困難を生ずるとして、条約の名称も交渉対象であるというものであった[62]。こうして、①全権委任状、②条約の名称、③会議の名称について合意を見ないままに、一九五二年二月一八日からの予備会談を迎えることになったのである[63]。

河田全権の権限問題に関しては、冒頭、国府側が、河田烈全権の資格は国府との国交を回復する条約を締結するための全権であり、国府側葉公超全権の平和条約を結ぶための全権という資格と異なるので、全権委任状を交換できないとして、難色を示した。これに対して、日本側は、河田全権にも平和条約を結ぶ権限はあるが、(実際に平和条約を締結するか否かについての)日本政府の政策決定は別問題だという趣旨の言質を与えて、二月二〇日に交渉が「正式」に開始できることになった[64]。実際、河田全権の平和条約締結交渉の権限に関しては、同全権に与えられた訓令においても認められていた。そして条約の名称に関しても、訓令において、条約の内容につき中華民国と十分協議の上、「平和条約」とするのが適当と認められるに至った際は、事前請訓することとされていた[65]。他方、会議の名称については、二月一九日の会議で話し合われたが、意見が一致せず、日本語では「日華条約会議」、中国語では「中日和会」(中日講和会議の意)、英語では「Sino-Japanese Peace Conference」(中日講和会議の意)とすることになった[66]。

二　日華条約交渉の開始

こうして公式会議が開催される運びとなり、二月二〇日に、第一回の公式会議が開かれた[67]。第一回公式会議では、中華民国側より二二カ条からなる「中華民国と日本国との間の平和条約」案が提示された(国府側第一次草案)[68]。この草案は、基本的にサンフランシスコ対日平和条約を基礎としており、それと大枠において異ならないものであった(適用地域に関する規定もなかった)。分量的にも、おおむね三分の一が戦争賠償と日本にある中華民国・その国民の財産の返還に関する二カ条に充てられていた。

日本側は、その後の非公式会議(二月二三日)において、条約は①簡潔で、②現実に即し、③今後の友好関係樹立に役立つものとすべきであることを強調し、また、吉田書簡の線に沿い、条約は現実に適用可能なものに限るべきであるとして、国府案に再検討を求めた。これに対して、国府側は、①国府が中国の合法政府であること、②連合国の一員であること、③今回の条約はかかる地位における中国として日本と平和条約を締結するものであること、の三点を強調した[69]。そして両者の主張は、条約のタイトルを先送りして内容の討議を求める日本と、条約のタイトルが「平和条約」とならない限り内容の討議には入れないとする国府との間で、数日間にわたり平行線をたどった後、日本側が暫定的に「平和条約」の名称を受け入れることでようやく妥協に達し(二月二七日)、条文審議に入ることができることとなった。しかし、この名称問題をめぐる日華間の了解は、東京との事前の協議なくして行われたものであり、暫定的に受け入れた後に請訓が行われ、吉田首相はこのことを知り激怒したといわれる[70]。その後、名称問題は、三月八日までには、日本の本国の了承するところとなり、最終的に解決するに至っている[71]。

日華平和条約の条文審議は、三月一日の第二回公式会議[72]から開始され、同会議には、日本側からの第一次草案[73]が提出された。この草案は、「戦争状態の終結及び正常関係の再開に関する日本国政府と中華民国政府との間の條約案」と題されており、「平和条約」の名称は使用されておらず、また、「国」ではなく「政府」間の条約の形をとっていたし、本文もわずか六ヵ条からなる簡単なものであった。内容的にも、戦争状態終結・正常関係再開、経済分野の友好協力、台湾・澎湖諸島の放棄の確認および(対日平和条約第四条(a)に対応する)分離地域に関連する財産処理の問題、通商関係、航空関係、そして条約の適用地域が規定されているのみで、中でも通商関係の条項が詳細を極め、日本側の意図が奈辺にあるのかを物語っていた[74]。そして、条約の適用地域については、「この條約は、中華民国政府が、現実に支配し又は支配すべきすべての領域に適用があるものとする」(第六条)と明記されていた。このように日本側第一次草案は、基本的には、五一年一二月のダレス訪日の際に日本側が提示した「協定案(要領)」(前述)を条約の体裁にしたものといってよかった。ただ、この草案では、「戦争状態の終結」（第一条）への言及がなされている点が異なっていた。

もっとも、この草案は、日華条約交渉のために事前に準備されたもののようで、会議における条約名称問題の了解も反映していない。にも拘らず第二回公式会議の段階に至って提出されたのは、河田全権が国府側の感情を刺激するのを恐れて提出を躊躇していたところ、国府側から参考のために見たいといってきたからであり[75]、この草案は、条約交渉のこの段階における日本側の考え方というよりも、日華会議に臨むに当たっての日本側の考えが反映された文書と見るべきであろう。それゆえ、この草案はその後の交渉の基礎とはならず、日本としては、新たな日本側草案を国府側第一次草案への対案として示す必要に迫られることになるのである。そのような日本側の草案は、倭島英二外務省アジア局長が渡台（三月八日―一八日）の際に本省から持参した案[76]をベースにして作成され、三月一二日に国府側に対して提示されている。

この日本側第二次草案[77]は、「日本国と中華民国との間の平和條約案」と題され、日本が条約の名称を、両「国」間の「平和條約」とすることに同意したことが示されていた。また、内容的にも、日本側第二次草案は、国府側の希望を多く取り入れたものとなっていた。すなわち、第二次草案全一三ヵ条においてカバーされる内容は、第一次草案に規定されていたものに加えて、一九四一年前の日中間の条約の無効、対日平和条約に定める日本の在中国特殊権益の放棄の承認などが追加されていたが、これらは、国府側の第一次草案に含まれており、しかも国府側が基本方針に触れるとして絶対に譲歩しないとしていたものであった[78]。また、適用地域に関する規定は、日本側第一次草案における条約本文から、交換公文に落とされたが、本規定を本文とは別個に定めることも、日華会議が始まる前から米華双方より強く要求されていたものであった[79]。交換公文には、今一つ、日本側第一次草案には欠落していたものとして、条約において別段の定めがある場合を除き「戦争状態の存在の結果として日本国と中華民国との間に生じた問題…は、［対日平和］条約の諸原則に副って処理される」旨のいわゆる「連合国並み受益条項」が置かれていた(交換公文第二項)。

なお、細部に関しては、戦争状態の終結が、日本側第一次草案では、第一条において「日本国政府及び中華民国政府は、この條約が効力を生ずる日に、戦争状態を終結せしめ、正常の関係を再開するものとする」と規定され、戦争状態を両政府の間でのみ終結する意図があるやにも見えたが、日本側第二次草案では、「日本国と中華民国との間の戦争状態は、この條約が効力を生ずる日に終了する」との規定ぶりに修正され、国府側第一次草案の第一条と合致するものとなっていた点にも注目すべきであろう。

三　三つの主要争点

ところで、この頃までの日華条約交渉の争点は、ほぼ以下の三つの点に絞られていた。第一に賠償問題、第二に連合国並み受益条項、そして第三に適用地域に関する規定である。これらの問題に対する両者の立場は、概略以下のようなものであった[80]。第一の賠償の問題に関しては、国府側は、対日戦争の最大の犠牲国である中国が賠償を放棄しては、中国の国民感情が許さないとして、賠償条項の存続を主張し、これに対して日本側は、大陸における中国の戦争損害については、この条約の適用範囲外のことであるから削除すべき旨を主張した。また、第二の連合国並み受益条項の問題に関しては、国府側は連合国の一員たることを自認して、他の連合国並みの受益の条項の存続を主張したが、日本側は、将来における濫用を恐れてこの条項の削除を主張していた。そして、第三の適用地域の問題に関しては、日本側が「平和条約は、中華民国に関しては、中華民国政府が、現実に支配し又は今後支配すべき地域に限り適用がある」（第二次草案の交換公文往簡案、傍点引用者）という文言を主張したのに対して、国府側は、この条文への対案として、「この条約の条項は、中華民国に関しては、中華民国政府の支配下に現にあり、及び今後再度入るべきすべての領域に適用があるものと了解される」（傍点引用者）という文言を提案していた[81]。

以上の三つの争点について、両者がいずれにも同じウエイトを置いていた訳ではなかった。日本側は、賠償問題については、日本側第二次草案の線より引くことは絶対に不可能であるが、（日本側第二次草案で交換公文に置かれていた）連合国並み受益条項については、条約本文に挿入することを考慮する余地がなくもないという態度であった[82]（三月一五日）。日本側の重視する賠償問題に関する日本側第二次草案の規定とは次のようなものであった。

「サン・フランシスコ条約第二十一條において、中国が同條約第十四條(a)2の規定の利益を受ける権利を有することが承認されるので、この條約に別段の定がある場合を除き、中華民国の賠償請求権並びに戦争の遂行中に日本国及びその国民がとつた行動から生じた中華民国及びその国民の他の請求権は、これにより満足されたものとみなされる。[83]」

これは、対日平和条約で中国に対して日本の在中国財産の処分権が与えられているので、それをもって賠償請求権その他の請求権の問題は解決しているとするものであり[84]、事実上の賠償拒否に等しかったといえよう。

他方、国府の側は、連合国並み受益条項は「キイー・プロヴィジョン」であるとして、逐条審議の当初から一貫してその重要性を力説し、それが条約本文中に規定される点を重視していた[85]（三月五日、一七日）。また国府は、賠償問題を主として大陸に対する発言権の象徴として重視していたようであり、賠償の「原則」を条約自体に規定すると共に、別途交換公文をもって「役務賠償については損害を受けた土地を中国政府が再び統治するに至つた際更めて商議決定するものとす」との趣旨を取り交わしたいとの提案も行っていた[86]（三月一七日）。

四　交渉の妥結

交渉に妥結の兆しが見え始めたのは、アメリカ上院における対日平和条約の批准承認が確実な情勢となった三月一九日になってからである(実際の批准承認は三月二〇日)。国府側の葉全権は、同日、個人的かつ絶対極秘の提案としつつ、「日本側が最も重視しているサーヴィス［＝役務］賠償につき自分は中国輿論の反対を押し切り自発的にこれを放棄87する様政府に建議し同意させることに決意した」として、比較的重要度の低い他の条項については、中国案に同意してほしい旨を申し出た88。具体的に示された国府側第二次草案89(三月二一日)は、「日本側第二次提案を基礎とし」90つつも、(日本側第二次草案で交換公文に含まれていた)連合国並み受益条項を条約本文中に規定し、他方で、新たに役務賠償の放棄をうたう規定を含むことになった賠償条項は(国府側第一次草案の本文から)議定書に落とし、(国府側第一次草案にはなく日本側第二次草案では交換公文に含まれていた)適用地域に関する規定は交換公文に残すというものであった(これらは、最終的に合意された日華平和条約と同様の体裁である)。

三月二五日、現地では、国府側第二次草案の提出後の交渉91で、「現地にて交渉しうる限度に到達」したとの判断がなされ、河田全権より、国府側は「相当の譲歩」を示しており、日本側にさしたる実害のない譲歩を求めているようであるので、大局的見地より「手を打つべき潮時の到来」として、本省に対して請訓が行われた92。この現地妥協案とは、国府側第二次草案と同じく、連合国並み受益条項を本文に置き、賠償放棄の規定を議定書に置いたほか、適用地域に関しては、日本側案を基礎に国府の主張する「ただし、中華民国のすべての領域に対する主権をいかなる意味においても害するものではない」との但書を付して交換公文に規定するというものであった93。

これに対して本省からは、元来、本交渉は、吉田書簡の了解に基づいて開始されたものであるのみならず、対英関係をも顧慮して大陸関係事項の取扱いは特に慎重にすべきであるとして詳細な訓令が発せられると共に、これまでの既定方針で交渉を試みるようにとの指示がなされた[94]（三月二七日）。この訓令に基づいて作成されたのが日本側第三次草案[95]（三月二八日）である。葉全権は、この第三次草案を一読して失望し、「日本側第二次案に逆もどり」し、国府側の譲歩に応えようとしていないとして、自ら提案した役務賠償放棄の棚上げさえ示唆したのである。この時期には、日本がアメリカ上院による対日平和条約の批准承認という有利な立場を利用して、国府を見下しているとの印象が中華民国政府内においてもたれていたといわれる。しかし、葉全権は、四月二日の会合で、国府として交渉を決裂させる意思のないことを強調した。

その後日本政府は、四月四日に新たな訓令を発して、「これまでの交渉を続けられる一方」、「その模様の如何によっては貴方の裁量により」新提案を行うことで、妥結に努力するよう河田全権に求めている[96]。「方便」として利用すべきものとされた新提案とは、大陸に関連する事項を全部削除して、現在国府が支配する範囲内の事項のみを扱うことで交渉をまとめるというものであった。具体的には、①（日本側第三次草案でも含められていたものとして）大陸が関係するかつての条約の無効や日本の在中国特殊権益の放棄に関する条項の削除に加えて、国府の最も重視する連合国並み受益の条項も削除し、②（国府側がその第二次草案（およびその後の修正案）で提案していたものとして）在日中国財産の返還には協力政権（満州国および汪精衛政権）の財産を含む旨の規定、在中国日本財産の処分権の一部として協力政権に対する日本外交機関の（在中国）財産の処分を認める規定、役務賠償放棄を定める規定を含む「賠償」に関する規定をすべて削除し、③さらに、適用地域に関する交換公文も削除することを提案するというものであった[97]。そして、現地の反対にもかかわらず、倭島局長が「一応の結末」をつけるべく再度渡台（四月五日―一五日）することになったが、この新提案そのものは、現地の判断で、「既にその時期でなく」、却って「我が方の信用を失ひ先方の疑惑を惹起」するとして、倭島局長とも熟議の結果、「これまでの交渉を続ける」ということになった[98](四月八日)。
倭島局長帰国[99]の翌四月一六日、現地より来電があり、これまでの交渉の結果、(適用地域に関する交換公文の文言で「又は」を「及び」とするという一点を除き)一連の成案につき両全権間で非公式に妥結し、大局的見地より全権の責任をもって同意したので、是非とも承認を得たい旨の連絡が入った[100]。しかし、日本政府内では、とりわけ大陸問題と吉田書簡の文言変更(つまり適用地域の問題)には強硬な反対があり、翌日、「我方主張を貫徹致度きに付…更に一段の御努力を切望する」として、交渉継続の訓令が発せられた[101]。ところが、現地の河田全権からは、右訓令を執行できない旨の来電があり、これに対して本省より重ねて訓令の執行を指示するなどのやりとりがあったが[102]、四月二二日、適用地域、協力政権の在日財産、日本外交機関の在中国財産の三点(後二者は右の②で言及したもので最終的には同意議事録の二および三となった)について、日本側の態度を緩和する訓令案が作成され、最終案として打電された[103]。そして、この最終案が若干の経緯を経て[104]四月二七日に最終的に合意されて[105]仮署名が行われ、翌四月二八日の午後三時(三〇分)[106]に「日本国と中華民国との間の平和条約」の署名が完了することとなった。これは、サンフランシスコ対日平和条約が発効する同日午後一〇時三〇分[107](日本時間)の数時間前であった。

注

1 本書では、"peace"の訳語として、「講和」と「平和」を互換的に用いることがある。

2 「マッカーサー・記者会見『早期対日講和』(一九四七・三・一七)」大嶽秀夫編・解説『戦後日本防衛問題資料集・第一巻』(三一書房、一九九一年)二〇三頁。

3 アメリカが、極東委員会構成一一カ国からなる会議での三分の二の多数決方式を提案したのに対して、ソ連は、イタリア平和条約の場合と同様の四大国(米英ソ華)方式による対日平和条約の起草を主張し、中国も、基本的にソ連と同様、四大国による拒否権を主張した。毎日新聞社編『対日平和条約』(毎日新聞社、一九五二年)四五―四七頁。

4　イギリスを中心としたこの時期の対日講和の議論につき、細谷千博『サンフランシスコ講和への道』(中央公論社、一九八四年)七九―一〇六頁参照。

5　この間の経緯につき、毎日新聞社編『対日平和条約』四一―四九頁。「事実上の講和」とは、平和条約の締結を待たずに、占領管理のまま、占領管理体制を修正緩和することによって、可能な範囲で日本を正常な国際関係に復帰させ、国内的には総司令部の権限を次第に縮少して日本政府に移譲しようとする措置をいい、「講和なき講和」とも呼ばれる。

6　朝鮮戦争の勃発とその後の戦況の悪化を受けて、国防省(統合参謀本部)が日本の軍事的な利用の側面から講和の延期を主張したのに対して、国務省は、早期講和を望む日本人の心理を考慮し、またソ連の影響力を排除するためにも講和を促進すべきであると主張し、最終的には国務省の見解が採用されたといわれる。Dean Acheson, *Present at the Creation: My Years in the State Department* (W.W. Norton & Co., 1969, reissued in 1987), pp. 433-435, 539. 五十嵐武士『対日講和と冷戦』(東京大学出版会、一九八六年)一九六―一九八頁。

7　Department of State, *Foreign Relations of the United States* (hereinafter cited as *FRUS*), 1950, Vol. VI, pp. 1296-1297. 邦訳、細谷千博ほか編『日米関係資料集　一九四五―九七』(東京大学出版会、一九九九年)八二―八三頁。この「対日講和七原則」に対して、ソ連は、五〇年一一月二〇日、説明を求める覚書(aide memoire)を提出し、第一原則に関しては、一九四二年の連合国宣言により敵国との単独講和が禁止されていることを、第二原則との関連では、カイロ宣言とポツダム協定(Potsdam Agreement)で、台湾・澎湖諸島の中国への返還が決定されているし、同様にヤルタ協定で、南樺太のソ連への返還と千島列島のソ連への引渡しが決定されていることを主張した。これを受けて、アメリカは、日本と交戦関係にあるすべての国が講和の締結に参加することを希望するが、いずれの国も他国による対日講和の締結に永久に拒否権をもつことは容認しないと主張すると共に、カイロ、ヤルタおよびポツダムの宣言については、戦時の宣言として、すべての関連要素が勘案されるいかなる最終講和にも従うことを条件とするものであったと回答している。Whiteman, *Digest of International Law*, Vol. 3, pp. 508-513. 西村熊雄『サンフランシスコ平和条約(日本外交史27)』(鹿島研究所出版会、一九七一年)六六―六八頁。

8　中国との関連では、日中国交正常化に当たって、周恩来首相が、中国では合法の反対は不法であり、蔣政府は不法であるとして、「正統」という言い方を「合法」に改めてほしい旨を希望したという経緯がある。「日中国交正常化の舞台裏(周・竹入会談大要)」『朝日新聞』一九八〇年五月二三日、「日中国交正常化に関する周恩来総理と竹入公明党委員長会談についての邦字紙記事(竹入メモ)(一九七二・八・二十七)」霞山会『日中関係基本資料集　一九四九年―一九九七年』四一三頁。

9 鹿島平和研究所編『日本外交主要文書・年表(1)』(原書房、一九八三年)四二頁。アメリカが北京政府を承認しなかった理由につき、see L. Thomas Galloway, *Recognizing Foreign Governments: The Practice of the United States* (American Enterprise Institute for Public Policy Research, 1978), p. 38.

10 Whiteman, *Digest of International Law*, Vol. 2, p. 31. イギリス(駐米大使)は、中国の政府承認をめぐる英米両国間の違いについて、次のように説明している。すなわち、政府承認には二つのアプローチがあり、承認を事実のみに基礎づける行為として扱う事実主義(*de facto* principle)と、承認を政策として扱う正統主義(legitimacy principle)である、イギリスは一九世紀に正統主義を適用したこともあるが、一九二四年以降は、事実主義に従っている、中国の承認に当たって、英米両国は異なる主義を適用し、イギリスは事実主義を適用し、アメリカは現代版の正統主義を適用している。*Ibid.*, pp. 110-111.

11 アメリカの三月草案の全文は、*FRUS*, 1951, Vol. VI, Pt. 1, pp. 944-950. アメリカ草案の四月時点での邦訳として、毎日新聞社編『対日平和条約』三四六―三五二頁。

12 "Provisional Draft of Japanese Peace Treaty." イギリス草案の概要につき、see Frederick S. Dunn, *Peace-Making and the Settlement with Japan* (Princeton U.P., 1963), pp. 137-139.

13 "Provisional Draft of Japanese Peace Treaty," Part V, Section 1, Article 23.

14 カイロ宣言に従った台湾・澎湖諸島の中国への返還は、以前からのイギリス政府の立場であった。Whiteman, *Digest of International Law*, Vol. 3, p. 504.

15 *FRUS*, 1951, Vol. VI, Pt. 1, p. 953, n. 1. 人民政府を平和条約交渉に参加させるべきとの立場をとった理由は、イギリスによって次のように説明された。対日平和条約がその目的を達成するには、日中間の良好な関係が必要であり、中国との貿易が極めて重要である。*Ibid.*, p. 954. もっとも、このような説明にも拘らず、イギリスがこの頃、日本と人民政府との関係を推し進めようとした背景には、戦前、日本の貿易活動によって英領の植民地や自治領の市場を日本に奪われた経験を持つイギリスが、東南アジアの市場を再び日本によって脅かされることを懸念して、日本製品を中国大陸に向かわせようとしていたという要素がある、との指摘もなされる。細谷『サンフランシスコ講和への道』二八九頁。なお、三月三〇日のイギリスの覚書に対して、アメリカは、第一に、中国中央人民政府の対日講和交渉への参加については、アメリカは中央人民政府を承認していないので、同政府を講和交渉に招請できるとは考えられない旨、第二に、台湾については、カイロ宣言は「中国」ではなく「中華民国」への返還を規定するが、現在「中華民国」を構成する地域に関して意見の相違があり、またその後の出来事がカイロ宣言に与えた影響に関して意見の相違があることに鑑み、日本は平和条約によって台湾・澎湖諸島に対するすべての権利、権原、請求権を放棄すべきであり、日本は台湾・澎湖諸島の地位をめぐる大きな紛議に巻き込まれるべきでない旨を指摘する覚書を手交している(四月二三日)。*FRUS*, 1951, Vol. VI, Pt. 1, p. 977.

16 *Ibid.*, p. 1148.

17 *Ibid.*, p. 1134.

18 交戦国でありながら対立する複数の政府が存在したため、いずれの政府も講和会議に参加しなかった先例として、第一次大戦後のパリ講和会議におけるロシアの例がある。ダレス・モリソン了解に至る過程で、アメリカはこの先例をも念頭に置いていたようである。石井明「中国と対日講和—中華民国政府の立場を中心に—」渡辺昭夫・宮里政玄編『サンフランシスコ講和』(東京大学出版会、一九八六年)三〇〇頁、石井明「対日講和と中国国民政府—ダレス・顧維鈞会談(一九五〇年一〇月—一九五二年一月)の内容紹介—」渡邊昭夫『サンフランシスコ講和条約をめぐる政策決定(昭和五七年度科学研究費補助金(総合研究A)研究成果報告書)』(一九八三年)一〇〇頁、細谷『サンフランシスコ講和への道』二八〇頁。もっとも、このような方策は、イギリス政府部内において検討されていたし(*FRUS*, 1951, Vol. VI, Pt. 1, p. 940)、カナダからも提案されていた。『同右書』二二五、二三〇、二三三頁。なお、イギリスは、二つの中国政府のうち対日平和条約に署名する政府を、極東委員会参加国の三分の二の多数が承認する政府とするということも提案したといわれる(吉田『回想十年・3』三五—三六頁)。

19 *Department of State Bulletin*, Vol. 25, No. 630 (July 23, 1951), pp. 132-138. 毎日新聞社編『対日平和条約』四〇六—四二五頁。ダレス訪英中に一応合意された英米草案につき、*FRUS*, 1951, Vol. VI, Pt. 1, pp. 1119-1133.

20 「対日平和条約問題に関する周恩来外交部長の声明(一九五〇・十二・四)」霞山会『日中関係基本資料集　一九四九年—一九九七年』一二—一三頁。

21 同様な批判はソ連からもあり、これに対してアメリカは、台湾に関しては意見の相違が大きく、連合国全体が締約国となる対日平和条約で確定的に処理することは不可能であるとしている。*Department of State Bulletin*, Vol. 25, No. 638 (September 17, 1951), p. 462.

22 「対日平和条約米英草案とサンフランシスコ会議に関する周恩来外交部長の声明(一九五一・八・十五)」霞山会『日中関係基本資料集　一九四九年—一九九七年』一九—二五頁。

23 「対日平和条約調印に関する周恩来外交部長の声明(一九五一・九・十八)」『同右書』二五—二七頁。

24 西村『サンフランシスコ平和条約』七五頁。

25 ロンドン会談に先立つ一連のダレス・顧維鈞会談については、石井「対日講和と中国国民政府」九二—一〇〇頁、石井「中国と対日講和」二九五―三〇〇頁に詳しい。

26　その後、ロンドン会談を経て、英米草案以降は、南樺太・千島についても「放棄」の方式がとられることになる。このような変更の理由として、ダレスは、第一に、それまでの方式では、形式上はソ連に直接利益を与える恰好になっており、上院の審議に困難が予想されること、第二に、それまでの方式では、ソ連が条約に参加しない限り法律上は日本に主権が残ることになるが、実際にはソ連の占拠が続くことになろうから、日本と防衛協定を結ぶアメリカにとって好ましくない紛議に巻き込まれる恐れがあることを挙げて説明している。細谷『サンフランシスコ講和への道』二三九―二四〇頁。もっとも、南樺太・千島についても「放棄」の方式とするよう提案したのは、フランスであった。すなわち、ロンドン会談の合間にフランスを訪問したダレスに対して、フランスのショーベル国連大使が、ソ連が平和条約に署名しない場合には南樺太と千島の主権が日本に残ることになる旨を指摘して、放棄の方式にするのが良いのではないかと提案し、これに対してダレスが好意的に検討する旨を述べている。*FRUS*, 1951, Vol. VI, Pt. 1, p. 1114.

27　このような変化の一因として、「対日講和七原則」の方式であれば、台湾・澎湖諸島の処理についてソ連に発言権を与えることになるとの反対が、アメリカ国内にもあったことが指摘される。大森正仁「台湾」国際法事例研究会『領土』（慶應通信、一九九〇年）六一頁。

28　石井「対日講和と中国国民政府」九八頁。*FRUS*, 1951, Vol. VI, Pt. 1, p. 1052. 他方、イギリスに対しては、台湾・澎湖諸島について「放棄」という方式を提案した理由として、台湾を引き渡すべき相手である「中国」をめぐる紛議に巻き込まれるような行動をとるよう日本に求めるのは賢明でない、との説明がなされている。*FRUS*, 1951, Vol. VI, Pt. 1, pp. 977, 978.

29　ここで同席のラスク国務副長官が、「この了解は外にもらしてはならない」と口をはさんだといわれる。石井「対日講和と中国国民政府」一〇三頁。

30　石井明「台湾か北京か―選択に苦慮する日本―」渡辺昭夫編『戦後日本の対外政策』（有斐閣、一九八五年）六八頁。

31　インド、ビルマ、ユーゴスラビアの三国は、会議に招請されたが、参加しなかった。インドは、参加拒否の理由として、平和条約案が琉球等をアメリカの施政下に置くとしていること、占領軍が防衛協定の一部として引き続き駐留できるとしていること、台湾を中国に返還することを規定していないことなどを挙げ、インドが重視して交渉において主張してきた日本の名誉・平等・満足と極東の安定的平和という基準に合致していないと述べている。Whiteman, *Digest of International Law*, Vol. 3, pp. 531-532. 西村『サンフランシスコ平和条約』一八三―一八七頁、細谷『サンフランシスコ講和への道』二六〇―二六一頁、ナーラーシンハ・ムールティ「インドと対日講和」渡辺・宮里編『サンフランシスコ講和』二三五―二四三頁参照。ビルマの参加拒否の理由は、賠償規定に対する不満にあり、この点につきパキスタン代表は、サンフランシスコ会議での演説において、インドは条約案が苛酷過ぎるとして、またビルマは条約案が寛大過ぎるとの理由で欠席していると述べている。『サン・フランシスコ会議議事録』(外務省、一九五一年)一八三頁。そしてユーゴスラビアの不参加の理由は、対日平和条約案は直接自国に関係する条項を含んでおらず、また日本政府との間に直接通常の外交手続で解決できない問題もないということにあった。入江啓四郎『日本講和條約の研究』(板垣書店、一九五一年)二八二頁。

32　サンフランシスコ講和会議は、正式には、「日本国との平和条約の締結と署名のための会議(Conference for the Conclusion and Signature of the Peace Treaty With Japan)」という。

33　最終草案のテキストにつき、*Department of State Bulletin*, Vol. 25, No. 635 (August 27, 1951), pp. 349-353.

34　“Text of Rules of Procedure,” Article 17, *Department of State Bulletin*, Vol. 25, No. 638 (September 17, 1951), p. 452. グロムイコは手続規則の重要性を十分理解していなかったのではないかとの指摘もある。Acheson, *Present at the Creation*, p. 546.

35　『サン・フランシスコ会議議事録』一一二—一一五、三〇八—三一九頁。Whiteman, *Digest of International Law*, Vol. 3, p. 545.

36　“Statement by John Foster Dulles,” *Department of State Bulletin*, Vol. 25, No. 638, p. 458.

37　*Ibid*., pp. 454-455. これは領土問題に関する第二条全体にわたる解説として述べられたものであるが、とりわけ台湾および澎湖諸島に関連していると思われる。なお、同じく第二条全般にわたる解説として、ダレスは、ポツダム降伏条項は日本と連合国全体が拘束される唯一の平和条項である、若干の連合国政府間に若干の私的了解(private understandings)は存在するが、それは日本や他の連合国を拘束しない、平和条約は、日本国の主権を本州その他に局限することを規定するポツダム降伏条項第八項を具体化しているのであり、第二条に定める「放棄」は、右降伏条項に完全かつ正確に合致するものである、と述べている(*Ibid*., p. 454)。

38　ただし、アメリカの三月草案では、非署名国との二国間平和条約の締結に関する規定ではなく、非署名国による対日平和条約への加入の規定が置かれていた(第二二条)。*FRUS*, 1951, Vol. VI, Pt. 1, p. 950.

39　『第十二回国会衆議院平和条約及び日米安全保障条約特別委員会議録』第三号(一九五一年一〇月一八日)一四—一五頁。

40　在外事務所は、その機能が貿易促進業務や在留邦人関係業務に限られており、日本を代表して外交交渉を行う権限も特権免除も享有しなかったが、そのような制約の下で、公の地位と任務を相手国との関係で認められた常駐的な在外政府代表であった。横川新「占領期間中の外交機能」国際法事例研究会『国交再開・政府承認』(慶應通信、一九八八年)二一八—二二〇頁。

41　『第十二回国会参議院平和条約及び日米安全保障条約特別委員会会議録』第五号(一九五一年一〇月二九日)五頁、同第六号

(一九五一年一〇月三〇日)四頁、同第七号(一九五一年一〇月三一日)一四頁。このほか、吉田首相の台北政府は地方政権であるといった発言が、頻繁に外電で報じられてもいた。西村『サンフランシスコ平和条約』三一九―三二〇頁。また、アメリカ国務省でも一連の吉田発言が注視されていた。*FRUS*, 1951, Vol. VI, Pt. 1, pp. 1389-1390.

42 石井「中国と対日講和」三〇六頁。

43 吉田『回想十年・3』八三、八四頁。吉田首相は、このように考えた理由として、「中共政権は、現在までこそ、ソ連と密接に握手しているが如く見えるけれど、中国民族は本質的にはソ連人と相容れざるものがある。…中ソ両国は、遂に相容れざるに至るべしと私は考えており、従って中共政権との間柄を決定的に悪化させることを欲しなかった」と説明している。『同右書』八三頁。なお、当時の西村外務省条約局長も、吉田首相は、「平和条約第二十六条の二国間平和条約は中国代表問題が国際的に解決されるまで延ばしたい」と考えていたと記している。西村『サンフランシスコ平和条約』三一五頁。See also *FRUS*, 1951, Vol. VI, Pt. 1, pp. 1147, 1162.

44 西村『サンフランシスコ平和条約』一九一―一九二頁。Acheson, *Present at the Creation*, p. 545.

45 *FRUS*, 1951, Vol. VI, Pt. 1, p. 1242. なお、この書簡の文言がほぼそのままの形で、後の「吉田書簡」の末尾に利用されている。

46 *Congressional Record*, Vol. 98, Pt. 2, p. 2451. See also John W. Dower, *Empire and Aftermath: Yoshida Shigeru and the Japanese Experience, 1878-1954* (Harvard U.P., 1979), p. 405. 邦訳、ジョン・ダワー『吉田茂とその時代(下)』(中央公論社、一九九一年)。なお、対日講和に関するアメリカ議会の反応については、梅本哲也「アメリカ合衆国議会と対日講和」渡辺・宮里編『サンフランシスコ講和』一四五―一六四頁参照。

47 ダレスが上院の批准承認を確保するためこれだけの努力を払った背景の一つとして、かつて自ら参加したパリ講和会議で作成されたベルサイユ条約がその後上院によって批准承認を拒否された経験が、苦い記憶として残っていた点が指摘される。細谷『サンフランシスコ講和への道』二八二頁。なお、ダレスの訪日に合わせて、上院外交委員会の両党の有力議員であるスパークマン(民主)とスミス(共和)も訪日している。

48 ダレスは、国民政府との二国間条約の締結を求めるに当たって、国民政府がアメリカおよび国連の大多数の加盟国によって承認されていることのほか、国連に議席を持ち、将来の日本の国連加盟に対する拒否権を含む安保理における投票権を持っていることなどを指摘している。*FRUS*, 1951, Vol. VI, Pt. 1, p. 1437.

49 西村『サンフランシスコ平和条約』三一二―三一七頁。同書三一七頁では、「日本政府が大局的見地から国民政府と平和条約を結ぶ意向であることを明らかにする書簡を往復し…」(傍点引用者)とされているが、吉田書簡では必ずしも「平和条約」

とはされていないし、この点は重要であるので、本文では「平和条約」とはせず、単に「条約」とするに留めた。Cf. *FRUS*, 1951, Vol. VI, Pt. 1, pp. 1444-1445.

50　ダレスの起草した「吉田書簡」の草案につき、*FRUS*, 1951, Vol. VI, Pt. 1, pp. 1445-1447. なお、ダワーは、吉田書簡を「代筆書簡(ghosted letter)」と呼ぶ。Dower, *Empire and Aftermath*, p. 400.

51　外務省条約局『条約集』第三〇集第一巻(一九五二年一月)一―四頁。ダレスからの返簡につき、『同上書』第三〇集第一巻、五頁。

52　外務省外交史料館マイクロフィルム、B〇〇〇九、フラッシュ九、〇〇四八―〇〇五四頁。

53　第二章注55および対応する本文参照。

54　西村『サンフランシスコ平和条約』三二〇頁。

55　この公表のタイミングが、ダレスとイーデン英外相との関係を険悪なものにした点は良く知られている。細谷『サンフランシスコ講和への道』三〇一―三〇四頁。また、イギリスが吉田書簡を「日本と中国の将来の関係は、…日本自身が決定しなければならない」というダレス・モリソン了解と矛盾するものと見たことも間違いない。

56　*Congressional Record*, Vol. 98, Pt. 2, p. 2594. Dower, *Empire and Aftermath*, p. 408.

57　梅本「アメリカ合衆国議会と対日講和」一五七―一五八頁。実際、一九五一年一二月のダレスの来日に合わせて来日したスパークマン上院議員は、五二年一月一六日の上院において、議事録の自らの発言の末尾に吉田書簡を添付することさえ求めている。*Congressional Record*, Vol. 98, Pt. 2, pp. 219-220. 西村『サンフランシスコ平和条約』三二六頁。

58　細谷『サンフランシスコ講和への道』二八〇頁。

59　『朝日新聞』一九五二年一月一九日。

60　「吉田大臣発在台北中田事務所長代理宛、國府派遣使節に関する件(昭和二七年一月三一日)」外務省外交史料館『日華平和条約関係一件』第一巻、〇〇七一頁(本史料にはフラッシュ番号も付されているが、それがなくても同定可能であるので、以下でもフラッシュ番号は省略する)、石井「中国と対日講和」三〇七頁。日本は、吉田首相名の正式な照会状を出すに先だって、一月二六日に、何団長に国府側の内意を確かめるよう依頼している。「大臣発台北中田所長代理宛、国府派遣使節に関する件(昭和二七年一月二九日)」『日華平和条約関係一件』第一巻、〇〇五八―〇〇五九頁。

61　石井「中国と対日講和」三〇七頁。なお、以下の日華条約会議の概要に関しては、主として日本の外交文書によることとするが、中華民国側の外交文書に依拠したものとして、「同右論文」三〇七―三一二頁参照。

62 「同右論文」三〇七—三〇八頁。なお、「外務大臣発木村所長宛、日華条約交渉に関する件(昭和二七年二月一二日)」『日華平和条約関係一件』第一巻、〇一三〇—〇一三五頁参照。

63 以下の日華会議の概要は、特に注が付されていない限り、基本的に、「日華条約交渉日誌(三月十七日まで)」および「日華条約交渉日誌(二)(三月十八日—四月二十八日)」『日華平和条約関係一件』第一巻、〇〇〇六—〇〇四四頁(以下、前者を「日華条約交渉日誌」、後者を「日華条約交渉日誌(二)」とする)に拠った。

64 外務省百年史編纂委員会編『外務省の百年・下巻』(原書房、一九六九年)八一二頁。

65 「外務大臣より河田全権に対する訓令(昭和二七年二月一六日)」『日華平和条約関係一件』第一巻、〇一九六—〇一九七頁。

66 石井「中国と対日講和」三〇八頁。

67 第一回公式会議の議事録は、「日華條約第一回会議議事録」『日華平和条約関係一件』第一巻、〇四〇七—〇四一六頁。

68 「Tentative Draft: Peace Treaty between the Republic of China and Japan」『日華平和条約関係一件』第三巻、〇〇一九—〇〇四二頁。なお、『外務省の百年・下巻』八一二頁は、国府側第一次草案が「全文二十一カ条」としているが、二二カ条の誤りである。

69 「日華条約交渉日誌」〇〇〇七—〇〇〇八頁。

70 マイケル・ヨシツ(宮里政玄・草野厚訳)『日本が独立した日』(講談社、一九八四年)一三二—一三三頁。

71 後述の倭島局長持参の本省案(三月八日付)のタイトル参照。なお、三月九日には、条約の名称問題について本省の了解を取り付けたことが河田全権から国府側に知らされている。「日華条約交渉日誌」〇〇一五—〇〇一六頁。

72 第二回公式会議の議事録は、「日華条約第二回会議議事録」『日華平和条約関係一件』第一巻、〇四三〇—〇四四一頁。

73 「戦争状態の終結及び正常関係の再開に関する日本国政府と中華民国政府との間の條約案(昭和二七年三月一日)」『日華平和条約関係一件』第三巻、〇〇四四—〇〇五〇頁。

74 石井明「日華平和条約締結交渉をめぐる若干の問題」『教養学科紀要』第二一号(一九八八年)七七頁も、「日本側第一次草案は、平和条約の草案というよりは通商航海条約の草案といった方が適切である」とする。

75 石井明「日華平和条約の交渉過程—日本側第一次条約草案をめぐって—」『中国—社会と文化』第三号(一九八八年六月)二〇四—二〇五頁。

76 倭島局長持参の本省案も「日本国と中華民国との間の平和条約案」と題していた。『日華平和条約関係一件』第三巻、〇〇五六—〇〇六六頁。

77 「日本国と中華民国との間の平和條約案」『日華平和条約関係一件』第三巻、〇〇九二—〇一〇三頁。

78　「日華条約交渉日誌」〇〇一四頁。国府側第一次草案第八条は、在中国特殊権益の放棄に加えて、一九二七年以前の中国当局と日本当局・国民との間の契約上の利益の放棄まで規定していたが、この点は盛り込まれなかった。

79　「木村事務所長発吉田大臣宛、日華條約交渉に関する件（昭和二七年二月一〇日）」『日華平和条約関係一件』第一巻、〇一〇三―〇一〇四頁、「外務大臣発木村所長宛、日華条約交渉に関する件（昭和二七年二月一二日）」『日華平和条約関係一件』第一巻、〇一三〇―〇一三一頁。

80　「日華条約交渉日誌」〇〇一八―〇〇二四頁。三つの争点をめぐる両国の立場の概略は主として、『外務省の百年・下巻』八一二―八一三頁による。

81　『外務省の百年・下巻』八一三頁では、第三点目について、国府側が「ただし国府の大陸における主権を害するものではない」旨の但書を付け加えることを主張したとされているが、国府のこの主張は、本文で後述する国府側第二次草案の修正提案（三月二五日）におけるものであり、時期的に前後することになり不適当であるので、本文では、それ以前の段階における国府の主要な主張を掲げておいた。

82　「日華条約交渉日誌」〇〇二二頁。

83　日本側第二次草案の賠償に関する第一〇条は、外交記録の公開においても全面伏字となっていたため、著者が行政文書の開示手続によって入手したものである。「特定歴史公文書等利用決定通知書　利用決定第〇一〇五号」（二〇一四年四月一四日）。

84　国府側の文献によれば、河田全権は、賠償に関する日本側の主張を行うに当たって、日本が中国大陸に遺留してきた数百億ドルの財産をもって賠償にあてれば足りる、と反論すると共に、賠償要求は貴国がしばしば表明してきた日本に対して寛大にするという趣旨と一致しない、と指摘したといわれる。石井「日華平和条約締結交渉をめぐる若干の問題」八八頁。

85　「日華条約交渉日誌」〇〇一三―〇〇一四、〇〇二四頁。これに対して、国府側は賠償問題を当初からさほど重視してはいなかったようで、汪アジア局長との私的会談の際に、日華条約に対する四大原則（①名実とも完全な平和条約、②国府が中国全体の正統政府、③不平等条約の全面的撤廃、④賠償）が示されたが、主に①～③の三原則について述べ、④は忘れていて暫く経ってから付け足したということがあったようである。したがって、日本側としては賠償の要求はさほど強くないと感じた可能性がある。「日華平和条約交渉経緯（後宮事務官研修所講演速記・昭和二十七年六月二十五日）」一七頁。

86　「損害を受けた土地を中国政府が再び統治するに至つた際」に決定するとの提案を行ったのは、対日平和条約第一四条(a)1において、役務賠償の対象が「現在の領域が日本国軍隊によつて占領され、且つ、日本国によつて損害を与えられた連合国」とされていることによるものと思われる。なお、この国府の提案は日本側によって拒否されている。「日華条約交渉日誌」

〇〇二一、〇〇二二—〇〇二三頁。

87 国府側が「自発的」放棄を提案した背景には、国府が大陸に対する自らの権利の存在という体裁にこだわったという側面があるように思われる。「放棄」とは、その対象となる権利の存在が前提となる行為だからである。実際、その後の賠償条項にかかる交渉において、国府側は、「既に實質の面で譲りたる以上その体裁につい《ママ》は自案に固執し特に国府の連合国並みのステータス堅持の方針に立脚して一旦賠償に関する総べての権利を獲得したる後、改めてこれを自発的に放棄する建前は是非ともとりたき旨主張」したといわれる。「河田全権発吉田外務大臣宛、[件名なし]（昭和二七年三月二六日）」『日華平和条約関係一件』第一巻、〇五一四—〇五一六頁。

88 「河田全権発吉田外務大臣宛、[件名なし]（昭和二七年三月二〇日）」『日華平和条約関係一件』第一巻、〇四七三—〇四七五頁、「日華条約交渉日誌」〇〇二七頁。

89 「Peace Treaty between Japan and the Republic of China (Presented by the Chinese Delegation on 21 March)」『日華平和条約関係一件』第三巻、〇一二八—〇一三八頁。

90 「河田全権発吉田外務大臣宛、[件名なし]（昭和二七年三月二〇日）」『日華平和条約関係一件』第一巻、〇四七六—〇四七七頁。

91 交渉の結果国府側より示された修正案に基づく（国府側第二次草案への）修正箇所につき、「河田全権発吉田大臣宛、[件名なし]（昭和二七年三月二六日）」『日華平和条約関係一件』第一巻、〇五二六—〇五三九頁。

92 「河田全権発吉田大臣宛、[件名なし]（昭和二七年三月二五日）」『日華平和条約関係一件』第一巻、〇五〇五—〇五〇八頁。

93 「Treaty of Peace between the Republic of China and Japan」『日華平和条約関係一件』第三巻、〇一五二—〇一六一頁、「河田全権発吉田外務大臣宛、[件名なし]（昭和二七年三月二六日）」『日華平和条約関係一件』第一巻、〇五二六—〇五三九頁、『外務省の百年・下巻』八一三頁。

94 「日華条約交渉日誌(二)」〇〇三二頁。

95 「Treaty of Peace between the Republic of China and Japan」『日華平和条約関係一件』第三巻、〇一七一—〇一七七頁。

96 「吉田大臣発河田全権宛、日華條約交渉に関する件（昭和二七年四月四日）」『日華平和条約関係一件』第二巻、〇〇〇九頁。

97 「吉田大臣発河田全権宛、日華條約交渉に関する件（昭和二七年四月四日）」『日華平和条約関係一件』第二巻、〇〇一〇—〇〇一三頁。③の適用地域に関する規定の削除提案は、条約中に大陸に関連する事項が全く含まれない以上、そのような規定は不要と判断されたものである。日本政府が、この段階で、このような交渉打切りとも受け取られかねない新提案を行うよう訓令を発したのは、吉田首相が「何時迄ぐずぐずしているか、簡単なものにして早く纏めよ」といったためにであるとされる。「日華平和条約交渉経緯（後宮事務官研修所講演速記・昭和二十七年六月二十五日）」五二頁。

98　「河田全権発吉田大臣宛、日華條約交渉に関する件（昭和二七年四月八日）」『日華平和条約関係一件』第二巻、〇〇三三―〇〇三四頁。

99　倭島局長在台北中は、台北からの重要な来電もなく、交渉は坦々と進められたようである。「日華条約交渉日誌」〇〇三九頁。

100　「河田全権発外務大臣宛、日華條約交渉に関する件（昭和二七年四月一六日）」『日華平和条約関係一件』第二巻、〇〇四三―〇〇四四頁。

101　訓令の具体的内容は二点あり、まず適用地域に関する交換公文との関連では、「適用範圍に関する交換公文中に吉田ダレス書翰の語句を使用する際は原文のま、と致したく、これを変更することには同意し難い。但しミニッツ［同意議事録のこと＝引用者注］において先方が or を and の意と解する旨を述べる場合は、これに対し我方において『テークノートする』とのみ述べておくことにされたい」との内容であった。もう一点については全面伏字となっており、その内容は不明である。「外務大臣発台北河田全権宛、日華平和条約交渉に関する件（昭和二七年四月一七日）」『日華平和条約関係一件』第二巻、〇〇五四―〇〇五七頁。ただし、「日華平和条約交渉経緯（後宮事務官研修所講演速記・昭和二十七年六月二十五日）」九一頁によれば、交渉の最終段階まで残った問題は、適用地域に関する交換公文の文言と、協力政権の在日財産の問題であったとされるので、訓令のもう一点は後者の問題に関するものであったと思われる。

102　「河田全権発吉田大臣宛、日華條約交渉に関する件（昭和二七年四月一八日）」『日華平和条約関係一件』第二巻、〇〇七四―〇〇八一頁、「吉田大臣発河田全権宛、日華條約交渉に関する件（昭和二七年四月一八日）」『同右』第二巻、〇〇九三―〇〇九四頁、「外務大臣発河田全権宛、日華条約《ママ》の交渉に関する件（昭和二七年四月一八日）」『同右』第二巻、〇〇九五―〇〇九七頁。河田全権は、その後四月一九日になって、訓令にあった適用地域に関する交換公文との関係で「テークノートする」との提案を葉全権に対して行っている。「Revisions, April 19, 1952」『日華平和条約関係一件』第三巻、〇二七二頁。

103　「外務大臣発河田全権宛、日華條約交渉に関する件（昭和二七年四月二二日）」『日華平和条約関係一件』第二巻、〇一三五―〇一四三頁。実際に国府側に示された提案につき、「Major Points, April 23, 1952」『日華平和条約関係一件』第三巻、〇二七七―〇二七八頁。なお、適用地域に関する同意議事録の日本側最終案は、次のようであった。中華民国代表「私は、この条約の適用範囲に関する書簡の『又は今後入る』という表現は、『及び今後入る』という解釈を許容すると了解する」。日本国代表「私は、当該表現に関して貴殿より表明された懸念は根拠がないことを確言する。私は、この条約が中華民国政府の支配下にあるすべての領域に適用があると了解する」。

104　国府側は、日本側の最終案に対して、さらに修正提案を行っている。「四・二四葉全権より受領」および「四月二四日葉から全権へ」『日華平和条約関係一件』第三巻、〇二八〇、〇二八二—〇二八三頁。なお、適用地域に関する同意議事録の国府側修正案は、次のようであった。中華民国代表「私は、本日交換された書簡の『又は今後入る』という表現は、『及び今後入る』という意味にとるべきであると理解しているか(Do I understand that …)」(文章が奇妙であるが原文直訳のママ)。日本国代表「然り。私は、この条約がいずれかの時に又はいずれの時にも(at any or all times)中華民国政府の支配下にあったすべての地域に適用があるというのが我が政府の了解でもあることを確言する」(これでは大陸も当然に適用地域に含まれるということになるが原文直訳のママ)。

105　「河田全権発吉田大臣宛、日華條約交渉に関する件(昭和二七年四月二七日)」『日華平和条約関係一件』第二巻、〇二六一—〇二六二頁。なお、本電報では、国府側が日本側の最終案に同意したものとして、適用地域と協力政権財産のみが言及されているが、それは、在中国日本外交機関財産については、そもそも日本側の最終案が国府案を認めるものであったからである。「日華条約交渉日誌(二)」〇〇四一—〇〇四二頁。

106　「河田全権発吉田大臣宛、日華條約交渉に関する件(昭和二七年四月二八日)」『日華平和条約関係一件』第二巻、〇二八六—〇二八七頁は、「二十八日午後三時三〇分調印無事終了」と報告しているが、「日華条約交渉日誌(二)」〇〇四四頁では、「午後三時調印完了す」とされている。また、石井「中国と対日講和」三一二頁は、恐らくは中華民国側の資料に基づいて、「調印式は四月二八日午後三時一〇分から三時四〇分にかけて…行われた」と述べ、『朝日新聞』一九五二年四月二九日も台北発として、日華平和条約の調印式は午後三時一二分から行われ、同四五分に終わったとするが、彭明敏・黄昭堂『台湾の法的地位』(東京大学出版会、一九七六年)一五八頁は、「日華平和条約の調印は、調印現場の台北時間で二十八日午後三時」としている。なお、現在、日本と台湾の間には一時間の時差があるが、当時も同様であったかは明らかでない。いずれにせよ、日華平和条約の署名が対日平和条約発効の数時間前であったことは間違いない。石井「中国と対日講和」三一二頁も、本文に述べたところと同様、日華平和条約の署名は対日平和条約発効の「七時間前であった」とする。

107　『朝日新聞』一九五二年四月二九日、西村『サンフランシスコ平和条約』四六〇頁。

第二章　日華平和条約

第一節　日華平和条約の署名時期

日華平和条約は一九五二年四月二八日に署名されたが、この日は、対日平和条約が発効した日でもあった。対日平和条約において、日本は、対日平和条約の非署名国との間に、対日平和条約と同様の条件で「二国間の平和条約」を締結する用意がある旨を約束している（第二六条）。しかし、日華平和条約が、厳密にいえば、対日平和条約第二六条に基づく「二国間の平和条約」ではないことは明らかである。それは、日華平和条約が対日平和条約発効の数時間前に署名されていることから、日華平和条約の署名時には、第二六条を含めて対日平和条約は効力を生ずるに至っていなかったからである1。

では、日華平和条約が対日平和条約の発効の日に署名されたのは、単なる偶然なのであろうか。日華平和条約の交渉経緯からして、決して全くの偶然であるとは思えない。日華平和条約交渉開始の直接の契機となる吉田書簡が公表された一九五二年一月、同書簡の中国語訳を受け取った蔣介石は、それに三つの指示を書きつけているが、その中には、日華間の二国間条約は「多数国間条約が発効する以前に調印しなければならない」という一項が含まれていたからである2。

なぜ蔣介石は、対日平和条約発効前の署名にこだわったのであろうか。この点については、体面的な側面と実質的な側面の二面があるように思える。

一 体面的側面

体面的な側面とは、中華民国の国際的な地位という対外的な威信の問題である。中華民国は、国連安全保障理事会において常任理事国の議席を占めていたとはいえ、中国内戦に敗退し、台湾という極めて狭隘な地域を支配下に置くに過ぎない中国の「地方」政権に堕していたことは否定できない事実であった。したがって、自己の地位が国際的にいかに扱われ、いかに評価されるかという点に過度なまでに敏感になっていたとしても、むしろ当然であったといえよう。それゆえ、対日講和との関係では、まずサンフランシスコ講和会議への出席に全力を傾けることになる。特に、後にダレス・モリソン了解として知られるようになった決定(中国からはいずれの政府も講和会議に招請しない)を行うことになるロンドン会談直前の一九五一年五月―六月には、顧維鈞駐米大使が頻繁にダレスと会見し、講和会議への参加の可能性追求を重ねて求めている3。

しかし、ロンドン会談の結果、中国のいずれの政府も講和会議に招請しないという決定がなされるや、国民政府は、まず対日平和条約に他の連合国と「同時に署名」する可能性を求めた。すなわち、中華民国が受け入れることができるのは、①他の連合国と同時に多数国間の対日平和条約に署名するか、②連合国が同時に、しかし別々に日本と条約に署名するか、のいずれかであるとして、葉公超外交部長からランキン駐華米国公使に申入れを行った（六月一八日）。しかし、それがいずれも実現困難であることが明らかとなると、修正案として、①署名期間を決めて多数国間の対日平和条約に署名するものとし、中華民国は各国より早く署名することはしない、②二国間条約を結ぶが、それは各国が多数国間の対日平和条約を結ぶより先にする、との二案を顧維鈞駐米大使からダレスに提案する（六月二一日）。ダレスは、①は技術的に困難であり、また②も連合国総司令部から日本政府に命令を下さねばならず、適切でないと述べたが、顧維鈞大使はその後も、②の方式に固執したのである4。

このように、国民政府は、対日講和との関連で、常に他の連合国との対等な扱いを求め、対日平和条約自体への署名に努力を傾注していたが、それが叶わないままに対日平和条約は署名に開放されることとなった。その発効を待つ段階において発出された吉田書簡に対して、蔣介石は、右に述べたような指示を書きつけたのである。既に多数国間の対日平和条約が署名され、他の連合国との対等という国府の希望が叶えられずに終わった後の段階におけるこのような指示には、いかなる意味があったのであろうか。

この点については、吉田書簡公表からほどなくして出された中華民国司法院長の王寵恵による談話が、蔣介石の意図の一端を説明しているように思える。王院長によれば、「［日華］両国の平和条約は…中国の参加しなかつた［対日平和］条約の第二十六条［の］規定によるべきではない」というのである5。つまり、対日平和条約が発効した後に日華間の条約に署名するということになれば、それは対日平和条約第二六条に基づいた二国間の平和条約ということになるが、そうなれば、自国の平和条約締結の権利を日本と他の連合国との間の合意に基づかせるということになり、自国を他の連合国よりも劣位に置くことになる、したがって対日平和条約の発効前に日華平和条約を署名せよ、というのが蔣介石の意図だったのではなかろうか。中華民国政府が、対日平和条約の署名後においても他の連合国との横並びの関係を最も重視したことは、日華条約交渉において、同政府がいわゆる連合国並み受益条項を、賠償問題にも優る「キイー・プロヴィジョン」であるとしてその重要性を力説した点からも窺うことができる。

体面に係わる今一つの側面は、他の連合国との関係ではなく、日本との関係である。ロンドン会談におけるダレス・モリソン了解によれば、日本と中国の将来の関係は、対日平和条約の予定する主権・独立の地位を行使して、日本自身が決定することとされていた。しかし、国府にしてみれば、「我が方は戦勝国であるのに、どうして戦敗国が我方と講和条約に調印するのかどうか決定するのを聴かねばならないのか」（顧維鈞）という想いがあり、「日本が、中国のどちらとの講和条約に調印するのかを選択して決めるというのは、実際、我が方にとって耐えがたい」（顧維鈞）という感情があった6。したがって、国府としては、対日平和条約が発効し、日本が主権・独立の地位を行使して「選択」を行う（という外観が現れる）前に、日華間の条約を締結したいと希望したと考えることもできるのである。

二　実質的側面

右のような体面という側面は、国民政府が対日平和条約の発効前における日華平和条約の署名にこだわった重要な理由であろう。しかしそれは、中華民国政府が日華平和条約の署名時期を重視した唯一の理由ではなかった。とりわけ日華間の実際の交渉段階に至ると、より実質的な考慮も強く働くようになったものと思われる。この観点からは、アメリカ上院による対日平和条約批准承認の前後における日華両政府の態度変化が注目される。国民政府側は、アメリカ上院による対日平和条約承認（一九五二年三月二〇日）の前日に、役務賠償を放棄してもよいとする案を初めて示唆した。これとは対照的に、日本政府側は、アメリカ上院による対日平和条約の承認後、現地の河田全権より「手を打つべき潮時の到来」として請訓が来たのに対して、以前の立場に逆戻りしたかのような提案を行うよう指示しているのである。

このような事実からして、国民政府が、対日平和条約が発効すれば日本の態度がさらに強硬になると考えたとしても不思議ではなかろう。実際、その後(四月八日)、井口貞夫外務次官から課長に対して、対日平和条約の発効が遅れそうなので[7]、日華条約の妥結を急がないようにと現地の倭島局長に連絡するよう指令が出されたといわれるが[8]、これには、日本が独立を回復し完全な外交機能を回復すれば、自由な立場から、より有利に日華間の交渉を進めることができるという含みもあったのではないかと思われる[9]。そのような可能性を考慮して、逆に国民政府としては、日本が独立を回復する前に、つまり対日平和条約が発効する前に、何としても署名を終えようとしたものと考えることができるのである。

他方、日本としては、日華平和条約(二国間平和条約の締結相手としての中華民国政府の選択)が、対日平和条約の発効と独立回復という至上命令の達成のために、いわば押し付けられたという側面をもっていたことも否定できず、また大陸問題という重要かつ微妙な問題も絡んでおり、さらにイギリスとの関係をも考慮すれば、早期妥結を積極的に推進するという立場にはなかった。そして何よりも、占領下にある日本としては、法的にいって、対日平和条約が発効するまでは原則として単独で条約を結ぶことはできなかったことを想起しなければならない。

一九四五年九月二日の降伏文書に規定するように、「天皇及日本国政府の国家統治の権限は、本降伏条項を実施する為適当と認むる措置を執る聯合国最高司令官の制限の下に置かるる」ことになり、その結果として、国際条約の締結を含む日本の外交機能はすべて停止され、連合国総司令部の行うところとなっていた[10]。その後、いわゆる「事実上の講和」によって、日本の外交機能も部分的に回復されることになるが、二国間貿易協定などの国際条約は、基本的に、占領下の日本に代わって行動する連合国最高司令官が署名を行っていたのである[11]。したがって、日本としては、「完全な主権」（対日平和条約第一条(b)が回復することになる対日平和条約の発効までは、原則として単独では（つまり連合国総司令部の特別な指示がない限り）、中華民国との間の平和条約に署名することは法的にできなかったということになろう。かの吉田書簡が、「法律的に可能となり次第」日華間に条約を締結する用意がある、と述べていたのも、この点を指していたものと考えることができる[12]。

なお、英米両国も、一九五一年一一月の段階で、同年六月の「ダレス・モリソン了解」（日本と中国の将来の関係は、主権・独立の地位を行使して日本が決定する）の観点から、日本が国民政府との関係を正常化するために、対日平和条約の発効前に国民政府と予備交渉をすることには反対しないが、交渉の結果としての協定の締結は対日平和条約の発効後でなければならないという点で合意していた[13]。また、前述のように、吉田書簡の公表直後、中華民国では、蔣介石が日華条約は対日平和条約の発効前に署名せよとの指示を下したが、葉公超外交部長がこの点につきランキン公使に説明したのに対して、ランキン公使は、日本と他国との条約は対日平和条約の発効前にも交渉、仮署名できるが、正式な署名は対日平和条約の発効を待たなければならないという国務省の回答を葉公超に伝えている[14]。

以上のように見てくるならば、一九五二年四月二八日という日華平和条約の署名日は、単なる偶然とは到底いえないことが理解されるであろう。対日平和条約の発効までに何としても署名しようとする中華民国と、対日平和条約が発効するまでは単独での条約締結が原則として認められていない日本とが、日華平和条約の署名日に関して妥協し合えるとすれば、それは対日平和条約の発効の日をおいてほかになかったとさえいえるのである。そして、それゆえに、日華条約交渉において有利な立場に置かれたのが、交渉を急ぐ必要のなかった日本であったのもまた事実であった。

第二節　日華平和条約の概要

右のような経緯を経て署名された日華平和条約は、全一四カ条からなる条約本体と、条約の不可分の一部をなす議定書(全二項)、条約を補足する文書としての三つの交換公文と四つの同意議事録から構成されている[15]。この条約は、日本語、中国語および英語が正文とされ、解釈の相違がある場合には英語の本文によるものとされており[16](第一四条)、以下では、重要な規定については、適宜、英語の本文を付記することとする[17]。

一　戦争状態の終了(第一条)

条約本体では、まず第一条で、「日本国と中華民国との間の戦争状態は、この条約が効力を生ずる日に終了する」として、両国間の戦争状態の終了が宣言された。

一九三一年の「満州事変」や一九三七年の「支那事変」以来、日中間では事実上の戦争が戦われてはいたが、日中の双方が宣戦布告(開戦宣言)を行わず、それゆえ両国間には法的な意味での戦争状態は存在しなかった[18]。しかし、一九四一年一二月八日に、日本が対英米の宣戦を布告したのに対して、英米両国も対日宣戦し、翌一二月九日には、中国(国民政府)が日独伊三国に対して宣戦布告を行ったことから[19]、日中間には法的な意味での戦争状態が存在することとなった(もっとも、日本は、一九四〇年から一九四五年までの間、汪精衛政権(南京政府)に対して常駐外交使節を派遣し、「国民政府を対手にせず」として重慶政府を無視しており、これに対して宣戦布告もしていない[20])。本条は、その戦争状態の終了を宣言するものである。戦争状態は、一方の国による宣戦布告によって発生するほか、敵対行為によっても発生するといわれるが[21]、日華平和条約では、日中間の戦争状態の発生を、国民政府による宣戦布告によるものとしているようである[22]（第四条参照）。

なお、戦争状態の終了が、大陸を含む中国全体との関係で宣言されたものであるのか、それとも中華民国政府の支配する台湾（以下、中華民国政府が現に支配する地域を「台湾」または「台湾・澎湖諸島[23]」と表現することがある）に限定して宣言されたものであるのかは、後述の適用地域に関する交換公文との関係で問題となる。

二　領土権の放棄（第二条）

第二条では、日本国が「台湾及び澎湖諸島並びに新南群島及び西沙群島に対するすべての権利、権原及び請求権を放棄したことが承認され（recognized）」ている。これは、サンフランシスコ対日平和条約第二条を受けて、日本と中華民国との間の平和条約においても、台湾・澎湖諸島等の放棄が承認されたものである。

このことをもって、台湾・澎湖諸島は中華民国に帰属することが認められたかというと[24]、必ずしもそのように解することはできない。台湾・澎湖諸島の中華民国への帰属が認められるためには、カイロ宣言に見られるように、「台湾及び澎湖島」の中華民国への「返還」が規定されるか、あるいは、かつてドイツの海外属地との関係でベルサイユ条約において規定されたように[25]、それらを「中華民国のために」放棄することが規定されなければならなかったであろう[26]。しかし、日華平和条約ではそのような規定振りとはなっていないし、そうすることは、発効が時間の問題となっていた対日平和条約の規定と齟齬を来たすことにもなったであろう。

対日平和条約では、日本が台湾・澎湖諸島を単に「放棄」した旨を規定しているだけであり[27]、非署名国である中国・朝鮮のために特に設けられた中国・朝鮮受益条項（第二一条）においても、台湾・澎湖諸島の放棄を定める第二条は、中国による受益対象に含められていない。この除外が意図的であることは、朝鮮については第二条（朝鮮の独立を承認し、朝鮮を放棄する）の利益を受けることが明記されていることとの比較からも明らかである。つまり、同じ日本による領土放棄の利益を朝鮮には認め、中国には認めていないのである。そして、対日平和条約の非署名国は、この第二一条に定める場合を除いて、同条約から「いかなる権利、権原又は利益も」得ることはできないとされている（第二五条）。

こうした「放棄」という方式は、すでに述べたように（第一章第三節）、対日平和条約の交渉における紆余曲折を経て、その効果も十分に理解された上で合意されたものであった。また、日本としても、ひとたび「放棄」した台湾に対してはいかなる法的権利も有しておらず、したがって、いずれかの国に割譲することも、再度放棄することも、もはや認められない状況にあったのである28。こうして、日華平和条約における台湾・澎湖諸島への言及は、対日平和条約における放棄の承認ないしは確認が、唯一可能な方式であったということになろう29。

もっとも、中華民国にとっては、対日平和条約は自国を拘束する条約ではなく、しかもカイロ宣言において「台湾及び澎湖島のような日本国が清国人から盗取したすべての地域を中華民国に返還すること」（傍点引用者）を英米両国と合意していたのであるから、日華平和条約において台湾・澎湖諸島の「返還」を規定するよう求めたとしても不思議ではなかった。しかし、日華条約交渉における国府側第一次草案は、台湾・澎湖諸島の「返還」ではなく「放棄」を規定していた。これは、国民政府が対日平和条約を否認する態度をとっておらず、同草案も基本的に対日平和条約をモデルにして作成されたという経緯もあるが、より実質的にはアメリカの強い意向を反映したものと見ることができよう。日華条約交渉に先立って行われていた米華間の協議において、アメリカは、日華条約に台湾の中国への返還を明記してはならないと強く要求していたのである30。

なお、日本も、一九四五年九月二日に署名の降伏文書において、「ポツダム宣言の条項を誠実に履行すること」を約束しており、そのポツダム宣言の第八項は「カイロ宣言の条項は、履行せらるべく」と規定している以上、カイロ宣言の右引用部分（台湾・澎湖島の中国への返還）にも拘束されることになる。しかし、降伏文書は一般に、講和の条件を含む一種の休戦協定ないし講和予備条約としての性格をもつもの[31]、領土問題の解決は、最終的には平和条約によって決定される[32]。そうであれば、カイロ宣言、ポツダム宣言、降伏文書によって、台湾・澎湖諸島が法的・確定的に中国に帰属することになったとはいえず、せいぜいこれらの文書によってそれらが中国に帰属すべきものと考えられていた、といい得るに留まるということになろう[33]。

三　中国における特殊権益の放棄（第五条）

同様に対日平和条約をそのまま受けた規定として、日華平和条約の第五条において、日本国は、「［対日平和］条約第十条の規定に基き、…中国におけるすべての特殊の権利及び利益を放棄」したことが「承認され（recognized）」ている。この日本の中国における特殊権益の放棄は、すでに対日平和条約の中国・朝鮮受益条項たる第二一条において、中国が「利益を受ける権利を有」するものとして明示されており、対日平和条約の第三国たる中国に権利を与える規定としての性格をもつものであったが、日華平和条約第五条において、右が確認されたということになる[34]。

四　財産および請求権（第三条）

対日平和条約では、日本による戦争賠償について、①（日本軍によって占領され損害を被った連合国が希望する場合の）役務賠償と、②連合国にある日本国および日本国民の財産、権利および利益（以下、「日本の在外資産」または「日本の（在外）財産」ということがある）の処分権、をもって充てることが規定されている（第一四条(a)）。このように対日平和条約では、ベルサイユ条約やイタリア平和条約の先例に倣って、日本国・日本国民の在外資産が戦争賠償の一部に組み込まれる形をとっており[35]、賠償の問題と財産の問題が截然とは区別されていない。ただし、日本政府の公式見解によれば、対日平和条約第一四条(a)２に定める日本の在外資産の処分権の付与について、それが賠償に充てられたという直接の因果関係は認められないとの立場のようである[36]。

他方、朝鮮、台湾など対日平和条約第二条によって日本の領域から分離されることとなる地域(分離地域)については、そこに所在する日本国および日本国民の財産が特別な扱いの対象となっている。すなわち、対日平和条約第四条において、①日本国および日本国民の、(i)分離地域に所在する財産、(ii)分離地域の施政当局およびそこの住民に対する請求権、②分離地域の施政当局およびそこの住民の、(i)日本国に所在する財産、(ii)日本国および日本国民に対する請求権、の処理は、日本とそれら当局との間の「特別取極」の主題とする旨が規定されている[37]。このように、分離地域に所在する日本国・日本国民の財産は、連合国に所在する日本国・日本国民の財産とは違って、賠償の一環としての処分の対象とはされなかったが、それは、分離地域にある敗戦国および敗戦国民の財産の扱いに関しては、従来から一貫した処理方法がなかったためと考えられる[38]。

日華平和条約第三条では、右の対日平和条約第四条の規定を受けた形で、①日本国および日本国民の、(i)台湾・澎湖諸島に所在する財産、(ii)台湾・澎湖諸島の中華民国の当局およびそこの住民に対する請求権、②台湾・澎湖諸島の中華民国の当局およびそこの住民の、(i)日本国に所在する財産、(ii)日本国および日本国民に対する請求権、の処理は、日華間の「特別取極」の主題とする旨が規定されることとなった。しかし、実際には、この特別取極は、主として中華民国政府側の消極姿勢のために結ばれることはなかった(第五章第一節参照)。

五　対日平和条約に対応する規定（第四条、第六条、第七条、第八条、第九条）および連合国並み受益条項（第一一条）

対日平和条約に対応ないし相当する日華平和条約の条項（内容は若干異なるものもあるが[39]）としては、以上のほかに、第四条の二国間条約の効力（対日平和条約第七条に対応）、第六条の国連憲章の遵守（同第五条に対応）、第七条および議定書第二項の規定する通商航海条約の締結等（同第一二条に対応）、第八条の民間航空運送協定の締結（同第一三条に対応）、第九条の漁業協定の締結（同第九条に対応）がある。そして、これらの規定を含め「この条約およびこれを補足する文書に別段の定がある場合」を除き、「日本国と中華民国との間に戦争状態の存在の結果として生じた問題は、サン・フランシスコ［対日平和］条約の相当規定に従って解決する」ものとされた（第一一条）。これが中華民国の重視した、いわゆる連合国並み受益条項の最終的な形であり、別段の定めがない限り対日平和条約の相当規定を準用するというものである[40]。そして、日華平和条約に「別段の定」がある場合としてとりわけ重要であるのが、賠償に関する議定書第一項の規定である[41]。

六　賠償（議定書第一項および同意議事録の四）

議定書第一項(b)は、「中華民国は、日本国民に対する寛厚と善意の表徴として、サン・フランシスコ［対日平和］条約第十四条(a)1に基き日本国が提供すべき役務の利益を自発的に放棄する」と定める。このいわゆる役務賠償の放棄は、対日平和条約のアメリカ上院における批准承認が確実となった段階で、国府側の大きな譲歩として申し出のあったものであり、日華平和条約合意への実質的な転換点の一つとなったものである（第一章第六節四参照）。

そもそも日華平和条約の本体には、賠償問題を包括的に扱う規定は置かれていない。そこで、日華間の賠償問題は、日華平和条約第一一条に従い、対日平和条約の「相当規定」である第一四条に従って解決されるということになる[42]。

前述のように、対日平和条約第一四条では、日本による戦争賠償に関して、①役務賠償（第一四条(a)1）と、②日本国・日本国民の在外資産の処分権（同条(a)2）を規定し、それ以外についてはすべての賠償請求権その他の請求権を放棄するとされていた（同条(b)）。しかし右のように、日華平和条約議定書において、中華民国が対日平和条約第一四条(a)1に定める役務賠償を放棄することとしたため、日本から中華民国に対して行われる賠償は、同第一四条(a)2に定める日本国・日本国民の在外資産の処分権のみということになったのである。

この点は、日華平和条約の同意議事録の四で確認されており、日本国代表が、「中華民国は本条約の議定書第一項(b)において述べられているように、役務賠償を自発的に放棄したので、サン・フランシスコ［対日平和］条約第十四条(a)に基き同国に及ぼされるべき唯一の残りの利益は、同条約第十四条(a)2に規定された日本国の在外資産43であると了解する」と述べたのに対して、中華民国代表が「然り、その通りである」と答えている44。なお、対日平和条約第一四条(a)2に定める利益を中国が受けることは、同条約第二一条（中国・朝鮮受益条項）に、中国における特殊権益の放棄と並んで明記されていたが、ここにおいて中国（中華民国）によるその受諾が正式に確認されたということになろう（第五章第二節一(一)参照）。

ところで、前述のように、台湾および澎湖諸島にある日本国・日本国民の財産については、日華平和条約第三条によって、日華間の「特別取極」の主題として将来の解決に委ねられていた。しかし、右の同意議事録の四では、「日本国の在外資産」が中華民国に及ぼされる利益として言及されており、両規定は一見矛盾しているかのように見える。両規定を矛盾なく解釈するには、同意議事録において中華民国に及ぼされるべき利益として言及される「日本国の在外資産」には、特別取極の対象とされる台湾・澎湖諸島にある日本の財産を含まないと理解するほかないし、日本政府も国会においてそのような趣旨の答弁を行っている45。そうであれば、同意議事録が、中華民国に及ぼされるべき唯一の利益として言及しているのは、台湾および澎湖諸島を含まない「中国」、すなわち大陸中国に所在する日本の資産ということになろう46。

しかし、それが可能か否かは別問題であり、その点については後に日華平和条約の適用地域との関連において再度検討することとするが、ここでは、日華平和条約において準用される対日平和条約第一四条との関連に限定して、この問題を考えておこう。つまり、同条の文言に照らして、中華民国は大陸中国に所在する日本の資産を処分する権利を得ることができるといえるのであろうか。対日平和条約第一四条(a)2は、連合国が処分できる日本の在外資産について、「[対日平和条約の発効時に]その管轄の下にあるもの」と定める。そこで、中国大陸にある日本の資産は中華民国の「管轄」の下にあるのか、ということが問題となる。「管轄(jurisdiction)」の語は「管理(control)」の語と対照して用いられることが少なくないが47、その場合、前者が法律的支配関係を表わすのに対して、後者は事実的支配関係を表わすのが通常である48。そのような一般的理解に従えば、対日平和条約第一四条の定める日本の在外資産の処分権は、当該資産が自己の領域(「管轄」)内であってかつ現実の支配(「管理」)下にある場所に所在する場合にのみ与えられるという訳ではないと考えることができる。そうであれば、その限りで、大陸中国に領域主権を主張している中華民国が、大陸中国に所在する日本の資産に対する処分権を取得することは、法的に排除される訳ではないということになろう。もっとも、中華民国は当時(現在も)大陸を支配していなかった(いない)のであるから、大陸に所在する日本の資産を処分することは現実にはできなかった(できない)のであり、したがって、賠償として中華民国に及ぼされるべき「唯一の残りの利益」は、実際には形式的・抽象的なものに過ぎなかったといわなければならない。

七　適用地域49（交換公文）

以上のような内容をもつ日華平和条約が適用される地理的な範囲は、交換公文において限定されている。すなわち、同条約の条項は「中華民国に関しては、中華民国政府の支配下に現にあり、又は今後入るすべての領域に適用がある」旨が了解されている。これは、中華民国が大陸を含む中国全体の代表としての正統政府であることを主張してきた点を反映するもので[50]、そのような主張にも拘らず、日華平和条約については、その適用地域を限定するという趣旨である。この適用地域の問題は、日華条約交渉で最後まで争われた問題であり、また本書冒頭においても言及したように、この了解に関しては、一見奇妙とも思える内容の「同意された議事録」が添付されている。この点についても、後に詳しく検討する。

なお、三つの交換公文は、右の適用地域に関するもののほかは、民間航空運送協定[51]と拿捕漁船[52]を扱うものである。また、四つの同意議事録は、これまでに言及した二つの事項(適用地域と賠償に関する確認)のほかに、満州国および汪精衛(汪兆銘)政権のような協力政権の在日財産の中華民国への移管、ならびに、中華民国の同意なく中国に設置された日本の外交・領事機関[53]の使用した財産に対する中華民国の処分権を規定している。

第三節　交渉段階における日華平和条約の位置づけ

日華平和条約に関する最も根本的な問題の一つは、同条約を国際法上いかなる性格の条約と位置づけることができるのか、という点である。すなわち、日本と戦争状態にあった中国という「国家」との間の正式な平和条約であるのか、それとも台湾という一地域を支配する一政権との間の部分的な(平和)条約であるのか、あるいはそれ以外の第三の性格づけが可能なのか、という点である。この点は、後に検討する条約の適用地域の問題と密接に関係するだけでなく、日華平和条約に係わるほとんどすべての問題と何らかの意味で関連を有しており、それゆえ容易には結論を下し難い困難な問題である。実際、この条約の性格づけの問題は、条約交渉に先立つ段階から大きな論点として、関係国(日米華)間のやりとりの中心をなしてきたものである。ここではまず、日華条約交渉に至る段階を中心にこの問題を検討し、つぎに第四節において、この問題と密接な関係をもつ条約の適用地域の問題を考察した上で、さらに第五節において、その後の国会における議論等に徴して、再度この問題に検討を加えることにしよう。

一　日本の立場

当初の段階における日華両国の立場の相違は、比較的明らかなように思われる。日本の当初の立場は、日華間の条約を日本と中国との間の平和条約とすることを回避しようとする消極的なものであった。このことは、後に吉田書簡の形で具体化される両国間の協議のために、五一年一二月にダレスが訪日した際、日本側が急遽作成してダレスに提示した協定案からも窺うことができる。同協定案は、「日本国政府と中華民国国民政府との間の正常関係設定に関する協定案(要領)」というタイトルにも表われているように、両国間の平和条約を意図したものではなく、両「政府」の間の「正常関係設定」のみを目的としたものであった。それは、前文において、「中国における事態のため、現在のところ、前記の［対日］平和条約第二十六条［非署名国との二国間平和条約の締結］によって日本国と中国との関係を全面的に調整することが不可能であることを認め」、「中華民国国民政府が事実上統治の権能を行使している範囲内において、両政府間の関係を正常化」することに決定した、とした上で、本文において、①日本と台湾・澎湖島との間の正常交通の開始、両政府間の特派使節の交換、②対日平和条約第四条(a)の取極(日本からの分離地域の財産処理取極）の交渉開始、③中国戦争犯罪法廷の裁判を受け日本で拘禁中の日本国民の釈放への同意、④日本と台湾・澎湖島との通商航海における最恵国待遇、⑤民間航空運送関係、⑥対日平和条約第二一条（中国・朝鮮受益条項）により中国が有する利益を害しないことの確認、⑦署名発効条約であること、を規定するものであった54。

右の協定案（要領）の趣旨は、吉田書簡が出された後にも、国会の場で公に述べられている。例えば、吉田書簡公表から程ない一九五二年一月二六日に、参議院において同書簡について質問を受けた吉田首相は、台湾の国民政府と結ぼうとしている条約は対日平和条約第二六条にいう二国間の平和条約ではなく、単なる善隣条約であるとして、次のように述べている。「この台湾政府との間に或る條約を結ぶということと、平和條約にいわゆる中国政府、中国を代表して、そうして日本と平和條約に入り込むという、その政府とは意味が違つております。現在台湾政府が或る地域において統治の実権を握つて統治をいたしておる。その事実に基いて、善隣の関係から、その関係をよくするためにこの條約を結ぶというのであります55」。

ただし、吉田首相の日本政府が、国府との関係を一貫してこのようなものとして考えていた訳ではない。日本政府は、吉田書簡以前に、国民政府との講和を希望し、共産中国との講和を希望しないことを明らかにしたことがある。対日講和会議中国不招請が決定される前の一九五一年五月に、中国の扱いに関してダレスから意向の打診があったのに対して、井口外務次官は、日本政府としては基本的に中国国民政府と講和したい希望であって、いかなる状況でも中国共産政権が講和条約に署名することは希望しない、との回答を行っている56。もっとも、この発言は必ずしも額面通りに受け取ることができないのかも知れない。西村熊雄外務省条約局長は、「［ダレスからの打診に対して］むろん、国民政府の署名を予期するアメリカの希望に沿うラインで答えた」と記しているからである57。

要するに、吉田首相は、中国問題について直ちに決めることを欲せず、二国間平和条約の問題を国際的な中国代表問題の解決に委ねたかったのである。例えば、吉田首相は、サンフランシスコの講和会議開会直前の時期に、対日平和条約第二六条(非署名国との二国間平和条約の締結)が日本に直ちに国民政府と中共政府のいずれかを選ぶよう要求するものでないことを確認しているし、吉田書簡においても、共産中国と二国間条約を締結する意図を有しないと確言しているものの、国民政府と講和するとの誓約は回避しているからである。しかし、吉田書簡が公表されて以降は、何らかの形で国民政府との「正常な関係を再開する条約」(吉田書簡)を結ぶことを迫られることになった。そこで吉田としては、国府との関係を、北京との関係を将来にわたって閉ざさないような形で取り結ぶよう努力を傾けることになるのである。

二 中華民国の立場

日本のややあいまいな態度とは対照的に、国府の態度には確固たるものがあった。国府側は、日華条約会議の開催に先立って、木村四郎七台北在外事務所長を通じて次のような三条件を伝えてきた。すなわち、第一に、名称は平和条約でなければならないこと、第二に、サンフランシスコ対日平和条約と原則的に同一内容でなければならないこと、そして第三に、遅くともサンフランシスコ条約発効までに署名したいこと、の三条件であった58。このような立場は、日華条約交渉が始まってからも基本的に維持された。そのことは、第一回公式会議の冒頭(一九五二年二月二〇日)に、国府側が、対日平和条約と内容のほとんど異ならない「中華民国と日本国との間の平和条約」案(第一次草案)を提示したことにも表れていた。

このような国府の確固とした立場は、国府とアメリカとの事前協議にも由来するもののように思われる。すでに述べたように、対日講和会議に中国からはいずれの政府も招請しない旨の決定(一九五一年六月のダレス・モリソン了解)を説明した際に、ダレスは、顧維鈞駐米大使に対して、その旨の了解があるとして、日本が必ず国府との間に平和条約を結ぶことを保証していたからである。そしてこの点については、後に日華交渉が開始される直前の五二年二月九日に、葉公超外交部長から木村台北事務所長に対しても説明がなされている。葉外交部長によれば、「中國側が名実共にピースト・リーティでなくては困ると主張する所以は斡旋者ダレス氏が、(イ)両國間の條約は桑港平和條約を原本とした平和條約であること、(ロ)日本側の困難を除去するため適用範囲の制限を設けるが條約中には明示せず別途約定することの二点につき日本側と話合い済みの旨連絡あり、適用範囲の制限に関しては当時非常に異論はあつたが辛きを忍んでこの線を中國側の最低の基本方針とすることに決し、自分から政府並びに立法院の了解をとりつけてある經緯あり『平和條約』の線は今更絶対に退けない線である[59]」ということであった。右の二点については、日本では、葉外交部長の依頼によるとの趣で、ランキン駐華米国公使よりシーボルド連合国最高司令官政治顧問を通して、河田全権の台北への出発前に確認をとりたいとの申し出があった[60]。

これに対して、日本側は、右二点に関する中華民国の立場は十分諒解するところであるが、交渉開始前に余り吉田書簡の範囲を逸脱するような印象を与えることは国内関係上も極めて困難となるのみならず、これらの点は本来交渉において協議決定されるべきものであると回答して、その旨を国民政府に伝えるよう依頼している。同時に、木村所長に対しては、右の回答は、今後先方の意向を十分承知した上で条約文を考究すべきと考えたからであって、先方の希望を無下に拒絶する趣旨ではないことを含みおいた上で、河田全権は本件についても協議決定する権限を付与されて赴台するものであることを、葉部長に篤と説明するよう指示している[61]。

三　日華「平和条約」への経緯

このように、交渉開始時における日本側の立場は決して確固不動のものではなく、かなり柔軟な対応を行う可能性を秘めたものであった。この点は、交渉の初期段階における対応にも表れている。

前述のように(第一章第六節)、交渉の冒頭において、全権委員の全権委任状(河田全権が平和条約締結の全権をもつか否か)、条約の名称(平和条約とするか否か)、会議の名称(日華講和会議とするか否か)といった基本的な問題をめぐり、日華間で争いがあった。しかし、会議の名称こそ、日本側と国府側とで異なった名称を使用するという解決となったものの、より重要な全権委任状の範囲と条約の名称の問題は、いずれも国府の主張を容れる形でほどなく決着している。すなわち、全権委任状の問題は、会議開幕冒頭、河田全権には平和条約への署名の権限も認められていることが口頭により明らかにされた。また、条約の名称に関しては、当初の日本側の第一次草案(一九五二年三月一日)では、「戦争状態の終結及び正常関係の再開に関する日本国政府と中華民国政府との間の條約案」という名称が用いられていたが、その後、倭島アジア局長が日本から持参した日本側第二次草案の原案(三月八日)では「日本国と中華民国との間の平和条約案」とされており、この間に「平和条約」という名称にするとの最終的な決定がなされたことを示している。

このような決着に至る素地は、実は交渉の開始前から既に存在していた。というのも、そもそも河田全権に与えられた訓令において、条約の名称については「平和条約」とすることも可能性として認められていたからである。河田全権への訓令は次のようであった。

> 「今般中華民国政府と締結を交渉する条約は戦争状態を終結し正常関係を再開するためのものである。但し、その条項の適用範囲は、現下の事態に鑑みて、同政府の現実に支配する地域に限られる次第である。
>
> 尚、条約の名称に関しては、条約の内容につき中華民国政府と十分協議の上、『平和条約』とすることが適当

と認められるに至つた際は、条約の内容と共に事前に請訓されたい。」[62]

日華間における「平和条約」締結の可能性は、さらに遡って、一九五二年一月の日華条約交渉開始の申し出の際に、すでにその萌芽があったと見ることもできる。吉田首相は、何世禮駐日中華民国代表団長に、二国間条約の検討のために河田烈を全権とする代表団を送りたい旨を伝えた際、吉田書簡を越えた申入れを行っていたのである。吉田書簡では、「かの多数国間平和条約に示された諸原則に従つて両政府の間に正常な関係を再開する条約」を締結する用意があると述べているに過ぎなかったが、右の申入れでは「中国側の希望をも考慮し平和の実質的意義を盛るために『戦争状態を終結させるための』という句を特に附加した[63]」のである。そして、このような新たな追加を行った理由としては、「吉田書翰の内容をむしろ中国側の発表する際に体裁のよい様取り繕ろいたる次第」であると説明されている。

このように見てくるならば、日華間の条約が平和条約となるか否かについては、日本として当初よりさほど重視していなかったのではないか、とも思えてくる。しかし、そのように考えることは、これまでに述べてきた日本政府の対応とは一致しない。これまで述べてきた事実を全体として整合的に理解できる一つの可能な解釈としては、次のようなことが考えられる。すなわち、吉田書簡以来、日華間の条約の適用範囲は、国府の支配下にある地域に限定することとされてきたことから、日本としては、たとえ平和条約を締結することになっても、その対象を台湾・澎湖諸島のみに限定することができ、したがって、たとえ中華民国との間に「平和条約」を締結したとしても、それによって将来大陸中国との間に「全面的な政治的平和及び通商関係を樹立する」（吉田書簡）妨げとはならないと判断したというこことが考えられる。地域を限定して平和条約を締結するといういわゆる「限定講和」の考え方である[64]。

右の解釈が正しいとすれば、日華平和条約の交換公文に定める適用地域の限定は、極めて重要な意味をもってくることになる。しかし、交換公文の意味するところは、一見それと矛盾するかのような内容を含む同意議事録の存在のゆえに、必ずしも明確ではないのである。そこで、この点をつぎに検討することにしよう。

第四節　日華平和条約の適用地域

一　問題の所在

日華平和条約の適用範囲に関しては、交換公文(日本側往簡)において、次のように定められる。

「…この条約の条項が、中華民国に関しては、中華民国政府の支配下に現にあり、又は今後入るすべての領域に適用がある(the terms of the present Treaty shall, in respect of the Republic of China, be applicable to all the territories which are now, or which may hereafter be, under the control of its Government)旨のわれわれの間で達した了解に言及する光栄を有します。」

(中華民国側復簡はこの了解を確認)

他方、条約の「同意された議事録」の一は、次のようである。

中華民国代表「私は、本日交換された書簡の『又は今後入る』という表現は、『及び今後入る』という意味にとることができる(the expression "or which may hereafter be" in the Notes No.1 exchanged to-day can be taken to mean "and which may hereafter be")と了解する。その通りであるか。」

日本国代表「然り、その通りである。私は、この条約が中華民国政府の支配下にあるすべての領域に適用があることを確言する(Yes, it is so. I assure you that the Treaty is applicable to all the territories under the control of the Government of the Republic of China)。」

これらの文書の示す日華平和条約の適用地域に関しては、内容的側面と法的側面の双方からの検討が必要である。

内容的には次の二つの点が問題となる。第一に、交換公文およびそれと一見矛盾する内容の同意議事録の一をいかに解釈するかという点であり、第二に、通常は鸚鵡返しで発言が繰り返されるか、「然り、その通りである」とのみ述べる同意議事録において、中華民国代表の発言と日本国代表の発言が対応していない点をいかに解釈するかという点である。他方、法的な側面からは、交換公文および「同意された議事録(Agreed Minutes)」の法的性格、両者の関係、そしてそれらの条約解釈原則における位置づけなどが問題となろう65。もっとも、後者の法的側面は、実際上は、交換公文の内容と同意議事録の内容が異なっているとされる場合にはじめて問題となりうるのであって、両者に矛盾がない場合には、取り立てて問題とする必要もないということになる。したがって、まず、交換公文と同意議事録の意味するところを明らかにすることから始めなければならない。

交換公文と同意議事録との内容的な関係は、整合しているか、整合していないか、のいずれかであろう。両者が整合していないとすれば、これを、交換公文では「又は」と述べているが、同意議事録で「及び」と修正していると捉えるのか。それとも、同意議事録において両代表の発言が相互に対応していないことからして、交換公文では日本側の主張を述べ、同意議事録で中華民国側の主張を述べているのであって、両当事者間に適用地域に関する真の合意は存在しないと捉えるのか。その場合には、条約の適用地域はいかなるものとなるのか。他方、両者が整合的であるとすれば、一体、右の「表見的矛盾」はいかに解消され、全体として適用地域はいかなるものとして理解されるのか。以上のような点が問題となろう。これらの問題の解決の糸口を見つけるために、まず条約の適用地域をめぐる日華間の議論を辿ることにしよう。

二　日華条約会議前の議論

日華間の条約の適用地域の問題が初めてもちあがったのは、対日講和会議に中国からはいずれの政府も招請しないことを決めたダレス・モリソン了解がアメリカから中華民国に伝えられてほどない一九五一年七月のことである。その後、アメリカと国府との間で、将来の日華条約の適用地域の問題についてやりとりが続けられることになるが、当初、国府側は、この問題についての協議を拒んだ。しかし、アメリカ側から、中華民国政府が全中国大陸を代表して条約に署名する権利があり、かつ平和条約を実施する力があると考えるのはフィクションであるし、実際に大陸を支配していないことは悲痛な事実であるなどといった指摘を受けた後、国府としても、日華間の条約の適用地域に関する文言の検討を行うことになったのである66。

葉公超外交部長は、一九五一年九月二六日に甲乙両案を併記した覚書を提示したのち、一〇月二四日には、アメリカの選択した乙案を基礎とし、アメリカの意向をも取り入れて修正した案(修正乙案)をランキン公使に提示した67。これがこの間の米華間協議の一応の成果であり、次のようなものであった。すなわち、「この条約は、双方の締約国の現実の支配下に現にあり、及び今後入るすべての領域に適用されることが相互に了解される」(傍点引用者)という文言を、条約署名時に議事録に入れる、というものであった。

これは、のちに吉田書簡に含められ、日華平和条約の交換公文に含められたもの(吉田書簡と交換公文は実質的に同一)と次の二点で異なっていた。第一に、交換公文では、適用地域の限定は中華民国についてのみ規定されているのに対して、この案では、日華両国に同様の適用地域の限定が適用されるものとされていた。第二に、交換公文では、「支配下に現にあり、又は今後入る」(傍点引用者)とされているのに対して、この案では、「支配下に現にあり、及び今後入る」(傍点引用者)とされていた。

右のような米華間のやりとりとは別に、一九五一年一〇月末の吉田首相の国会発言を契機として、同年一二月にダレスが訪日し、吉田書簡が作成・発出されることになった。吉田書簡における適用範囲の記述はすでに述べた通りであるが、その作成経緯においては若干の曲折があった。すなわち、一二月一八日付のダレス起案の書簡案では、「［日華間の］二国間条約の条項は、日本国政府および中国国民政府の現実の支配下に現にあり、又は今後入る領域について適用がある」（傍点引用者）ものとされていた[68]。これは、「及び」が「又は」となった点を除けば、右の国府提案の修正乙案と実質的に同じ内容のものであった[69]。

これに対して、日本政府は、適用地域の限定を国民政府についてのみ言及するものとするよう修正を提案した[70]（この提案はアメリカ側に受け入れられた）。同時に日本政府は、「又は今後入る」という文言の削除を執拗に求めたといわれる。「今後入る」との文言は、国民政府が今後大陸に対して反攻を行うことを示唆しており、日華間の条約でそのような文言に合意するならば、それは日本が国府の大陸反攻を支持したものと理解されなくもなかったのである。実際、その後、周恩来中華人民共和国外交部長は、日華平和条約の適用地域に関する規定を取り上げて、「全く正気の沙汰とは思えない」と酷評している[71]。北京との関係を開く可能性をできるだけ広く残しておきたかった吉田としては、右の文言の削除に全力を尽くしたであろうことは容易に想像できる。井口外務次官の回想によれば、帰国の途につくダレスに対して、同次官らが「羽田空港で最後までねばって」削除を求めたが、ダレスはこれに応じず、吉田も不承不承受け入れたともいわれる[72]。

こうして作成された吉田書簡の適用範囲限定に関する文言は、前述の二点に関する限り、日本側に受け入れやすい方向で修正されてきたことが分かる。米華交渉の成果としての修正乙案は、適用範囲限定の対象を日華両国とし、しかも「及び」を用いていたが、吉田書簡のダレス草案では、対象は両国のままであったものの、「及び」が「又は」

に変わり、さらに吉田書簡において、対象が中華民国に限定されると共に、「又は」が維持されることになったからである。しかし、にも拘らず、右に述べたところから明らかなように、少なくとも日本にとっては、吉田書簡は、日華条約交渉の出発点にして、かつ最大限受入れ可能な限界を示していたのである。

しかし、同様の拘りは国府側にもあったものと思われる。吉田書簡の文言は、国民政府にとっても満足のいくものではなかったからである。国民政府としては、葉公超外交部長が米華間協議において提示した修正乙案(「又は」ではなく「及び」を使用)が日本との交渉の基礎となるべきものと考えていたように思われる。

このように、日華平和条約の適用地域に関しては、その基礎となるべき吉田書簡に対してそれぞれが不満をかかえながら日華条約交渉を迎えることになるのである。

三　日華条約会議における交渉経緯

一九五二年二月からの日華条約会議において、適用地域の問題は、その規定方法(規定場所)と文言の二点をめぐって争われた。まず、冒頭に示された国府側第一次草案(二月二〇日)は、適用地域に関する規定を一切含んでおらず、米華交渉の際の国府案に従い、条約署名の際に議事録に入れるとの方針であったことが窺われる。他方、日本側第一次草案(三月一日)では、吉田書簡の趣旨を若干あいまいな表現に変えて「この条約は、中華民国政府が、現実に支配し又は支配すべきすべての領域に適用があるものとする」として、条約本文の第六条(a)に規定されていた73。日本としては、日華間の条約が対象地域を限定したものである点を条約本文で明確にしたかったのに対して、国府側は、全中国の代表を自認していることからも、その点をできるだけ目立たせたくなかったのである。その後、規定方法については、日本側第二次草案において交換公文に落とすことが提案された(三月一二日)のに対して、国府側からは同意議事録とする旨の提案がなされたりした(三月一七日)が、三月一九日に、役務賠償の放棄を含む国府側の大幅な譲歩の一部として、交換公文における扱いで合意する運びとなった[74]。

他方、より実質的な問題を孕むその文言に関しては、さらに大きな曲折があった。日本側の提案は、若干の字句の修正は別として、基本的に吉田書簡の内容を反映するもので、右の日本側第一次草案に続く日本側第二次草案(三月一二日)では、その交換公文往簡(案)において、「日本国政府は、日本国と中華民国との間の平和条約は、中華民国に関しては、中華民国政府が、現実に支配し又は今後支配すべき地域に限り適用があることに同意する」(傍点引用者)と規定されていた[75]。これに対する対案として国府側が示した同意議事録案(三月一七日)では、「この条約の条項は、中華民国に関しては、中華民国政府の支配下に現にあり、及び今後再び入るべきすべての領域に適用があるものと了解される」(傍点引用者)とされていた[76]。その後、何度か提案のやりとりがあったが[77]、両者間の最大の対立点は、日本側の提案が「又は(or)」で結んでいるところを、国府側の提案が「及び(and)」で結んでいる点にあった。

吉田書簡中の適用地域に関する文言は、書簡の作成過程において、吉田が最後まで執拗に削除要求を行ったにも拘らず拒否されたため不承不承に受け入れたともいわれるものだっただけに、日本側にとっては、これに対してさらに意に反する修正を加えるというのは受け入れ難いことであったであろう。実際、交渉の最終局面において、現地より、(適用範囲に関する交換公文の文言で「又は」を「及び」とするという一点を除き)一連の成案につき両全権間で非公式に妥結し、全権の責任をもって同意したので、是非とも承認を得たいとの来電(四月一六日)を受けたのに対して、外務大臣発で「適用範圍に関する交換公文中に吉田ダレス書翰の語句を使用する際は原文のまゝと致したく、これを変更することには同意し難い[78]」との訓令が発出されているのである。

もっとも、日本政府のこのような強硬な態度は、国府側の主張の内容自体に反対であるという理由からではなかった。それどころか、内容的にはむしろ国府の主張(懸念)を全面的に受け入れているようであった。葉外交部長が、「or」(中国語では「或」であり二者択一の意味をもつという)であれば、国府が大陸に復帰した場合、台湾を失う[79]という趣旨に解せられるので、国府側としては是非とも「and」としたいと述べた旨の報告電報[80]を受けた吉田首相は、「問題の or については、中國側の懸念する如く國府本土回復の場合に台湾を条約適用外におく可能性の如きは我方としては全然考えておらない。条約の適用範圍については、現実に國府の支配下にありや否やによって伸縮する趣旨を現わ《ママ》したものである」との電報を発出しているのである[81]。そして、交換公文の「又は」を「及び」という意味にとることができるという「奇々怪々」で「珍妙な」同意議事録も、日本が提案したものといわれるのである[82]。

日本側の反対の理由は次の点にあった。すなわち、「吉田書翰は発出当時の経緯ある外、国内及び米国において公表され国際的関心の的となっておる次第もあり(加うるに今やこの問題が新聞等によって余りにプレーアップされている関係もあって)、政府としては or を変更する訳にゆかない[83]」という事情があったのである。同時に、「本條約が国會の承認を要する關係上当方としても吉田ダレス書翰の字句を変更すること若くは右書翰の趣旨を逸脱するが如き取極をなすことは頗る困難なり[84]」という国会対策の側面があったことも否定できない[85]。いずれにせよ、日本側が拒否していたのは、必ずしも「及び」という文言の意味する内容ではなく、「及び」に象徴される吉田書簡からの逸脱だったのである。

以上のような経緯からすれば、日華間の「又は」と「及び」をめぐる対立は、真の意味での立場の相違というよりも、むしろ政治的かつ表面上のものというふうに見ることもできた。そうであれば、日華平和条約の適用地域に関する交換公文と同意議事録の規定を、全体として整合的に捉えることも不可能ではないように思われるのである。

四　交換公文と同意議事録との整合的解釈

そこで想起すべきは、日華間の交渉が主として英語を共通の言語として行われたという点[86]、そして日華平和条約の適用地域に関する規定は、遡れば吉田書簡の原案となったダレスによる草案に由来するのであり、それも英語で書かれていたという点である。そして、英語においては、「A or B」は必ずしも常に二者択一のみを意味する訳ではなく、文脈によって異なった意味をもちうる点に注目しなければならない。

すなわち「or」には、二者択一を意味する「or」と、いわゆる「and/or」を意味する「or」とがある。例えば、一つしか存在しないものを「A or B」に与える、という場合には、それをAB双方に与えることはできないことから、ここでの「or」は明らかに二者択一を意味する。他方、あることを「A or B」の同意を得て行う、という場合には、AB双方から同意を得ることを排除するものではなく、ここでの「or」は明らかに「and/or」を意味するといえよう。日華平和条約の適用地域との関連で使用されている「or」は、右の二例の場合ほど、その意味するところが明確な訳ではない。しかし、いくつかの状況的な証拠から、日華平和条約の交換公文で用いられている「or」は「and/or」を意味するものと考えるべきである。

第一に、日華条約交渉において、日本側は、二者択一の意味をもつものとして「or」を主張した訳ではない。そうではなく、吉田書簡に記された表現であるから、これを変更することはできないとして「or」を主張していたのであって、二者択一の解釈は「全然考えておらな」かったのである。また、吉田書簡自体の「or」も、二者択一の意味で使用されていたとは考え難い。というのも、吉田書簡の原案たるダレス起案の書簡案では、「or」を用いた適用地域に関する部分が、中華民国のみならず日本にも言及していたからである（この点は日本の修正要求で削除された）。日本が新たな地域を支配下に置けば、その結果として現在の領域に条約が適用されなくなるといったことが、ダレス起案の書簡案において意図されていたとは考えられない[87]。そうであれば、併記されていた中華民国の場合も同様であると考えることができよう。実際、日華条約会議に先立って行われた米華間の協議(本節二参照)において、アメリカは、「及び」が用いられていた国府提案の乙案を基本的に支持しており、少なくとも特に「及び」を取り上げて問題としてはいなかったし、乙案への修正提案として示されたアメリカ案にも、条約は「締約国の現実の支配下にあるすべての区域に適用される」として、二者択一的主張を示唆するものはなかった[88]。

第二に、同意議事録の文言そのものからも、右のような解釈が首肯される。同意議事録における中華民国代表の発言は、「本日交換された書簡の『又は今後入る』という表現は、『及び今後入る』という意味にとることができる」と述べているが、「意味にとることができる(can be taken to mean)」という表現は、まさに交換公文の「or」が「and」にも「or」にもとることができる「and/or」の意味であることを示しているように思われる。そして、その点は、日本国代表が「然り、その通りである」と述べた上で、「この条約が中華民国政府の支配下にあるすべての領域に適用があることを確言する」としていることとも整合する。この日本国代表の発言は、適用地域の交換公文にいう「or」が「and/or」の意味であるとの国府の主張を支持した上で、したがって、条約の適用地域は中華民国の支配下にあるすべての地域となる、ということを確認したものと捉えることができるのである。このように解するならば、同意議事録における両代表の問答は素直に読めるのであって、本書の「序章」で引用したような「珍妙な問答」でも、また「うわの空できいていた」という訳でもないことが理解されるであろう。

もっとも、交換公文の「or」が「and/or」の趣旨であるとの理解が、交渉の当時において交渉者および本国政府によってもとられていたかというと、その点には疑問がある。というのも、日華条約交渉において、そのような趣旨の発言が行われたという記録は(管見の限り)見当たらず、逆に、現地の交渉においては、「又は」は吉田書簡の表現に基づいており、訂正するには吉田に間違いであったことを認めてもらわねばならない[89]、との河田全権の発言(四月一三日)など、日本側の発言の中に、あたかも吉田書簡における「又は」の表現は誤りであったということが前提であるかのように思えるものも散見されるし、他方、日本の本国政府の側は、最終局面(四月一七日)においてさえ、同意議事録における日本側の発言は、国府側の発言に同意するのではなく、それを単に「『テークノート』するとのみ述べておくことにされたい」との訓令を出している経緯があるからである[90]。さらに、国府側についても、交渉の最終段階(四月二四日)において、同意議事録の国府側代表の発言案として、交換公文の「又は」という表現は「及び」「という意味にとるべきである」(傍点引用者)といった文言を提案しているからである[91]。

五　国会における議論

しかし、日本の国会における政府の説明に徴する限り(したがって後知恵をも含めた形では)、少なくとも日本としては、この問題を右に述べたように整合的に理解していたことが窺える。日華平和条約の締結について承認を求める一九五二年六月四日の衆議院外務委員会の討議において、黒田壽男議員が「何のことやら私にはさっぱりわからぬ」として、交換公文の「又は」と同意議事録の「及び」の関係について質したのに対して、岡崎勝男外相は次のように答えている。少し長文になるが、以下に引用する。

「オアという場合には、二者択一の場合と、それからエンド・オアといつて、まん中に棒を引いてやる意味の二つがあると私は考えております。そうしてこれはエンド・オアの意味であるということは当然であります。ただ、吉田書簡の中にオアという字が書いてありましたから、そのまま條文の中には使つたのであります。ところがこれを中国語に訳しますと、今黒田君の言われましたような二者択一の意味しかないということであります。

それでありますと、将来かりに中華民国政府がどこかの他の領域を支配したときには、台湾、澎湖島はなくなつてしまうのだ、こういうふうにばかげた解釈でありますが文章上とられては意味がないので、そこで念のためアグリード・ミニッツの中で、『又は』というのは『及び』という意味と同じである、要するに結論としては、中華民国政府の支配下にある領域には、すべて適用があるのだということを確認しておるのでありま［す。］92」

この答弁に対して、黒田議員はさらに、そうであれば、なぜ交換公文で「及び」としなかったのか、と追及した後、念のために尋ねるがとして、交換公文の「又は」というのは、実は「及び」という表現にした方が適当なものであるが、たまたま吉田書簡で「又は」とされていたから、単にそれを引き継いで使用しているにすぎず、真意は「又は」ではなく日本語の正確な表現としては「及び」であると考えてよいか、と質した。これに対して、岡崎外相は、日本語や英語の場合には、オアで「一向さしつかえな」く、吉田書簡の言葉をそのまま使って「一向さしつかえない」が、中国語の特殊性から二者択一以外の意味にはならないので、念のため同意議事録に入れたのだ、と答えている93。

右のようなやりとりと、前に掲げた現地と本省とのやりとりからすると、適用地域に関する交換公文において「又は」を維持した理由は、やはり吉田書簡の重みのゆえに「又は」を「及び」に変更することはできず、しかも「又は」には「及び」の意味も含まれているので「さしつかえない」から、吉田書簡の文言をそのまま使用した、ということであるように思われる。つまり、消極的な選択として「又は」を維持したのだということのようである。

しかし、理由はそれだけであろうか。交換公文において「又は」を維持し、「及び」に変更しなかったことには、より積極的な意味があるように思われる。すなわち、右に示した「又は」に疑問を呈する議論は、中華民国政府が台湾・澎湖諸島に対する支配を維持したまま、大陸へも支配を拡大する場合を念頭に置いて行われているが、将来の可能性としてはそれのみには限られず、中華民国政府が大陸の支配を確立する一方で、台湾・澎湖諸島の支配を失う、ということもあり得ない訳ではなかろう。このような場合、「中華民国政府の支配下に現にあり、及び今後入るすべての領域」という文言では、台湾・澎湖諸島はいかなる場合にも必ず適用地域に含まれるということになり、現実に合わず、法的に不都合なものとなったであろう(日華平和条約には通商航海に関する規定もある)。しかし、このような不都合は、現に採用された交換公文と同意議事録による処理においては、生じない。だからこそ、交換公文の往簡において、日本側代表が、「又は」を含む適用地域を「われわれの間で達した了解」として言及したのに対して、国府側代表も、それに対する復簡において、そのような「了解を確認する」と述べていると理解することができるのである。

以上のように見てくるならば、一見奇妙な交換公文の規定と同意議事録のやりとりは、吉田書簡から逸脱できないという政治的な理由からのみならず、法的な観点からも、唯一可能な方式であったということができる。

ところで、右の最後に述べた点に関連して、交換公文において「及び」という文言が用いられなかった積極的な理由として、「及び」を用いた場合には、台湾・澎湖諸島が中華民国に帰属することを認めることになり、法的に不都合であったからだという議論がありうる[94]。日本は、対日平和条約第二条(b)において、台湾・澎湖諸島に対するすべての権利・権原・請求権を「放棄」しており、したがって日本は、そのようにして一旦放棄した地域に対しては全く無権限なのであって、それをいずれかの国に割譲することも、再度放棄することさえ、認められない立場に置かれていたはずである(本章第二節二参照)。ところが、日華平和条約の交換公文において「及び」という文言を用いるならば、「中華民国政府の支配下に現にある…領域」である台湾・澎湖諸島は、常に日華平和条約の適用範囲に含まれるということになり、結果として、同地域は中華民国の領域であると認める効果が生じ、法的に問題であるという趣旨である。

このような問題に対しては、まず、ある地域が条約の適用地域に含まれるということと、その地域が当該締約国の領域であるということとは、必ずしも一致しない点を指摘しなければならない。いわゆる植民地条項は、そのことを示す一例である。植民地条項の下、条約は、厳密にいえば自国の領域ではないが自国の施政する地域に対しても適用されることがある95。もっとも、日華平和条約の場合には、植民地条項の場合とは異なり、当該地域(台湾・澎湖諸島)が差し当たり条約の適用地域の全体をなすのであるから、両者を同列に語ることはできないかも知れない。とはいえ、適用地域に関する交換公文が、台湾・澎湖諸島を「中華民国政府の支配下に現にあ［る］」領域としてしか言及していない点は、やはり無視できないであろう。「支配下にある(under the control)」というのは、そこに主権を有しているということを必ずしも意味せず、そこに施政を及ぼしているということを意味するに過ぎないからである。そしてこの点(支配下にある地域は主権下にある地域を必ずしも意味しない点)は、日華両国の議会における日華平和条約の審議の際に、ともに政府側の説明によって確認されているのである96。したがって、台湾・澎湖諸島が常に条約の適用地域に入ることになったとしても、それによって同地域の国際法上の地位が変わり、中華民国の主権の下に置かれるということにはならないように思われる。そうであれば、交換公文において「及び」を用いれば台湾・澎湖諸島に対する中華民国の主権を認めることになり、それによって対日平和条約の規定に反することになるので不都合である、とは必ずしもいえず、この点は、「及び」を採用しなかった法的な理由とはいえないということになろう。

なお、交換公文においては、支配下にある「領域(territories)」という用語が使用されているが、これのみをもって当該地域が中華民国政府の主権下にあるいわゆる「領域」であるとはいえない。「領域(territories)」という語は、当該国の主権の下にある地域を意味するほか、当該国の主権下にない地域を含め、「地域」を表わすためにも使用されることがあるからである97。

第五節　国会審議段階における日華平和条約の位置づけ

右に見たように、日華平和条約の適用地域は、限定性と潜在的拡大可能性の双方を併せもっている。すなわち、同条約の適用は、中華民国政府の支配下にある領域に限定されるが、その支配領域が将来拡大する可能性も同時に承認されているのである。このような適用地域を前提とした上で、日華平和条約の日本の国会における審議（一九五二年五月一四日―七月五日[98]）に照らしつつ、再度、同条約の位置づけについて考えてみたい。この条約は日本と中国（China）との間の平和条約であるのか。

一　平和条約の定義

この問いに答えるには、まず「平和条約とは何か」という問いに答えなければならない。しかし、これは難問である。というのも、これまでに締結されてきた平和条約は、それぞれの特殊事情を反映して決して一様ではなく、その結果、平和条約の定義の問題も論者によって様々に捉えられてきたからである。第二次世界大戦後に日本が締結した少数の「平和条約」に限ってみても、「平和条約とは何か」という問題がいかに難問であるかが分かる。

平和条約に必須の要素は、戦争状態の終了（終結）に関する規定であるといわれることがある[99]。しかし、一九五二年六月九日に署名の「日本国とインドとの間の平和条約[100]」（日印平和条約）には、戦争賠償請求権の放棄や財産の返還など、多くの平和条約に規定される戦争状態の終了を前提とする事項は含まれているが、戦争状態の終了を宣言する規定そのものは存在せず、ただ第一条に、「日本国とインドとの間及び両国の国民相互の間には、堅固な且つ永久の平和及び友好の関係が存在するものとする」と規定されるのみである[101]。これは、日印間の戦争状態の終了が一九五二年四月二八日の往復書簡によって既定のものとなっていたからである。にも拘らず日本政府は、この条約を対日平和条約第二六条にいう「二国間の平和条約」と位置づけているようである[102]。同様の理由から、一九五四年一一月五日に署名の「日本国とビルマ連邦との間の平和条約」にも戦争状態終了の規定はなく、第一条に日印平和条約第一条と同旨の規定が置かれているのみである[103]。

逆に、戦争状態の終了を規定しながら、必ずしも完全な平和条約とは認められないものもある。例えば、日ソ共同宣言は、その第一項で日ソ間の戦争状態の終了を宣言しているが、同時に別途第九項において、将来における日ソ間の「平和条約」の締結を規定している。そのため、日ソ共同宣言は「後の平和条約と相合して、完全な平和条約として正式に講和を実現するものというべきである」(高野雄一)といわれるのである[104]。しかし、他方で、日ソ共同宣言が講和の内容につき、日印平和条約と共通の事項を規定していることなどを指摘して、同宣言が「内容的にも、法的拘束からしても、講和条約である」(入江啓四郎)とする主張もある[105]。

このように、第二次大戦に関連して日本が締結した少数の平和条約に限った場合でさえ、平和条約の定義の観点から問題とされるべき事例が少なくない。そこで、本書においては、平和条約とは何かという問題に確定的な結論を出すことはせず、とりあえず平和条約とは、「戦争状態の終了および戦争により生じた諸問題の解決を基礎とした交戦国間の通常の友好関係の回復[106]」を主要な目的とする条約であるとし、したがって日華平和条約はいわゆる平和条約に含まれるものとして論を進めることにしたい。では、日華平和条約は、日本と国家としての中国との間の平和条約であるのか。日華平和条約は、日本と国家としての中国との間の戦争状態を終了させる条約であるのか[107]。

二　国会審議と解釈の変遷

この点は、第一に、戦争状態の終了という問題をいかに捉えるかという一般的問題、そして第二に、日華平和条約第一条に定める戦争状態の終了と交換公文に定める条約の適用地域とがいかなる関係にあるのかという具体的問題、の理解いかんにかかってくるように思われる。杉山茂雄教授は、こういった問題について、二つの考え方が可能であるとする[108]。第一に、「この条約の条項(the terms of the present Treaty)［は］…に適用がある」という適用地域に関する交換公文の表現は、対象条項を特に限定していないので、日華平和条約の全条項にかかるのであり、戦争状態終了を規定した同条約第一条も例外ではなく、したがって日華間の戦争状態は、交換公文の定めるように、国民政府が現に支配しまたは将来その支配下に入る地域に限ってのみ終了する、という解釈(いわゆる限定講和)がありうる。第二に、国際法上の戦争状態とは、本来国家間の一種の状態であるから、国家間にはこの状態が存するか存しないかのいずれかであり、したがって、領域の一部について戦争状態が存すると同時に、領域の他の部分には戦争状態が存しないというような観念は容れる余地がない、という解釈もありうる。そして、日華平和条約の国会審議に照らせば、日本政府は、右のいずれの解釈も可能であるかのような態度をとっていたとされる。

すなわち、一方で、岡崎勝男外相は、「現実の事態がすでに二つの政府が争つておるのでありますから、そこで適用範囲について一定の規定を設けましてこの中華民国政府の支配の及ぶところがこの条約の適用範囲である、こういうふうにいたしたのでありまして、…できるだけ現実の事態に即応するようにして、これらの地域を支配しておる、この政府が支配しておる地域との間にだけでも速やかに平和を確立したい、こういう意味で条約を作つたわけであります[109]」と述べている(一九五二年六月一三日)。

しかし、他方で、日華平和条約第一条と適用地域限定との関係を質された下田武三外務省条約局長は、「第一條の日本という国と中国という国との国家間の戰争状態を終了させるということは、現実に支配している地域がどうのこ

いやそうでない、戦争状態は依然として継続しておると主張する政権があるかないかということは、つまり事実問題でありまして、この條約の解釈論として両締約国の意思は明確にそこにある、そう御解釈願いたいと思うのです[110]」と述べている(一九五二年六月一七日)。

これらの発言から、杉山教授は、日本政府は右の二つの解釈について「そのいずれとも断定していないと考えられる[111]」としている。しかし、日華平和条約に関する国会審議を通読すると、大きな流れとして、右の第一の解釈から第二の解釈へと至る政府の立場の変遷があることが分かる。

すなわち、日華条約交渉から国会審議の前半段階までは、第一の立場、いわゆる「限定講和」の考え方(平和条約を地域的に限定した形で締結する)がとられていたように思われる。日華条約交渉の期間中外務省条約局長を務め、その妥結直後の一九五二年五月に在外(フランス大使)に転出した西村熊雄は、「日華平和条約は、付属交換公文に明らかにされているように、国府の現実の支配下にある地域と日本との間だけに妥当し中華人民共和国政府の支配下にある地域には何ら法的効果を及ぼさないものである[112]」(傍点引用者)と述べる。これは、明らかに「限定講和」の考え方に立脚するものであるが、交渉当時における日本の立場を述べたものと思われる。同様に、現地と本省において日華条約交渉に当たった倭島英二外務省アジア局長も、「例えば第四条、第五条[は別として]…今問題の第一条[戦争状態の終了=引用者注]その他の条文については適用範囲というものが効いて来るというのが、少なくとも私自身が交渉に関連しておつたときの考え方であつた[113]」(傍点引用者)と述べている。国会審議の前半段階においても、そのような考え方は残っており、岡崎外相も右の倭島局長と同旨の発言を行っているし[114]、先に引用した岡崎外相の発言(一九五二年六月一三日)も、そのような「限定講和」の考えを反映しているように思われる。

ところが、その後、先に引用した下田条約局長答弁の日(同年六月一七日)に政府の立場は大きく転換することになる[115]。すなわち、同日の国会審議で、まず三宅喜二郎外務参事官が、「戰争状態は国家と国家との関係でございますから、この條約の第一條の規定も、日本国と中華民国、この二つの国家の戰争状態がこの條約が発効すれば終了すると、ただ実際問題といたしまして、中華民国政府の実権が大陸に及んでおりませんから、この條約の実施の効果と申しますか、というものは実効は本土についてては生じないということになるというわけであります[116]」と述べ、戦争状態は国家と国家の関係であり、したがって日華平和条約によって日本と国家としての中国との間の戦争状態は終了すると発言した。そして、その直後に、先に掲げたように同旨の発言が下田条約局長によって重ねてなされ、その後の後半国会の審議では、右のような見解で政府は基本的に一貫することとなる[117]。この点は、前半国会において「限定講和」論を主張していた岡崎外相の場合も倭島アジア局長の場合も例外ではなかった[118]。

問題は、戦争状態の終了が国家間の関係であるとした場合に、では、そのことと適用地域に関する交換公文とは、いかなる関係にあることになるのか、という点である。安井郁教授は、右の外務省の説明に対して、「もし外務当局の主張するように、日華平和条約第一条による戰争状態終了の効果が法律上においては中国全体に及び、ただ事実上においてて中華民国政府の支配下にある領域に限られるものと解するならば、日華平和条約の適用範囲の限定に関する交換公文は全く無意味となる。…この限定は單に事実上の問題ではなくて法律上の問題である。日華平和条約の各条項は法律的にこの適用範囲の限定を受けるものであり、戰争状態の終了に関する第一条の規定もその例外ではない[119]」として批判している。

このような批判に関して岡崎外相は、「一応いずれの条項にもこの［交換公文の］適用というものが出て来るのでありますが、その中で当然適用範囲が必要のないものがあるわけであります。適用をこの交換公文は全般の条項にかかりますけれども、その中で実際上適用され得るものとされないものとある[120]」として、交換公文は一応条約全体にかかるが、日華平和条約の条項には、法的に地域を限定できるものと限定できないものとがあるとの見解を示している。その上で、戦争状態の終了に関しては、「この交換公文の適用範囲というものは、一条については原則的には不必要な規定というか…実際上の問題はこれは別でありますが、第一条というものは全般的な規定をしておるのであって、必ずしもこの適用範囲というもので絞られなくつてもいいことと考えまする」と述べつつ、「併し事実上はどうしたつて…先方でもその義務を果すことができない事態が起るわけでありまして、そういう事態が起る場合には、これは当然この交換公文の趣旨が適用されるわけであります[121]」(傍点引用者)とし、要するに、法的には、戦争状態の終了というのは国家間の全面的な関係であり、したがって交換公文における適用範囲の限定は不必要であって、日華平和条約によって大陸を含む中国全体との間で戦争状態が終了するが、事実の問題としては、戦争状態終了の実際的な効果が交換公文に定める範囲にしか及ばないということもありうる、との見解を明らかにしている。

このように理解する場合、交換公文が文言上適用条項を限定していない点をいかに考えるべきかが問題となる。この点については、質問者の主張を受けた形で、下田条約局長が次のように述べている。「交換公文の字句の形式的解釈といたしましては、…特定の条項だけを挙げてその条項だけに適用があると言つておりませんので、…やはり全般に解すると解釈して差支えないと思うのであります」が、他方、「この交換公文は適用地域が問題となる条項だけに関係があるのだという勿論解釈をなさる余地も十分おありだと思います」(傍点引用者)と述べ[122]、適用地域に関する交換公文の文言にも拘らず、法的に適用地域を限定できない規定については、交換公文の適用が排除されるという解釈の可能性に肯定的に言及しているのである。

以上のような、大陸を含めて日中間の戦争状態は終了したという日本政府の見解(これはその後も「一貫した政府の見解[123]」となっている）は正当化されるであろうか。戦争状態とは国家間の関係であり、その終了も国家間の関係であるという主張は、恐らくその通りであろう（後述）。しかし、そのように主張する同じ日本政府が、同じ国会において、地域を限定した平和回復つまり戦争状態の終了についても言及していたこと（六月一三日の岡崎外相答弁など）を考えると、右の見解には検討の余地がない訳でもないということになる。そこでまず、①交換公文は必ずしも条約全体に適用されるという訳ではなく、法的に適用され得るものとされ得ないものとがあるという主張について検討し（本節三）、次に、②もしそのような主張が肯定されるのであれば、戦争状態の終了に関する規定には交換公文が法的に適用され得ないか、その他の証拠により適用されないと考えるべきであるかについて検討する（本節四および五）ことにしたい。

三　適用地域に関する交換公文の適用除外の可能性

ここでは、適用対象たる条項が特定されておらず、したがって条約全体にかかるように規定されている適用地域に関する交換公文が、日華平和条約の特定の規定には適用されないという解釈は可能であるか、という点を検討する。この点については、明らかに交換公文の適用対象とはならない規定が日華平和条約中に含まれているという事実さえあれば、そのような解釈が可能だということになろう。

では、明らかに交換公文の適用のない規定とはいかなる規定であるのか。交換公文の趣旨が、日華平和条約の適用地域を中華民国政府の支配下にある地域に限定するという点にあることからは、そのような交換公文の適用のない規定とは、専ら大陸中国との関係でのみ意味をもつ規定であるというふうに考えられるかも知れない。しかし、これは正しくない。なぜなら、専ら大陸との関係でのみ意味をもつ規定も、中華民国政府の支配下にある地域が大陸へと拡大していった場合には、適用可能な状況になるのであり、それはまさに適用地域に関する交換公文の定めが適用されれた結果なのである。大陸にのみ関係する規定に交換公文は適用されないというのは論理として成り立たないのであって、むしろ大陸に関する規定が全くなければ、そもそも適用地域を限定するための交換公文も必要なかったであろう[124]。このように、大陸に関係する規定の存在は、適用地域に関する交換公文の存在意義を高めこそせよ、それを不要とするものではないのである。

他方、だからといって、逆に台湾・澎湖諸島にのみ関係する規定の存在をもって、(中華民国政府の支配が大陸に拡大しても大陸には適用されないことから)交換公文の適用のない規定が存在すると主張してもあまり意味はない。最終的に明らかにすべき問題が、大陸中国を含む戦争状態の終了の有無だからである。

かくして、ここで問題とすべきは、大陸をカバーする規定であって交換公文が適用されないもの、つまり大陸をカバーする規定であって、交換公文の存在にも拘らず日華平和条約の発効の当初から(より正確には、中華民国政府の支配が大陸に及んでいない段階から)大陸について効力を有するもの、の存否だということになろう。

そのような規定として国会審議において言及されたのが、日華平和条約の第四条と第五条である[125]。第四条は、「千九百四十一年十二月九日［中華民国国民政府による対日宣戦布告の日＝引用者注］前に日本国と中国との間で締結されたすべての条約、協約及び協定は、戦争の結果として無効となつたことが承認される」と定める。同条にいう「条約、協約及び協定」には、例えば一九四〇年一一月一〇日に日本政府と南京(汪兆銘)政府との間で署名された「日華基本条約[126]」などが含まれるであろうが、これらの条約の適用地域に大陸中国が含まれることに疑問の余地はない。したがって、日華平和条約第四条は、基本的に大陸中国との関係で意味をもつ規定であるといえよう。

日華平和条約第五条は、「日本国は、サン・フランシスコ条約第十条の規定に基き、千九百一年九月七日に北京で署名された最終議定書並びにこれを補足するすべての附属書、書簡及び文書の規定から生ずるすべての利得及び特権を含む中国におけるすべての特殊の権利及び利益を放棄し、且つ、前記の議定書、附属書、書簡及び文書を日本国に関して廃棄するに同意したことが承認される」と規定する。この規定も、それが義和団事件の際の一九〇一年北京議定書および関連文書に定める特殊権益の日本による放棄と、北京議定書および関連文書の日本との関係における廃棄への日本の同意について規定したものであることから、右と同様、基本的に大陸中国との関係で意味をもつ規定であるといえる。

しかし、ここで重要なのは、それらの規定が大陸との関係で意味を持つことではない。そうではなく、第四条も第五条も、その末尾が「承認される(It is recognized)」で終わっていることからも明らかなように、それらが、それ自体として必ずしも創設的な効果をもつ規定ではなく、第四条は「戦争の結果として」一定の条約が無効となったという事実を、第五条は「[対日平和]条約第十条の規定に基き」日本が、中国における特殊権益を放棄し、北京議定書等を廃棄することに同意したという事実を、「承認」したものに過ぎないという点である。つまり、第四条と第五条は、すでに大陸との関係において発生した(確定した)法的事実を確認するというものである。したがって、そのような規定に対して、大陸を含まない形で適用地域を限定するということは、実際意味をなさないのであり、これらの規定に対しては、適用地域を限定する交換公文は適用されないということになろう。

以上のように、条約全体に適用されるかのように規定される交換公文の文言にも拘らず、日華平和条約の規定の中には、大陸に関係しながら、交換公文による適用地域の限定の効果が及ばないものが存在することが明らかとなった[127]。

四　戦争状態の終了と適用地域に関する交換公文の適用①――権限の側面

では、日華平和条約第一条に定める戦争状態の終了もそのような規定に含まれるのであろうか。この点は右に掲げた二例の場合ほど自明ではない。もちろん、戦争状態やその終了は国と国との関係であって、当該国家の領域全体について妥当するものであるという考え方は正しいであろう。「戦争(war)」の概念について、例えばオッペンハイム(ラウターパハト版)は、「戦争とは二以上の国家間の軍隊による闘争(a contention between two or more States through their armed forces)である」と定義しているし[128]、同様にイーグルトンも、「戦争のすべての定義に共通の要素が一つあるように思われる」として、「すべての定義において、戦争が国家間の闘争(a contest between states)であることが明確に確認されている」と述べている[129]。多くの学説が戦争を二以上の国家間の闘争と定義することに疑問を呈するケルゼンも、「戦争状態」とは一国の他国に対する関係であると捉えている[130]。さらにマクネアとワッツも、「伝統的に国際法は、国家間の法的関係を比較的明快な二分法で表現してきた。すなわち、一国は他国との関係で平時の関係にあるか、それとも戦時の関係にあると考えてきた」と述べる[131]。そして、戦争の概念に関する様々な定義を比較検討する石本泰雄教授の研究は、いずれの定義においても、戦争が国家と国家との間の関係として捉えられてきたことを示している[132]。

しかし、戦争が国家間の闘争であるということから、論理必然的に戦争状態やその終了は国家の領域全体についてのみ妥当するということにはならない、と主張されるかも知れない。そして実際、国会審議において日本政府も、日華平和条約は限定講和であるとの趣旨の発言を行っていた時期がある。それゆえ、改めて条約当事国の「意思」と「能力」の観点から、この問題について検討しておくことが必要であろう。すなわち、日華両政府が、中国の大陸部分を含めて両国間の戦争状態を終了させることを意図しており、しかも両政府(特に国民政府)がそのような権限を有していたのか、について検討することにしたい。そしてそのことが証明されるならば、戦争状態の終了に関する第一条も、交換公文による適用地域の限定が基本的に及ばない規定であると考えることができるであろう。

仮に日華平和条約によって大陸を含む形で戦争状態を終了させるというのが、日両政府の意図であったとしても、そもそも両政府(特に国民政府)がそのような権限を有していないのであれば、意図した効果は生じないことになる。そこでまず、国民政府に焦点を当てて、権限の観点からこの問題について考えることにしたい。すなわち、一国に複数の政府が存在し、そのいずれもが当該国家の領域全体を支配してはいない場合に、国際法上、一方の政府が自己の支配下にない領域を含めて当該国家全体を適用対象とする(規定を含む)条約を締結することは認められるか。

この問題との関連で参考になるのが、いわゆる亡命政府(government-in-exile)による条約の締結である。実際、日華平和条約の国会審議においても岡崎外相が、中華民国政府が亡命政府であるという見方は否定しつつも、領土も人民も支配下に置いていない亡命政府でさえ条約を結んだ例がある点を指摘しているという経緯がある[133]。亡命政府とは、戦争・軍事占領・内戦等のために外国の領域に本拠を移しながら、一定の政府機能を行い、本国を代表する正統政府として受入国をはじめとする関係諸国の承認を受けている政府である[134]。このような定義に照らせば、中華民国政府は、その台北遷都から台湾が法的には日本領であった対日平和条約発効までの間(一九四九年一二月〜一九五二年四月)はある種の亡命政府であったと考えることができよう[135]。そうであれば、亡命政府による条約締結の問題は、本件との関係で大いに参考になるということになろう。

これまでの先例を見るならば、このような亡命政府はとりわけ第二次世界大戦中の欧州に多数存在し(ロンドンには八つの亡命政府が存在したといわれる[136])、領域外にあって、限定された範囲ながらも様々な政府機能を実行してきた。特に本件と関連のある条約締結権能に関しては、これらロンドンに所在した亡命政府は、受入国たるイギリスとの間だけでなく、アメリカやソ連などとの間にも、さらにはその相互間においてさえ多数の条約を締結しており、「完全な条約締結権能(full treaty-making power)」を持つものと考えられていた[137]。そして、とりわけ注目すべきは、これらの亡命政府のほとんどが、日本に対する宣戦布告を行って、日本との間に戦争状態に入っていたという事実である[138]。

これらの事実のみをもって、亡命政府が完全な条約締結権能、宣戦・講和の権能を有していると確定的に結論づけることはできないかも知れないが[139]、少なくとも右のような実行がこの時期に広範に行われており、しかもそれが例外的な事象ではなかった[140]、という事実の重みは否定できないであろう。実際タルモンは、様々な亡命政府による様々な条約の締結について検討した後、亡命政府は一定の条約を「実施」する能力が限定されることはあるが、条約「締結」能力が限定されることはなく、亡命政府と通常の政府との間に条約締結権能における差異は存在しない、と結論づけているのである[141]。

ところで、亡命政府とは、基本的に、現に自己の支配下にある領域を全く有さず[142]、外国の領域に所在している政府である[143]。そのような政府にも、条約の締結や宣戦・講和の権限が認められるとすれば、自国の領域らしきものを現に支配下に置いている中華民国政府の場合には、亡命政府以上の存在として、自己の支配下にはないが自己に帰属すると考えている領域(大陸中国)をも適用地域に含める条約を締結する権限を認められてしかるべきだということになろう。

他方、ロンドン亡命政府の場合と中華民国政府の場合とで、いま一つ大きく異なるのは、前者の場合には、本国が外国によって併合または軍事占領された結果として、本国で施政を行う外国の当局は存在したとしても、後者の場合のように、本国(中国の場合には大陸)において自らが正統政府であると主張する対立政府が存在した訳ではなかったという点である。この点は、中華民国政府の条約締結権能に対して制限的要素を加えるものと見られるかも知れない。

しかし、ロンドン亡命政府の場合には、それが国際的武力紛争(第二次世界大戦)の結果として国外に逃れてきたものであることから、そのような対立政府が本国に存在しなかったということであって、内戦の結果として国外に逃れてきた亡命政府の場合(亡命政府の定義には内戦から逃れてきたものも含まれる)には、本国に対立政府が存在するということが当然あり得るであろう。そして、前述のタルモンの結論は、そのような場合を含めて、亡命政府の条約「締結」権能は制限を受けないとしているのである[144]。

ともあれ、対立する複数の政府が存在する場合には、いずれの政府を当該国家の正統政府として認めるのかという政府承認の問題が生ずることになる[145]。中国の場合も同様であり、例えばアメリカは、中華人民共和国政府の成立後も、長期にわたって中華民国政府を中国の唯一の合法政府として承認し続けてきたのに対して、イギリスは、新たに成立した中華人民共和国政府をほどなく政府承認している。そして日本の場合は、中華民国政府を「中国を代表する政権[146]」（倭島外務省アジア局長の国会答弁）すなわち正統政府と認めて、これとの間に平和条約を締結したのである。したがって、日本にとっては、中国といえば中華民国であり[147]（倭島局長の国会答弁）、大陸をも包含する領域を主張する中華民国、ということになる[148]。

では、新旧両政府が並存している場合に、いずれの国も、いかなる政府であるかを問わず、自己の承認している政府がその国を代表する政府であるとして、自由に条約を締結することができるのであろうか。そこには、一定の制約が存在するのではなかろうか。すなわち、いかなる政府であれば当該国家を代表して条約を締結する権限を有しているのかという点について、一定の基準が存在するように思えるのである。

この点に関してタルモンは、一方が亡命政府である場合について検討して、次のように述べる。「通常、過半数（少なくとも相当数）の国によって政府として承認されている場合にのみ、…亡命政府は国家を代表して条約を締結する権能を有すると見なされる」が、「亡命当局を政府として承認する国と本国の当局を政府として承認する国の数がほぼ同数である場合や、亡命当局を政府として承認する国の数が限られたものに過ぎない場合には、…亡命政府の条約締結権能は、控えめに言っても極めて疑問とな［り］、多くは個別の事情によるが、通常は、そのような…亡命政府と条約を締結する国は、誠実に(in good faith)行動してはいないと推定されるであろう」という[149]。

右のような基準が中国の場合にも当てはまるとすれば、一九五二年の時点でどの程度の数の国が中華民国政府を承認していたかが重要だということになるが、この当時には、なお相当数の国が中華民国政府を中国の正統政府として承認していたといってよかろう。正確な統計は不明であるが、一九五二年までに、約三五カ国が中華民国政府を承認し、二〇カ国が中華人民共和国政府を承認していたといわれるし[150]、日華平和条約締結当時において、国連加盟六一カ国のうち人民政府の側を承認していた国は一二カ国に過ぎなかったといわれるのである[151]。加えて、当時、中華民国政府が安保理における常任理事国の議席を含め国連における代表権を有していたことも、同政府が中国を代表して条約を締結する権能を有していたとする判断を支持することになろう[152]。そうであれば、少なくとも一般的に、中華民国政府が当時、中国を代表して条約を締結する権限をそもそも有していなかった、ということにはならないように思える。

では、中華民国政府が締結できる条約の種類には制限があったのか、それとも同政府はいかなる種類の条約であれ制限なく締結する権能を有していたのか。この点について、再びタルモンによる研究を参照するならば、タルモンは、亡命政府一般について(本国に対立する政府が存在する場合も含め)、「亡命政府の条約締結権能が、ある主題に関しては制限され、他の主題に関しては制限されないとする理由はない」と述べ、これまで実際に締結されてきた条約の種類が極めて多岐にわたることを指摘する[153]。そして、同様な指摘は他の論者においても見られるのである[154]。

では、そのような中華民国政府との間に条約を締結した場合、その条約は中華民国に関しては、いかなる地理的範囲をもって適用されることになるのか。条約法の規則に従えば、ある国と条約を締結した場合には、その条約は、「別段の意図」が確認されない限り、当該国の「領域全体」について適用されるものとされる[155](条約法条約第二九条)。日華平和条約の場合には、そのような「別段の意図」が適用地域に関する交換公文において表明されているということになろう。そこで、中華民国に関しては中華民国政府の支配下にある領域にのみ適用するとする交換公文は、戦争状態の終了を定める日華平和条約第一条にも適用することを意図されたものであるのかが問題となる。次に、この点に関する条約締約国の意図を探ることにしよう。

五　戦争状態の終了と適用地域に関する交換公文の適用②――意図の側面

条約締約国の意図の問題は、条約規定そのものと、関連する事実とに照らして判断することになるが、ここではまず、適用地域に関する交換公文の存在を考慮しない場合に、日華平和条約が、大陸中国を含めて日本との間の戦争状態を終了させることを意図したものであるのかを検討し、その上で、もしそうであるとすれば、そのような意図は交換公文の存在によって影響を受けるものと考えられていたのかについて検討することにしたい。

まず、交換公文を考慮しない場合に、日華平和条約が大陸中国を含めた戦争状態の終了を意図していたことは一見して明らかである。そもそも台湾・澎湖諸島は、第二次大戦中日本の領域の一部をなしていたのであるから、日本と台湾・澎湖諸島との間には戦争状態は存在しなかった。したがって、日中間の戦争状態の終了といえば、それが日華間の条約によるものであったとしても、基本的に大陸中国との間の戦争状態の終了を意味すると考えることができる。

この点は、例えば、条約を補足する文書である同意議事録の三からも確認することができる。同意議事録の三は、中華民国の同意なく設置された日本の在中国外交・領事機関の財産について、中華民国の処分権を認める趣旨の了解を定めるものである。このような了解がなされたのは、次のような事情による。対日平和条約第一四条(a)2は、連合国による日本の在外資産の処分を認めているが、例外的に外交・領事関連の財産はそのような処分の対象から除外するとしている(第一四条(a)2(II)(ii))。ところが、中華民国政府は、日本が中華民国の同意なく中国に設置した外交・領事機関の財産については、そのような除外を認めないとして、その旨の了解を求めたため156、同意議事録の三において、それらの財産については右の除外規定を適用しないこと(つまり中華民国の処分権を認めること)を定めたものである。

ともあれ、同意議事録の三に定める外交・領事機関とは、具体的には在満州国日本大使館や在牡丹江日本領事館などであって、いずれも大陸中国に所在したものである。また、同意議事録の三が対日平和条約第一四条に明示的に言及していることからも明らかなように、それらの外交・領事機関の財産の処分は、戦争賠償の一環として認められるものである。したがって、同意議事録の三における了解は、大陸中国における戦争状態の終了を前提としたものであると考えることができるのである。

そして、大陸中国における戦争状態の終了という解釈が中華民国政府の意図とも一致することは、条約の交渉過程からも確認することができる。すなわち、同政府が日華条約会議の当初から、国民政府は中国の正統政府であり、連合国の一員たる中国として平和条約を締結したい旨を特に強調していたことや、日華条約会議の争点の一つであった賠償問題との関連で、日本が大陸における中国の戦争損害は条約の適用範囲外であると主張したのに対して、対日戦争の最大の犠牲国として賠償条項を存続させることを主張したこと157などからも、明らかだといえよう(第一章第六節二および三参照)。

では、以上の点は、適用地域に関する交換公文の存在を考慮に入れた上でも同様であるといえるか。中華民国政府は、交換公文の存在にも拘らず、日華平和条約発効の当初から大陸を含めた形での戦争状態の終了、そして賠償条項の適用を意図していたといえるか。この点については、究極的には中華民国側の史料に照らして検討する必要があるかも知れないが、中華民国政府が、日華条約会議に先立って行われた日華条約の適用地域に関する米華間の協議の段階から、日華条約交渉が妥結に至るまでの間を通して、一貫して適用地域の限定の問題に対して反対ないし消極的な態度を示してきたという事実からして、その意図ないし希望が、日華平和条約の発効と同時に大陸を含めて日中間の戦争状態を終了させたいとするものであったと考えるのが合理的であろう。

他方、日本については、日華条約会議の過程においてもかなりの立場の変遷があり、交渉が終盤に至った時点においてさえ、大陸関係の条項をすべて削除する提案を行うべしとの訓令が出されたこともある（第一章第六節四参照）。しかし、そのような訓令にも拘らず（訓令は執行されず）、最終的には専ら大陸関係の賠償問題を扱う規定を含む平和条約が署名されたのであり、日本としても、日華平和条約において大陸を含めた戦争状態の終了を意図したということに一応はなるであろう。

ただ、日本の場合には、吉田書簡以来、日華条約の適用地域を限定すべきことを強く主張してきたという経緯があり、その観点からはむしろ、大陸関係の賠償問題を含む条約ではあるが、適用地域に関する交換公文が存在するので、最終的に日華平和条約に同意することとした、と考えるのが自然なのかも知れない。すなわち、大陸中国にかかわる日華平和条約中の規定については、一般に、中華民国政府の支配が大陸にまで拡大した段階で適用されるものとして規定されているのであって、戦争状態の終了も（したがって戦争賠償の問題も）中華民国政府の支配が大陸にまで拡大した段階ではじめて大陸にまで及ぶ、と考えていたのかも知れない。

実際、交渉過程において日本が、専ら大陸にかかわる戦争賠償の規定に対して、適用地域の限定が関係してくるとの立場をとっていたことを示す事実がある。日本は、交渉の最終局面において、賠償の一環として、日本の在中国外交・領事機関財産に対する中華民国の処分権に関する了解（同意議事録の三）を受け入れることになるが、その際の本省と現地とのやりとりの中で、河田全権から「本件についてはミニッツ［同意議事録のこと＝引用者注］のことにもあれば『適用範囲に関する交換公文の趣旨は本件についても適用される』旨の保留を付して承知しおく程度に止め得れば可なりと存ぜらる」という意見が送られている[158]。これは、同意議事録が厳密にいえば日華平和条約の一部を構成している訳ではないことから、条約の適用地域に関する交換公文が同意議事録にも当然に適用されるということにはならないため、交換公文の「趣旨」が本件同意議事録にも適用されることを了解しておくと良い、という意味の意見具申であるように思われる。したがって、少なくとも現地では、賠償に関する規定には適用地域に関する交換公文の限定がかかるという意識で交渉が行われていたということになろう。

そして、日華平和条約の国会審議の前半における政府答弁の中に、いわゆる「限定講和」を前提としていたと考えられるものがあったことは、前述した通りである。しかし、そのような解釈が国会審議の過程において変化・変遷したこともまた、既に述べたところである。

問題は、このように解釈が変遷した場合に、一体いつの時点における解釈を当該国の(あるいは正しい)解釈と考えるべきか、という点である。もちろん、交渉時の解釈がそうであるという考えも成り立ちうるであろう。署名によって条約文が確定しているからである(条約法条約第一〇条)。しかし、条約に拘束されることについての最終的な同意の意思表示が批准であるとすれば、それに最も近い時点における解釈をもってその国の解釈と考えるのが、最も合理的であるように思える。それが、国内における憲法上の手続に従った国会での審議に際して示されたもので、そのような解釈を前提として国会が批准を承認したというのであれば、なおさらである。

また、二国間条約である日華平和条約の他方当事者である中華民国政府が、戦争状態の終了と賠償問題について、大陸をも含むかたちで条約を締結したいとの希望を、そして適用地域の限定をできるだけ排除したいという希望を、一貫して表明してきたことも、右のような解釈を支持することになる。というのも、交渉の段階では日本側が国府側と異なる基本的立場をとっていたとしても159、国会審議の過程でそれが解消されたのであれば、そして条約解釈としてもそれが可能なのであれば、両当事者間にこの点についての意思の合致が継起的に成立したと捉えることもできるからである。

以上のように見てくるならば、日華両政府は、大陸を含めた形で日中間の戦争状態を終了させることについて、国際法上無権限であったという訳ではないし、また両政府は、日華平和条約において、適用地域に関する交換公文にも拘らず、そのような形で日中間の戦争状態を終了させることを実際に意図していたということができるように思える。同じことは、戦争状態の終了の場合ほど明確ではないにしても、反対の証拠がない限り、戦争状態の終了と密接な関係にある賠償・請求権の問題についても当てはまると一応考えることができよう。

六　政府承認の遡及効

しかし、以上は、あくまで日華平和条約の解釈としてはそうだということであり、日本政府と中華民国政府にとってはそうだということであって、戦争状態の終了に関する規定を含め、日華平和条約の規定およびそれに関する右のような解釈が、中国の対立する政府（中華人民共和国政府）との関係でも当然に有効に主張できる（対抗可能160）かといえば、それは別途検討しなければならないであろう（この点は、戦争状態とその終了が国と国との間の関係であるとしても同様である）。

また、日本は、のちにいわゆる日中国交正常化によって政府承認の切替えを行い、中華人民共和国政府を中国の唯一の合法政府として承認することになるが、政府承認の効果は当該政府が事実において成立した時点まで遡及し、旧政府は新政府の成立の時点から存在を否定されることになるといわれることがある。もしそうであれば、小谷鶴次教授の示唆するように、日本による中華人民共和国政府の承認は、同政府の成立の時点(一九四九年一〇月一日)まで遡及し、その時点から中華民国政府の存在は否定され、その条約締結の効力も否定され、結果として日華平和条約は存在しなかったことになるのではないか[161]、という疑問が生じるかも知れない。

このように、中華人民共和国政府の存在や、とりわけ日本によるその承認をも視野に入れた場合には、これまでの検討が当然にそのままの形で受け入れられるということにはならない可能性があることが分かる。そこで、右の二つの疑問(新政府への対抗可能性と承認の遡及効)のうち、まず承認の遡及効の問題を取り上げ、その妥当範囲と国際法上の地位という二つの観点から検討することにしよう。

まず第一に、承認の遡及効の妥当範囲についてであるが、オッペンハイム(ジェニングス＝ワッツ版)によれば、その「遡及効は、通常、行為の時点で新政府の支配下にあった地域内における新政府の行為にのみ及ぶ」(傍点引用者)とされる[162]。このように、承認の遡及効が、通常、新政府支配下の地域における新政府の行為にのみ及ぶというのであれば、中華民国政府(旧政府)が行った、戦争状態の終了という中華人民共和国政府(新政府)支配下の地域に関連する行為は、少なくとも承認の遡及効が通常想定している対象ではないといえる。オッペンハイム(ジェニングス＝ワッツ版)は、右引用部分に引き続いて、「したがって承認は、行為の時点で新政府の支配下になかった地域に関連する新政府の行為を遡及的に有効にするものではなく、また、新政府の支配下になかった地域における旧政府の行為を遡及的に無効にするものでもない」(傍点引用者)と述べるが、ここで問題となっている、新政府支配下の地域に関する旧政府の行為については特に言及しておらず、不明確さが残る。しかし、先に引用したように、承認の遡及効が「通常」、新政府支配下の地域における新政府の行為に「のみ」及ぶというのであれば、旧政府が承認の切替えの前に正統政府としての資格で適法に行った行為(戦争状態の終了はそのような行為であろう)については承認の遡及効は及ばない(したがってそのような行為を無効としない）と一応考えることができよう[163]。

第二に、承認の遡及効は、英米の国内判例を通じて確立してきた規則であるが、それが一般国際法上も確立しているといえるのか、という問題がある。チェンは、国家承認についてであるが、国内判例を根拠に「承認国が承認前に被承認国との関連で生じた事項につき権利を有し義務を負うということは、国際法の原則と考えることができる」と述べている[164]。しかし、これは極めて例外的な見解であって、多くの学説はそのような原則・規則の存在すら否定する。早くも戦前の時期にジョーンズは、承認の遡及効は「英米の裁判所の現存の理論の下において、国内的な目的のためには妥当するのかも知れないが、それが国際法の下での立場でもあるのかは全く不明確である」として検討を開始した後、結論において、「承認は遡及するという実定国際法の規則は存在しない」と断言している[165]。その後も、例えばラウターパハトは、「本質的に、遡及効の原則とは便宜上のものである」と述べているし、ケルゼンも、承認が遡及効をもつか否かは、承認国が決定すべき問題であるとし、さらにブラウンリーも、「国際平面においては、遡及効に関する規則は存在しない」と述べている[166]。このように、承認の遡及効が国際法上の原則・規則であるとすることに対する否定論が有力であることもまた、右に述べた承認の遡及効の妥当範囲に関する通常の理解に加えて、承認の遡及効を理由とする日華平和条約無効論を根拠の乏しいものにしているように思える。

七　旧政府締結条約の新政府に対する対抗可能性

では、中国に関する政府承認の切替えにも拘らず、日華平和条約は日華間で有効に締結された条約ということになれば、中華人民共和国政府に対してもその有効性を当然に主張することができるのか。これが最後に残された日華平和条約の対抗可能性（対抗力）の問題である。

国際法上は、一般に、一国において非合法な形で政府の変動があったとしても、それは当該国家の内部の問題であって、他国との関係では国家としての同一性は保たれており、したがって旧政府(中華民国政府)の締結した条約を含むその権利義務は、新政府(中華人民共和国政府)にそのまま承継されるというのが原則である(継続性の原則、政府承継の義務167)。

しかし、この原則があらゆる場合に妥当するかといえば、その点には異論もあり、国家の継続性・政府承継の義務という一般原則は、場合によっては信義則(good faith)によって制限を受けるとの主張がなされる。信義則に基づく制限として指摘されるものには、①条約締結権能にかかる一般的な側面と、②条約の種類や条約の内容にかかる具体的な側面とがある。これらについて順次見ていくことにしよう。

まず、条約締結権能一般に関していえば、対立する新旧両政府が一定期間並存する場合、新政府は、一般に、新政府樹立後における旧政府の条約締結権能を否定し、その締結した条約の有効性を否認するのが通常である(認めることは自己否定につながりかねない)。中華人民共和国政府の場合もそうである。多数国間条約との関係であるが、同政府は、一九七二年九月二九日付の国連事務総長宛の通報において、「①現存しない中国政府が中華人民共和国政府の樹立前に署名、批准または加入した多数国間条約については、わが政府は、その内容を検討の上、状況に照らして、それらを承認すべきか否かについて決定する」が、「②中華人民共和国の創設の日である一九四九年一〇月一日以降は、蔣介石集団は中国を代表する権利を全く持たない。同集団による『中国』の名を詐称したいかなる多数国間条約への署名・批准または加入も、すべて不法かつ無効である。わが政府は、これらの多数国間条約を研究の上、状況に照らして、それらに加入すべきか否かについて決定する」(傍点引用者)ことを明らかにしている168。以上は、多数国間条約との関係における宣言であるが、同様の趣旨は、旧政府がその内容についてより大きな影響力を及ぼすことのできる二国間条約の場合には、より強い理由をもって当てはまることになると考えることができよう。

しかし、このような一方の政府による宣言が無条件に受け入れられるという訳ではない。そのことは、例えば、第二次大戦中のポーランド亡命政府（ロンドン）が締結した条約との関係における経緯からも確認することができる。一九四四年一二月三一日にポーランド本国で樹立された臨時政府は、同日以降にロンドンの亡命政府が締結する条約に基づく義務を拒否する旨を宣言した（一九四五年一月一二日）。ところが、右の宣言がなされた後の一九四五年四月六日にロンドン亡命政府が批准した国際民間航空条約[169]に、一九四八年六月になってポーランド政府が加盟しようとしたところ、ポーランドは既に加盟国であるとして寄託国によって加盟申請が拒否されている[170]。これは、新政府樹立後に旧政府が締結した条約であるにも拘らず、その締結行為は有効であり、新政府にはこれを承継する義務があるとして処理されたものと考えることができる。そして、その後、ポーランド政府は、旧政府加盟時の未払い分担金に関しても部分的に支払いに応ずることで、右のような処理を受け入れているのである[171]。

では、新政府樹立後に旧政府が締結した条約であっても、右の例のように新政府に承継が義務づけられる場合と、そうでない場合とがあるとすれば、そのような区別の基準はいかなるものなのであろうか。この点については、すでに述べたように（本節四参照）、少なくとも相当数の国によって承認されている政府は、国家を代表して条約を締結する権能を有すると見なされるが、限られた数の国しか承認していない政府の条約締結権能は極めて疑問であり、そのような政府と条約を締結する国は、「誠実に（in good faith）」行動してはいないと推定される[172]、といわれる。右のポーランドの例においても、国際民間航空条約を批准した当時、ロンドン亡命政府はなお連合国の過半数の国によってポーランドの政府としての承認を受けていたといわれる[173]。そして、右のような基準に照らした場合に、中華民国政府が、日華平和条約締結の当時において、中国を代表して条約を締結する権能を有していたと考えることができる点も、すでに述べたところである(本節四参照)。

このように、中華民国政府が当時、中国を代表して条約を締結する権能を有していたとすれば、同政府が当時締結した条約は、いかなる内容のものであっても中華人民共和国政府に対して対抗力を有するということになるのであろうか。そこに、条約の種類や内容にかかわる制約はないのであろうか。次にこの点について見ることにしよう。

この点に関してラウターパハトは、スペイン内戦中に領土の大部分に対する支配を失った法律上の政府が引き続き国際連盟においてスペインを代表していた事実に言及したのち、次のように述べる。すなわち、「他の事項におけると同様、ここでも信義則(good faith)が一般的規則の適用の限界を定める」とした上で、①「このような状況に置かれた政府［スペイン内戦中に領土の支配を失った法律上の政府＝引用者注］を相手に、大きな影響をもつ(far-reaching)性格の政治的条約や通商条約を適切に締結できるのか疑問である」し、②「国家の継続性に関する一般原則にも拘らず、勝利をおさめた革命政府は、［旧正統政府が］戦争［＝内戦］の継続中に締結した、国民の一般利益(the general interests of the nation)に反するような条約には拘束されない、という主張が有力である」と述べる[174]。以上の見解は、内戦の継続中に正統政府が条約を締結する場合を想定しており、すでに新政府の勝利で内戦が事実上[175]終結した後に締結された日華平和条約の場合とは必ずしも一致しないが、その趣旨はそのまま(あるいはより強い理由をもって)日華平和条約の場合についても妥当するように思われる。

もっとも、右の①(条約締結の権能)が、条約の種類によって締結可能なものとそうでないものとを区別するという趣旨であれば、そのような考え方には異論がある。すでに触れたようにタルモンは、亡命政府一般について(本国に対立する政府が存在する場合も含め)、「亡命政府の条約締結権能が、ある主題に関しては制限され、他の主題に関しては制限されないとする理由はない」と述べ、これまで実際に締結されてきた条約の種類が極めて多岐にわたることを指摘する。そして、同様な指摘は他の論者においても見られるのである176。

他方、右の②（締結された条約の対抗力）については、管見の限りでは特に異論は見当たらず177、また一般的な衡平の観念からしても無視できない見解であるように思える。そうであれば、そして日華平和条約に中国国民の一般利益に反するような内容が含まれているのであれば、日華平和条約（その当該部分）は、中国の新政府を当然には拘束せず、中華人民共和国政府に対して当然にはその有効性を主張することができないという可能性があるということになろう。

実は、日華平和条約が中華人民共和国政府に対して対抗できない可能性があることは、同条約の国会審議（後半国会）の際にも、日本政府によって認識されていたと考えられる節がある。まず一般論としては、政府承継の一般原則が肯定的に捉えられている。すなわち、日華平和条約の政府承継に関して、「この條約を結んだ法的の効果というものは…当然に中国の国家というものに帰属するんだからして、仮に…将来それを代表する正統な政府というものが変つた、という場合にも、その権利義務の関係は当然継承せられるものですね」との質問がなされたのに対して、下田武三条約局長は「お考えの通りだと思います」と答えている178。

ところが、個別問題との関係では、若干のニュアンスを含む答弁が行われている。まず戦争状態の終了との関係では、「戰争状態並びにそれの終了に関する限り…中共と日本との間には、今後とももはや問題を残す余地はないという考え」かとの質問に対して、倭島アジア局長は、「ないと思います」と答えつつ、再度、日本と中国との間の戦争状態は日華平和条約によって終了し、したがって「もはや戰争状態に関する問題は、台湾においても中国本土においても、法律上は残るはずがないという見解」であるのか、と質問されたのに対して、「中華民国とわが国との関係においてはさようであります」（傍点引用者）という微妙な言い回しの答弁を行っている179。

さらに賠償問題との関係では、答弁は対抗力を否定するかのようなニュアンスを含んだものとなる。すなわち、大陸にある在外資産に関してまで取極めていることについての質問に関連して、岡崎外相は、同意議事録の四（役務賠償を放棄したので中華民国の残りの利益は日本の在外資産である点を確認）につき、「［中国にある日本の在外資産の現在の所有者、管理者は誰であるのかは別として］中華民国政府に関する限りはこの在外資産を以て役務賠償はもう放棄する、こういう約束をいたしておるわけであります」（傍点引用者）と述べている。そして引き続き、台湾・澎湖諸島のみを支配する国民政府と全中国の問題について条約を締結する根拠に関して質されたのに対して、同外相は、多数の国による中国の代表政府としての承認や国連における代表権を根拠として示した後、「併しながらこれは中華民国政府に関する限りの規定でありまして、若し他に反対の要求があり、それが実力を持つておる政府であつて、将来何かそういう要求がある場合にそのそちらまで拘束するというわけじやない。併し中華民国政府に関する限りは役務賠償は放棄した」（傍点引用者）と明確に述べているのである[180]。

ちなみに、その後の時期にも、日華平和条約による戦争状態の終了は大陸中国にも及ぶのかという問題に関して、次のような質疑応答が行われている。例えば、一九七〇年段階においても、「中国大陸に関しましては、戦争状態は終結した、この日華条約によって、このようにお考えになっておるかどうか。この点についてお答え願いたい」との質問に対して、愛知揆一外相は、「条約論とし、法的には戦争状態が終結しておる、こういう立場を政府はとっておるわけでございます。しかし、先ほど来お話がありますように中華人民共和国政府は法的には日本との間に戦争状態が終結していないのである、こういう見解をとっておることも私は承知いたしております」と答えている[181]。そしてこのような答弁は、日中国交正常化交渉前の時期まで続いているのである[182]。

これらの発言（特に右の役務賠償放棄に関する発言）は、日華平和条約は有効に成立したものであるが、その対抗力は中華人民共和国政府に対しては及ばないという可能性を（強く）示唆しているように思える。日華平和条約（またはその一部)が中華人民共和国政府に対して当然に対抗できるという訳ではないのであれば、日本政府は自らの主張を法的に貫徹するための努力を行う必要があったということになろう。日中国交正常化交渉に際して、日中間の戦争状態終了の問題が再度取り上げられたのは、まさにこのような文脈においてであった。

注

1　岡崎外相は、日華平和条約は対日平和条約第二六条にいう二国間の平和条約ではないとして、次のように説明する。すなわち、対日平和条約第二六条は、他国により多くの利益を与える二国間条約を締結した場合には、対日平和条約の当事国にも同様の利益を与えるという趣旨であるが、日華平和条約には対日平和条約よりも日本にとって有利な条件があるのであって、これは対日平和条約第二六条によって締結したものではないといえる、と。『第十三回国会衆議院外務委員会議録』第三〇号(一九五二年六月六日)一〇頁。しかし、この見解は、第二六条の規定内容をかなり限定的に捉えたものであって、正しくない。同条に基づく日本の義務には、「[対日平和]条約に定めるところと同一の又は実質的に同一の条件で二国間の平和条約」の締結を希望する国から、その申し出があった場合には、これに応じなければならないという点を含んでおり、このような過程を経て締結される二国間の平和条約は、第二六条にいう二国間の平和条約だということになる。最終的に、どのような内容の二国間平和条約となるかは、第二六条に基づく二国間平和条約であるか否かとは直接には関係しない。そのことは、同条の末文(他国により大きな利益を与える二国間条約を締結した場合は対日平和条約の当事国にも同様の利益を与える旨を規定)において、対日平和条約とは異なる内容の二国間条約となることがありうることが想定されていることからも明らかである。すなわち、第二六条に基づく二国間平和条約には、対日平和条約と比較して日本に有利な内容となるものと、相手側締約国に有利な内容となるものとがありうるが、同条の末文の規定は、特に後者のような条約を締結した場合についてのみ、対日平和条約の当事国にも同様の利益を与える旨を規定したというだけである。したがって、日本に有利な内容の二国間条約は第二六条にいう二国間平和条約ではないということにはならない。

2　他の二つは、講和交渉の代表を決定せよという指示と、交渉に参加するようアメリカに求めよとの指示であった。石井「中国と対日講和」三〇七頁。

3　石井「対日講和と中国国民政府」九七―一〇〇頁。

4 これに対して、ダレスは、日華間の二国間条約が多数国間条約より先だったか後だったかは、一年も経てば人は皆忘れてしまうと述べている。なお、この間の経緯については、石井「中国と対日講和」三〇二―三〇三頁に詳しい。

5 「中田事務所長代理発外務大臣宛、平和条約に関する司法院長の談話に関する件(昭和二七年一月二五日)」『日華平和条約関係一件』第一巻、〇〇五四頁。王院長自身は、日本は対日平和条約によって平和条約を締結する固有の資格を有しているのだから、日華平和条約は、対日平和条約第二六条によるのではなく、その固有の資格に基づいて締結すべきであると述べているのであって、対日平和条約の発効を前提として語っていると思われる点で蔣介石の指示とは整合しない。しかし、少なくとも本文に引用した部分を取り出せば、蔣介石の指示の意図するところを説明しているように思える。

6 石井「対日講和と中国国民政府」一〇四、一〇六頁。いずれも、一九五一年六月下旬のダレス・顧維鈞会談における顧維鈞の発言であるが、対日平和条約署名後の段階でも妥当する内容である。

7 対日平和条約は、日本による批准書のほか、アメリカを含む特定一一カ国の過半数の批准書が寄託された時に発効するものとされていた(第二三条(a))。ちなみに、同じ第二次大戦後のイタリア(第九〇条)、ルーマニア(第四〇条)、ハンガリー(第四二条)、ブルガリア(第三八条)、フィンランド(第三六条)の各平和条約は、特定の戦勝国(イタリア平和条約は米英仏ソの四国、フィンランド平和条約は英ソの二国、それ以外は米英ソの三国)による批准書の寄託のみによって発効するものとされ、戦敗国自身の批准は平和条約の発効の要件とはされていなかった。この点につき、横田喜三郎「平和條約の特色」國際法學會『平和條約の綜合研究・上巻』(有斐閣、一九五二年)五六―五八頁。

8 「日華条約交渉日誌(二)」〇〇三八頁。

9 この指令は、今一つ、後述の日本の条約締結権能に関する法的制約の問題とも関連するようにも思われるが、その点のみが理由であれば、妥結後「署名」を遅らせればよいのであって、「妥結」そのものを遅らせる理由にはならないであろう。

10 横川「占領期間中の外交機能」二二二頁。

11 毎日新聞社編『対日平和条約』七三―七四頁。なお、横田喜三郎編著『聯合國の日本管理』(大雅堂、一九四七年)四三―四四頁参照。

12 西村熊雄元外務省条約局長も、後に、日華平和条約が対日平和条約の発効の日に署名されたのは、それによって日本が独立を回復し、「吉田書簡にあるように条約を締結することが『法律的に可能』となつたからである」と述べている。西村熊雄「奇妙な台湾の〝法的地位〟」『世界週報』第四二巻九号(一九六一年二月二八日)三二頁。

13 これは、イギリス外務省とアメリカ国務省との間の事務レベルの合意である。*FRUS*, 1951, Vol. VI, Pt. 1, pp. 1401-1402. See

also *ibid*., pp. 1409-1410.

14 袁克勤『アメリカと日華講和―米・日・台関係の構図―』(柏書房、二〇〇一年)一九二頁。

15 日華平和条約の日本語、中国語および英語の正文は、外務省条約局『現行条約集覧・二国間条約(1)』(一九五三年)、外務省条約局『条約集』第三〇集第五六巻(一九五二年一〇月)を参照。

16 このように二国間条約の正文として両国の言語以外に英語を正文とし、解釈に相違がある場合には英語の本文によるとするのは、一見奇異であるが、日華平和条約は最終的には英語の草案を用いて交渉が行われており、決して不合理ではない。なお、このような方式は、国府側の提案(国府側第一次草案)によるもので、日本側第一次草案には含まれていなかったが、第二次草案以降その旨の文言が挿入されるようになった。同様に解釈に相違がある場合には第三国語たる英語やフランス語の正文によるとするものとして、一九六五年の「日本国と大韓民国との間の基本関係に関する条約」や一九五五年の「日本国とカンボディアとの間の友好条約」などがある。

17 日華平和条約において「条約」とは、テクニカルには、条約本体のほか、「条約の不可分の一部をなす」ことが明記されている議定書を意味するが、交換公文および同意議事録の交渉も英語を用いて行われており、これらについても必要に応じて英文を付記することにする。

18 日本が宣戦布告を行わなかったのは、法律上の戦争になれば中立法が適用される結果、アメリカなどの第三国からの物資の入手が困難になること、不戦条約違反との非難を回避したかったこと、などの理由によるものといわれる。北博昭『日中開戦』(中央公論社、一九九五年)八―一〇頁。

19 鹿島平和研究所編『日本外交主要文書・年表(1)』六頁、竹内実編『日中国交基本文献集・下巻』(蒼蒼社、一九九三年)九五頁。なお、対日宣戦布告を行ったのは、中華民国国民政府(重慶政府)であった。

20 国際法事例研究会『国交再開・政府承認』五一頁、竹内編『日中国交基本文献集・下巻』五九―六五頁。

21 立作太郎『戰時國際法論』(日本評論社、一九四四年)一一七―一三〇頁。H. Lauterpacht (ed.), *Oppenheim's International Law*, Vol. II, 7th ed. (Longmans, 1952), pp. 290-300.

22 日本、中国、第三国のいずれも、それ以前の敵対行為をもって戦争状態が発生したとは見ていなかったようである。William W. Bishop, Jr., *International Law: Cases and Materials*, 3rd ed. (Little, Brown and Company, 1971), p. 949. もっとも、周恩来外交部長は、対日平和条約は連合国および連合国国民の財産の処理に関する規定で、一九四一年一二月七日以前の中国人民の抗日戦争の期間を完全に無視しているとして、一九三一年から一九四一年にかけての日本の対中国武力侵略に言及しつつ批判している。「対日平和条約米英草案とサンフランシスコ会議に関する周恩来外交部長の声明（一九五一・八・十五）」二〇頁。また、日華平和条約の国府側第二次草案の議定書第一項(c)も同様の発想で規定されていた。

23 この表現は、国会審議等において、中華民国の支配地域を「台湾・澎湖諸島」と言及することがあることを受けたものであって、中華民国の支配地域を表わす「台湾・澎湖諸島」と、文字通りの「台湾・澎湖諸島」とは区別しなければならない。日本からの「分離地域」としての「台湾・澎湖諸島」は文字通りの意味である。この区別の重要性につき、後出注46参照。

24 入江啓四郎『領土・基地』（三一書房、一九五九年）一三七―一三八頁は、日華平和条約の適用地域に関する交換公文に言及しつつ、「『支配』(the control)というのは、はっきりしないけれども、国民政府の支配下にあるのは、主に台湾と澎湖諸島であるから、日本と中華民国とが講和条約を結び、そして条約の適用地域が、中国に関しては、台湾であるという以上、台湾は中国の領域だとすることになろう」と述べるが、本文に述べた点からも疑問である。なお、台湾の帰属問題については、田畑茂二郎「『二つの中国』論と台湾の国際法的地位」『法律時報』第二八巻一〇号（一九五六年一〇月）三五―四一頁参照。

25 ベルサイユ条約第一一九条は、ドイツ国はその海外属地に関する一切の権利および権原を「主タル同盟及聯合國ノ爲ニ(in favour of)」放棄する、と規定している。外務省『同盟及聯合國ト獨逸國トノ平和條約竝議定書』（外務省、一九一九年）一一八頁。J.A.S. Grenville, *The Major International Treaties 1914-1945: A History and Guide with Texts* (Methuen, 1987), p. 68.

26 その意味では、台湾は、日本以外の対日平和条約当事国（連合国）の共同領有となったとするシュヴァルツェンバーガーの主張にも根拠がないということになろう。田畑「『二つの中国』論と台湾の国際法的地位」四一頁。

27 こういった方式は他にも先例があり、例えば、イタリア平和条約でも、北アフリカにある旧イタリア植民地については講和会議で決定できなかったので、米英仏ソ四国による将来の決定に委ねるとの規定振りとなっている（第二三条）。*UNTS*, Vol. 49 (1950), p. 139. なお、『第十二回国会参議院平和条約及び日米安全保障条約特別委員会会議録』第一一号（一九五一年一一月六日）六頁参照。

28 放棄した領土を他国に割譲できない点は、日ソ国交正常化交渉との関係で、アメリカからも指摘されたことがある。一九五六年九月七日の「日ソ交渉に対する米国覚書」は、領土問題に関して、ヤルタ協定は領土移転の法的効果をもつものでないこと、対日平和条約は日本の放棄した領土の帰属先を決定していないことを指摘した上で、「いずれにしても日本は、同条約で放棄した領土に対する主権を他に引き渡す権利を持っていない」と述べている。外務省国内広報課『われらの北方領土（二〇一三年版）』（二〇一四年）資料編二二頁。Whiteman, *Digest of International Law*, Vol. 3, pp. 566-567. 同様な考え方は、日中国交正常化前に出された政府統一見解でも示されている。『第六十八回国会衆議院予算委員会議録』第一〇号（一九七二年三月六日）

一頁。

29　日華平和条約第二条における台湾の放棄への言及が対日平和条約第二条の「再確認」であったことについて、『第七十一回国会衆議院内閣委員会議録』第四五号(一九七三年七月二六日)八頁(高島益郎外務省条約局長答弁)。

30　袁『アメリカと日華講和』二〇八頁。アメリカは、対日平和条約のアメリカ草案(一九五一年三月)の段階から、台湾・澎湖諸島の「放棄」という方式を提案していたが、この点について国民政府をいかに説得したかについては、第一章第三節参照。

31　高野雄一「第二次大戰の占領・管理—日本の場合を中心として—」國際法學會編『國際法講座・第三巻』(有斐閣、一九五四年)二四三—二四五頁、「降伏文書ニ關スル説明」『終戰事務情報』第二号、七頁。降伏文書の法的性格については、受諾を条件とした単独行為と見る説もある。横田編著『聯合國の日本管理』七九—八〇頁。なお、降伏文書の性格をめぐる種々の見解につき、芳川俊憲「連合国軍隊による日本占領の法理と実際」『岡山大学法学会雑誌』第二二巻三・四号(一九七三年六月)六八—八二頁参照。

32　台湾との関係において、この点に固執することに異議を唱えるものとして、寺沢一『国際法と現代』(日本評論社、一九六八年)一八九頁。

33　『第十三回国会参議院外務委員会会議録』第三九号(一九五二年六月一〇日)五頁(岡崎外相答弁)参照。同様な立場は、一九七二年の日中共同声明の第三項においても示されており、台湾は中華人民共和国の一部とする中華人民共和国政府の立場を日本国政府は「十分理解し、尊重」するとしているが、それを「承認」するとは述べていない。同項は、右に引き続いて、日本国政府は「ポツダム宣言第八項に基づく立場を堅持する」と述べていることから(この文言は人民政府側の要請によって加えられたものといわれるが、栗山尚一外務省条約課長によると、この文言は腹案として自分が考えて北京に持参したものであるとされる。「日中国交正常化とその法律的問題点について(下)」『時の法令』第八〇三号(一九七二年一一月一三日)一一頁、栗山尚一『沖縄返還・日中国交正常化・日米「密約」』(岩波書店、二〇一〇年)一三四頁)、台湾が中国に返還されるべきものであるという日本政府の政治的な立場は、堅持されているということになろう。外務省条約局条約課長・栗山尚一「日中共同声明の解説」時事通信社政治部編『ドキュメント日中復交』(時事通信社、一九七二年)二一六—二一八頁。同様な見解をとる彭・黄『台湾の法的地位』一五一頁は、「日本自体は、サンフランシスコ平和条約が所定の手続をふんで発効した瞬間から、降伏文書および、降伏文書を通して間接的に負わされたポツダム布告、カイロ声明の諸規定から解放されたといえよう」と述べている。ちなみに、一九七〇年代に同様な問題に直面した諸外国も、それぞれの方式で問題に対処している。例えばカナダは、中華人民共和国の立場に「留意する(take note)」とし、オーストラリアやアメリカは、それを「認識する(acknowledge)」

としている。日本の「理解し、尊重」するというのは、オランダのとった方式と同様である。林金茎『戦後の日華関係と国際法』(有斐閣、一九八七年)一〇七―一〇九頁、彭・黄『台湾の法的地位』二二九―二三四頁、林修三「日中国交正常化に対する法律的評価」『月刊公会計』第六巻一一号(一九七二年一一月)一一頁。なお、台湾の法的地位に関する最近の議論につき、Jonathan I. Charney and J.R.V. Prescott, "Resolving Cross-Strait Relations between China and Taiwan," *American Journal of International Law*, Vol. 94, No. 3 (July 2000), pp. 453-477; James Crawford, *The Creation of States in International Law*, 2nd ed. (Clarendon Press, 2006), pp. 198-221.

34 条約法条約第三六条の規定によれば、条約による第三国への権利の付与は、条約の当事国がそのように意図しており、かつ、当該第三国がこれに同意する場合に行われ、また、第三国の同意は、反対の意思表示がない限り存在するものと推定される、とされている。本文に掲げた日華平和条約の規定は、第三国たる中国による受益への「同意」と捉えることもできよう。なお、こういった点は、在中国日本財産の処分権との関係で、第五章第二節一において詳述する。

35 山下康雄「請求権及び財産―賠償・補償制度の概要―」國際法學會『平和條約の綜合研究・下巻』(有斐閣、一九五二年)六三頁。

36 『第五十五回国会衆議院内閣委員会議録』第三一号(一九六七年七月一四日)八、一四頁(栗山廉平内閣総理大臣官房臨時在外財産問題調査室長答弁)。もっとも、日華平和条約の交渉中には両者は関連づけて扱われていた(日本側第二次草案第一〇条参照)し、日華平和条約締結後の一九五〇年代半ばには、日中間の関係について、賠償と在外資産の接収を結びつける認識が示されており、日中国交回復の際に中華人民共和国政府から賠償の要求がある場合には大きな問題になるのではないかとの指摘に対して、「将来そういうことが起るかもしれません」と述べた上で、多額の在中国日本財産が接収されたことに言及して、その点も考慮に入れるべきだとの答弁がなされている。『第十九回国会参議院外務委員会会議録』第二三号(一九五四年四月一七日)一一、一八頁(岡崎勝男外相答弁)。中川融外務省条約局長の説明によると、在外資産の処分権付与と賠償との間に直接の因果関係はないとする理由は、次のような対日平和条約の起草過程に関係するとされる。すなわち、対日平和条約の当初の草案においては役務賠償の問題はなく、連合国がすべての賠償を放棄し、他方で連合国にある日本財産はすべて没収するということになっていた。しかし、その後アジア諸国の主張で役務賠償の規定が入ったため(この点につき第三章注39参照)、対日平和条約第一四条が非常に賠償関係の条項のようになったが、同条は当初の意図では日本の在外財産の処分権に関する規定であった。したがって、「これが賠償そのものである、賠償の一部であるというふうにまで解釈することは、必ずしも適当ではない。しかしながら、賠償権を放棄したことと実質的な関係はもちろんあるというところがすなおな解釈であろう」とされる。『第三十八回国会参議院予算委員会第二分科会会議録』第四号(一九六一年三月三〇日)一三頁。

37　ただし、一九四八年に北緯三八度以南にある日本財産はすべて韓国政府に移譲されているが、この点については対日平和条約第四条(b)で追認されており、本文で述べた特別取極による扱いの例外とされている(第四条(a)冒頭参照)。伊藤哲雄「第二次世界大戦後の日本の賠償・請求権処理」『外務省調査月報』一九九四年度1、八七頁参照。

38　山下「請求権及び財産」六五、七六―七七頁。実際、例えば、一九一九年のベルサイユ条約では、割譲地(分離地域)にあるドイツ国民の財産は、基本的に割譲地を譲り受けた連合国によって清算されることになっていた(第二九七条(ロ))のに対して、一九四七年のイタリア平和条約では、割譲地にあるイタリア国民の財産は、基本的に尊重されるべきものとされていた(第一四附属書第九項―第一一項)。外務省『同盟及聯合國ト獨逸國トノ平和條約竝議定書』二五一―二五二頁。*UNTS*, Vol. 49 (1950), pp. 227-228. なお、イタリア平和条約と対日平和条約との間で、旧植民地における国民の財産の扱いに違いがあることについて西村外務省条約局長は、対日平和条約の締結が遅れたためその間に各種措置によってある程度既成事実ができあがっていたこと、対日敵愾心の強さ(およびそれを反映した各種措置の既成事実化)を指摘している。『第十二回国会参議院平和条約及び日米安全保障条約特別委員会会議録』第一一号(一九五一年一一月五日)八頁。

39　例えば、対日平和条約第七条では、特定の二国間条約を有効とする可能性も定められていたが、日華平和条約第四条では、すべて無効とされることになった。また、対日平和条約第一二条(b)では、通商航海条約締結までの間、四年間、日本は連合国および連合国国民に対して、相互主義を条件として内国民待遇・最恵国待遇を与える義務を負うことが規定されていたが、日華平和条約議定書第二項では、通商航海条約締結までの間、一年間、日華両国が双務的に最恵国待遇を与える義務を負う旨が規定されている。なお、議定書第二項(b)は難解な規定であるが、要するに、対日平和条約で日本が連合国のあるものに内国民待遇を与える場合には、その内国民待遇が日華平和条約の最恵国待遇を介して中華民国にも及ぶことになる(同様の内国民待遇は日本との関係でも起こり得る)ことを考慮して、そのような場合にも、日華平和条約の両当事国は、一方的には他方当事国に内国民待遇を与える義務を負わないことを定めたものである。『第十三回国会参議院外務委員会会議録』第四三号(一九五二年六月二六日)三頁(倭島外務省アジア局長答弁)。

40　日華平和条約第一一条により準用されることとなる対日平和条約の規定として、第六条、第一四条、第一五条、第一七条、第一九条が、国会審議中に列挙されている。『第十三回国会参議院外務委員会会議録』第四三号(一九五二年六月二六日)二頁。

41　第一一条との関係におけるもう一つの重要な「別段の定」が議定書第一項(c)であり、対日平和条約第一一条(戦争犯罪法廷の裁判の受諾と刑の執行)および同第一八条(戦前からの債務の存続)は、日華間の戦争状態の存在に起因する問題の解決において準用しないこととされた。この点につき、第六章注26参照。

42 日華平和条約第一一条にいう「相当規定」に対日平和条約第一四条が含まれることは、日華平和条約の起草過程からも窺える。日華平和条約の国府側第二次草案修正案の議定書案は、その第一項において、連合国並み受益条項(最終的に日華平和条約第一一条となった)の適用に関する了解として、中華民国は対日平和条約第一四条に定めるすべての権利義務(若干の例外を除く)を受諾し、また役務賠償を放棄することを決定する旨を規定していたからである。

43 「同意された議事録」の四においては、「日本国」の在外資産にのみ言及され、対日平和条約第一四条(a)2のように「日本国及び日本国民」の在外資産とされていないが、これは単なる起草上のミスのようである。『第十三回国会衆議院外務委員会議録』第二六号(一九五二年五月二三日)三七頁。

44 役務賠償放棄の結果、中華民国に残された利益は日本の在外資産の処分権のみとなるという点を、別途同意議事録において確認することになったのは、次のような事情による。すなわち、日本側は、役務賠償の放棄に関する規定のみでは、(在外資産の処分権以外の)他のすべての請求権を放棄したのかが不明であるので、他のすべての請求権を放棄する旨を明記するよう強く求めた。これに対して国府側からは、日華平和条約では、別段の定めがない限り対日平和条約が準用されるのであり、対日平和条約第一四条(b)ですでに賠償請求権の放棄が規定されているのであるから、日華平和条約において再度これを放棄することはできないとの主張がなされた。日本は、日華平和条約が準用することとなる対日平和条約第一四条(b)に、賠償請求権の放棄に関して、「この条約に別段の定がある場合を除き」との除外規定があることを問題とし、現国民政府は「別段の定」とは第一四条(a)に定める役務賠償と在外資産の処分権のみであると解釈しているとしても、将来の政府が別の解釈をする可能性を考慮して、(在外資産の処分権以外の)他のすべての請求権を放棄していることを明記させようとしたようである。日本の強硬な態度に国民政府側が譲歩して、その結果同意議事録の四が合意されることとなったといわれる。殷燕軍『中日戦争賠償問題』(御茶の水書房、一九九六年)二八八―二九六頁、袁『アメリカと日華講和』二三〇―二三三頁。

45 『第十三回国会参議院外務委員会会議録』第四二号(一九五二年六月一八日)一六頁(岡崎勝男外相答弁)、『第十三回国会衆議院外務委員会議録』第二六号(一九五二年五月二三日)三八頁(倭島英二アジア局長答弁)。

46 厳密にいえば、日華平和条約の適用地域たる中華民国政府の支配下にある地域とは、台湾、澎湖諸島、金門、馬祖である。そして、そのうちの前二者のみが日本からの分離地域である。したがって、同意議事録にいう「日本国の在外資産」には、日華平和条約第三条の対象となる分離地域＝台湾・澎湖諸島の財産は含まれないとしても、分離地域ではない金門・馬祖に存在する日本の資産はそれに含まれうるので、同意議事録のいう「日本国の在外資産」とは、分離地域ではなくかつ中華民国政府の支配下にある金門・馬祖に所在する日本の資産であると解することも、全く不可能という訳ではなかろう。しかし、これは余りに現実から乖離した議論である。したがって、以下ではこの点を考慮しないこととする。なお、金門・馬祖(ともに福建省に属する)が分離地域ではないことにつき、高野雄一「日中関係と国際法—日中関係論議の混迷に対して—」『ジュリスト』第四八一号(一九七一年六月一五日)九二頁。

47　もっとも、「管轄」と「管理」が必ずしも本文に述べたように截然とは区別されずに用いられることもある。例えば、欧州人権条約第一条にいう「[締約国]の管轄(jurisdiction)内にあるすべての者」とは、締約国の領域内のみには留まらず、領域外であっても締約国が事実上の支配(実効的支配)を及ぼしている地域をも含むものとして解釈されている。See Case of Loizidou v. Turkey, Judgment of 18 December 1996 (Merits), in ECtHR, *Reports of Judgments and Decisions*, 1996-VI, pp. 2234-2235, para. 52.

48　例えば、江藤淳一「軍縮条約における『管轄又は管理』の用法」『東洋法学』第四四巻一号(二〇〇〇年九月)一一五—一五九頁、浅田正彦「化学兵器禁止条約の基本構造・上」『法律時報』第六八巻一号(一九九六年一月)四一頁、村瀬信也・奥脇直也「宇宙関係諸条約の履行と国内法整備—民間宇宙活動をめぐる米国の法制—」『立教法学』三六号(一九九一年)七三—九〇頁参照。対日平和条約第一四条(a)2では、「管轄」の語が「財産」等にかかっているが、連合国が対日平和条約前の段階で日本の財産に対して法的な権利を有していることは考え難いので、この「管轄」の語は場所にかかるものであって、連合国が管轄を有している場所、つまり連合国の領域に所在する日本の財産が処分の対象となっていると考えるべきであろう。対日平和条約の国会審議においても、西村熊雄外務省条約局長が、第一四条(a)2について、「各連合国の領域内にある財産を対象といたしております」と述べている。『第十二回国会参議院平和条約及び日米安全保障条約特別委員会会議録』第一四号(一九五一年一一月九日)一六頁。

49　本書では、日華平和条約の「適用地域」と「適用範囲」とを互換的に用いる。

50　中華民国は、中華人民共和国の支配下にある地域のみならず、モンゴル(外蒙古)をも自国の領域の一部であると主張してきたが、二〇〇二年一月に「両岸人民関係条例施行細則」を改正して、モンゴルを「(中国)大陸地区」から外して独立国として扱うことにしている。『朝日新聞』二〇〇二年九月三日。なお、中華民国は、一九九七年に憲法を改正して、民選による台湾省の省長と省議員を事実上廃止したが、これは中華民国と台湾省が面積でも人口でも相当重なっていたため、政府機構の効率化を図ってのことであって、大陸に対する主権主張をやめた訳ではない。

51　これは、日華平和条約第八条において予見される民間航空運送協定の締結までの間、対日平和条約の関係規定が適用される旨の合意を定めるものである。対日平和条約の関係規定とは、同条約第一三条(b)(c)であり、したがって日本は、右の民間航空運送協定の締結までの間、中華民国に対して民間航空業務に関する最恵国待遇を与えることが義務づけられることになった。

52　これは、一九四五年九月二日以降に中華民国の当局が拿捕・抑留した日本漁船(二九隻)に関する日本の請求権について、日華平和条約の規定とは無関係に解決することに合意するものである。第二次大戦後、マッカーサー・ラインを侵犯したとして、日本漁船が中華民国の当局によって拿捕されていたが、この問題は両国の交渉の対象となっていた。日本側は中華民国にこれらを没収する権利はないとして、対日平和条約の締結以前から、この問題は両国の交渉の対象となっていた。日本側は中華民国にこれらを没収する権利はないとして、対日平和条約第一九条(b)が準用され、日本が請求権を放棄したことになるため、交換公文は、この問題を日華平和条約の枠外で解決する旨を明らかにしたものである。

53　具体的には、満州国、蒙古自治連合政府、汪精衛政権の合意を得ただけで設置された外交・領事機関であり、例えば在満州国大使館、徐州や黒河、牡丹江の領事館などがそうである。

54　「日本国政府と中華民国国民政府との間の正常関係設定に関する協定案(要領)(二六、一二、一三)」外務省外交史料館マイクロフィルム、B〇〇〇九、フラッシュ九、〇〇四八―〇〇五四頁。

55　『官報号外・第十三回国会参議院会議録』第七号(一九五二年一月二六日)五頁。吉田書簡に関する外務省の解説も、次のようなものであったとされる(『読売新聞』一九五二年一月一七日)。

「一、書簡にいう二国間条約とは対日平和条約第廿六条(加入条項)の適用にもとづいて行われる『二国間平和条約』を意味しない

一、中国国民政府を中国全体を代表する政府とみとめているのではない」

56　*FRUS*, 1951, Vol. VI, Pt. 1, p. 1050.

57　西村『サンフランシスコ平和条約』一二八頁。

58　『外務省の百年・下巻』八一二頁。

59　「木村事務所長発吉田大臣宛、日華條約交渉に関する件(昭和二七年二月一〇日)」『日華平和条約関係一件』第一巻、〇一〇三―〇一〇五頁。

60　「外務大臣発木村所長宛、日華条約交渉に関する件(昭和二七年二月一二日)」『日華平和条約関係一件』第一巻、〇一二九―〇一三〇頁。

61　「同右」〇一三二―〇一三五頁。

62　「外務大臣より河田全権に対する訓令(昭和二七年二月一六日)」『日華平和条約関係一件』第一巻、〇一九六―〇一九七頁。

63　「大臣発台北中田所長代理宛、台北派遣使節に関する件(昭和二七年一月三一日)」『日華平和条約関係一件』第一巻、

〇〇七五頁。

64 「限定講和」という用語は厳密な法的概念としては問題があるが、当時使用されていた便利な用語として、本書でも使用することとする。

65 同意議事録の法的性格につき、差し当たり、川島慶雄「条約法条約の適用範囲と用語」国際法事例研究会『条約法』（慶應義塾大学出版会、二〇〇一年）一二頁参照。なお、「Agreed Minutes」は、通常、「合意された議事録」と訳されるが、日華平和条約では「同意された議事録」とされる。その理由は定かではないが、中国文でも日華平和条約の「Agreed Minutes」は「同意紀録」とされている。

66 この間の経緯については、石井「中国と対日講和」三〇三―三〇五頁参照。

67 甲案は、二国間平和条約署名時に、中華民国全権代表が次のように声明する、というものであった。「本条約は中華民国の全領域への適用を意図したものである。その領域のうち、国際共産主義の侵略の結果として、現在共産党の軍事占領下にある区域に関しては、中華民国政府は、当該区域が実効的に支配されるようになるのを待って直ちに本条約を実施することを約束する」。他方、乙案は、中華民国政府と日本政府が二国間平和条約の批准書を交換する際に、次のような声明を双方の同意議事録に記録する、というものであった。「この条約は、中華民国に関しては、中華民国政府の支配下に現にあり、及び今後入るすべての領域に適用がある」。アメリカは乙案を選択すると共に、批准時ではなく署名時に行われるべきとして（条約本体か、共同発表か、同意議事録かは重要でないとする）、次のような提案を自ら行っている。「この条約は、いずれの時にも、双方の締約国の現実の支配下にあるすべての区域に適用される（this treaty shall be applicable at any given time with respect to all areas under the actual control of either High Contracting Party）ことが相互に了解される」。これは、適用地域に関する制限を日本にも適用することとすると共に、適用地域の定式に「今後入る」という文言を用いていない点で、国府提案の乙案とは異なる。本文に掲げた修正乙案は、このアメリカ提案を勘案して修正したものである。*FRUS*, 1951, Vol. VI, Pt. 1, pp. 1362-1363, 1384. なお、石井「中国と対日講和」三〇五頁をも参照。

68 *FRUS*, 1951, Vol. VI, Pt. 1, pp. 1445-1446.

69 一二月一三日の来日後最初の会談で、ダレスは吉田に対してメモを読み上げ、日華間の二国間平和条約の締結について説明したが、その時にはダレスは、「二国間条約の適用範囲は、両締約国の現実の支配下にある領域である」と述べており、「今後入る」との文言はなかった。*FRUS*, 1951, Vol. VI, Pt. 1, pp. 1437-1438. 細谷『サンフランシスコ講和への道』二九六―二九七、三〇〇―三〇一頁。これは、基本的に米華協議の段階におけるアメリカ提案（前出注67参照）に沿ったものである。その後の具体的な書簡案への文書化の段階で、国府提案の修正乙案の定式が(「及び」を除き)が採用されたようである。

70 *FRUS*, 1951, Vol. VI, Pt. 1, pp. 1446-1447.

71 「対日平和条約発効および日華平和条約調印に関する周恩来外交部長の声明(一九五二・五・五)」霞山会『日中関係基本資料集　一九四九年―一九九七年』四一頁。

72 細谷『サンフランシスコ講和への道』三〇一頁。もっとも、ダレスの書簡案に対する日本側の修正提案には、「今後入る」との文言がそのまま使用されており(外務省条約局法規課『平和条約の締結に関する調書Ⅱ』(一九六六年)二二四―二二五頁。*FRUS*, 1951, Vol. VI, Pt. 1, pp. 1446-1447)、少なくとも書簡案が手交された当時は、右文言のもつ問題性が認識されていなかった可能性がある(袁『アメリカと日華講和』一六二―一六四頁参照)。なお、その後の日華条約会議の河田全権への訓令では、適用範囲は「同政府の現実に支配する地域に限られる」として、「今後入る」への言及は含められていないし、本文で後述のように、日華条約会議での日本側第一次草案では、吉田書簡の文言をあいまいにした文言が提案されている。

73 「戦争状態の終結及び正常関係の再開に関する日本国政府と中華民国政府との間の條約案(昭和二七年三月一日)」『日華平和条約関係一件』第三巻、〇〇五〇頁。

74 「日華条約交渉日誌(二)」〇〇二八頁。

75 「日本国と中華民国との間の平和條約案(昭和二七年三月一二日)」『日華平和条約関係一件』第三巻、〇一〇二頁。

76 この同意議事録案には、本文に掲げた文言の前に「中華民国の主権下にある領域の一部が現在共産主義者によって占領されているという事実に鑑み」という文言が置かれていた。「Observations presented by Chinese Delegate on March 17 (2)」『日華平和条約関係一件』第三巻、〇一一六頁。

77 三月二二日の日本案と三月二五日の国府案につき、『日華平和条約関係一件』第三巻、〇一四四、〇一四五、〇一六一頁。なお、三月二五日の国府案については、右の日本側資料と中華民国側資料(石井「中国と対日講和」三一〇―三一一頁)とで異なる部分がある。

78 ただし、「ミニッツ[同意議事録のこと=引用者注]において先方が or を and の意と解する旨を述べる場合は、これに対し我方において『テークノートする』とのみ述べておくことにされたい」と付言されていた。「外務大臣発河田全権宛、日華條約交渉に関する件(昭和二七年四月一七日)」『日華平和条約関係一件』第二巻、〇〇五六―〇〇五七頁。

79 この点について、日本側は、国府が大陸反攻に成功した場合に、条約の適用範囲から台湾が外れて、「そこに又、日本が乗り込んでくるかも知れないという猜疑心」が国府側に強いと受け取っていたようである。「日華平和条約交渉経緯(後宮事務官

研修所講演速記・昭和二十七年六月二十五日)」六一―六二頁。

80 「河田全権発外務大臣宛、日華條約交渉に関する件(昭和二七年四月二〇日)」『日華平和条約関係一件』第二巻、〇一〇四―〇一〇五頁。

81 「吉田大臣発河田全権宛、日華條約交渉に関する件(昭和二七年四月二二日)」『日華平和条約関係一件』第二巻、〇一三八―〇一三九頁。実際、この趣旨の具体的な同意議事録の文言(国府側の懸念は根拠がないというもの)の提案がなされている。「Major Points, April 23, 1952」『日華平和条約関係一件』第三巻、〇二七七頁。なお、交換公文は、条約の適用範囲が伸縮する趣旨を表わしたものであるという点については、その後の日華平和条約の国会審議でも、「ふえても減っても、とにかく中華民国政府の支配しておるところがこの條約の対象になるのだ」として言及されている。『第十三回国会衆議院外務委員会議録』第二六号(一九五二年五月二三日)三〇頁(岡崎勝男外相答弁)。同旨の岡崎外相答弁として、『第十三回国会衆議院外務委員会議録』第三〇号(一九五二年六月六日)四頁参照。

82 「日華平和条約交渉経緯(後宮事務官研修所講演速記・昭和二十七年六月二十五日)」六二―六三頁。

83 「吉田大臣発河田全権宛、日華條約交渉に関する件(昭和二七年四月二二日)」『日華平和条約関係一件』第二巻、〇一三九頁。

84 「吉田大臣発河田全権宛、日華條約交渉に関する件(昭和二七年四月一八日)」『日華平和条約関係一件』第二巻、〇〇九三頁。

85 このような観点は現実的なものであり、実際、日華平和条約の国会審議において、吉田書簡からの逸脱であるとの追及がなされている。『第十三回国会参議院外務委員会会議録』第四〇号(一九五二年六月一三日)九頁、『第十三回国会参議院外務委員会会議録』第四二号(一九五二年六月一八日)一四頁。

86 この点につき、『第十三回国会衆議院外務委員会議録』第二六号(一九五二年五月二三日)三四頁(倭島外務省アジア局長答弁)参照。

87 実際、当時、沖縄や小笠原諸島はアメリカの統治下にあって日本の支配下にはなく、しかしいずれ日本に返還される可能性も考えられていたはずである。そのような中で、それらの諸島が日本に返還されて日本の支配下に置かれるや、日華条約の日本本土への適用が排除されることになる、ということを想定していたとは到底考えられないであろう。

88 前出注67参照。

89 石井「中国と対日講和」三一一頁。

90 「外務大臣発台北河田全権宛、日華條約交渉に関する件(昭和二七年四月一七日)」『日華平和条約関係一件』第二巻、〇〇五六―〇〇五七頁。「テークノート」とは、対象となる事項の内容への支持も反対も明らかにせず、単に留意するとの意味である。このような訓令に対して、河田全権からは、「先般…先方に示した我方提案の線よりも更に後退することになり本使としては此の段階においてこれを提言するを潔ぎよしとしない心境である」との見解を申し進めて抵抗している。「河田全権発吉田大臣宛、日華條約交渉に関する件(昭和二七年四月一八日)」『日華平和条約関係一件』第二巻、〇〇七六—〇〇七八頁。もっとも、河田全権がその後の訓令執行要求を受けて「テークノート」に関する提案を行ったことは、既述の通りである(第一章注102参照)。

91 「四月二四日　葉から全権へ」『日華平和条約関係一件』第三巻、〇二八二頁。

92 『第十三回国会衆議院外務委員会議録』第二九号(一九五二年六月四日)九頁。

93 『同右』第二九号、一〇頁。たしかに、例えば日本国憲法第九条は、「武力による威嚇又は武力の行使は、…永久にこれを放棄する」とするが、この「又は」は二者択一ではない。

94 日華平和条約の国会審議の際に、中曽根康弘委員がこれに近い質問を行ったことがあるが、岡崎外相が、この問題については既に繰り返し説明したので速記録を見てほしいと答弁して終わっている。『第十三回国会衆議院外務委員会議録』第二九号(一九五二年六月四日)一〇頁。

95 植民地条項は、元来、本土から遠隔に位置する植民地、保護領その他の海外領土を対象とするものであるが、委任統治地域や信託統治地域など必ずしも自国の領土とは言い難いものをも対象とするものである。広部和也「植民地条項」国際法学会編『国際法辞典』(鹿島出版会、一九七五年)三五四頁。領域外の地域への条約の適用を明文で規定する多数国間条約の例としては、国際労働機関(ＩＬＯ)憲章の第三五条一項が、いわゆるＩＬＯ条約を「自国が施政権者たる信託統治地域を含めて自国が国際関係に責任をもつ非本土地域に対して適用することを約束する」と規定しているし、そのような二国間条約の例としては、日米友好通商航海条約第二三条が、その適用地域を「各締約国の主権又は権力(sovereignty or authority)の下にある陸地及び水域のすべての区域」と定めている。

96 日本の国会では、倭島外務省アジア局長が、「支配下にあるというのは、さらにその意味は、その施政の権能を行使しておる、現実にそこに施政をやつておるという意味であります」と述べると共に、「政府のこの條約を締結するに際しての立場なり一つの限度は、この條約において、…台湾と中華民国政府の主権関係を、はつきり日本がこれによつて認めるという立場にないということは、先ほど申し上げた通りでありまして、その限度において何ら意思表示をしておらぬのであります」と述べている。『第十三回国会衆議院外務委員会議録』第二六号(一九五二年五月二三日)三六、三七頁。また、中華民国の立法院においても、葉公超外交部長が、「同交換公文に定めている適用範囲は、わが政府の支配下にあるすべての領土である。いわゆる支配とは一種の事実上の状態であって、いかなる法的意味もない。法律上の主権とははっきり異なるものである」と述べている。彭・黄『台湾の法的地位』一六九頁注(18)。

97　例えば、一九六〇年の日米安全保障条約第五条は、武力攻撃に対する措置との関係で、「日本国の施政の下にある領域(territories)における」武力攻撃に共同で対処することを定めるが、アメリカは、尖閣諸島の主権をめぐる日本と中国との間の争いに対して中立的な立場を維持しつつ、この「領域」に尖閣諸島が含まれることを認めている。See Larry A. Niksch, *Senkaku (Diaoyu) Islands Dispute: The U.S. Legal Relationship and Obligations*, CRS Report for Congress, September 30, 1996, pp. 4-5. 同様に、一九五四年の米華相互防衛条約も、締約国の「領土(territories)」に言及しているが、これによって台湾が中華民国の領土であることが認められた訳ではない。彭・黄『台湾の法的地位』一七〇―一八〇頁。

98　日華平和条約の国会審議は、一九五二年五月一四日―六月六日に衆議院外務委員会において、五月一六日―六月二八日に参議院外務委員会において行われ、同条約の批准は六月七日に衆議院本会議において、七月五日に参議院本会議において承認された。

99　山下康雄「戦争の終了・平和條約」國際法學會編『國際法講座・第三巻』(有斐閣、一九五四年)二二九頁。

100　日印平和条約は、在インド日本財産の返還を規定している点(第四条)でも対日平和条約と異なる。『第五十五回国会衆議院内閣委員会議録』第三一号(一九六七年七月一四日)一六頁参照。

101　日印両国間の戦争状態の終了は、ともに一九五二年四月二八日付の「戦争状態の終了に関する往復書簡」および「正常な外交関係を設定することに関する往復書簡」、とりわけ後者の往復書簡によって既定のものとなっていた(山下「戦争の終了・平和條約」二二〇―二二一頁参照)。前者の往復書簡は、対日平和条約発効の日にインド政府が発した「戦争状態の終結に関する告示」のインド官報掲載を日本に通知するインド側書簡と、それに対する日本側の書簡からなっているが、日本側書簡は、インド側書簡の受領を確認した後、「貴簡の内容を確認して了承する(taking due note of the contents of the letter under acknowledgement)」(邦訳は外務省仮訳、外務省条約局『現行条約集覧・二国間条約(1)』の「インド」参照)というものであり、インドによる戦争状態終結の宣言を受諾する旨は必ずしも明記されていたとはいえなかった。インド政府の告示は、日印平和条約前文においても、「インド政府は、千九百五十二年四月二十八日付の告示によつて日本国とインドとの間の戦争状態を終結したので」(傍点引用者)と引用されるのみで、インド政府による告示が事実として言及されているに過ぎない。しかし、後者の(正常な外交関係の設定に関する)往復書簡は、即日に効力を生ずる了解として「日本国政府及びインド政府は、日本国とインドとの間の戦争状態が終結することを宣言された日から両国間に正常な外交関係を開［く］…ものとします」と述べた後、

「ここに再開された(now resumed)両政府間の関係が永久に友好的であ…ることを信じ」る(いずれも日本側書簡からの引用で外務省仮訳、出典は同右)としていることから、戦争状態の終了は、本書簡の交換された日(前者の書簡の日付も同じであるが)であると解することができよう。なお、注意すべきは、インド政府の告示は、戦争状態の終了に関して国内法上の効果(例えば対敵取引禁止の解除など)を持つに過ぎず、国際法上は、日印両国間の合意によってはじめて戦争状態終了の効果が生ずると考えられる点である。日印関係の場合とは異なり、国内法上の戦争状態終了の効力発生と国際法上の戦争状態終了の効力発生の時期が異なった例として、第一次世界大戦に関する中独間の戦争状態の終了(一九二一年五月二〇日の「平和状態回復協定」の付属覚書は、一九一九年九月一五日の対独戦争状態終了の大総統令が単なる国内措置であり、国際法上の効力を持たないことを特記)や米独間の戦争状態の終了がある。杉山茂雄「戦争状態終了宣言」国際法学会編『国際法辞典』四〇二―四〇三頁、山下「戦争の終了・平和條約」二一九―二二〇頁。ただし、米独間の戦争状態終了につき異なる見解(アメリカの一方的宣言で国際法上も戦争状態が終了)を提示するものとして、入江啓四郎「戦争状態の終結宣言―その実例と比較―」『世界週報』第三六巻六号(一九五五年二月二一日)三〇―三一頁(敗戦国の一方的宣言は戦争状態を終了させないが、戦勝国の一方的宣言は戦争状態を終了させるとする)、信夫淳平『戰時国際法講義』第四巻(丸善、一九四一年)八九九―九〇〇頁参照。また、一方的戦争状態終了宣言の効果一般の問題につき、杉山茂雄「戦争状態終結の法理」『レファレンス』第七〇号(一九五六年一一月)六八―八二頁、同「戦争状態終結に関する若干の問題」『法学志林』第五六巻一号(一九五八年七月)六一―一二二頁参照。

102 『第十三回国会参議院外務委員会会議録』第四四号(一九五二年六月二七日)二―三頁参照。

103 ビルマは、一九五二年四月三〇日に一方的に戦争状態の終結を宣言し、日本は同年五月二日にこれを受諾したとされる(芹田健太郎「対日平和条約発効前に独立した新国家の日本による承認」国際法事例研究会『国家承認』(日本国際問題研究所、一九八三年)二一一頁)。そうであれば、後者の時点で両国間の戦争状態は終結したということになろう。

104 高野雄一「日ソ共同宣言」『ジュリスト』第一一九号(一九五六年一二月一日)三頁。See also Werner Morvay, "Peace Treaty with Japan (1951)," in Rudolf Bernhardt (ed.), *Encyclopedia of Public International Law*, Vol. III (Elsevier, 1997), p. 964.

105 入江啓四郎「日ソ共同宣言の法的意義」『法律のひろば』第九巻一二号(一九五六年一二月)七―八頁。

106 Wilhelm G. Grewe, "Peace Treaties," in Bernhardt (ed.), *Encyclopedia of Public International Law*, Vol. III, p. 939. 高島益郎外務省条約局長は、平和条約と平和友好条約の区別の観点から、平和条約とは「戦後処理の条約」であり、戦争状態の終了、領土問題の解決、賠償問題の処理、こういった項目を盛ったものが平和条約である、と述べている。『第七十一回国会衆議院内閣委員会議録』第四五号(一九七三年七月二六日)五頁。なお、入江啓四郎「講和条約」国際法学会編『国際関係法辞典』(三省堂、一九九五年)

二三九―二四〇頁、「講和条約」筒井若水編集代表『国際法辞典』（有斐閣、一九九八年）九一頁参照。

107 日本は蔣介石政府の中国と戦争したのだから、蔣介石の政府と講和するのだとか（類似の議論として、『第六十四回国会衆議院予算委員会議録』第一号（一九七〇年一二月一四日）一八頁（佐藤栄作首相答弁）参照）、蔣介石政府の中国と戦争したのだから、蔣介石の政府と講和すれば中国との戦争は終了したことになるといった議論は、国家と政府を混同したものであって、日本が戦争を行ったのは中国という国家とであり、蔣介石との間に平和条約を締結したのは、その平和条約締結時における正統政府が蔣介石の政府だったというだけである。同旨、寺沢一「日台平和条約の虚構性―条約をめぐる諸問題―」『公明』第一〇九号（一九七一年）五一頁。

108 杉山「戦争状態終結に関する若干の問題」二四―二五頁。

109 『第十三回国会参議院外務委員会会議録』第四〇号（一九五二年六月一三日）四頁。

110 『同右』第四一号（一九五二年六月一七日）一四頁。

111 杉山「戦争状態終結に関する若干の問題」二六頁。

112 西村『サンフランシスコ平和条約』三二〇頁。西村は、その後も、日本は国府を中国全体の代表政府として承認したのではない、こういった「限定承認」は国際法上、国際政治上事例はなく、日本が作った先例である、と述べている。西村「奇妙な台湾の〝法的地位〟」三三二頁。

113 『第十三回国会参議院外務委員会会議録』第四二号（一九五二年六月一八日）一五頁。しかし、この発言は、政府の立場が転換した後に行われたものであり、直後に岡崎外相によって、「交換公文の適用範囲というものは、一条については原則的には不必要」として、事実上否定されている。『同右』第四二号、一六頁。

114 『第十三回国会参議院外務委員会会議録』第三九号（一九五二年六月一〇日）九頁。

115 このことは、翌六月一八日に、既に日華平和条約の締結承認を議決していた衆議院外務委員会において、日華平和条約第一条（戦争状態の終了）に関し、かつての同委員会における答弁と前日の参議院における答弁とが「食い違っている」ようだとして、再度、この問題についての質疑が行われているという事実からも窺える。『第十三回国会衆議院外務委員会議録』第三六号（一九五二年六月一八日）二頁。

116 『第十三回国会参議院外務委員会会議録』第四一号（一九五二年六月一七日）一四頁。

117 なお、国会審議の最後の段階においても、大陸を含む戦争状態の終了という政府の立場と一見矛盾するかのような答弁も見られる。すなわち、六月二六日に吉田首相は、「日華条約は一に台湾政権との間の関係においていたしたのであつて、中共政権についての関係はないのであります」と述べている。しかし、この発言は多分に政治的な色彩が強いもののように思われ、同日の委員会において後に岡崎外相が特に発言を求め、「法理的に見れば、第一条だけを考えれば、これは当然戦争状態の終了というような、国と国との間の包括的な法律関係でありますから、その国の一部に限ってということに限定できない」と述べ、政府の立場と一見矛盾するかのように見えた吉田発言を実質的に否定している。『第十三回国会参議院外務委員会会議録』第四三号(一九五二年六月二六日)六、一一頁。

118 『第十三回国会参議院外務委員会会議録』第四二号(一九五二年六月一八日)一六頁(岡崎外相答弁)、『第十三回国会衆議院外務委員会会議録』第三六号(一九五二年六月一八日)四頁(倭島局長答弁)。

119 安井郁「日華平和条約と中国政府の承認」『法学志林』第五〇巻一号(一九五二年一〇月)一〇五頁。『第十三回国会参議院外務委員会会議録』第四二号(一九五二年六月一八日)一五頁。

120 『第十三回国会参議院外務委員会会議録』第四二号(一九五二年六月一八日)一五頁。

121 『同右』第四二号、一六頁。

122 『同右』第四二号、一五頁。

123 一九六九年に愛知揆一外相は、「地理的に言えば中国本土にかかりましても戦争状態は終結した、その［日華］平和条約において」「これはその当時、条約締結、そして国会の批准をいただきましたときからの、もう一貫した政府の見解である」と述べている。『第六十一回国会参議院予算委員会会議録』第二号(一九六九年三月一三日)一〇頁。なお、その後については、例えば、『第六十五回国会衆議院予算委員会会議録』第二号(一九七一年一月二九日)一三頁(愛知外相答弁)、『第八十七回国会衆議院予算委員会会議録』第一二号(一九七九年二月一六日)四五頁(中島敏次郎外務省条約局長答弁)参照。

124 同旨の発言として、『第十三回国会衆議院外務委員会会議録』第三〇号(一九五二年六月六日)一一頁(岡崎外相答弁)参照。

125 『第十三回国会参議院外務委員会会議録』第四二号(一九五二年六月一八日)一五頁(岡崎外相答弁および倭島外務省アジア局長答弁)。

126 条約文につき、外務省編『日本外交年表竝主要文書・下』(日本国際連合協会、一九五五年)四六六―四七四頁参照。

127 逆に、適用地域に関する交換公文によって影響を受ける(つまり交換公文が適用される)日華平和条約の規定としては、例えば、第七条(通商条約の早期締結努力義務を規定)、第八条(民間航空運送協定の早期締結努力義務を規定)、第九条(漁業協定の早期締結努力義務を規定)のように通商や漁業に関する規定が指摘されている。『第六十五回国会衆議院予算委員会会議録』第二号(一九七一年一月二九日)一三頁(愛知揆一外相答弁)、『第六十五回国会衆議院外務委員会会議録』第九号(一九七一年三月一八日)七頁(愛知外相答弁)。このほか、議定書第二項(日華間の通商における最恵国待遇等を規定)も同様に適用地域に関する交換公文が関係する規定であると考えられる。なお、条約第三条および第一〇条は、文言上、台湾・澎湖諸島に関する規定であることが明白であり、ここで問題としているような交換公文の適用に関する問題は生じない。

128 Lauterpacht (ed.), *Oppenheim's International Law*, Vol. II, 7th ed., pp. 202-204.

129 Clyde Eagleton, "The Attempt to Define War," *International Conciliation*, No. 291 (June 1933), p. 281.

130 ケルゼンは一国の一方的な武力行使に対して相手国が武力で対応しない場合も戦争であると述べる。Hans Kelsen, *Principles of International Law*, 2nd ed. (Holt, Rinehart and Winston, 1966), pp. 23-24.

131 Lord McNair and A.D. Watts, *The Legal Effects of War* (Cambridge U.P., 1966), p. 2.

132 石本泰雄「戦争の法的地位」『ジュリスト』第三〇〇号(一九六四年六月一五日)四一〇―四一一頁、同「いわゆる『事實上の戰爭』について」『現代國際法の課題』(有斐閣、一九五八年)二七九―三二五頁。なお、田岡良一『国際法Ⅲ(新版)』(有斐閣、一九七三年)二七五―二八一頁、村瀬信也ほか『現代国際法の指標』(有斐閣、一九九四年)二六六―二六九頁(田中忠執筆)をも参照。See also Werner Meng, "War," in Rudolf Bernhardt (ed.), *Encyclopedia of Public International Law*, Vol. IV(Elsevier, 2000), pp. 1334-1338; Whiteman, *Digest of International Law*, Vol. 10, pp. 66-67.

133 『第十三回国会衆議院外務委員会議録』第二六号(一九五二年五月二三日)三三―三四頁。

134 山本草二『国際法(新版)』(有斐閣、一九九四年)一三八頁。Manfred Rotter, "Government-in-Exile," in Rudolf Bernhardt (ed.), *Encyclopedia of Public International Law*, Vol. II (Elsevier, 1995), pp. 607-608.

135 James Crawford, *The Creation of States in International Law*, 2nd ed., p. 208. 中華民国政府が亡命政府か否かは、台湾の法的地位によって決まる問題である。Stefan Talmon, *Recognition of Governments in International Law: With Particular Reference to Governments in Exile* (Clarendon Press, 1998), p. 299, n. 24.

136 それらは、ベルギー、チェコスロバキア、ギリシア、ルクセンブルク、オランダ、ノルウェー、ポーランドおよびユーゴスラビアの各政府である。F.E. Oppenheimer, "Governments and Authorities in Exile," *American Journal of International Law*, Vol. 36, No. 4 (October 1942), p. 568. 八つのロンドン亡命政府として、右のチェコスロバキアとオランダの代わりにエチオピアとフランスを挙げるものもある。Rotter, "Government-in-Exile," p. 609. なお、山本『国際法(新版)』一三九頁は、亡命政府を厳格・制限的に捉える。

137 Rotter, "Government-in-Exile," p. 610; Talmon, *Recognition of Governments in International Law*, pp. 117-142. ちなみにポーランドについて

は、一九四四年一二月に、ロンドン亡命政府とは別に、ポーランド本国に共産党中心の臨時政府が成立し、国連憲章採択のサンフランシスコ会議(一九四五年四月―六月)にいずれの政府を同国の法律上の政府として招請するかにつき、四招請国の間で合意が得られなかった。その結果、ポーランドはサンフランシスコ会議には参加せず、四招請国のすべてが挙国一致臨時政府(臨時政府を発展解消したもの)を承認した後に、同政府が一九四五年一〇月に、連合国宣言署名国の資格で「原加盟国」(国連憲章第三条)として憲章に署名するという経緯を辿っている。*Ibid*., pp. 131-133; Bruno Simma (ed.), *The Charter of the United Nations: A Commentary* (Oxford U.P., 1995), p. 12, n. 37. このことは、仮に臨時政府が成立していなかったならば、ロンドンの亡命政府が国連憲章に署名することにもなり得た可能性を示唆する。

138 Oppenheimer, "Governments and Authorities in Exile," p. 577. もっとも、日本は亡命政府による対日宣戦を一般に無視していた。国際法事例研究会『国交再開・政府承認』八四頁など参照。

139 山本『国際法(新版)』一四〇頁は、亡命政府の条約締結や宣戦講和に関する権限について、「議論は分かれる」とする。

140 Talmon, *Recognition of Governments in International Law*, pp. 318-341 には、第一次大戦以降の亡命政府が締結した多数の条約が列挙されている。

141 *Ibid*., p. 136.

142 もっとも、ロンドン亡命政府の中には植民地を直接施政しているものもあり、例えばベルギー政府やオランダ政府がそうであった。他方、ポーランド、ノルウェー、ユーゴスラビアの諸政府は、そのような領域を全く持っていなかった。Philip Marshall Brown, "Sovereignty in Exile," *American Journal of International Law*, Vol. 35, No. 4 (October 1941), p. 667.

143 亡命政府という用語は、特別な法的地位を意味するものではなく、単に政府の所在地を示すに過ぎない点につき、Talmon, *Recognition of Governments in International Law*, pp. 15-16.

144 前出注141参照。なお、本国に対立する政府が存在する場合も念頭に置かれていることは、注141に対応する本文の引用部分が、本国にも対立する政府が存在し、それに対する他国の承認がある場合について述べた直後のものであるということからも明らかである。

145 より厳密にいえば、亡命政府との関係では、亡命政府が本国の憲法上の規定に合致しない方法で成立している場合に、政府承認行為が必要となる。ロンドンのチェコスロバキア政府(ベネシュ大統領)は、本国で別の政府(ハーハ大統領)が成立した後に憲法上の根拠を欠く形で組織されたものであるため、政府承認が問題となり、イギリスによって亡命政府に対して正式な政府承認が与えられている(ドイツによるチェコ併合は無効で、チェコは敵国の占領下にあると見なされ、亡命政府の扱いを受けた)。H. Lauterpacht, *Recognition in International Law* (Cambridge U.P., 1948), pp. 91-92, n. 1. その他の七つのロンドン亡命政府については、特別な承認行為は行われなかったが、それはそれらの政府がそれぞれの憲法上の規定に合致した方法で組織されたからであり、亡命政府成立以前の承認が継続していると考えられたのである。例えば、裁判との関連で、イギリスの法務総裁は、イギリスはロンドンのノルウェー政府を「ノルウェー王国全体の法律上の政府」として承認していることを明らかにしている。*Ibid.*, p. 91, n. 1. もちろん、これらの政府に対する承認も、その後に本国において新たな政府が成立することになれば、政府承認の切替えの結果として撤回されることもありうる。例えば、ポーランドの場合、一九四五年六月にポーランド本国の臨時政府が挙国一致臨時政府に発展解消したのを機に、イギリスは後者の政府をポーランドの法律上の政府として承認している(同年七月)。D.J. Harris, *Cases and Materials on International Law*, 5th ed. (Sweet & Maxwell, 1998), p. 175. 伊東孝之『ポーランド現代史』(山川出版社、一九八八年)一八三―一八四頁。

146 『第十三回国会衆議院外務委員会議録』第三六号(一九五二年六月一八日)四頁。これは、「中華民国政府は、中国を代表する政権という見解を政府はとつておるのでありますか」という質問に、倭島局長が「わが国に関する限りそうであります」と答えたものである。もっとも、吉田首相は、「この条約によつて日本政府は、この中華民国国民政府というものを全面的な中国の主人として承認したものではない」「全面的な承認ではない」と考えるが、どうか、と質問されたのに対して、「そういうことです」と答えている(『第十三回国会参議院外務委員会会議録』第四三号(一九五二年六月二六日)八頁)。しかし、吉田首相のこの答弁は、それ以前の国会審議の中で、中華民国政府を中国の正統政府として認めている旨の政府答弁が何度もなされていることを考えると(右の倭島局長答弁のほか、例えば、『第十三回国会衆議院外務委員会議録』第二八号(一九五二年五月三〇日)七頁の岡崎外相答弁参照)、政治的な色彩の濃い発言であると考えることができよう。なお、前出注55参照。

147 『第十三回国会衆議院外務委員会議録』第三六号(一九五二年六月一八日)二頁。なお、倭島局長は、「中国と言えばいつでも中華民国」という訳ではないとも述べているが、これは、「中国」という語が使用されたのが、清国を含めるためである場合(例えば日華平和条約第四条)や、対日平和条約の規定を受けたためである場合(例えば同第五条)もあるという趣旨である。

148 倭島外務省アジア局長は、中華民国が自国の領域は大陸中国とその附属島嶼であるという主張を行っていることを「了承して」「承知の上で」、条約を締結した旨を述べている。『同右』第三六号、三、五頁。

149 Talmon, *Recognition of Governments in International Law*, pp. 134, 135.

150 *Ibid.*, p. 299.

151 入江通雅「日華平和条約の合法・有効性について」『法と秩序』第一巻六号(一九七一年一二月)四一頁。なお、一九七二年の時点でも、国民政府を承認する国が四七カ国、人民政府を承認する国が二六カ国であったといわれる。『第六十八回国会衆議院予算委員会議録』第六号(一九七二年二月二九日)一一頁。

152 多数国による政府承認と国連における代表権の二点は、吉田書簡においても言及されていたし、日華平和条約の国会審議の際にも、大陸をも対象とする内容を含む日華平和条約を締結する根拠として政府によって言及されている。『第十三回国会参議院外務委員会会議録』第四二号(一九五二年六月一八日)一七頁(岡崎外相答弁)。なお、中華民国政府が安保理において常任理事国の議席を占めていたことは、その拒否権のゆえに、日本の国連加盟との関係でも極めて重要な意味を持っていたのであり、実際この点は、前述のように、一九五一年一二月の訪日の際にダレスによって言及されている。第一章注48、井上正也『日中国交正常化の政治史』(名古屋大学出版会、二〇一〇年)三〇頁参照。

153 Talmon, *Recognition of Governments in International Law*, pp. 135-136. 本国に対立する政府が存在する場合も念頭に置かれていることは、本文引用部分が、本国にも対立する政府が存在し、それに対する他国の承認がある場合について述べた直後のものであるということからも明らかである。なお、タルモンは、亡命政府の条約締結権能に問題があるとすれば、それは通常、その国際法上の政府としての地位に関する疑義の結果であるとする。

154 See, e.g., H.M. Blix, “Contemporary Aspects of Recognition,” *Recueil des Cours*, tome 130 (1970-II), pp. 619-620; Rotter, “Government-in-Exile,” p. 610; Oppenheimer, “Governments and Authorities in Exile,” p. 577. See also Krystyna Marek, *Identity and Continuity of States in Public International Law*, 2nd ed. (Librairie Droz, 1968), pp. 93-94.

155 このような規則は、条約法条約以前から、国家実行、国際判例、学説において一般に支持されてきた。U.N. Doc. A/6309/Rev.1, 1966, p. 45, Article 25, Commentary, para. 2.

156 国府側第二次草案修正案(一九五二年三月二五日)において加えられた。「Treaty of Peace between the Republic of China and Japan」『日華平和条約関係一件』第三巻、〇一五八頁、「河田全権発吉田外務大臣宛、[件名なし]」(昭和二七年三月二六日)」『日華平和条約関係一件』第一巻、〇五二九—〇五三一頁。

157 中華民国政府は、日華条約交渉の過程で、「役務賠償については損害を受けた土地を中国政府が再び統治するに至った際更めて商議決定するものとす」との提案を行ったことがある(三月一七日)。「日華条約交渉日誌」〇〇二二—〇〇二三頁。しかし、これは、条約本体に対日平和条約第一四条と同様の賠償条項を規定した上で、役務賠償については右の趣旨を交換公文で取り交わしたいという提案であり、その意味で大陸における戦争状態の終了や中華民国政府が役務賠償の権利を有することを前提とした上での提案であったと考えることができる。

158 「河田全権発吉田大臣宛、日華條約交渉に関する件（昭和二七年四月一八日）」『日華平和条約関係一件』第二巻、〇〇七八―〇〇八〇頁。

159 田村幸策教授は、日華平和条約を「矛盾にみちた条約」と呼び、「形式も実体も、中国大陸を対象とした堂々たる平和条約を結びながら、この条約は台湾地域にしか適用ないと条約全部を否定し、全部を空文化する交換公文を行」った理由として、「双方は当初から全然異なった目的、異なった意図をもって出発し、…その平行線は遂に交わることがなかった。やむをえず条約は、双方の主張をそのままならべた形で、書き上げることに終ったのが、現在の日華平和条約である」と述べる。田村幸策「日華平和条約の性格―苦心した弁証法的構造」『国士舘大学新聞』第一一二号（一九七一年一〇月二七日）。

160 国際法上、一般に「対抗可能性（対抗力）」の概念は、国家の一方的措置との関係において用いられるが、同じ概念は、合意の第三者との関係においても妥当するであろう。「対抗可能性（対抗力）」の概念について、see Paul Reuter, *Droit international public*, 7e éd. (Presses Universitaires de France, 1993), p. 21; J.G. Stark, *Introduction to International Law*, 10th ed. (Butterworths, 1989), pp. 90-91; John Merrills, *Anatomy of International Law*, 2nd ed. (Sweet & Maxwell, 1981), pp. 5-6; Martti Koskenniemi, *From Apology to Utopia: The Structure of International Legal Argument* (Finnish Lawyers' Pub., 1989), pp. 410-415; Nguyen Quoc Dinh (Patrick Dailler et Alain Pellet), *Droit international public*, 5e éd. (L.G.D.J., 1994), p. 529. 江藤淳一「国際法における対抗性の概念」『東洋法学』第三六巻一号（一九九二年九月）八七―一五一頁、山本草二「国際紛争要因としての対抗力とその変質」『八千代国際大学・国際研究論集』第六巻一号（一九九三年四月）六三―八八頁、村瀬信也「国家管轄権の一方的行使と対抗力」『国家管轄権―国際法と国内法―（山本草二先生古稀記念）』（勁草書房、一九九八年）六一―八二頁参照。

161 小谷鶴次「分裂国と国際法の適用」『国際法外交雑誌』第七一巻二号（一九七二年七月）一八―一九頁。

162 Robert Jennings and Arthur Watts (eds.), *Oppenheim's International Law*, Vol. I, 9th ed. (Longman, 1992), p. 161. 山本『国際法（新版）』二〇四―二〇五頁をも参照。

163 日本による政府承認切替え後の中華民国政府所有の光華寮の中華人民共和国政府への承継が問題となった光華寮事件では、第一次控訴審（大阪高裁）判決（一九八二年）が承認の遡及効に言及し、「新政府承認の遡及効は、従前の合法政府所有の財産のうち新政府が当時事実上の支配を及ぼしていた地域内に所在した財産についてだけに及び、当時事実上の支配を及ぼしていなかつた地域（前政府が実効的に支配していた地域または第三国の領域）に所在した前政府所有の財産については及ばず、新政府は、かかる財産について合法政府としての承認を受けた後にも、当然にはその承継の権利を援用できない」と述べており（『判例タイムズ』第四八一号（一九八三年一月一五日）七七頁）、ここでも新政府の行為が問題とされている。

164 Ti-Chiang Chen, *The International Law of Recognition* (Stevens & Sons, 1951), pp. 177, 178. これは、国家承認との関係で承認の遡及効について述べたものであるが、ここでも、新国家の行為との関係でのみ遡及効に言及している点は、本文に述べた第一の点との関係で注目しておく必要があろう。

165 J. Mervyn Jones, "The Retroactive Effect of the Recognition of States and Governments," *British Year Book of International Law*, Vol. 16 (1935), pp. 42, 55. この時期における同様に批判的な見解として、see John G. Hervey, *The Legal Effects of Recognition in International Law as Interpreted by the Courts of the United States* (University of Pennsylvania Press, 1928), p. 110.

166 Lauterpacht, *Recognition in International Law*, p. 60; Kelsen, *Principles of International Law*, 2nd ed., p. 398; Ian Brownlie, *Principles of Public International Law*, 5th ed. (Clarendon Press, 1998), p. 93.

167 「政府が変更しても、国家そのものは変更しない(*Forma regiminis mutata, non mutatur civitas ipsa*)」という法諺で表現される。革命は国家の同一性・継続性に影響を与えないという規則は、長期にわたる国家実行において「完全に支持されている」といわれ、また、一般原則として、一国の政府組織や憲法体制の変更はその条約義務に全く影響を及ぼさない点については、学説上「完全な一致があるように思われる」とされ、政府の形態の変更にも拘らず条約が依然として効力を有することは、「多数の権威ある教科書によって支持され、実際自明である」とされる。Marek, *Identity and Continuity of States in Public International Law*, 2nd ed., p. 31; "Law of Treaties: Draft Convention, with Comment, Prepared by the Research in International Law of the Harvard Law School" (hereinafter cited as "Harvard Draft"), *American Journal of International Law*, Vol. 29, No. 4, Supplement (October 1935), p. 1046; McNair, *The Law of Treaties* (Oxford U.P., 1961), p. 668. See also Jennings and Watts (eds.), *Oppenheim's International Law*, Vol. I, 9th ed., pp. 1253-1254. 田畑茂二郎「国家承認と政府承認」『国際問題』第四九号(一九六四年四月)六六―六七頁、山本『国際法(新版)』三二四頁。

168 *Multilateral Treaties Deposited with the Secretary-General: Status as at 31 December 1999*, Vol. I (United Nations, 2000), p. 4. なお、王志安「多数国間条約における当事者としての『台湾』(一)(二)・完」『法学論叢』第一三〇巻四号(一九九二年一月)三九―六〇頁、第一三〇巻六号(一九九二年三月)七六―一〇三頁参照。

169 ロンドン亡命政府による国際民間航空条約への署名は、臨時政府成立前の一九四四年一二月七日である。*UNTS*, Vol. 15 (1948), pp. 362, 370, 372.

170 Talmon, *Recognition of Governments in International Law*, pp. 133-134; Whiteman, *Digest of International Law*, Vol. 2, p. 53; *FRUS*, 1950, Vol. IV, p. 1046. この事例では、加盟申請したのがポーランドの共産主義政権であり、条約の寄託者がアメリカ政府であったということから特殊な例であると見られなくもないが、国際民間航空機関(ＩＣＡＯ)の見解も同様であった。Talmon, *Recognition of*

Governments in International Law, p. 134.

171　一九五二年、ＩＣＡＯは、ポーランドが一九四五年に加盟したとの前提で、分担金未払いを理由に同国の投票権を停止した。これに対してポーランドは、一九五八年、前政府の時代のものを含む未払い分担金の約二五%を支払うことに同意し、投票権を回復している。*Ibid.*, p. 134.

172　*Ibid.*, p. 135.

173　*Ibid.*, p. 134.

174　Lauterpact, *Recognition in International Law*, pp. 93-94, n. 3. ラウターパハトは、この関連で、一八五〇年代にアメリカが内戦中のメキシコの立憲政府との間に同盟条約および領土割譲条約の締結交渉を行っていた(後に実際に締結)ことについて、アメリカの駐メキシコ公使から疑問が呈された事実に言及している。*Ibid.*, p. 94, n. 3.　See also Yuichi Takano, "The Japan-China Joint Communique and the Termination of State of War," *Japanese Annual of International Law*, No. 17 (1973), pp. 72-73. なお、高野雄一「日中平和友好条約のあとさき」『国際法外交雑誌』第七八巻一・二号(一九七九年六月)一四一頁、同「日中関係と国際法」九六—九七頁参照。

175　中国の内戦は、形式上は、一九五八年段階でも継続中と考えられていた。石川誠人「『ダレス・蔣共同コミュニケ』再考」『日本台湾学会報』第三号(二〇〇一年五月)一四五頁。

176　前出注154参照。

177　ポーランド臨時政府は、(臨時政府設置後に)ポーランド亡命政府(ロンドン)の締結する協定や契約は尊重しないとして、それらはポーランド人民の意思に反し、ポーランド人民の死活的利益に損害を与える効果を持つからであるとする宣言を発している。タルモンは、一般的に、このような宣言によって一般的に承認されている亡命政府の条約締結権能を奪うことはできないとして、本文で言及したＩＣＡＯの事例を挙げている。Talmon, *Recognition of Governments in International Law*, pp. 133-134. これは、亡命政府の締結するすべての協定・契約を尊重しないとする臨時政府の宣言が認められなかったことを示すものではあっても、この事例をもって、亡命政府の締結する「人民の死活的利益に損害を与える」効果を持つ協定まで尊重しなければならないとされたとはいえないであろう(ＩＣＡＯ条約はそのような効果を持つ協定ではなかろう)。

178　『第十三回国会参議院外務委員会会議録』第四一号(一九五二年六月一七日)一四頁。

179　『第十三回国会衆議院外務委員会会議録』第三六号(一九五二年六月一八日)四頁。

180　『第十三回国会参議院外務委員会会議録』第四二号(一九五二年六月一八日)一六—一七頁。

181 『第六十四回国会衆議院予算委員会議録』第一号(一九七〇年一二月一四日)一六頁。この日の委員会では、佐藤栄作首相が、大陸中国との間で法的には戦争状態が続いているともいえるかのような発言を行っているが、本文に引用した愛知外相の答弁の後、同答弁に沿った形で事実上訂正されている。『同右』第一号、五、一八、二八、四三—四四頁(いずれも佐藤首相答弁)。

182 『第六十四回国会衆議院外務委員会議録』第二号(一九七〇年一二月一七日)三—四頁(愛知外相答弁)、『第六十五回国会衆議院予算委員会議録』第二号(一九七一年一月二九日)一三頁(愛知外相答弁)。なお、関連する佐藤首相による次の答弁も参照。「日華平和条約自身、これを私どもは当時の状況においては有効に成立しておる、かように考えております。しかし、北京政府がこれを無効だ、不法なものだ、かようにいっていることも、これも承知でございます。それを私は全然無視するわけではありません」。『第六十八回国会衆議院予算委員会議録』第六号(一九七二年二月二九日)一一頁。しかし、北京政府の主張を承知している、知っているということと、そのような主張を法的に承認することとは区別しなければならない。

第三章　日中共同声明

第一節　日中国交正常化交渉

前章で見たように、少なくとも日本政府と中華民国政府にとっては、日中両国間の戦争は日華平和条約によって大陸も含めた形で終了したということになる。しかし、このような捉え方が中華人民共和国(以下、「中国」ということがある)政府によっても認められた訳ではない。人民政府は、その署名の当初より日華平和条約を無効な条約と見なしてきた[1]。それゆえ、いわゆる日中国交正常化[2]交渉においても、日華平和条約の存在をどのように捉えるかが、両政府間の最も重大な対立点の一つとなったのである。実際、日中国交正常化交渉において示された日中間の立場の相違は、究極的にはすべて日華平和条約に関する立場の違いに収斂するものであったといっても過言ではなかった。

一九七二年七月五日の自由民主党総裁選挙で勝利した田中角栄は、七月七日に組閣するや、初閣議後の記者会見で、中華人民共和国との国交正常化を急ぐと発言した。これに対して、周恩来首相は、二日後の七月九日、これを歓迎する旨を声明した[3]。こうして、中華人民共和国政府の政府承認および同政府との外交関係の樹立を中心とした日中国交正常化問題が急速に展開していくことになるのである。

国交正常化に当たって人民政府は、その原則的立場として、いわゆる「復交三原則」を提示した。それは次のようなものであった[4]。

一　中華人民共和国政府は中国を代表する唯一の合法政府である。

二　台湾は中華人民共和国の領土の不可分の一部である。

三　「日台条約」［日華平和条約をさす］は不法であり、無効であって、廃棄されなければならない[5]。

これに対して、日本としては、国交正常化の前提である第一の原則は別として、第二[6]と第三の原則をそのまま受け入れる訳にはいかなかった。実際、日本政府は、「復交三原則」の第二原則と第三原則を完全には認めないという立場を、日中国交正常化交渉において堅持しており、その点は、日中共同声明の前文第五項が「日本側は、中華人民共和国政府が提起した『復交三原則』を十分理解する立場に立つて国交正常化の実現をはかるという見解を再確認する」(傍点引用者)と規定することで、共同声明自体にも反映されている[7]。とりわけ三原則のうちの第三原則にある日華平和条約無効の主張は、日本の立場と全く相容れないものであり、これまでに述べてきた日中間の戦争状態終了に関する日本の立場とも真っ向から対立するものとして受け入れることのできないものであった。

このような立場の違いは、後に詳しく述べるように、日中国交正常化交渉に先立って示された日中それぞれの共同声明原案、すなわち、中華人民共和国側の強い勧めで訪中した竹入義勝公明党委員長に提示された「日中共同声明文案大綱」(一九七二年七月二九日、以下、「中国側共同声明原案」という)と、日中国交正常化のための田中首相の訪中に先立って日本側の考えを伝えた古井喜実自民党代議士が提示した「日中共同声明要綱の日本側基本方針要旨」(一九七二年九月一〇日、以下、「日本側共同声明原案」という)に反映されていた。

それらの原案は、それぞれ戦争状態の終了および戦争賠償の放棄について次のように規定していた。

中国側共同声明原案(一九七二年七月二九日)

「1　中華人民共和国と日本国との間の戦争状態は、この声明が公表される日に終了する。

…

7　中日両国人民の友誼のため、中華人民共和国政府は、日本国に対する戦争賠償の請求権を放棄する。

…8」

日本側共同声明原案(一九七二年九月一〇日)

「一、両国政府は、戦争状態が終結したことを確認する。

…

四、中国側は、対日賠償請求権を放棄する。

…9」

これらの原案は、田中角栄首相、大平正芳外相が北京に赴いて行われた日中国交正常化交渉(一九七二年九月二五日―二九日)の冒頭において、若干の修正を加えた形で共同声明案としてそれぞれ提示された。それらの戦争状態の終了および戦争賠償の放棄に関する部分は次の通りである。

中国側共同声明案(一九七二年九月二六日)

「(1)本声明が公表される日に、中華人民共和国と日本国との間の戦争状態は終了する。

…

⑷中華人民共和国政府は、中日両国人民の友好のために日本国にたいし戦争賠償請求権を放棄することを宣言する。

……[10]」

日本側共同声明案（一九七二年九月二六日）

「1　日本国政府及び中華人民共和国政府は、日本国と中国との間の戦争状態の終了をここに確認する。

……

（7　中華人民共和国政府は、日中両国国民の友好のため、日本国に対し、両国間の戦争に関連したいかなる賠償の請求も行なわないことを宣言する。）

……[11]」

これらの共同声明案に見られた基本的な立場の相違は、日中国交正常化交渉の中でもとりわけ実質的なやりとりが行われた大平正芳外相と姫鵬飛外交部長との会談（以下、「大平・姫会談」という）において超克されていくことになる。こうして、「日中国交正常化という大目的[12]」のために、基本的立場の相違を克服すべく合意されたのが、一九七二年九月二九日署名の「日本国政府と中華人民共和国政府の共同声明」（日中共同声明）であり、そこでは右の二つの問題について次のように規定されている。

「日中両国は、一衣帯水の間にある隣国であり、長い伝統的友好の歴史を有する。両国国民は、両国間にこれまで存在していた不正常な状態に終止符を打つことを切望している。戦争状態の終結と日中国交の正常化という両国国民の願望の実現は、両国関係の歴史に新たな一頁を開くこととなろう。

日本側は、過去において日本国が戦争を通じて中国国民に重大な損害を与えたことについての責任を痛感し、深く反省する。また、日本側は、中華人民共和国政府が提起した「復交三原則」を十分理解する立場に立つて国交正常化の実現をはかるという見解を再確認する。中国側は、これを歓迎するものである。

……

1　日本国と中華人民共和国との間のこれまでの不正常な状態は、この共同声明が発出される日に終了する。

……

5　中華人民共和国政府は、中日両国国民の友好のために、日本国に対する戦争賠償の請求を放棄することを宣言する。

……」

以下では、戦争状態終了の問題と戦争賠償放棄の問題のそれぞれについて、両者の立場の相違がいかにして克服されていったのか、そしてその結果をいかに解釈すべきであるのか、といった観点から検討することとするが、それに先立って、日中共同声明がいかなる法的性格の文書であるのかについて一言述べておくことにしよう。

第二節　日中共同声明の法的性格

日中共同声明の法的性格については、栗山尚一外務省条約局条約課長が、日中共同声明は「国際法の観点からも憲法の観点からも条約ではない[13]」として、その背景を次のように述べている。すなわち、日中首脳会談の結論を条約の形でとりまとめることも可能であったが、日中関係の正常化のためにはそのような文書は必要ではないという点で日中間が一致したため、共同声明という形式をとることになったとされる。

両国の国交正常化を共同声明の形で行うという点は、とりわけ日本の希望するところであったように思われる。現に、一九七二年九月に訪中した古井喜実代議士は、「一、日中首脳会談での合意事項は、共同声明としたい。一、日本側は、共同声明を国会に批准《ママ》しないで、報告事項とする」など、日本政府の考え方を説明して、中国側の意向を打診したといわれる[14]。仮に条約の形をとった場合には[15]、日本では当然国会による批准承認が必要となるが、そうなれば、両国の対立点を妥協的な文言で解決できたとしても、国会の審議の過程で、そのような妥協を無意味にするような政府答弁を行わ(ざるを得)ないともかぎらないし、いずれにせよ政府が大きな困難に直面することは必定であったといえよう。

しかし、日本にとって法的な観点から重要なのは、日華間ですでに日華平和条約が締結されていたという事実であった。高島益郎条約局長が国会答弁で述べているように、少なくとも日本にとっては、「基本的に法律関係は日華平和条約によって中国との間にすべて処理済みであ［り］…新たにまた法律関係を中国との間に締結し直すということは不可能な状態にあった[16]」。したがって、日本としては、日中国交正常化を条約に基づいて行うということは考えられなかったのである。

日中国交正常化を条約ではなく政治的文書で行うという点については、中華人民共和国政府も同意見であったようであり、国交正常化交渉の際の田中角栄首相と周恩来首相との間の会談(以下、「田中・周会談」という)において次のようなやり取りが行われている。すなわち、九月二五日の第一回田中・周会談の冒頭に田中首相が、「国交正常化は、まず共同声明でスタートし、国会の議決を要する問題はあとまわしにしたい」と述べたのに対して、周首相が「今回の日中首脳会談の後、共同声明で国交正常化を行い、条約の形をとらぬという方式に賛成する」として賛意を示している[17]。また、九月二六日の第二回田中・周会談の冒頭発言において、再度周首相が、「日本政府首脳が国交正常化問題を法律的でなく、政治的に解決したいと言ったことを高く評価する」と述べている[18]。こうしたことから、日中両政府が日中共同声明を政治的文書としてとりまとめることについて完全に一致していたことが窺える。

ところが、中国の国際法学者の中には異なった見解を示す者がいる。例えば李浩培教授（北京大学、中国外交部法律顧問）は、「中日共同声明は二国間条約（双辺条約）である。二国間条約は、締約国の双方が条約の対象について双方の法的権利義務を定め、双方の意思表示が達成されているならば、条約として成立するのであり、用いられる名称は無関係である」と述べ、また趙理海教授（北京大学）も、日中共同声明と日中平和友好条約を共に「法的文書（法律性文件）」と性格づけている[19]。このような考え方が中国の学会における通説的見解であるか否かは定かでないが、少なくとも有力な見解であろう。しかし、このような見解は、右に見た日中共同声明の起草過程に照らして、採ることができないといわなければならない。

ところで、後述のように、日中共同声明には戦争賠償の請求の放棄などの規定が含まれているが、日中共同声明が法的文書ではないということになれば、そこに定める規定は、戦争賠償の請求の放棄を含めすべて法的なものではないということになるのか。

この点については、次のように考えることができる。共同声明が条約ではないということは、共同声明が全体として法的拘束力を持つ合意文書ではないことを意味するに過ぎないのであって、そこに含まれる事項がすべて法的な効果を持ち得ないということにはならない。文書全体の法的性格とは独立に、個別の条項が法的な効果を持つということはあり得ない訳ではない。

例えば、「日本国政府は、中華人民共和国政府が中国の唯一の合法政府であることを承認する」と規定する共同声明第二項は、国際法上の政府承認としての法的効果を有するものと考えることができよう[20]。政府承認は、一方的行為として行われるが、法的性格を有さない合意文書である共同声明に含められたからといって、法的効果を有さないということにはならない[21]。

では、戦争賠償の請求の放棄を規定する第五項も、同様な一方的行為として法的な効果を有するものと考えることができるのか。この点は、日華平和条約における賠償請求権の放棄にも拘らず、中国側にはなお請求権が残っているのか、という微妙な問題が絡んでおり、後に詳細に検討することとしたい（本章第四節、第六節一）。

なお、日中共同声明は、その第八項に従って一九七八年に締結された日中平和友好条約[22]の前文において、「共同声明に示された諸原則が厳格に遵守されるべきことを確認し」、として言及されているが、この前文への言及によって共同声明に定められた諸原則が法的性格を帯びるに至ったということにはならない。条約の前文は、条約の目的を示し、条約の解釈に当たっての指針を示すことはあっても、それ自体として法的権利義務関係を創設する訳ではないからである。しかも、仮にそうだとすれば、日中共同声明の他の規定もすべて法的性格を帯びるに至ったということになろうが、そのような結論には大いなる疑問が呈されるであろう。

第三節　戦争状態の終了

一　日中共同声明の起草過程

先に述べたように、日華平和条約における戦争状態の終了は、大陸中国をも含む全面的な国家と国家との間の関係であると捉えるべきと考えられるが、そのような捉え方は、中華人民共和国政府との間においては、いかなる扱いを受けることになったのか。この問題は、日中共同声明の起草過程における最も困難な問題の一つだったのであり、ここではまず、その起草過程を辿ることによって、この問題に関する日中両政府間の基本的な立場の相違とその克服の過程を明らかにすることにしよう。

前述のように、人民政府の基本的な立場は、日華平和条約の有効性を一切認めないというものであった。このような立場からすれば、日華平和条約第一条の日本と中華民国との間の戦争状態の終了に関する規定は何らの法的効果も有しないから、日本と中国との間には依然として法的には戦争状態が続いているということになる。それゆえ、訪中した竹入公明党委員長に示された中国側共同声明原案(一九七二年七月二九日)には、「中華人民共和国と日本国との間の戦争状態は、この声明が公表される日に終了する」(第一項、傍点引用者)との規定が置かれていた[23]。

他方、日本にとっては、日華平和条約は国際法上適法に締結された有効な条約であり、中華民国というのは、中華民国政府によって代表される国家としての中国であり、日中間の戦争状態はすでに日華平和条約で終了しているのであって、そのような立場を放棄して、改めて中華人民共和国政府との間に戦争状態を終了させるための合意を行うことは不可能なことであった[24]。「同じ中国との間に二度平和条約を締結するということは法律的に不可能なこと[25]」(高島条約局長)だったのである[26]。それゆえ、田中首相の訪中に先立って日本側の考えを伝えた古井喜実自民党代議士が提示した日本側共同声明原案(一九七二年九月一〇日)では、この点について、「両国政府は、戦争状態が終結したことを確認する」(第一項、傍点原文)とされていたのである[27]。

日中共同声明の作成に当たっては、こういった異なる双方の立場が両立しうるような形で、戦争状態終了の問題を解決しなければならなかった。正常化交渉の実質的なやりとりが行われた大平・姫会談の冒頭においても、若干の修文はあるものの基本的に右の共同声明原案と同内容の共同声明案が両政府によって提示された(第一回大平・姫会談、九月二六日)。すなわち、中国側共同声明案は、「本声明が公表される日に、中華人民共和国と日本国との間の戦争状態は終了する」(第一項)というものであったし、日本側共同声明案は、「日本国政府及び中華人民共和国政府は、日本国と中国との間の戦争状態の終了をここに確認する」(第一項)というものであった[28]。日本側の共同声明案は、二つの点で中国側の共同声明案とは異なっていた。中国側の草案が、戦争状態は共同声明の公表の日に終了するとしていたのに対して、①日本側の草案は、戦争状態の終了の「確認」という形式をとっており、しかも②戦争状態終了の時期がいつであるのかを明示していなかった。日本としては、日華平和条約は有効に締結されたという自国の立場を維持しつつ、同時に中国側が日華平和条約に拘束されない立場であることにも理解を示し、その両者が両立するように、戦争状態終了の時期を明示することなく、終了の事実を確認するとの表現を提案したのである[29]。

その後の会談で日本側は、さらに二つの試案、すなわち「中華人民共和国政府は、中国と日本国との間の戦争状態の終了をここに宣言する」という案と、「日本国政府および中華人民共和国政府は、日本国と中国との間に、今後全面的な平和関係が存在することをここに宣言する」という案を提示した[30](第二回大平・姫会談、九月二六日)。前者は、主語が中華人民共和国政府となっている点に特徴があり、中国側が一方的に戦争状態の終了を宣言するというものである。後者は、戦争状態終了の時期を明示せず、この問題を将来に向かって前向きな態度で処理することを考えたものである。

これに対して中国側は、日本案では中国人民を納得させることはできず、「中国人民に、戦争状態がいつ終了したのかをはっきりさせなければ」ならないとした上で、戦争状態終了の時期の問題を「極めて重視している」と主張した[31]。しかし同時に、「周［恩来］総理もはっきり(日本側の困難はわかっていると)言明しておられるので、何とかよい案を考えたい」とも述べていた(姫外交部長)。

非公式大平・姫会談(九月二七日)および第三回大平・姫会談(九月二七日)を経て、最終的には、共同声明の前文第四項で、「両国国民は、両国間にこれまで存在していた不正常な状態に終止符を打つことを切望している。戦争状態の終結と日中国交の正常化という両国国民の願望の実現は、両国関係の歴史に新たな一頁を開くこととなろう」（傍点引用者）と述べつつ、共同声明の本文では、その第一項において、「日本国と中華人民共和国との間のこれまでの不正常な状態は、この共同声明が発出される日に終了する」（傍点引用者）との表現を用いることで決着することになった。

このように「戦争状態の終結」の文言を前文に移すこと、そして本文第一項で「不正常な状態」という表現を用いることは、いずれも中国側の検討の結果として提示されたものとされる32。そして、このような提案について、中国側からは、これによって「戦争終結の時期について、中日双方がそれぞれ異なった解釈を行ないうる余地が生じる」との説明がなされた33（姫外交部長）。このような説明からすれば、中国側は、正常化交渉の当初に示された日本側の提案の趣旨を是認して、右の提案を行ったものと考えることができるように思われる。

二　日中共同声明の解釈

最終的に合意された日中共同声明の規定ぶりからは、日中間の戦争状態終了の問題をいかに考えるかは、本文第一項にいう「不正常な状態」という文言の解釈いかんによるということになろう。

一方で、不正常な状態とは、前文において述べられている「戦争状態の終結と日中国交の正常化」によって終了するような状態を意味すると考えることができる。このように考える場合には、日中間には共同声明の署名まで戦争状態が続いており、それが共同声明の発出の日に終了したと解釈するということになろう34。人民政府がそのような立場であったことは右に述べた通りである。

他方、共同声明において戦争状態の終了が意図されていたのであれば、それは当然本文に規定されたはずであるし、

「戦争状態の終結」に言及する前文は、中国の立場に配慮しつつ、国交正常化に臨む両国の政治的姿勢をうたったものに過ぎないと考えることも可能である。このように考える場合、本文第一項にある「不正常な状態」とは、日中間にいわゆる「国交」が存在しなかったことを指すということになろう。日本政府は、このような立場に立っているようであり、「日中共同声明の解説」と題する論文において、栗山条約課長は、日中間に日華平和条約と戦争状態の終了時期に関する立場の相違があったことに触れながらも、『不正常な状態』とは、いうまでもなく、これまでわが国と中華人民共和国との間に国と国との関係が存在しなかった状態をさしている」と述べている35。

要するに、日中間においては、戦争がいつの段階で終了したかについては合意することができなかったが、一九七二年九月二九日現在で、日本国と中国との間に戦争状態がないということを確認することはできたということであろう36。

ところで、本書の「序章」でも触れたように、日本政府は、「日中間の戦争状態の終結の問題につきましては、法律的には、わが国と中国との間の戦争状態は日華平和条約第一条により終了したとするのがわが国の立場でございます」としつつ、「日中間の戦争状態終結の問題は、日中共同声明により最終的に解決している次第でございます」（大森誠一外務省条約局長）との立場をとってきているが37、戦争状態の「法的」な終了と「最終的」な終了とは、いかなることを意味するのかが疑問であった。

この疑問に対しては、これまでに述べてきたところからして、次のように考えることができるように思える。日本政府の立場は、日中間の戦争状態は日華平和条約によって、法的に大陸をも含めた形で終了したというものであった。ただし、右のような戦争状態終了に関する理解は、あくまで日本政府と中華民国政府との間のものであって、そのような立場が人民政府に対しても当然に対抗可能かといえば、人民政府が日華平和条約の有効性を認めていない以上、必ずしもそのようにはいえなかった。そのような中で、日中共同声明に署名することによって、右の「未解決」の部分も含めた形で、人民政府との間で最終的な合意に至ったということなのであろう。戦争状態終了の時期についての両者の立場の相違は残されたままではあるが、戦争状態の存否に関する問題はなくなったのであり、これを戦争状態の終了に関する問題の「最終的」な解決と表現したものと思われる。

実際、この点について、大森条約局長は、後に次のように述べている。

「わが国の立場といたしましては、日本と中国という国との間の戦争状態の終結の問題、あるいはその他の戦後処理の問題は、一九五二年の日華平和条約によって処理済みというのが私どもの法的立場でございます。で日中共同声明発出に際しましては、…中国側と日本側との間に、この点をめぐりまして法的な立場について見解の相違がございました。その見解の相違を日中国交正常化という大目的のために克服するということで双方が合意して作成されましたのが日中共同声明でございまして、この日中共同声明によりまして日中間の戦後処理の問題は最終的に解決を見た、このように判断いたしているわけでございます。[38]」

もっとも、これは、日中共同声明の合意によって、日華平和条約による戦争状態の終了が中華人民共和国政府に対して対抗力を有するに至ったということを必ずしも意味する訳ではない。日中共同声明では、その署名日現在において、日中間には戦争状態は存在しないということに合意できただけであり、その限りで「戦争状態の終結」の問題が解決を見たというに過ぎない。その意味で、先に掲げた大森答弁が、戦争状態終結の時期に言及することなく、「日中間の戦争状態終結の問題は、日中共同声明により最終的に解決している」（傍点引用者）と述べたのは、誠に精確な答弁であったということができる。

第四節　戦争賠償の処理

一　日華平和条約における処理

戦争状態の終了の問題と並んで、日華平和条約の人民政府に対する対抗力の問題が直接に係わったのが、戦争賠償（その他の請求権を含む。以下、戦争賠償とその他の請求権を包括して「（戦争）賠償」と表現することがある）の問題である。中国の戦争賠償に関しては、日華平和条約において次のような処理がなされている。

日華平和条約には、賠償問題を包括的に扱う条項はないものの、その第一一条（いわゆる連合国並み受益条項）において、「別段の定がある場合を除く外、日本国と中華民国との間に戦争状態の存在の結果として生じた問題は、［対日平和］条約の相当規定に従って解決する」旨が定められている。したがって、日華間の戦争賠償の問題は、基本的に対日平和条約の相当規定である第一四条の規定に従うということになるが、そのことは後述の議定書第一項(b)および同意議事録の四からも明らかである。

対日平和条約第一四条(a)は、日本は戦争中の損害および苦痛に対して連合国に賠償を支払うべきであるが、日本の資源は完全な賠償を行いかつ同時に他の債務を履行するためには現在充分でないとの認識の下、①連合国のうち、その現在の領域が日本軍によって占領されかつ損害を被った国は、希望すれば役務賠償を受ける権利を有すること39、②連合国は、自国の管轄下にある日本国・日本国民の財産・権利・利益を処分する権利を有すること、を定める。他方、第一四条(b)は、条約に別段の定めがある場合（右の①②を指す）を除き、連合国は、「連合国のすべての賠償請求権、戦争の遂行中に日本国及びその国民がとつた行動から生じた連合国及びその国民の他の請求権…を放棄する」と定めており、日本による連合国への賠償が、右の①役務賠償と②日本の在外資産の処分権に限定されることが明らかにされている。

日華平和条約は、右の対日平和条約における戦争賠償のスキームをそのままの形で受け入れた訳ではない。中華民国は、賠償問題について対日平和条約を基礎としつつも、「日本国民に対する寛厚と善意の表徴として、［対日平和］条約第十四条(a)1に基き日本国が提供すべき役務の利益を自発的に放棄」（議定書第一項(b)）している。その結果、「［対日平和］条約第十四条(a)に基き同国に及ぼされるべき唯一の残りの利益は、同条約第十四条(a)2に規定された日本国の在外資産である」（同意議事録の四）ということになったのである。

最終的に右のように規定されることとなる日華間の戦争賠償をめぐる問題は、容易に合意に至った訳ではない。国民政府は「以徳報怨」政策によって対日戦争賠償請求権を放棄したといわれることがあるが[40]、この寛大政策の中心的な意味は本来、中国大陸に残された日本兵や日本人に報復を加えないとするところにあり[41]、賠償問題は別であった[42]。実際、国民政府は、戦争中の一九四三年から戦争賠償請求のための準備を進めており、それは台湾に移ってからも続いた[43]。その後、対日講和との関連で、アメリカが対日賠償放棄の基本方針（対日講和七原則）を示した際も、国民政府は難色を示しているのである[44]。

日華条約交渉においても、既述のように、国民政府は当初、対日戦争の最大の犠牲国である中国が賠償を放棄する訳にはいかないとして、賠償条項の存続を主張した。これに対して日本政府は、大陸における戦争損害については、条約の適用範囲外のことであるからとして、賠償条項の削除を主張したのである[45]。ところが日本側は、その第二次草案において、国府側が「相当狼狽の色」を示す案（実質的に役務賠償の放棄を意味する案）を提示した[46]。そしてその後、アメリカ上院による対日平和条約の批准承認の動きなどを受けて、国民政府の側からの自発的な申し出の形をとって役務賠償の放棄が定められることとなったのである。

しかし、放棄された役務賠償とは、先に述べたように、対日平和条約上、日本軍によって占領され損害を被った連合国が希望する場合に認められるとされていたものであり、中国との関係では大陸中国のみがそれに該当していた。したがって役務賠償を放棄するとすれば、それは大陸中国との関係における賠償の放棄を意味した。

そして、そもそも日本と（当時日本の領土であった）台湾・澎湖諸島との間には戦争状態は存在せず、戦争賠償の問題も生じないはずであったから[47]、中華民国政府による戦争賠償請求権の放棄は、中国の正統政府としての資格における賠償請求権の放棄を意味したのである。

二　日中共同声明における処理

しかし、右のような理解が中華人民共和国政府に対しても当然に有効に主張できるというものでなかったことは、戦争状態の終結に関する日華平和条約の規定の場合と同様であった。否、戦争賠償の問題は、戦争状態の終結の場合よりも遥かに大きな困難を惹起する可能性を秘めていた。戦争状態の終結は、国交正常化を図る場合には、その前提として、いずれにせよ既定の事項と考えることができたのであり、その時期に関して争われることはあるにしても、それ自体について意見が対立するということは考えられなかった。しかし、戦争賠償の場合には、そのような共通の立場の存在を当初から前提とすることはできなかった。しかも、そもそも対日平和条約は、賠償に関し、ある意味で「寛大」な処理を定めていたが[48]、日華平和条約では、それに加えてさらに、対日平和条約の下でさえ認められていた役務賠償の放棄まで規定していたのである[49]。

実際、中華人民共和国政府は、戦争賠償に関して当初から放棄するという立場を示していた訳ではなかった。周恩来外交部長は、対日平和条約英米草案に関する一般的見解として、「日本に占領されて大損害をこうむり、そして自力で再建することが困難である諸国は、賠償を請求する権利を留保すべきである」と述べていたし[50]（一九五一年八月）、日華平和条約締結後にも、日本政府が中国大陸に居留する日本人についてその送還を要求する書簡をジュネーブ駐在中華人民共和国総領事に手交したのに対して、外交部スポークスマンがこれへの反論として、「日本軍国主義者が中国侵略戦争の期間中に、一千万以上の中国人民を殺戮し、中国の公私の財産に数百億米ドルにのぼる損害を与え」たとして、「日本政府は、中国人民がその受けた極めて大きな損害について賠償を要求する権利をもっていることを理解すべきである」と述べていた[51]（一九五五年八月）。前者の発言は日本のもたらした戦争損害に関して一般論として述べたものであるし、後者の発言も日本からの要求に対する対抗上持ち出した議論であると理解することもでき、少なくとも日本に対して正式に賠償を請求したものではなかった。しかし、賠償を求めないということでは決してなかった。

ところが、人民政府は、一九六四年一月頃、賠償の放棄を正式に決定し[52]、その後、訪中した日本の国会議員などに対してそのような方針が伝えられることになる。そしてこの決定については、第一に、中国は他国の賠償によって自国の建設を行おうとは思っていない、第二に、一般的にいって巨大な戦争賠償を戦敗国に課することは第一次大戦後のドイツの例をみても明らかなように、平和のために有害である、第三に、戦争賠償はその戦争に責任のない世代にも支払わせることになるので不合理である、といった説明がなされた[53]（一九六五年五月の趙安博・中日友好協会秘書長の宇都宮徳馬代議士への談話）。もっとも、同時に、「一般的空気として賠償請求権のない蔣介石が賠償を放棄したからといつて、中国に請求権がないという議論には反撥している」との指摘もなされた[54]（一九六五年六月の廖承志・中日友好協会会長の宇都宮徳馬代議士への談話）。

それゆえ、日中国交正常化交渉において高島益郎外務省条約局長が、日本としては、対日平和条約体制の枠内での中国との国交正常化であるから、台湾が中国の一部であることを法的に認める訳にはいかないし、日華平和条約を締結したので、中国に賠償請求権を認める訳にはいかない旨を主張したとき、人民政府側は大いに憤慨したのである55(これを伝え聞いた周恩来首相は高島局長を「法匪」と呼んだ(いわゆる法匪事件)ともいわれる56)。すでに賠償の放棄を明らかにしている人民政府に対してこのような発言を行うことが、政治的に好ましくないのはもちろんであるが、法的にいっても、対日平和条約は第三国である中国に対して有効に主張できるものではなかったし、また日華平和条約も、前述のように、人民政府に対して当然に対抗できるのか疑問のあるものだったのである57(もっとも、日本の条約局長という立場からすれば、当然の主張ではある)。

この戦争賠償の問題も、戦争状態終了の問題と同様、以下に述べるように、日中間において妥協的な解決が図られることになる。当初、一九七二年七月に訪中した竹入公明党委員長に示された中国側共同声明原案には、「中日両国人民の友誼のため、中華人民共和国政府は、日本国に対する戦争賠償の請求権を放棄する」(第七項、傍点引用者)と規定されていた58。これに対して、同年九月に訪中した自民党の古井代議士が中国側に示した日本側共同声明原案では、「中国側は、対日賠償請求権を放棄する」(第四項、傍点引用者)とされていた59。この段階では、日中両政府の提案には実質的な差異は見られない。この段階の日本案に「請求権」という用語が使用されていた理由は定かではないが60、この点は、北京での日中国交正常化交渉において日本側から重要な論点として提示されることになる。

国交正常化交渉における第一回大平・姫会談の冒頭(九月二六日)に、日中両政府から示された共同声明案は次のようなものであった。中国側共同声明案は、右の中国側原案と実質的に同内容であり、「中華人民共和国政府は、中日両国人民の友好のために日本国にたいし戦争賠償請求権を放棄することを宣言する」(第四項、傍点引用者)というものであった61。これに対して、日本側共同声明案は、「(7　中華人民共和国政府は、日中両国国民の友好のため、日本国に対し、両国間の戦争に関連したいかなる賠償の請求も行なわないことを宣言する。）」（第七項、傍点引用者、括弧は原文）と規定していた[62]。

日本側共同声明案には注目すべき点が二つあった。一つは、中国側共同声明案が「賠償請求権」としているところを、「賠償の請求」としている点であり、今一つは、日本側共同声明案では賠償条項が括弧に入れられている点である。

これらについては、両共同声明案が提示された第一回大平・姫会談の冒頭に、日本側（高島条約局長）から次の通り説明されている。まず前者については、日本側共同声明案第七項の内容は、中国側の原案とその趣旨において変わりはないが、若干の表現上の修正が行われているとして、「わが国に対して賠償を求めないとの中華人民共和国政府の［二字判読不能］を率直に評価するものであるが、他方、第1項の戦争状態終結の問題と全く同様に、日本が台湾との間に結んだ平和条約が当初から無効であつたことを明白に意味する結果となるような表現が共同声明の中で用いられることは同意できない。日本側提案のような法律的ではない表現であれば、日中双方の基本的立場を害することなく、問題を処理しうると考えるので、この点について中国側の配慮を期待したい」（傍点引用者）と述べている。また、後者については、「本来わが方から提案すべき性質の事項ではないので、括弧内に含めてある」と説明された[63]。

ここから読み取れる日本の基本的立場は、第一に、日華平和条約は国際法上有効に締結された条約であり、同条約において中華民国が賠償請求権を放棄したのであるから、中国との賠償問題は法的に処理済みである、というものである。これは、日華平和条約の国会審議の折には、適用地域に関する交換公文の存在にも拘らず全面的な国と国との間の関係が規定されたと主張された事項が、戦争状態の終了のみであったのが、日中国交正常化交渉の段階では、賠償処理の問題にまで拡大していたことを意味する[64]。しかし第二に、中華人民共和国政府が日華平和条約は不法・無効であると主張していることを意識して、中国側が法的でない方式で賠償放棄の意思を表明するのであれば、共同声明に賠償問題を含めることができ、そうすれば北京政府との間でも賠償に関するすべての問題が解決することになる、と考えたことが窺える。それゆえ、当該条項全体を括弧で括りながらも、「賠償の請求」の放棄に関する規定を、自ら積極的にかつ明示的に共同声明案に含めることにしたものと思われる。

これに対して中国側は、正常化交渉の日本側の記録を見る限りでは、戦争状態の終了の場合とは対照的に、ほとんど全くといっていいほど議論を行うことなく日本側の提案を受け入れている[65]（第三回大平・姫会談、九月二七日）。この事実をいかに理解すべきであろうか。右に述べた日本による説明と、それを議論することなく受け入れた中国の態度からは、「法律的ではない表現」であるとする日本側の主張を中国側が受け入れたというのが素直な受取り方かも知れない。

しかし、当時の中華人民共和国政府が、日本政府の拘っていたような法的表現と政治的表現の区別の含意をどれだけ重視していたか疑問である。中国では、当時、法律の整備は大きく遅れており、鄧小平によると、一九七八年の段階でも、「とかく指導者の言葉が『法』とみなされて、指導者の言葉に賛成しなければ『違法』とされ、指導者の言葉が変われば『法』もそれに伴って変わる」といわれるような状況にあった[66]。外交においても法的観点の導入は遅れており、中国の外務省に法律条約局が設置されたのは、一九七二年の初めになってからであるといわれ、まさに日中共同声明の年に設置されたばかりであった[67]。この当時、中国政府の国際法実務に関する知識が乏しかった点は、日中国交正常化交渉において実質的な交渉が行われた大平・姫会談の記録からも窺い知ることができる。大平・姫会談の記録には、姫外交部長が議会(国会)による条約の批准承認の手続とその意味を理解するまでに、日本側が相当な時間を費やして説明している事実が記されているのである[68]。

このような事実に照らして前述の正常化交渉の経緯を解釈するならば、戦争賠償の放棄を決めていた人民政府としては、自ら放棄するという形さえとることができるならば（それは間接的に賠償を請求できる立場にあることを示す）、「権」が付いているかいないかは、さほど重要な問題とは考えなかったのではないかとも思える。

こうして最終的に合意された日中共同声明の第五項では、「中華人民共和国政府は、中日両国国民の友好のために、日本国に対する戦争賠償の請求を放棄することを宣言する」（傍点引用者）と規定されることになった。

このように最終的に「請求」の放棄という文言が用いられたことについて、大平正芳外相は、帰国後の自民党両院議員総会で、「第五項目は、賠償請求の放棄であり、日華条約でこれが放棄され、日本はこれを受けている立場に立っている。従ってこれは中国側が一方的に宣言し、日本側はこれを率直に評価し、受ける立場をとった。もし中国が『賠償請求権』の放棄という言葉にかかわると、私どもはやっかいな立場になるところだったが、『賠償請求』という言葉にしてもらい、『権』という言葉はついていない[69]」と述べている[70]。

これは、中国の「賠償請求権」は日華平和条約で既に放棄されているので、再度放棄することはできないという日本の立場を説明したものであろう。しかし、すでに放棄した「請求権」を再度放棄することはできないが、「請求」であれば「請求権」を放棄した後であってもなお放棄できるとする論理も理解しがたい。「請求」を行う前提として「請求権」が存在しなければならないはずだからである。もちろん、請求権がなくても事実として請求を行うということはありうる。しかし、そのような法的裏づけのない請求について、それを行わないということをわざわざ共同声明で宣言したというのも、説得力のある説明とはいえないであろう。

その意味では、むしろ逆に、「請求」が放棄された後に「請求権」が放棄されるというのであれば、論理的にはありうるであろう。実際、日中共同声明において中国は賠償の「請求」を放棄したが、賠償の「請求権」は放棄していない、といった主張がなされることがある[71]。しかし、この主張も実際には余り意味がない。なぜなら、「請求」を放棄した後に残される「請求権」とは抽象的な権利に過ぎず、実際にはそれに基づいた「請求」は行い得ないからである。

ともあれ、こうして日中共同声明では、日華平和条約における対日賠償請求権放棄の「法的効果に直接触れ」ることなく72（栗山条約課長）、日中間の戦争賠償問題の「最終的」な解決が図られたということになるのである。

三　日華平和条約と日中共同声明との関係に関する四つの考え方

では、日華平和条約における賠償請求権の放棄と、日中共同声明における賠償請求の放棄とは、いかなる関係にあるということになるのか。この点については、日華平和条約の評価の観点から次の四つの考え方がありうるであろう。

第一の考え方は、日中両国間の戦争賠償の問題は日華平和条約ですべて法的に処理済みであるというものである。賠償問題が法的に日華平和条約で処理済みである以上、日中共同声明における賠償請求の放棄は、単なる一方的な政治的意思表示に過ぎないということになる（処理済み説）。

このような考え方は、日中国交正常化交渉の際に日本側の高島益郎外務省条約局長が主張した立場であり、その後の国会審議においても高島局長自身によって次のように明確に表明されている。すなわち、日中共同声明は条約ではないが、第二項（中華人民共和国政府の承認）は法的な条項であるとしつつ、「その第二項を除きましてほかの事項は、すべて政治的な事項、あるいは…政治的な意思の表明ということにすぎない」と述べ、さらに第五項（戦争賠償の請求の放棄）自体について、「わがほうといたしましては、日中間の賠償問題を含めましてすべて法律的に処理済みであるという立場で交渉いたしまして、こういう政治的な表現になったわけで」あり、「[賠償請求権の放棄という法律的な表現ではなく]戦争賠償の請求を放棄するという、法律的な表現でない表現で処理したということでございます」（傍点引用者)と述べている[73]。以上のような考え方は、その後も日本の公式の立場として繰り返し述べられ、基本的に維持されている[74]。

第二に考えられるのは、日華平和条約は賠償請求権の放棄を含め有効に締結されている(つまり処理済みである)が、それは中華民国政府との関係に関する限りであって、それがそのまま中華人民共和国政府に対して当然に対抗力を持つ(承継される)訳ではない、という考え方である(対抗力説)。

このような考え方の下では、対抗力の一般理論に従い[75]、日華平和条約が中華人民共和国政府に対して対抗可能であるか(承継されるか)否かは、人民政府の態度いかんにかかっているといえよう。すなわち、人民政府が日華平和条約における賠償問題の処理に同意を与えるならば、同条約における処理は同政府に対しても有効なものとなり、その処理が同政府との関係でも最終的に確定的なものとなるが、同政府が同意を与えない場合には、同条約における処理は同政府に対して有効に主張することはできないということになる。そして、後者の場合には、日中間の賠償問題は、中華人民共和国政府との関係では、日中共同声明において創設的に処理されたということになる。

中華人民共和国政府は、日中国交正常化交渉を通じて、日華平和条約を不法・無効とする立場(復交三原則の第三原則)を最後まで維持していたのであるから、事実として右の同意は与えられていないということになろう。

もっとも、政府の国会答弁の中には、(対抗力説を黙示的に前提としつつ)日中共同声明において人民政府が日華平和条約の処理に同意を与えた(その結果、日華平和条約における戦争賠償の処理が人民政府との関係でも有効となった)、と解しているかのような発言が全くない訳でもない。例えば、一九七八年に衆議院内閣委員会において、水野清外務政務次官が、日中共同声明における賠償請求の放棄について、基本的には処理済み説に依拠しつつも、同時に「日華［平和］条約によって規定されて戦後処理の問題が済んできたということを、これは別の表現で中華人民共和国に認めさせた、私はこういう結果であろうと思って評価をしております」と述べている。そして、「そうすると、きまっておるものを中華人民共和国が認めてくれたから、それはそれなりに非常に大きな意味を持っておるのである、こういう評価ですね」と、確認の質問がなされたのに対して、同次官は「さようでございます」と答えているのである[76]。

　第三に考えられるのは、処理済み説および対抗力説と同様、日華平和条約は有効に締結されたことを前提とするものであるが、賠償問題に関する規定は、適用地域に関する交換公文によって適用地域の限定を受け、中華民国政府の支配下にある領域に限って適用されるという考え方である(適用地域限定説)。この考え方によれば、日華平和条約は、当該問題に関する実体規定が存在するにも拘らず、結果的に大陸中国との関係における賠償問題を処理しなかったということになり、日中共同声明において初めてかつ創設的にその処理が行われたということになる。

　このような考え方は、日華平和条約の起草過程において、とりわけ当初の段階で日本がとっていた立場と親和するものであり、日本政府は、大陸における中国の戦争賠償については条約の適用範囲外のことである、と述べていた。日華平和条約とその適用地域に関する交換公文との関係については、日華平和条約の国会審議で大きく取り上げられたが、その際に主として問題となったのは、日中間の戦争状態の終了の問題であった。そして、日中間の戦争状態は、日華平和条約によって大陸中国との関係でも終了したという日本政府の立場(後半国会)からすれば、賠償問題も同様に大陸中国との関係でも処理されたと考えるのが素直なのかも知れない。

　しかし、戦争状態が終了すれば、賠償問題も必ず同時に処理されるという訳ではない。戦争状態については、それが国と国との間の関係であるから、国の一部との関係でのみ終了するということはあり得ないと考えることができるとしても、戦争賠償については、一括処理のみが可能であって部分的・継起的処理は不可能である、という訳ではないからである。そうだとすれば、大陸における賠償問題の解決は、交換公文の適用の結果として、日華平和条約の適用範囲から除外されたと考える余地もあるということになろう[77]。

第四の考え方は中華人民共和国政府の立場であり、日華平和条約は不法・無効であるというものである（無効説）。この考え方によれば、日華平和条約は無効なのだから、中国は戦争賠償請求権を放棄していないということになり、中華人民共和国政府が中国の正統政府として、日中共同声明において初めてかつ創設的に戦争賠償の請求を放棄したということになる。

以上の四つの考え方を、日中間の賠償問題がいずれの文書によって処理されたかという観点から再整理すると次のようになる。処理済み説は、文字通り日華平和条約において本件を処理したという考え方である。対抗力説によれば、人民政府が日中共同声明において日華平和条約の処理に同意したと考える場合には、本件問題は日華平和条約と日中共同声明によって処理されたということができる。他方、人民政府が日華平和条約の処理に同意しなかったと考える場合には、本件問題は日中共同声明において創設的に処理されたということになる。そして、適用地域限定説と無効説によれば、日中間の賠償問題は日中共同声明において創設的に処理されたことになる。このように見てくるならば、対抗力説（人民政府が同意しなかったと考える場合）、適用地域限定説および無効説の三つは、日中共同声明創設的放棄説としてまとめることができるということになろう。

日中共同声明創設的放棄説を正面から肯定する政府答弁は見当たらない。しかし、そのような考え方を前提とする（と親和する）かのような答弁がない訳ではない。例えば、日中共同声明の個別条項の法的効果について述べた真田秀夫内閣法制局長官の答弁がそれである。真田長官は、共同声明では「法律的な意味の権利義務は発生をしないのが通例」であるが、「共同声明の中にも法律的な効力を伴う条項が絶対に入ってはいけないというものではない」として、日中共同声明の中で法的効果を伴う条項として、第二項（中華人民共和国政府の承認）と第五項（戦争賠償の請求の放棄）を挙げている。そして第五項に関しては、権利の放棄は一方的行為であって合意ではないから、条約の範疇には入らないが、「中華人民共和国政府は、日本に対する戦争賠償の請求を放棄することを宣言するという一方行為をやりましたので、それに伴いまして法律的効果は出たというふうに解釈されるわけでございます」と述べている78。このように第五項が法的効果を伴うとすれば、それは、中華人民共和国政府が戦争賠償の請求を行う法的権利を現に有しているということを前提に、それを法的に放棄したということにもなろう。

同様な理解のできる答弁として、一九九二年の参議院内閣委員会における加藤紘一官房長官の答弁がある。加藤官房長官は、同委員会において、中国におけるいわゆる民間賠償の請求(個人による賠償請求)の動きに関連して質問されたのに対して、まず、「中国との関係について申しますならば、戦争にかかわる日中間の請求権の問題は一九七二年の日中共同声明発出後存在してないものと思っておりますし、かかる認識は中国政府も累次明らかにされているところでございます」と答えている79。さらに、中国におけるいわゆる民間賠償の請求の動きとの関連で、日中共同声明の賠償条項には、対日平和条約とは異なり、「国民」の請求権の放棄が規定されていない点が指摘されたのに対して、加藤官房長官は、日中共同声明における賠償条項は対日平和条約におけるそれと同様の内容であることを詳細に答弁している80。

このように日中共同声明における賠償請求の放棄の内容について詳細な答弁を行うということは、日中共同声明において法的に賠償問題が解決したという考え方を前提としなければ理解し難いところがある。日華平和条約で法的に処理済みなのであれば、そして日中共同声明における賠償請求の放棄が単に政治的なものに過ぎないのであれば、日中共同声明における賠償請求の放棄の範囲などは、いわゆる民間賠償の請求のような法的な議論との関係では問題とならないはずだからである。加藤官房長官が、日中共同声明によって法的に賠償問題が処理されたと考えていたことは、外務省によって処理済み説に立った答弁がなされたにも拘らず、その後の答弁で、中国の「国民の請求権」に関して、「個人の国に対する請求権というものは一九七二年の日中共同声明によって放棄されたものだと…思っております」(傍点引用者)と答弁していることからも窺える[81]。

このような答弁は、その後も散見されるのであって、例えば二〇〇三年には、後に見る(第五章第三節)遺棄化学兵器訴訟との関係で、遺棄化学兵器問題にかかる日本の責任を質された福田康夫官房長官が、「この問題は、要するに、旧日本軍のことも含めまして、日中間において日中共同宣言《ママ》を発しましたね、一九七二年ですね、この日中共同声明。このときに、日中間の請求権の問題は、これは放棄をするということで、以後、存在しないということになっているんですよ」と答えている[82]。いずれも政治家による答弁ということで、法的な精緻さに欠ける答弁である可能性はあるが、それにしても日中共同声明創設的放棄説に親和するかのような答弁が散見される点には注目しなければならないであろう。

なお、戦争状態の終了の問題についても、法理論的には、右に述べてきた四つの考え方の枠組みがそのまま当てはまりうる。すなわち、第一に、日中間の戦争状態は日華平和条約によって大陸を含めた形で対世的効果をもって終了したというもの(処理済み説)、第二に、日華平和条約は国際法上有効に締結された条約であるが、中華人民共和国政府に対して当然には対抗できず、ただ同政府が同意すれば、同条約による大陸を含めた戦争状態の終了が同政府に対しても対抗可能となるというもの(対抗力説)、第三に、日華平和条約は、交換公文によって適用地域が限定された形で締結されているため、同条約によっては大陸中国との間の戦争状態は終了しておらず、大陸中国との間の戦争状態は日中共同声明で終了したというもの(適用地域限定説)。ただし、戦争状態とその終了は国家と国家との関係であり、国家の一部との関係ではあり得ないと考えるのであれば、この考え方は成立し得ない)、第四に、日中間の戦争状態の終了は日中共同声明によるというもの(無効説)、である。第一は日本政府の公式の立場であり、第四は中華人民共和国政府の公式の立場である。

このように、戦争状態終了の問題についても、戦争賠償の問題と同様に、様々な捉え方があり得るとすれば、その双方を含む日中間の戦後処理の問題を、全体としてどのように考えるのが最も合理的なのか、ということを検討しなければならない。そこで次にこの点を取り上げることにしたいが、その前に、日中間の戦争賠償の処理と類似性を有する日本とベトナムとの間の戦争賠償の処理について一瞥しておきたい。

四　ベトナムとの戦争賠償問題の処理

ベトナム83と中国とは、分裂国家である(あった)という点で共通しているが、共通点はそれだけではなく、両者は、戦争による実質的な損害発生地と(少なくとも当初に)戦争賠償処理を行った主体が、必ずしも合致していないという点でも共通している。すなわち、中国との関係では、実質的な戦争損害は大陸中国において発生したにも拘らず、台湾に本拠を置く中華民国政府が中国を代表する形で日中間の戦後処理を行っているが、ベトナムにおいても、実質的な戦争損害は北ベトナムにおいて発生したにも拘らず、南ベトナム(ベトナム国＝ベトナム共和国)の政府がベトナム全体を代表する形で84戦後処理を行い、その賠償は全ベトナムに対する賠償という建前をとったのである85。

しかし、両国の事情は次の諸点で異なっている。第一に、中国の場合には、英米両国が異なる政府を承認していたため、いずれの政府もサンフランシスコ講和会議に招請されなかったが、ベトナムの場合は、英米両国とも南ベトナム(バオダイのベトナム国)の政府を承認していたため、同様な問題は発生しなかった。ベトナム国政府は、ベトナムの代表としてサンフランシスコ講和会議に参加し、一九五一年九月八日に多数国間の対日平和条約に署名している（一九五二年六月一八日に批准書寄託・発効、これにより日本は同国および同政府を黙示承認）86。もっとも、この点での相違は、ここでは特段問題とはならないであろう。

第二に、ベトナム国（一九五五年からベトナム共和国）は、一九五九年五月に、対日平和条約第一四条(a)1に基づき、日本との間の賠償協定（「日本国とヴィエトナム共和国との間の賠償協定」）に署名している（一四〇億円＝〇・三九億ドルの生産物・役務賠償を供与）87。対日平和条約および対日賠償協定を締結したのは、いずれも南ベトナム（ベトナム国＝ベトナム共和国）政府であるが、南ベトナム政府が全ベトナムを代表する形で締結しており（この点は中華民国政府の場合と同様）、しかも日華平和条約の場合のような適用地域に関する特別な取極は存在しないので、それらの条約・協定の効力範囲に関する問題は基本的に生じないといえる。

また、これらの条約・協定、とりわけ賠償協定は、日本による賠償の支払いを定めているのであり、役務賠償の放棄までが規定された日華平和条約の場合とは異なり、ラウターパハトの理論を考慮しても、「国民の一般利益に反するような条約」とは必ずしもいい難いのであって88、北ベトナム（ベトナム民主共和国）政府に対する対抗可能性の問題も、中国の場合と同様な意味では生じ難いといえよう。

第三に、その後、南北ベトナム（ベトナム共和国およびベトナム民主共和国）は共に、自らが全ベトナムを代表する政府であるという主張を維持しながら、それぞれが各国と外交関係をもつことを容認するに至った89。そこで、日本は、ベトナム共和国の承認を維持したまま、一九七三年九月にはベトナム民主共和国を承認している（したがって、この時点から一九七六年七月のベトナム統一までの間、日本は南北ベトナムの双方を承認していたということになる）。一国に存在する複数の政府を同時に承認することは原理的にあり得ない以上、日本によるベトナム民主共和国の承認は国家承認であるということになり[90]、したがって少なくとも日本にとっては、ベトナム民主共和国は、ベトナム共和国から分離独立したという法的理解となろう。この点が、政府承認の切替えが行われた中国の場合とは根本的に異なるのである[91]。このように、ベトナム民主共和国が、少なくとも日本との関係においては、（対日戦後処理を完了した）ベトナム共和国から分離独立した国であるとすれば、純法理論的にいえばその事実だけで、日本とベトナム民主共和国との間には賠償問題が生ずる余地はないということになろう（もっともそれでもなお、ベトナム民主共和国政府が、自らが全ベトナムを代表する政府であるとする立場を維持していたという点は残る）。

実際には、ベトナム民主共和国は、日本との協議の中で賠償問題を持ち出してきたが、日本としては、当該問題はベトナム共和国との賠償協定で解決済みであるとの立場をとった[92]。そして、協議を重ねていく過程で、一九七六年七月に南北ベトナムが統一し（ベトナム社会主義共和国）、賠償問題はやがて提起されなくなった。なお、日本とベトナム民主共和国およびベトナム社会主義共和国との間には、一九七五年一〇月と一九七六年九月の二回にわたって、経済復興と発展のための贈与取極が締結されている。これは、賠償問題の交渉の過程で、「両国間においては将来に向けての新しい関係を進めていくという、そういう展望のもとにこの問題を処理しようということで双方で意見が一致」して[93]、計一三五億円（それぞれ八五億円と五〇億円）が贈与されたものである[94]。この額が南ベトナムへの賠償の額（一四〇億円）と「ほぼ同額[95]」（宮澤喜一外相）である点には注目すべきかも知れない[96]。

いずれにせよ、以上に見てきたような相違点に照らせば、ベトナムの例は、中国との戦争賠償問題の処理の理解に直接には参考にならないように思える。

第五節　日中間の戦争状態の終了と戦争賠償の処理

以上に見てきたように、日中間の戦争状態の終了の問題と戦争賠償の問題については、日華平和条約と日中共同声明の関係をいかに捉えるかによって、様々な考え方があり得る。これらの問題は、どのように考えるのが最も合理的なのであろうか。

この点を検討するに当たっては、まず、日華平和条約の有効性に関して、日中両政府(すなわち日本政府と中華人民共和国政府)間の立場が相互に全く相容れないものであるという点を銘記しておかなければならない。また、日中共同声明に関しては、それが政治的な文書でありかつ妥協的な文言が採用されたことから、辛うじて合意できたのであって、事実としては(特に日華平和条約の有効性との絡みで)明らかに同床異夢の内容を含む文書であるという点に留意しなければならない。これらの点を想起すれば、右の設問に対してあらゆる点で異論のない解釈などそもそも存在し得ないし、いかなる解釈であれ、必然的に日中両政府のいずれか(あるいは双方)の公式見解と抵触するということにもなりかねないことが理解されるであろう。かといって、この問題を正しい解答へと導くような先例が存在する訳でもない。そのような観点からは、あえて単一の解釈を探求する必要はないといえるのかも知れないし、そもそもそれは不可能なことを試みることになるのかも知れない。

しかし、にも拘らず、ここで日中間の戦争状態の終了と戦争賠償の問題について、最も合理的と考えられる単一の解釈を追求しようとするのには、解釈論的な真理の探求という学問的な関心のみには留まらない理由がある。すなわち、実務的な観点からも、日本および中国における戦後賠償の裁判において、現にそれが必要とされてきているという現実がある。裁判実務においては、日中共同声明は同床異夢の文書であるなどといった「事実」は、当面の紛争解決にはほとんど役立たないのである。中国関連の戦後賠償訴訟において直接に争点となってきたのは、日中間の戦争賠償と請求権の問題を日華平和条約と日中共同声明の絡みの中でいかに解釈するかという点であるが、ここでは、それと密接に関連する問題として、日中間の戦争状態の終了についても併せて考察することにしよう。

以上のような限界と前提を銘記した上で、ここでいま一度、これらの問題に関する日中両政府の法的な視点からの基本的な考え方を簡単に整理しておきたい。

一 日中両政府の基本的立場

日本政府の立場は、まず戦争状態の終了に関しては、本書の冒頭でも述べたように、「法律的には、わが国と中国との間の戦争状態は日華平和条約第一条により終了した」とするものである。また、日本に対する賠償請求にかかる問題については、「[対日]平和条約の第十四条並びに日華平和条約の十一条及びその議定書1の(b)により処理済みであるというのが法律的に見た場合の我々の立場」であるとされる97。つまり、日華平和条約第一一条において、日本と中華民国との間に戦争状態の存在の結果として生じた問題については、「別段の定」がない限り、対日平和条約の「相当規定」を準用することとされた。したがって、中国への賠償については、対日平和条約第一四条(a)役務賠償および在外資産の処分、(b)その他の賠償請求権は放棄)を基礎としつつ、日華平和条約における「別段の定」である議定書第一項(b)(役務賠償の放棄)によって修正したもの(a)在外資産の処分、(b)その他の賠償請求権は放棄)が、その処理内容であり(日華平和条約の同意議事録の四)、そのようなものとして「処理済み」であるということである。いうまでもなく、これは、日華平和条約は適法に締結されたということを前提とした立場である(以上の点に関しては、中華民国政府も基本的に同様の考え方である)。

これに対して中華人民共和国政府の立場は、一九七二年の日中国交正常化交渉の際に示されたいわゆる「復交三原則」にある通り、日華平和条約は「不法」かつ「無効」であるというものであった。したがって、日中間の戦争状態は日中共同声明によって終了したのであり、対日戦争賠償の請求は日中共同声明で放棄されたということになる。

以上の整理からも明らかなように、日中両政府間の中心的な対立点は、日華平和条約をいかに捉えるかという点にあり、すべての関連する問題はその点に収斂されるとさえいえた。日華平和条約の捉え方に関しては、二つの観点に分けて考えることができる。第一に、そもそも日華平和条約は有効に締結されたのかという点であり、第二に、同条約が有効に締結されたとして、日本政府による中華民国政府から中華人民共和国政府への政府承認の切替えの結果として、同条約は後者の政府へと承継されることになるのかという点である。

これら二つの観点からは、論理的に、右の日中両政府の立場を含め、四つの考え方が可能性として提示できる。先に述べたところであるが、再度確認しておくと、第一に、日華平和条約は有効に締結されたのであって、日中間の戦争関連の諸問題は基本的にそこで処理済みであるとする日本政府の考え方である。第二に、日華平和条約は無効であり、日中間の戦後処理は日中共同声明によって創設的に行われたとする中国政府の考え方である。第三に、日華平和条約は大陸中国をカバーするものとして有効に締結されたが、だからといって人民政府に当然に承継されるという訳ではないという考え方である。この第三の考え方は、人民政府が日華平和条約における処理を自発的に受け入れるか否かによって、さらに二つの場合に分かれ、受け入れる場合には日華平和条約の処理が人民政府との間でも妥当することになるが、受け入れない場合には日中共同声明によって創設的に日中間の戦争関連の処理がなされたということになる。第四に、日華平和条約は有効に締結されたが、附属の交換公文によって適用地域が台湾・澎湖諸島等に限定されているため、日本と大陸中国との間の関係は同条約では処理されておらず、日中共同声明によって創設的に処理されたという考え方である。

二　政府承継の原則と例外

本書では、右の四つの考え方のうち、第三の考え方、すなわち日華平和条約は大陸中国をカバーするものとして有効に締結されたが、それが当然に人民政府に承継される訳ではないという考え方の妥当性を示唆してきた（第二章第五節七参照）。ここで、その内容を少し敷衍して述べておこう。条約（その条項の処分の結果としての法的帰結を含む）の政府承継においては、基本的には、伝統的な国家同一性の理論から、「継続性の原則」が妥当し、旧政府の締結した条約は包括的に新政府に承継されることになる。しかし、政府の変更に際して、すべての場合にすべての条約が、例外なく包括的に新政府に承継されるかといえば、その点には異論があった。ラウターパハトによれば、革命政府は、旧政府が戦争（内戦）の継続中に締結した「国民の一般利益に反する」ような条約には拘束されないとされる（第二章第五節七参照）。これは旧政府が内戦の継続中に締結した条約について述べたものであるが、その趣旨は、革命政府が事実上内戦に勝利した後に旧政府が締結した条約（日華平和条約はそうである）についても同様に、あるいはより強い理由をもって当てはまるであろう。なお、同様の観点から高野雄一教授も、革命政府が事実上成立する前にその国の政府を相手に他国が結んだ条約と、革命政府が事実上成立した後に残存する旧政府を相手に他国が結んだ条約とは区別すべきであり、「承認された革命政府が前者を継承《ママ》することは原則として当然であるが、後者は必ずしもそうとはいえない」と指摘する[98]。

右に示したラウターパハトの基準は、それが一般的に確立してきた政府承継における「継続性の原則」に対する例外のための基準であることから、厳格に適用すべきものであろう。そのような点に留意しつつ日華平和条約を見た場合、同条約の条項がすべて同様に扱われることを前提とすべき必然性は必ずしもないように思われる。戦争状態の終了と戦争賠償の問題についていえば、戦争状態の終了は、それ自体として、中国国民に不利益をもたらすとは考え難い。他方、日華平和条約における賠償問題の処理に関しては、異なる結論に至るように思える。中華民国政府自身の支配下にある地域についてであればともかく、自らの支配下にはなく対立政府の支配下に置かれている広大な地域について賠償請求権を放棄するということは、いかなる公平の観念をもってしても正当化が困難であり、少なくとも大陸中国の住民にとっては、中国「国民の一般利益に反する」との結論に至ることは避け難いように思われる。

　もちろん、ラウターパハトのテーゼの厳格適用という点からすれば、国民が利益を失ったり、国民に負担が及ぶというだけで、条約の政府承継を否定することはできないであろう。中国の場合と同様、新政府樹立後における旧政府による条約締結の例である、ポーランド亡命政府(旧政府)による国際民間航空条約の締結の場合、新政府は、旧政府の未払い分担金の支払いという負担があったが、その(一部の)支払いに応ずる形で旧政府締結の同条約を承継している(第二章第五節七参照)。これは直接的には、新政府が行った加盟申請が、ポーランドはすでに加盟国であるとして拒否されたことを受けたものと思われるが、同時に、ポーランド国民は同国が同条約の締約国であったことによって、何らかの利益を得てきたと想定することもできるように思える。しかし、日華平和条約における賠償請求権の放棄の場合には、少なくとも大陸中国の住民には、そのような放棄に対応するいかなる利益も与えられておらず[99]、その点では日華平和条約は、「国民の一般利益に反する」条約といわざるを得ないのである。

　この点に関しては、中華人民共和国政府の場合も、その後日中共同声明において「戦争賠償の請求を放棄」しているのであり、いずれにせよ放棄する運命にあったのであれば、日華平和条約において国民政府が戦争賠償を放棄したとしても、必ずしも「国民の一般利益に反する」とはいえないのではないかとの反論もありうる。しかし、たとえ後に結果的には同様の結末に至ったとしても、それは事実問題であり結果論である。ここで問題としているのは、旧政府が、対立する新政府の支配下にある地域について賠償請求権を放棄した場合に、そのような放棄を新政府に当然に承継させることになるのかという法的問題なのである。そのような法的な観点からは、そしてラウターパハトの基準に照らす限り、右に述べたように、人民政府にはそのような放棄を承継する義務はないという結論に至らざるを得ないように思える。

このようにラウターパハトの基準を厳格に適用し、条約の一部に同基準により承継義務を否定すべき規定がある場合であっても、承継義務の否認は厳に当該規定に限定するという方式をとるならば、日中間の戦争状態の終了は日華平和条約によって達成されながらも、日中間の賠償問題は(大陸との関係では)同条約では解決していないということになるように思える[100]。では、このように戦争状態の終了と戦争賠償の問題が別個に処理されたと考えることは可能なのであろうか。この点について、法的側面と当事者の意思の側面から検討することにしよう。

三　部分的承継の可能性

法的側面からまず第一に検討すべきは、戦争状態の終了と戦争賠償の処理との分離可能性、つまり、両者を同一の文書ではなく、別文書により継起的に処理することが認められるかという点である。

戦争状態の終了の問題と戦争賠償の処理の問題は、単一の平和条約において同時に処理されるのが通常である。しかし、必ずそうでなければならないという訳ではない。前述のように、例えば同じ第二次世界大戦との関連で、日本とインドとの間の戦争状態は、外交関係の設定に関する両国間の往復書簡(一九五二年四月二八日)によって終了していたが、両国間の賠償問題は、その後の日印平和条約(一九五二年六月九日)によって処理されている[101]。同様のことは、日本とビルマとの関係についても当てはまる[102]。これらの事例は例外的なものかも知れないが、それらの事例が存在することと自体、戦争状態の終了と賠償問題の処理を別文書で行うことが法的に不可能ではないことを示している。だとすれば、戦争状態の終了を日華平和条約で行い、賠償問題は別途処理するという方式ないし理解が認められない訳ではないということになろう。

では、第二に、戦争状態の終了と賠償問題の処理の双方を同時に規定する日華平和条約（厳密にいえばその法的帰結）の政府承継に当たって、前者は承継するが、後者は承継しないというように、条約の一部（の法的帰結）のみを承継することは認められるであろうか。

このような問題を扱う条約規則はもとより、この点について明確に述べる学説も管見の限りでは見当たらないが、条約法条約や「条約についての国家承継に関するウィーン条約」（以下、「条約承継条約」という）に含まれる関連規則から[103]、何らかの示唆を得ることはできるかも知れない。もちろん、条約法条約は国家承継の問題さえ扱わないとしているし（第七三条）、条約承継条約は政府承継ではなく国家承継を扱う条約であることから、これらの条約の中に我々の問題に直接に解答を与える規則が含まれていることは期待しがたいが、それらが我々の問題に関連する主題を扱っていることから、そこに何らかの示唆を見出すことができるかも知れない。

まず、条約法条約では、可分性に関する規定が関連しそうである。ここで問題としている条約の一部のみの承継とは、要するに条約を分割してその一部のみを承継するということであり、そのような分割の可否は可分性の問題にほかならないからである。しかし、条約法条約の規定が本件との関連でどれだけ参考になるかは疑問である。というのも、条約法条約第四四条に定める条約の可分性の基準は、条約の無効、終了、脱退または運用停止との関連で適用されるに留まるからである（第二項、第三項）。国連国際法委員会（ＩＬＣ）の条約法条約最終草案コメンタリーは、条約の無効・終了との関係における条約の可分性と、条約規定の解釈との関係における条約の可分性[104]とでは、提起する問題が大きく異なってくる(quite different)ことを指摘しているが[105]、ここで問題としている承継との関係では、可分性の提起する問題は、さらに大きく異なってくるものと考えられる。なぜなら、条約の無効、終了、脱退、運用停止が(さらに条約規定の解釈も)、いずれにせよ当該条約の当事国相互間の問題であるのに対して、承継の場合には、当該条約の当事国(者)でない(なかった)国(政府)の問題が絡んでくるからである。

そこで、(国家承継ではあるが)承継の問題を扱う条約承継条約に目を転じてみると、そこには条約の部分的承継の問題に関係するように思われるものとして、新独立国との関係で定められる二つの規定が存在する。第一に、承継の通告を行う際における「条約の一部によって拘束される」ことへの同意の表明について規定する第二一条である。この規定は我々の問題に直接関係するかに見えるが、同条は「条約が認めている場合」に[106]、その条約の一部によって拘束されることへの同意を表明することができる旨を定めているに過ぎず、問題解決の参考にはならない。

第二に関係すると思われるのが、承継の際における留保の可能性に関する規定である。承継の際に新たな留保を付することが認められるのであれば、事実上、条約の部分的な承継も許容されると考えることができるからである。その点で、条約承継条約第二〇条二項が、条約の承継の通告を行う際に新独立国は留保を表明することができる、としている点が注目される。しかし同条は、多数国間条約の承継に関する規則であり、日華平和条約のような二国間条約には適用されない。そして条約承継条約は、二国間条約との関係で同様の規定を置いていない。のみならず、そもそも二国間条約には基本的に留保の制度は存在しないし[107]、条約承継条約第二〇条において承継の際に留保を許容することとした際の考慮事由(「加入」によって条約の締約国となれば留保が可能であることとのバランス[108])も、二国間条約の場合には存在しない。こうして右の留保に関する規定は、いずれの観点からも我々の問題の解決の助けとはならないように思える。そして条約承継条約の残余の規定に問題解決の参考になるものがあるという訳でもない。

　こうして、既存の平和諸条約および関連条約に定める規則からは、戦争状態の終了と賠償問題の処理が同時に行われる必要は必ずしもないということがいえるのみであって、日華平和条約における戦争状態の終了の規定と賠償問題の処理の規定を選択的に承継することが可能であるとする規則の存在を、積極的に示すものは見当たらないようであるといわざるを得ない。しかし、同時に、関係当事者がそのような部分的承継に何らかの形で合意した場合であっても、そのような承継が禁止されることを示唆するような規則は、承継問題を扱わない条約法条約はもちろんのこと、条約承継条約においても見当たらなかった。そして、条約法や承継法の規則が、基本的に、関係当事者間に別段の合意がない場合に適用される補充的規則(residual rules)であることからすれば[109]、関係当事者(ここでは日本政府と中華人民共和国政府)が条約の部分的承継に何らかの形で「合意」したのであれば、それが一般国際法の強行規範に抵触するなどの例外的な場合を除き、原則として認められて然るべきだということになるように思える。さらにいえば、ここで問題となっているのは、厳密にいえば日華平和条約そのものの承継というよりも、その法的帰結の承継であることも想起すべきであろう。

　そこで次に、日華平和条約による戦争状態の終了と賠償・請求権の放棄について、それらを部分的に承継するというのが日本政府および中華人民共和国政府の意思であったといいうるかという点について検討することにしよう。もちろん、両政府の公式の立場がそのようなものでない点は右に見た通りであるが、ここでは最も合理的な単一の解釈の可能性を探っているのであるから、右のような意思を有していたといいうるかという観点から、検討を加えることとしたい。

四　関係当事者の意思

日中両政府の意思という観点からまず注目すべきは、日中共同声明そのものにおいて、戦争状態の終了の問題と戦争賠償の処理の問題が、形式上異なった扱いを受けていると見ることができる点である。すなわち、戦争状態の終了については、本文にはそのことに言及した文言は置かれず、本文第一項において「不正常な状態」の終了が言及されるに留まっている。これに対して、賠償問題については、本文第五項において、中華人民共和国政府による戦争賠償の請求の放棄が明記されている。もちろん、すでに述べたように、戦争状態の終了についても、前文における「戦争状態の終結…という両国国民の願望」への言及と併せ読むことによって、本文第一項からそれを導き出すことは不可能ではない。しかし、賠償請求の放棄が本文に明記されたことと比べると、形式上の扱いに有意な差異を読み込むことは不可能ではないように思える。

このような差異は、日中国交正常化交渉の経緯にも見出せるように思える。まず、日本政府について見るならば、国交正常化交渉に先立って示された日本側の共同声明原案（一九七二年九月一〇日、古井喜実代議士持参）では、戦争状態の終了については「確認する」とされていたのに対して、戦争賠償については「対日賠償請求権《ママ》を放棄する」と定められていた。その後、北京での正常化交渉に際して日本側が示した共同声明案（一九七二年九月二六日）でも、戦争状態の終了については「ここに確認する」とされたのに対して、戦争賠償については「両国間の戦争に関連したいかなる賠償の請求も行なわない」とされた。このように、いずれの草案においても、戦争状態は日華平和条約で終了しているので、日中共同声明においてはそれを確認するのみであるが、中華人民共和国政府との間の賠償問題の処理は未決であり、日中共同声明において創設的に解決するものである、との立場を文言化したかのような規定が置かれていた。

もっとも、日本側の共同声明原案と共同声明案（および最終的に合意された共同声明）との間には、賠償問題の規定ぶりに関して文言上の変化が見られる。共同声明原案では「賠償請求権《ママ》を放棄する」とされていたものが、その後の共同声明案では「いかなる賠償の請求も行わない」という「法律的ではない」表現[110]（日本側案の対中説明）に変化している。しかし、日本が、一方で中国の賠償問題は日華平和条約で処理済みと主張しながらも、他方で戦争賠償放棄に関する規定を日本側共同声明案に自ら進んで置いたという事実（たとえそれが中国による賠償放棄の意向を受けたものであったとしても）、しかも日本側の提案した累次の共同声明案にはすべて、中国による賠償放棄の規定が含まれていたという事実には注目しなければならないであろう。日本政府は、対中説明において、日本の声明案に規定された戦争賠償放棄に関する規定が「法律的ではない」表現であることを強調しているが、そのような説明にも拘らず、右の事実は注目される。なぜなら、もし日中間の戦争賠償問題は日華平和条約で処理済みであって法的に存在しないのであれば（たとえ人民政府がそのことを認めないとしても）、政治的な（法律的ではない）表現であれ、賠償の放棄について、正常化交渉開始以前より一貫して自ら進んで規定する必要はなかったはずだからである。このように見てくるならば、実際には日本は、中華人民共和国政府との間では賠償問題は未解決のまま残されているとの認識の下、同政府による賠償請求の放棄を相当に重視していたのではないかと考えられるのである。実際、当時の外務省中国課長は、日本が日中国交正常化に踏み切ることを決断した重要な要素の一つとして、中国による賠償の放棄を挙げているのである[111]。

日華平和条約の国会審議や日中共同声明署名後の国会における議論でも、戦争状態終了の問題と賠償問題との間に、その扱いにおける少なからぬ差異を見てとることができる。日中間の戦争状態が法律的には日華平和条約によって終了したという点については、政府答弁に殆どブレが見られないのに対して[112]、賠償問題については、すでに指摘したように、日華平和条約で解決済みであるとする公式の見解以外にも、日華平和条約における賠償処理は中華人民共和国政府には対抗できないといった趣旨の政府答弁（岡崎外相答弁、第二章第五節七参照）や、日中共同声明による賠償請求の放棄に法的効果を認める(かのような)政府答弁(真田内閣法制局長官答弁、加藤官房長官答弁および福田官房長官答弁、本章第四節三参照)が少なくなかったのである。

中華人民共和国政府側の態度にも、両問題へのアプローチにおいて温度差を見て取ることができる。人民政府の当初の共同声明原案(一九七二年七月二九日、竹入義勝公明党委員長に提示)は、日華平和条約は不法かつ無効であることを前提に、戦争状態は「[共同]声明が公表される日に終了する」という項目と、中国政府は日本国に対する「戦争賠償の請求権を放棄する」という項目を含むものであった。しかし、日中国交正常化交渉の過程で、戦争状態の終了については本文から落ち、本文では「不正常な状態」という曖昧な表現が残されるのみとなった。こうして戦争状態の終了については、(日華平和条約による終了という)日本側の主張が通る形になったともいえるが、その曖昧な表現を妥協案として提案したのは、ほかならぬ中華人民共和国首相周恩来だったのである[113]。

これは、日中間に戦争状態の終了自体に関する意見の相違はなく、意見が一致しなかったのは単にその時期に関してのみであったことから、最終的に中国側が柔軟に対応したものであろうが[114]、周首相は、中国側から妥協的な文言を提案した背景について次のように説明している。すなわち、田中首相が、「台湾は日中国交正常化後は戦争状態に戻ると言っているから、日本の総理としては困っている」と述べたのに対して、周首相は、「今回の共同声明につき、中国側で、『戦争状態』の問題につき、表現を考えたのは、その点に配慮したからである」と応えている[115]。これは、日中共同声明において戦争状態の終了を明示的に宣言するならば、中国の正統政府として日中間の戦争状態を終了させたはずの国民政府側が反発して、戦争状態に回帰するといっているので、そのような事態となることを回避するために、日中共同声明においては戦争状態の終了が既定のものとして完了しているとも解釈できるように曖昧に表現することにした、という意味であろう。そうであれば、中国としては、日華平和条約による戦争状態の終了を、右のような政治的な配慮の結果であるとはいえ、ある意味で受け入れたともいえるのではなかろうか。

これに対して、戦争賠償の請求については、若干の修文（「権」の削除）はなされたものの、共同声明の本文におけるその放棄の表明が貫徹されている。問題は、右の修文をどのように評価するかであるが、中国側がいかなる意図をもってこの修文を受け入れたのかについては、日本側の外交記録からは明らかとならない。この点は、究極的には中国側の史料に照らして検討する必要があろうが、とりあえず次の諸点を指摘することはできるであろう。

第一に、すでに述べたように、当時の中華人民共和国政府が「請求権」と「請求」の区別、法的な放棄と政治的な放棄の区別についてどの程度理解し重視していたかについては疑問がある。仮にそのような区別を重視していないのであれば、日本の主張する「請求」の放棄を受け入れたとしても不思議ではないし、少なくとも中国にとってそのことにさほど大きな意味はなかったといえよう（本章第四節二参照）。

第二に、しかし、そのことは、戦争賠償はいずれにせよ放棄するのであるから、その形式や表現はいかなるものであってもよいということを意味する訳ではなかった。おそらく中国としては、その具体的な表現ぶりはともかく、共同声明の本文において自ら放棄を宣言するという点は譲れなかったものと思われる。というのも、そのような規定の本文における存在は、中華人民共和国政府が日中戦争において多大の損害を被ったまさに当事者として、自ら戦争賠償の請求を行うべき立場にあるということを明確に示すことになるからである。実際、周恩来首相は、日中国交正常化交渉において、日華平和条約につき、「他人の物で、自分の面子を立てることはできない。戦争の損害は大陸が受けたものである。…蒋介石が放棄したから、もういいのだという考え方は我々には受け入れられない[116]」と述べ、戦争賠償の放棄ができるのは人民政府である点を強調していた。この辺りの論理は、中華民国政府が日華条約交渉において、役務賠償の放棄を決めた後に、「一旦賠償に関する総べての権利を獲得したる後、改めてこれを自発的に放棄する建前は是非ともとりたき」旨を主張した[117]こととも通ずるといえよう。ともあれ、日中正常化交渉の当初に日本から示された共同声明案の本文に賠償の放棄に関する規定が含まれていたので、中国としては、「権」を落とすだけで日本側が満足し、しかも右に述べた自らの立場も基本的に維持することができるのであるから、問題を大きくすることなく日本側の修正提案を受け入れるという態度をとったのではないかと思われる。

第三に、右の第一において述べたのとは異なり、中華人民共和国政府が「請求権」と「請求」との間の区別を正確に理解していたとしても、次のように考えることができる。すなわち、賠償の「請求」を放棄するためには、賠償「請求権」が存在することが前提であると一般的には考えることができる[118]。そうであれば、日中共同声明の本文において賠償の「請求」を放棄することによって、賠償「請求権」の存在を前提とすることができ、さらには、それによって間接的に日華平和条約における賠償「請求権」の放棄を否定することもできる。しかもそれで日本側が満足するというのであれば問題はない。中国側はこのように考えたのかも知れない。以上に述べてきたような推測が正しいとすれば、日中共同声明の起草過程に関する史料に、賠償問題に関しては詳細なやりとりの記述がほとんど見当たらないとしても、あながち不思議ではないということになろう。

いずれにせよ、以上のように見てくるならば、日本政府も中華人民共和国政府も共に、日中共同声明の起草過程、共同声明そのものにおける扱い、その後の国会審議等において、日中間の戦争状態の終了の問題と戦争賠償の問題を微妙に区別して扱ってきたと考えることができるように思える。そしてそれは、政府承継における「継続性の原則」の例外としてのラウターパハト・テーゼの適用の結果として導かれた、戦争状態終了の問題は日華平和条約で処理されているのに対して、戦争賠償の問題は日中共同声明で処理された、という捉え方に親和するように思える。もしそのような捉え方が(日中いずれの政府の公式の立場とも異なるものの)総合的にみて最も合理的な理解であるとすれば、次に問うべきは、日中共同声明第五項における「戦争賠償の請求」の放棄の法的性格とその実体的内容であろう。なお、以下では、基本的に、日華平和条約との関連では「請求権」の語を、日中共同声明との関連では「請求」の語を用いるが、両者を包括して述べる場合その他文脈上必要な場合には、右の二つの用語を特に区別することなく互換的に用いることがある。

第六節　日中共同声明における戦争賠償請求の放棄

一　日中共同声明の賠償条項の法的性格

日中共同声明における「戦争賠償の請求」の放棄とは、法的にいかなる性格のものであるのか。日中共同声明は、全体として法的な性格を持たない文書である。しかし、日中共同声明が法的文書ではないからといって、そのことだけから、戦争賠償の請求の放棄も法的な効果を伴うものではありえないということにはならない。それは、「日本国政府は、中華人民共和国政府が中国の唯一の合法政府であることを承認する」という政府承認の行為が、日中共同声明第二項に含められたからといって、その法的な効果が失われる訳ではないのと同様である。

しかし、そのことは、日中共同声明に定める賠償請求放棄の規定が、法的効果を有することの積極的な証明とはならない。しかも、一方的行為としてその法的効果が制度上確立している政府承認の場合には[119]、その旨の一方的宣言が政治的文書に含められてもその法的効果が失われることはないとしても、戦争賠償請求(権)の放棄は、条約において行われるのが通常である[120]。したがって、そのような放棄の宣言が条約ではなく政治的文書において行われている本件のような場合には、当該一方的宣言[121]が法的効果を有するか否かについて、より慎重な検討を要するように思える。

一方的宣言が法的な効果を有するものであるか否かについては、フランスの一方的宣言について検討した国際司法裁判所の核実験事件判決(一九七三年)における判断基準が参考になる。もちろん、形式的にも実質的にも一方的な宣言(純粋な一方的宣言)である核実験事件におけるフランスの宣言と、本件のように、形式上は政治的な性格の合意文書の中に含められた一方的な宣言(その意味では宣言を行ったものの意図に加えて関連事情をも考慮すべき必要性が高まるともいえよう)とを同列に語ることは必ずしも適当ではないかも知れない[122]。しかし、核実験事件において示された、一方的宣言が法的拘束力を有するか否かの判断基準(とりわけ意図の要素)がここでも参考にすべき基準であることは、それが後にＩＬＣによる二〇〇六年の「一方的宣言に関する指針」の基礎となっていることからも[123]疑いを容れないであろう。もっとも、後者の「指針」にはその有用性に疑問が呈されるところもあるので[124]、以下ではその基礎となった核実験事件判決に照らして検討を行うことにしたい。

核実験事件判決では、ある一方的宣言が法的義務を創設し拘束力を有することになるか否かの判断基準として、①法的または事実的な状況に関する宣言であること(しばしば非常に特定されている)、②宣言内容に拘束されるというのが当該国の意図であること、③宣言が公になされること[125]、が提示されている[126]。これを日中共同声明第五項における中華人民共和国政府による戦争賠償請求の放棄に当てはめるならば、それが①法的または事実的状況に関する宣言であること(非常に特定されてはいるが、その具体的内容につき解釈上の争いがあることについて、次の二を参照)、③公になされていることについては疑いない。

他方、②宣言内容に拘束される意図については、その法的性格に関して疑義がある。一般的には、「戦争賠償の請求を放棄する」という宣言は、法的な意味での放棄を意図したものと考えるのが素直であるが、日中国交正常化交渉においては、前述のように、日本が共同声明案の賠償放棄に関する規定は「法律的ではない」性格のものであることを強調したのに対し、人民政府はそれに反対することもなく、そのような前提に立った日本提案（「請求権」の放棄ではなく「請求」の放棄）を受け入れているからである。

　しかし、これも既に述べたように、当時の中国が、日中共同声明の賠償放棄の規定が法的であるか政治的であるかという点の含意を、どの程度理解し重視していたかは疑問である。仮にその相違を理解していたとしても、中国が日本の提案を受け入れたのは、日本の立場と自らの立場が辛うじて両立しうる提案としてやむを得ず受け入れたのであって、それを受け入れることによって賠償放棄が政治的なものとなり、法的には放棄していないことになるという前提で受け入れたとは考えられない。そして実際、日中共同声明の署名以来、中華人民共和国政府が同声明における賠償放棄は政治的なものであって、法的には放棄していない、との主張を行ったことはない。これは、日本国内における中国関連の戦後賠償訴訟において、日本の裁判所が日中共同声明における中国の賠償請求放棄をほぼ一貫して法的なものとして扱ってきているにも拘らず、そうなのである。それどころか、後述のように、人民政府の政府高官は、「賠償問題は既に解決している」（陳健外交部新聞司長）、「中国の対日賠償問題は、既に解決済みであ［る］」（唐家璇外交部長）との発言を繰り返し行っている。これらの発言から、請求権を法的には放棄していないとの留保を読み取ることは不可能であろう。

　もっとも、駐日中華人民共和国大使館が公表している『中日関係の諸問題[127]』（日付はないが、内容から二〇〇〇年以降に書かれたものと思われる）と題する文書の記述からは、異なった見方も可能である。同文書は、「戦争賠償問題」の項において次のように述べる。すなわち、「中国政府は日本に対する戦争賠償の要求を放棄することを決め、これを一九七二年に中日両国が署名した〝中日共同声明〟に載せました。一九七八年、…〝中日平和友好条約〟は再度法律文書の形で我が国の対日戦争賠償要求の放棄を確認しました。中国政府は…〝中日共同声明〟で表明した対日戦争賠償要求の放棄を堅持し、〝中日平和友好条約〟で受諾した国際条約上の義務を引き続き履行します。」と述べる。

必ずしも明確でない部分があるが、この記述からは、中国政府が、対日戦争賠償放棄の法的な性格は、日中共同声明から直接にではなく、「[日中]共同声明に示された諸原則が厳格に遵守されるべきこと」を前文で確認する一九七八年の日中平和友好条約から導かれると考えていると理解することもできる128。もしそのような理解が正しいとすれば、それは、日中共同声明のような政治的な性格の文書に法的な効果を有する規定が含まれる余地はないと考え、たとえ前文とはいえ、法的文書であることが明らかな日中平和友好条約にその遵守が規定されたことから、法的義務はそこから生ずると考えたものと捉えることができる。

しかし、先に述べたように(本章第二節および第四節三参照)、政治的文書の中にも法的効果を有する規定が入り得ないという訳ではないし、また、条約において、法的効果のない放棄の宣言に法的な効果を付与するという場合には、とりわけ賠償放棄のような重大な事項についてそのような処理を行うという場合には、条約の前文ではなくその本文において行われるはずであろう。

いずれの解釈をとるにせよ、日中共同声明第五項に定める戦争賠償の請求を放棄するとの宣言が、法的な性格を有するものである(となった)とする点に対して異論はないといってよかろう。

二　日中共同声明の賠償条項の内容

そこで、次に問題となるのが、日中共同声明第五項の「戦争賠償の請求を放棄する」という規定の具体的な意味内容である。この点については、とりわけ日華平和条約と日中共同声明のそれぞれの賠償条項を比較することによって問題の所在がより明確となる。

日華平和条約においては、賠償問題の処理は、同条約第一一条により対日平和条約第一四条の準用を受ける。そして対日平和条約第一四条(b)は、役務賠償（中華民国はこれを日華平和条約議定書で放棄）と在外資産の処分権を除く賠償の放棄に関して、次のように規定する。すなわち、連合国は「連合国のすべての賠償請求権、戦争の遂行中に日本国及びその国民がとった行動から生じた連合国及びその国民の他の請求権並びに占領の直接軍事費に関する連合国の請求権を放棄する[129]」（傍点引用者）。

これに対して、日中共同声明第五項においては、「中華人民共和国政府は、中日両国国民の友好のために、日本国に対する戦争賠償の請求を放棄することを宣言する。」と定められるのみであって、いかなる範囲において賠償請求が放棄されたのかが必ずしも判然としないところがある。しかし、右に見た日華平和条約（対日平和条約）の場合と比較すれば、日中共同声明においては、第一に、（戦争）賠償請求（権）以外の）「他の請求権」の放棄が明記されていない点が、そして第二に、「[中国] 国民の請求権」の放棄が明記されていない点が、明らかな相違点として見えてくる。これらの点について、日中両政府はいかに考えているのであろうか。ここでは、日中間の戦後賠償訴訟において中心的な論点となっている後者の問題を中心に検討することにしたい（前者の問題もその過程で言及する）。

(一) 日本政府の立場

一九九二年四月七日の参議院内閣委員会において、中国におけるいわゆる「民間賠償」（中国では国民個人の請求権を基礎とした国民個人による賠償請求をこのようにいう）の請求の動きとの関連で、日中共同声明に「国民の請求権」の放棄が明記されていない点について質問を受けた加藤紘一内閣官房長官は、次のように答弁している。すなわち、日中共同声明の賠償条項において「国民のという言葉が入っていないことの持っている重さ、これをどう受けとめるか」との質問に対して、加藤官房長官は、「一九七二年の日中共同声明によりまして、いわゆる政府対政府、国家間の請求権《ママ》、国家間の賠償に関する請求権《ママ》は中国側が放棄された。そして、その際に国民が訴える権利をなくしたものかどうかにつきましては、いろいろこの国会で、過去累次御議論があったと思います。そして、条約局長等が答弁しておりますように、個人の訴権、訴える権利というものは存在するけれども、それを政府が外交保護権をもって日本側に要求する権利は中国側が放棄してくれたというふうに理解いたしております」と答えている[130]。

この加藤答弁から窺える日本政府の考え方は、端的にいえば、日中共同声明における賠償問題の処理は、基本的に日華平和条約におけるそれ(したがって役務賠償の放棄を除き対日平和条約におけるそれ)と同様である、というものである(この点は、後述の中国関連の戦後賠償訴訟における国側の主張からも確認することができる[131])。つまり、第一に、日中共同声明第五項における賠償請求の放棄の意味するところは、対日平和条約第一四条(b)と同様であって、「国の請求権」のみならず「国民の請求権」も放棄されている(この点は加藤答弁が次の第二の点に言及していることから導かれる)、第二に、右の「国民の請求権」の放棄の意味するところは、これも対日平和条約の場合と同様、国内法上の個人の請求権自体の放棄ではなく、国際法上の国家の「外交的保護権」の放棄である[132]、というものである。

もっとも、右の第二の点、すなわち対日平和条約第一四条(b)にいう「国民の請求権」の放棄が、個人の請求権自体の放棄ではなく、国家の「外交的保護権」の放棄であるとの説明は、俄かには理解し難い論理であった。しかし、この点の詳細は、その後の国会審議を通じて明らかとなる。

二〇〇一年三月二二日の参議院外交防衛委員会において、オランダ人元捕虜等損害賠償請求事件における東京高裁での国側の主張(対日平和条約によって連合国国民の請求権は消滅しているので請求は棄却されるべき)に関連して、それが原爆訴訟等における従来の国の主張(対日平和条約で放棄した日本国民の権利は外交的保護権のみであって個人の請求権まで放棄してはいない)と異なっているのではないかとの質問がなされた(右の括弧内はいずれも質問者の発言を要約したもの)。これに対して、海老原紳外務省条約局長は、①外交的保護権の放棄の意味と、②個人の請求権の消長という二つの観点から、次のように答弁している[133]。

まず、①対日平和条約において外交的保護権が放棄されたという点については、(ここでは、対日平和条約第一九条(a)に定める日本国による日本国民の請求権の放棄との関連で述べている[134])「その意味するところは、連合国において、連合国及びその国民に対する日本国民の請求権が当該連合国によって否認されても、当該連合国の国際法上の責任を追及することは平和条約の締結によってもはやできなくなったということ」であり、「平和条約の締結によりまして、さきの大戦にかかわる日本と連合国の請求権の問題は、それぞれの国民がとった行動から生じた個人の請求権にかかわる問題を含めまして、すべて解決済みであるということを一般国際法上の概念である外交的保護権の観点から述べた」ものである、と説明している(傍点引用者)。

また、②個人の請求権が消滅しているか否かという点については、「[東京高裁に提出した準備書面[135]では]個人の請求権そのものが消滅したというふうな言い方はしておらないわけでございまして、[対日平和条約]十四条(b)項によりましてこれらの請求権、債権に基づく請求に応ずべき法律上の義務が消滅し、その結果救済が拒否されるということを述べておるわけで」あって、「国民の持っております請求権そのものが消滅したというようなことではございませんけれども、サンフランシスコ平和条約の結果、国民はこのような請求権につき満足を得ることはできなくなる、すなわち権利はあるけれども救済はないという考え方」であり、日本政府の立場はそのような考え方で「一貫している(解釈の変更ではない)」と述べている(傍点引用者)。

要するに、日本政府によれば、①対日平和条約によって放棄されたのは国家の外交的保護権であり、「国民の請求権」そのものが消滅した訳ではないが、②残っている「国民の請求権」とは、権利はあるが救済はないという「救済なき権利」に過ぎず、したがって、救済の拒否に対して本国は外交的保護権を行使できない、ということのように思える[136]。そして日本政府によれば、同様のことが、日華平和条約に基づく日中間の賠償問題の処理にも当てはまるのであり、さらには日中共同声明第五項に定める中国による賠償請求の放棄にも当てはまるということなのである。

以上のように、日中共同声明第五項に関する日本政府の立場は、同項に定める中国による賠償請求の放棄は、基本的に対日平和条約第一四条(b)における国および国民の請求権の放棄と同内容である、というものである。しかし、そのような解釈が、日中共同声明第五項との関係で唯一可能な解釈という訳ではない。また、そのような解釈が人民政府側によっても共有されているという保証がある訳でもない。中国はこの点についてどのように考えているのであろうか。

(二)中国政府の立場

戦争賠償問題に関する中国側の公式の見解が、日本の国会や裁判所における日本側の公式見解と同様な形で明確に表明されているようには思えないが、前述の駐日中華人民共和国大使館が公表している『中日関係の諸問題』と題する文書に、その一端を見てとることができる。これは、この問題に関し中国政府が公にした数少ない文書であるので、以下に全文を掲げることにしよう。この文書は「戦争賠償問題」の項において次のように記述する。

「日本は過去中国に対する侵略戦争で中国人民に重大な災難をもたらし、中国とその人民に巨大な損害を与えました。〝前事を忘れず、後事の師とする〟。われわれはこの痛ましい歴史をしっかりと記憶にとどめなければなりません。しかしそれと同時に、あの戦争を発動したのは少数の軍国主義者であり、日本人民も戦争の被害者であることを認識すべきであります。中国共産党と中国政府は一貫して少数の軍国主義者と日本人民を区別してきました。一九七二年、中日国交正常化交渉の場で、日本政府が過去の戦争で中国人民に多大な損害をもたらした重大な責任を痛感し、深く反省すると明確に表明しました。この前提の下、中国政府は日本に対する戦争賠償の要求を放棄することを決め、これを一九七二年に中日両国が署名した〝中日共同声明〟に載せました。一九七八年、中国第五回全国人民代表大会常務委員会第三次会議で可決した〝中日平和友好条約〟は再度法律文書の形で我が国の対日戦争賠償要求の放棄を確認しました。中国政府は戦争賠償問題に関する立場が一貫して明確であり、それは即ち〝中日共同声明〟で表明した対日戦争賠償要求の放棄を堅持し、〝中日平和友好条約〟で承諾した国際条約上の義務を引き続き履行します。しかし、それと同時に、中国に遺棄した日本の化学兵器、中国人女性を強制的に日本の中国侵略軍の従軍〝慰安婦〟に連行したこと、中国労働者を強制連行したなどの問題に関しては、中国政府は人民の正当な利益を擁護する立場から、日本側に真剣な対応と善処を要求しています。」137

以上が、『中日関係の諸問題』において示された、戦争賠償問題に関する中華人民共和国政府の見解の全体である。そこでは、日中共同声明による対日戦争賠償要求(＝請求)の放棄を堅持するとの立場が明確に示されている。しかし同時に、現在日本の裁判所において多数の訴訟が提起されている遺棄化学兵器、従軍慰安婦、強制連行等の問題については、「人民の正当な利益」を擁護する立場から、日本側の「真剣な対応と善処」を要求している、としている。これが「国民の請求権」との関係でいかなる意味をもつのかについては、俄かには判断することができない。

しかし、これより先、中国の外交部長が、日中共同声明において放棄した戦争賠償には個人の請求権は含まれていない旨の発言を行ったといわれる。すなわち、一九九五年三月七日、中華人民共和国政府の銭其琛副首相兼外交部長は、「日中共同声明で放棄したのは国家間の賠償であって、個人の補償請求は含まれない」との見解を示し、「補償の請求は国民の権利であり、政府は干渉できない」と述べたとされる[138]。この発言は、その後日本の国会でも取り上げられ[139]、また日本の国内裁判の判決においても引用されるに至っている[140]。仮にこれが事実であり、それが中国政府の公式の立場であるとすれば、右の『中日関係の諸問題』と題する文書の内容も、そのような角度から理解しなければならないということになる。

以上のように、日中間の戦争賠償問題との関連では、先に検討したように日華平和条約と日中共同声明との間の関係に関して様々な考え方がありうるというだけでなく、そのうちの特定の考え方に立った場合であっても、日中共同声明の賠償条項の解釈についてさらに実質的な争いがあるということになり、まさに重層的な解釈論的対立が存在するということになろう。

三　日中共同声明の賠償条項の解釈

右に見た銭其琛外交部長の発言が、仮に中国政府の公式の立場を反映したものであるとすれば、それは日本政府の公式の立場と明らかに抵触することになる。では、両国政府の公式の立場を踏まえつつ、客観的な立場から見た場合に、「中華人民共和国政府は、…日本国に対する戦争賠償の請求を放棄することを宣言する」という日中共同声明第五項によって、一体いかなるものが放棄されたと考えるのが最も合理的なのであろうか。

検討に先立って第一に指摘すべきは、日中共同声明における放棄は、形式上は合意文書の一部に含まれるものの、実質的には中華人民共和国政府の一方的行為としての「放棄」であるということである。したがって、その内容は第一義的には放棄者である同政府の意図がいかなるものであったかを探求することによって得られなければならないということになろう。また、第二に、放棄は、放棄者の権利の喪失を意味するのであるから、その意図は厳格に、制限的に、そして疑わしい場合には放棄者に有利な意味に解釈しなければならないということになろう[141]。

しかし、右の点は、放棄者がいつでも自由に自己の意図を変更できるということを意味する訳ではない。放棄の内容は、基本的には、放棄が行われた時点における、放棄の行われた文脈における放棄者の意図を文言に照らして客観的に解釈することによって発見されなければならない[142]。また、放棄は一方的宣言であるから、放棄される権利に対応する義務を負う者（放棄の名宛人）の立場や主張を含むその他の関連事情は全く無関係である、という訳でもない。この点は、中国政府による対日戦争賠償の放棄については、それが日中共同声明というある種の合意文書に含められたことから、特に当てはまるといえよう。形式の上からも一国のみが行う純粋な一方的宣言（その文言に他国の意向が直接に反映されることは考え難い）と、二国間の共同声明等に含められた一方的宣言（その文言に他方当事者の意向も反映されうる）とでは、解釈の手法に相違が生じうることは、日中共同声明第五項の「権」をめぐるやりとりからも、容易に理解されるであろう。

（二）第二次世界大戦後の戦後処理における一般的傾向

以上のような前提事項を念頭に、日中共同声明における賠償請求の放棄の内容を考えるならば、関連する事実として次の二つの観点に注目すべきであろう。第一に、日本が他の諸国と締結した平和条約を中心に、第二次世界大戦後の主要な平和条約における賠償条項の規定ぶりがいかなるものであったかという点であり、第二に、中国の旧正統政府としての国民政府が、日華平和条約においてとった態度がいかなるものであったかという点である。第一の点は、日本の締結した平和条約が賠償条項に関していかなる方針に従っており、また当時の平和条約が一般的にいかなる傾向を有していたのかを知るという観点から重要であるし、第二の点は、中華人民共和国政府が賠償請求の放棄を決定する際の文脈をなすという点で重要である。

第一の点と第二の点をまとめて述べるならば、日本が第二次大戦の結果として締結した平和条約（括弧内は相手国の賠償・請求権に関する条項）には、対日平和条約（第一四条(b)）のほか、二国間のものとして日華平和条約（第一一条、議定書第一項(b)）、日印平和条約（第六条(b)）、日・ビルマ平和条約（第五条二項）、日・インドネシア平和条約（第四条二項）があり、平和条約に準ずるものとして日ソ共同宣言（第六項）があるが[143]、これらの条約における請求権の放棄に関する規定では、例外なく「［当該国］及びその国民の請求権」を放棄するという定式が採用されている[144]。

ちなみに、第二次大戦の平和条約でも、日本に関連するもののみが、国家と国民の双方の請求権の放棄について規定している訳ではない。ヨーロッパ戦線との関連でも、イタリア平和条約では、「同盟および連合国は、［賠償に関する第七四条および第七九条に基づいて自らに帰属することとなる権利］が…戦争行為に由来する損失または損害に関する自らの請求権およびその国民の請求権をすべて包含する（cover）ことを宣言する」（傍点引用者）旨が規定されている[145]（第八〇条）。これは、対日平和条約などとは規定ぶりが大きく異なるものの、同盟・連合国による国家および国民の残余のすべての請求権の放棄（完償）を意味するものと理解されている[146]。なお、ヨーロッパ戦線との関連では、イタリア平和条約のほか、ブルガリア、ハンガリー、ルーマニア、フィンランドの各国と平和条約が締結されているが、後者の四つの条約には、「国民の請求権」の放棄を含むか否かという以前の問題として、そもそも連合国側による請求権の放棄に関する規定が置かれていない[147]。

このように見てくるならば、対日平和条約のみならず、第二次大戦後に日本の締結したすべての平和条約、その他の戦後処理関連条約（日ソ共同宣言）、さらにはヨーロッパ戦線との関連で締結されたイタリア平和条約においても、国のみならずその国民の請求権について、その放棄が明記されていることがわかる。
では、日中共同声明第五項では、「国民の請求権」との関係で、右の諸々の条約とは明らかに異なった規定ぶりを用いて、「戦争賠償の請求」の放棄が規定されている点をいかに理解すべきなのであろうか。一般的には、異なった規定ぶりには異なった意図があると考えるのが自然であろう。

実際、そのような発想からの質問が日本の国会においてもなされている。先に引用した加藤紘一官房長官の答弁（本章第四節三参照）に関連して行われた質問がそうであり、一九九二年の参議院内閣委員会において、翫正敏議員が、対日平和条約の起草過程（後述（二）参照）に言及しつつ、「このように条約の文言に『国民』という言葉が入っているかどうかということは実は大変重要な問題」であると述べた上で、日中共同声明第五項について「ここには『国民』という言葉はありません」と指摘し、したがって、「被害者個々人」に賠償請求権があることはもちろんのこと、中国政府は「外交的保護権」も放棄していないということになる、と主張している[148]。

しかし、仮にそうだとすれば、日中共同声明において対日平和条約その他の戦後処理関連条約とは異なる処理を行った理由や、その意図したところが説明されて然るべきであるが、日中共同声明の起草過程（日本側史料）にはそのようなものが全く存在しないのである[149]。

（二）日本側の背景事情

日本政府が、対日平和条約その他の戦後処理関連条約の場合とは異なるにも拘らず、最終的に日中共同声明において、「戦争賠償の請求権を放棄する」という中国側の提案（中国側共同声明原案）を、「権」を落とすという修正を除いてほぼそのまま受け入れ[150]、「国民の請求権」の問題を提起しなかった理由については、比較的容易に説明可能なように思える。すなわち、日中国交正常化交渉に当たっての日本側の基本的な立場は、賠償問題は日華平和条約で解決済みというものであり、したがって、そのような基本的立場が害されない限り、そもそも日中共同声明の中国側提案の文言に対して細かな注文を行うという立場にはなかったと考えることができる。

この点は、対日平和条約の賠償条項をめぐる経緯と比較すると、より明確となる。すなわち、対日平和条約交渉では、一九五一年三月のアメリカ草案において、賠償に関する部分が「連合国の賠償請求権(Reparations claims of the Allied Powers)およびその直接軍事占領費請求権は、前記に従ってそれぞれその管轄の下にある日本資産と占領期間中日本本土から受け取った資産とによって充足されたものとみなされる[151]」(傍点引用者)と規定されていた。そこで、「私どものほうから、それでは範囲が不明確であると主張いたしまして、戰争遂行中日本国又は日本国民がとつた行動から生じた連合国政府又は連合国民の請求権という文句が入つた」(西村熊雄外務省条約局長)という経緯がある[152]。右のアメリカ草案の規定自体、日中共同声明の賠償条項の場合と同様、単に「賠償請求権」とだけ述べており、日本側の明確化の要求がなければ、場合によってはそのままの文言で署名・批准され、(日本の要求の結果として明確になった「国民の請求権」を含めるというアメリカの意図にも拘らず)後に解釈をめぐる困難な争いが生ずることとなった可能性も否定できない。

他方、日中共同声明の交渉においては、賠償問題は処理済みであるというのが日本政府の立場であった。そのような中で対日平和条約の起草過程におけるような細かな文言に関する注文を行うならば、日本政府が、中国側に賠償請求権が存在すること(延いては日華平和条約が無効であること)を認めたとも解されかねず、自己矛盾に陥るおそれがあった。それゆえ、日華平和条約がなかったならば行ったであろう文言についての細かな注文を行うことなく、中国側の提案を(日華平和条約との関係で問題となる可能性のある「権」を削除するだけで)ほぼそのまま受け入れ、その結果日中共同声明には、解釈に争いの生ずる文言が残ることになったと考えることができる。要するに日本としては、中国が賠償を求めないといっている以上、日華平和条約の有効性を否定するような文言でさえなければ、中国側の提案する賠償放棄の文言を「率直に評価し、受ける」(大平正芳外相)という立場にあったのである。

この問題は、日本の国会においても取り上げられた。対日平和条約と日中共同声明における賠償放棄条項の規定ぶりの相違(後者に「国民」の語がない点)に関して行われた質問(前出の聽正敏議員の質問)に対して、竹中繁雄外務省アジア局審議官は、次のように答えている。日中共同声明は、「日中国交正常化という大目的の達成のために、日中双方の基本的立場に関連するいろいろ困難な法律問題があったわけでございますが、これを政治的に解決しようということでき上がったものでございます。こういう経緯もございますものですから、この賠償問題に関する規定におきましても、こうした事情を反映した表現ぶりになっているわけでございます。日中共同声明第五項がサンフランシスコ平和条約における戦争にかかわる請求権に関する規定とは規定ぶりが異なっているというのも、その背景はそのように御理解いただければありがたいと思います」と述べている[153]。

この答弁からは、日中共同声明の賠償放棄条項に「国民」の語がない点の具体的な理由が明らかとなったとは言い難いが、第二次大戦時の強制労働に関するアメリカでの対日企業訴訟との関連で、日本政府がアメリカ国務省を通じてアメリカの裁判所に提出した意見書(「日本政府の見解(The Views of the Government of Japan)」)には、右に述べたありうべき日本側の事情が比較的明確な形で記されている。この意見書によれば、「[日中共同声明第五項の文言が対日平和条約第一四条(b)の文言と正確に同一ではないのは]一つには、『一九五二年の平和条約』[日華平和条約のこと＝引用者注]が中国との戦争に関連する諸問題を解決している、との立場を日本政府がとっていたからである」とされるのである[154]。したがって、逆にいえば、日本としては、右のような事情が存在しなかったならば、対日平和条約の場合と同様に、「国民の請求権」の放棄についても明示するよう修文を求めていたことは十分に考えられるであろう。したがってまた、そうしなかったからといって、日本政府が、日中共同声明第五項によって中国政府が放棄したのは「国」の賠償請求のみであって、「国民」の請求権は放棄の対象外である、との理解の下で同声明に署名したとは考え難いということになろう。

むしろ、日本政府が日中共同声明第五項によって、創設的に、しかも文字通り中国の「国」としての「戦争賠償の請求」のみを放棄することを受け入れたのだとすれば、対日平和条約との関係で大きな問題を生ずることにもなった。対日平和条約第二六条は、「日本国が、いずれかの国との間で、この条約で定めるところよりも大きな利益をその国に与える平和処理又は戦争請求権処理を行ったときは、これと同一の利益は、この条約の当事国にも及ぼされなければならない[155]」と規定している。均霑条項と呼ばれるこの規定によれば、もし中国との間で、中国「国民」の請求権の放棄を含まない形で中国の賠償・請求権処理を行ったとすれば、同様の利益は対日平和条約のすべての当事国に自動的に及ぶことになる(連合国「国民」の請求権はすべて放棄されていないことになる)。このような点をも併せて考えると、日本が、日中共同声明第五項は国民の請求権の放棄を含まない内容の賠償・請求権処理であるとの理解で、同共同声明を受け入れたとは到底考えられないということになろう。

しかし、以上は、日本側からの視点を中心に見た場合の日中共同声明第五項の理解である。先に述べたように、一方的な宣言の解釈に当たっては、当該宣言を行ったものの意図を、宣言を行った当時の文脈において探求することが第一義的に重要である。そこで、次に、日中共同声明発出当時の中華人民共和国政府の賠償放棄に関する考え方を探ることにしよう。

（三）中国政府による賠償請求放棄の理由

すでに指摘したように、中華人民共和国政府は、発足の当初から戦争賠償の請求の放棄を決めていた訳ではなく、一九六四年初頭に、その放棄を正式に決定したといわれる。放棄を決定した理由として、訪中した日本の国会議員に示された理由は、次の三点であった。①中国は他国の賠償によって自国の建設を行おうとは思っていない、②巨大な戦争賠償を戦敗国に課することは平和のために有害である、③戦争賠償はその戦争に責任のない世代にも支払わせることになるので不合理である（本章第四節二参照）。これらの理由から、日中共同声明における賠償放棄の精確な内容と範囲を知ることは困難であるが、少なくとも①の理由づけは、中国の「国」としての賠償請求権について述べているのであって、そこに「国民」の請求権への含意は殆どないと考えるのが合理的であろう。「自国の建設」を行う資金は、国への賠償を念頭に置いていると考えられるからである。

他方、③の理由づけは、国交正常化交渉の席上、周首相が田中首相に対して述べた戦争賠償放棄の理由[156]に関連するという点でも重要であるが、「国」と「国民」の双方の請求権が含まれていると解釈する余地があるという点でも重要である。中国という「国」であれ、その「国民」であれ、日本国に対して請求する場合（実際、最近の戦後賠償訴訟では、ほとんどの場合、中国「国民」は日本国を（も）相手に請求を行っている）には、その支払いは究極的には国民の税金によるということになるのであり、結果として「戦争に責任のない世代」が負担するということにもなりかねないからである。もっとも、このことは、中華人民共和国政府による放棄の対象には「国民」の請求権も含まれていたとする積極的な証拠となるものではない[157]。

しかし、中華人民共和国内部における賠償請求権放棄の政策決定過程には、中国が、「国」としての賠償請求権のみならず、「国民」の請求権をも放棄したと考えることのできる、より有力な要素が含まれている。すなわち、一九六四年に中国が賠償放棄を決定した際に、その根拠として挙げられたものの一つは、「台湾もアメリカも日本に賠償を求めなかった」点であるとされる。人民政府は一貫して対日平和条約と日華平和条約の無効を主張したが、にも拘らず、自らより先にアメリカや国民政府が行った賠償放棄の意思表示をかなり意識していたようであり、「中国も、アメリカ、台湾に劣らぬ善意を日本国民に示すべきだとの結論に達した」とされるのである[158]。同様に、一九七二年七月、日中国交正常化交渉に先立って、中国国民への説明のために周恩来首相が作成した要綱には、賠償請求の放棄へと至った三つの理由の一つとして、「台湾の蔣介石はすでにわれわれより先に賠償の要求を放棄した。共産党の度量は、蔣介石より広くならなければならない」という点が含まれていたといわれる[159]。

以上のような賠償請求権の放棄へと至った根拠および説明からすれば、日中共同声明によって放棄された戦争賠償請求の範囲が、日華平和条約における賠償・請求権放棄の範囲よりも狭いということは考え難いということになろう。実際、日中国交正常化交渉において中国側が反発したのは、もっぱら日華平和条約で処理済みとする日本側の主張であって、その処理の内容ではなかった。そして、すでに繰り返し述べてきたように、日華平和条約では、対日平和条約を準用することによって「国」および「国民」の双方の請求権が放棄されているし、さらに役務賠償も放棄されているのである。

(四) 純粋文理解釈の難点

さらに指摘すべきは、日中共同声明の文言を文字通りに解する場合には、次のような疑問が生ずることになるという点である。日中共同声明第五項は、「日本国に対する戦争賠償の請求を放棄する」と規定しており、これを文字通りに解すれば、共同声明においては、中国の日本国に対する「戦争賠償」の請求のみが放棄されたということになる。

これを対日平和条約等と比較すれば、日中共同声明によって明示的には放棄されていないものとして、「国民の請求権」以外にも、「国」としての中国自身の請求権として、中国の日本国および日本国民に対する「[戦争賠償の請求以外の]他の請求権」が存在するということになろう。しかし、中国政府がそれらに関して請求を行ったという事実も、その存続を主張したという事実も知られていない。それらは共同声明によって放棄されたものとして理解されていると考えることができよう。この点だけからも、日中共同声明の第五項を文字通りに解するのが適当でないことが理解されるはずである。

のみならず、日中共同声明には、今ひとつ、対日平和条約をはじめとする第二次世界大戦の戦後処理関連諸条約に共通して見られる重要な規定が存在しない点に注目しなければならない。それは、日本国および日本国民の中国および中国国民に対する請求権の放棄に関する規定である[160]。戦敗国である日本側にはアプリオリにそのような請求権は存在しないという訳ではない。戦争の過程で中国およびその国民の側に全く違法行為がなかったというのであればともかく[161]、そのようなことは現実には考え難い。そうであれば、そして日華平和条約は無効で、日中共同声明において創設的に日中間の戦後処理が行われることになるという中国の立場からすれば、日中共同声明に日本側の請求権放棄を規定する必要があったものと思われる[162]。実際、日中戦争の平和条約として締結された日華平和条約には、対日平和条約準用規定によって、対日平和条約第一九条(a)に定める日本国および日本国民による請求権の放棄が組み込まれている[163]。したがって、仮に日華平和条約は無効であるとの立場に立って、しかも日中共同声明第五項を文字通りに解するのであれば、日本国と日本国民の対中請求権は放棄されずに残っているということにもなりかねないのである。

このように、文字通りに解した場合には明らかに不合理な帰結となる場合には、(条約解釈の場合に限らず)一方的宣言においても（特に合意文書に含められた宣言の場合には）、宣言の作成の際の事情を含む解釈の様々な補足的手段に依拠することが認められると考えるべきであろう164（条約法条約第三二条参照）。これまで、第二次世界大戦後の戦後処理における一般的傾向や日華平和条約における賠償・請求権問題の扱い、そして中華人民共和国における賠償放棄決定過程を含めて、様々な関連事情を検討してきたことにはそのような意味もあったのである。

では、当面の問題はいかなる解釈をとることによって解決できるのであろうか。当面の問題を解決できる説明として、次のような主張がなされるかも知れない。すなわち、右に見たように、日本は対日平和条約第一九条(a)によって、「連合国及びその国民に対する日本国及びその国民のすべての請求権」を放棄しているが、中国も第二次世界大戦中にいわゆる連合国の一員だったのであり、したがって中国とその国民に対する請求権も右条項においてすでに放棄されている、と。

しかし、対日平和条約の関連規定を仔細に見るならば、このような解釈はとることができないことが分かる。たしかに、対日平和条約第一九条(a)は、「連合国及びその国民」に対する日本国および日本国民の請求権の放棄を規定しているが、同条約において用いられる「連合国」の語は、必ずしも第二次世界大戦中のいわゆる連合国とは一致しないことに注意しなければならない。対日平和条約第二五条によれば、「連合国」とは、「日本国と戦争していた国又は以前に第二十三条に列記する国［アメリカ、イギリス、フランス、オランダなど＝引用者注］の領域の一部をなしていたもの」と定義されるが、「各場合に当該国がこの条約に署名し且つこれを批准したことを条件とする」とされており、したがって、対日平和条約に署名していない中国は同条約にいう「連合国」ではなく、第一九条(a)で放棄の名宛人とされている「連合国」ではないということになる。そうであれば、日本は、「連合国」ではない中国との関係では、そもそも対日平和条約において請求権の放棄を行っていないということになろう。

この点はさらに、対日平和条約第二五条が「第二十一条の規定を留保して、この条約は、ここに定義された連合国の一国でないいずれの国に対しても、いかなる権利、権原又は利益も与えるものではない。また、日本国のいかなる権利、権原又は利益も、この条約のいかなる規定によつても前記のとおり定義された連合国の一国でない国のために減損され、又は害されるものとみなしてはならない」(傍点引用者)と規定することで、改めて確認されている。この規定において留保されている第二一条は、「連合国」となることを予定されていなかった中国に対して、特別に利益を与える対中受益条項である[165]。そこにおいて中国が受益するとされているのは、第一〇条(日本の対中特殊権益の放棄)および第一四条(a)2(日本の在連合国(ここでは在中国)資産の処分権の付与)の利益であり、そこには日本側の請求権放棄に関する第一九条は言及されていない。以上から、日本国および日本国民の中国および中国国民に対する請求権は、対日平和条約第一九条(a)においてすでに放棄されているので、日中共同声明においては不要であったという主張は、とることができないことが明らかとなろう。

以上のように見てくるならば、そして、にも拘らず日本国および日本国民の中国および中国国民に対する請求権が実際には放棄されているとすれば(それ以外は考え難い[166])、そのような結論を導く唯一の現実的な解釈は、それらが日華平和条約によって放棄されているというものであろう(もう一つの可能性として、日中共同声明第五項に日本国による日本国および日本国民の対中請求権の放棄を読み込むことが考えられるが、「中華人民共和国政府は…放棄する」と規定する同項において、それはさすがに無理であろう[167])。すなわち、中華民国政府が国家としての中国を代表して締結した日華平和条約の第一一条および同条が準用する対日平和条約第一九条(a)によって放棄されているという解釈である。これは、日本国および日本国民の対中請求権は対日平和条約第一九条(a)によってすでに放棄されているのではないか、という右の議論とは異なり、直接的にはあくまで日華平和条約によって、日本国および日本国民の対中請求権は放棄されているという考え方である。

表1　日中間の戦争状態終了および賠償・請求権処理の根拠条文

戦争状態終了／賠償・請求権処理	根拠条文
・日中間の戦争状態の終了	日華平和条約第一条
・中国の戦争賠償請求権の放棄 ・中国のその他の請求権の放棄 ・中国国民の請求権の放棄	日中共同声明第五項
・日本国の請求権の放棄 ・日本国民の請求権の放棄	日華平和条約第一一条（対日平和条約第一九条を準用）

そうであれば、日中間の戦後処理は、戦争状態の終了と賠償・請求権の処理が、日華平和条約と日中共同声明とに分けて行われたというのは必ずしも正確ではなく、日中間の賠償・請求権処理も、日本の請求権処理と中国の賠償・請求権処理が日華平和条約と日中共同声明とに分けて行われたということになる（表1参照）。しかし、これは、本書の立場からすればむしろ当然である。つまり、日中間の戦後処理は基本的には日華平和条約において行われたのであり、その処理の結果は原則として日本による政府承認の切替えの結果として人民政府に承継されるべきものであるが、日華平和条約において行われた中国および中国国民の日本国および日本国民に対する賠償・請求権の放棄は、中国大陸に住む中国国民には（台湾住民とは異なり）何ら恩恵を与えることなく行われたのであり、それゆえ中国「国民の一般利益に反する」（ラウターパハト）約束であったことから、そのような原則に対する例外として、中華人民共和国政府

には承継されず、日中共同声明において創設的に処理されたと考えられるのである。したがって、右を例外として、その他の賠償・請求権の処理は、日本国および日本国民の請求権の放棄を含め、すべて日華平和条約で処理されたということになる。

　ところで、右に示したような解釈（日中共同声明において中国「国民の請求権」も放棄されているとの解釈）が中国側の理解とも異ならないであろうことは、これまでの日本における中国関連の戦後賠償訴訟との関連で確認することができるように思える。日本政府は、中国関連の戦後賠償訴訟において、日本と中国との間の請求権の問題については「日中共同声明(…)発出後、個人の請求権の問題も含めて存在して」いないし、「このような認識は、中国政府も同様であると認識している[168]」（中国人強制連行京都訴訟京都地裁判決）、「共同声明五項は、『戦争賠償の請求』にのみ言及しているが、ここには先の大戦に係る中国国民の日本国及び日本国民に対する請求権の問題も処理済みであるとの認識が当然に含まれている。この点については、中国政府も同様の認識と承知している[169]」（中国人強制連行新潟訴訟新潟地裁判決）と主張しており、さらに、このような日本政府の見解は「国会の審議など様々な機会に、繰り返し明らかにされている[170]」（中国人強制連行京都訴訟京都地裁判決）が、にも拘らず、中国政府としては、何らの抗議も反論も公には行っていないからである。

　また、仮に中国政府の「認識」が日本政府の想定とは異なっていたとしても、同様の結論に至ることは可能である。中国政府としては、自国民が多数日本の裁判所において損害賠償請求の訴訟を提起しているのであるから、それらの訴訟の内容を詳細にフォローしていると想定しても不合理ではなかろう。そのような中で、自国の立場とは異なった内容の主張が日本政府によって展開されており、しかも中国政府も同様の認識と承知しているとの発言が繰り返し公になされているというのであれば、中国政府としては当然抗議を行うべきである。抗議すべきと思われるときに抗議を行わないならば、国際法上の黙認の法理により、黙認したと解釈されても仕方ないということになるのではなかろうか。こういった「黙認の法理[171]」は、国際司法裁判所の累次の判決においても認められており、古くは一九六二年のプレア・ビヒア寺院事件判決が[172]、最近では二〇〇八年のペドラ・ブランカ事件判決が[173]、反応すべき時に反応しなければ黙認したものと見なされうるとして、領土主権の移転という帰結まで導いているのである。

(五) 銭其琛外交部長の発言の評価

以上のような観察が正しいとすれば、では、先に掲げた銭其琛外交部長の「発言」はどのように理解すればよいのであろうか。銭外交部長は、「日中共同声明で放棄したのは国家間の賠償であって、個人の補償請求は含まれない」「補償の請求は国民の権利であり、政府は干渉できない」と述べたといわれる。第一に指摘すべきは、それは新聞報道に過ぎず、しかも銭外交部長の直接の発言を報道したものではなく、全国人民代表大会で銭外交部長に対して質問を行った台湾省代表からの伝聞を報道したものに過ぎないという点である。また第二に、日本の国会においてもこの報道について質問がなされているが、それに対して外務省の川島裕アジア局長は、「中国側に念のためこれを照会いたしたんですけれども、発言の記録と申しますか、書いたものではそういうものはないということでございましたので、正確な発言は把握していないということでございます」と答弁している[174]。以上からすれば、銭外交部長の「発言」が事実としてあったのか否か、その真偽についてさえ結論を出すことが困難であるといわざるを得ない。

さらに、日本の裁判所において被告たる国が引用した中国政府要人の発言には、右の銭発言とは(明らかに)異なるものが少なくない。例えば、銭外交部長の「発言」から二カ月後の一九九五年五月、陳健外交部新聞司長は、記者から、「国交正常化以来、中国政府は、日本に対する損害賠償を正式に放棄したが、最近民間組織が賠償請求を提起している。これに対する見解如何」と問われたのに対し、「賠償問題は既に解決している。この問題におけるわれわれの立場に変化はない」旨発言したといわれる。また、一九九八年一二月には、唐家璇外交部長が、記者から、民間人の対日賠償請求について質問された際、「中国の対日賠償問題は、既に解決済みであり、国家と民間（国民）は一つの統一体であるので、民間（国民）の立場は、国家の立場と同じであるべきである」（括弧および括弧内原文）と述べたといわれる[175]。これらの「発言」が事実だとすれば、そして右に詳細に検討してきた日中間の賠償・請求権処理に関する解釈を勘案すれば、伝えられる銭外交部長の「発言」は、正当化が困難であり、仮にその「発言」が事実だとしても、それは必ずしも中国の公式の立場を反映したものではないといえるように思える。

表2　対日平和条約、日華平和条約、日中共同声明における賠償・請求権の処理

	役務賠償	在外資産の処分権	その他の賠償	国家・国民の請求権
対日平和条約	○（第一四条(a)1）	○（第一四条(a)2）	放棄（第一四条(b)）	放棄（第一四条(b)）
日華平和条約	放棄（議定書第一項(b)）	○（第一一条）	放棄（第一一条）	放棄（第一一条）
日中共同声明	放棄（第五項）	（○）（対日平和条約第二一条）	放棄（第五項）	放棄（第五項）

以上のように見てくるならば、中国の賠償・請求権処理は、日華平和条約によってではなく日中共同声明によって

行われたが、賠償・請求権の放棄の範囲は、基本的に日華平和条約と異ならないよう意図されたと捉えるのが、総合的に見て諸々の事実に最も適合的であるように思える(表2参照)。そうであれば、日中間の賠償問題は、国民の請求権を含めた形で、解決済みであるということになる。ただし、それは、人民政府に対して対抗力を有しなかった日華平和条約における中国の賠償問題の処理に人民政府が日中共同声明において同意を与え、その処理を受け入れたということではなく、日華平和条約と実質的に同じ内容の処理を、人民政府が自ら日中共同声明において創設的に行ったということであろう[176]。人民政府は、日中国交正常化交渉において、「戦争の損害は大陸が受けたものである。…蔣介石が放棄したから、もういいのだという考え方は我々には受け入れられない」、「これ［賠償問題は日華平和条約で解決済みとの高島条約局長の主張のこと］は私たちに対する侮辱だ。絶対に受け入れることはできない」として、最後まで国民政府による処理を認めようとしなかったからである[177]。

注

1 日華平和条約の署名後、人民政府の周恩来外交部長は、「中国人民を公然と侮辱し、敵視する吉田、蔣介石の『平和条約』については、断固反対する態度を堅持するものである」と述べ、対日平和条約と並べて「不法な条約」であるとしている。「対日平和条約発効および日華平和条約調印に関する周恩来外交部長の声明(一九五二・五・五)」霞山会『日中関係基本資料集一九四九年―一九九七年』四二頁。

2 「国交」の語は、必ずしも一義的に定義される訳ではない。それは、一般的には「平和状態を前提とした外交関係」と定義することができるが、より広く、「外交関係に限らず、その前提たる平和状態はもとより、領事関係、条約関係、承認以後の関係など、国家間のいかなる公的な関係をも含む」ものと考えられることがある。安藤仁介「国交再開の意義と態様」国際法事例研究会『国交再開・政府承認』(慶應通信、一九八八年)一八六―一八八頁。しかし、日本と中国という国家との間の国家間の公的な関係は、いわゆる「日中国交正常化」前にも中華民国政府を通じて存在していたともいえるのであり、そうであれば、日中「国交」正常化という表現は必ずしも正確ではないか、あるいはそれまでの国交は「正常」ではなかったということを表現したものなのかも知れない。

3　この間の経緯につき、中島宏「日中国交正常化の一考察―北京で見た日中国交交渉―」『愛知大学国際問題研究所紀要』第九七号(一九九二年九月)二一一四頁、添谷芳秀『日本外交と中国　一九四五～一九七二』(慶應通信、一九九五年)二〇六頁参照。

4　竹内編『日中国交基本文献集・下巻』一七九頁。中国側の日中国交正常化に対する条件は、一九七一年七月の公明党の訪中時に公明党代表団が示した考え方を採用する形で、初めて示された(「日本公明党訪中代表団と中国日本友好協会代表団の共同声明(日中国交回復五条件)」(一九七一・七・二)」霞山会『日中関係基本資料集　一九四九年―一九九七年』三七四―三七五頁)。それには五つの条件が含まれていたが、そのうちの二条件(アメリカの台湾・台湾海峡地域からの撤退と国連における代表権)は、ほどなくほぼ解決したため(一九七一年一〇月段階で、台湾海峡からの撤退が落ちて四条件となっていた。「日中国交回復促進議員連盟訪中代表団と中日友好協会代表団の共同声明(日中国交回復四条件)」(一九七一・十・二)」『同右書』三八一頁)、残りの三条件が「復交三原則」と呼ばれるようになったものである。田中明彦『日中関係　一九四五―一九九〇』(東京大学出版会、一九九一年)七〇頁。

5　日華平和条約の無効を主張する理由については、「中華人民共和国がすでに成立した後に調印されたものであり」不法・無効である、と説明される。「日中国交回復促進議員連盟訪中代表団と中日友好協会代表団の共同声明(日中国交回復四条件)(一九七一・十・二)」三八一頁。

6　第二の台湾の帰属問題に関する日本の立場は、既述の通り、放棄した領土の帰属先についていうべき立場にないというものである。

7　日中共同声明署名後の国会答弁においても、「復交三原則」の第二原則と第三原則は完全には認めていないと明確に述べられている。『第七十一回国会衆議院内閣委員会議録』第四五号(一九七三年七月二六日)七頁(高島条約局長答弁)。

8　「竹入・周会談の日中共同声明関連部分(第三回竹入・周会談)昭和四七年七月二九日」(以下、「第三回竹入・周会談」という)(外務省外交史料館、〇一―二九八―二)〇六二、〇六七頁。

9　田川誠一『日中交渉秘録・田川日記―一四年の証言』(毎日新聞社、一九七三年)三五九頁。

10　アジア局中国課「大平外務大臣・姫鵬飛外交部長会談(要録)(一九七二年九月二六日～二七日)―日中国交正常化交渉記録―」(以下、「大平・姫会談」という)(外務省外交史料館、〇一―四二―二)八六、八七頁。

11 「同右」七七、七九頁。

12 『第八十七回国会衆議院予算委員会議録』第一二号（一九七九年二月一六日）四五頁（大平正芳首相答弁、中島敏次郎外務省条約局長答弁）、『第八十五回国会参議院外務委員会会議録』第五号（一九七八年一〇月一八日）一八頁（大森誠一外務省条約局長答弁）、『第八十五回国会衆議院外務委員会議録』第一号（一九七八年一〇月一三日）三二―三三頁（大森条約局長答弁）。

13 Takakazu Kuriyama, "Some Legal Aspects of the Japan-China Joint Communique," *Japanese Annual of International Law*, No. 17 (1973), pp. 50-51. 日中共同声明が「法的合意を構成する文書」（条約）ではないとする政府答弁として、『第八十七回国会衆議院予算委員会議録』第一二号（一九七九年二月一六日）四五頁（中島敏次郎外務省条約局長答弁）参照。

14 田川『日中交渉秘録』三五八頁参照。添谷『日本外交と中国』二〇七頁は、一九七二年七月の竹入公明党委員長訪中の際に、「国会による批准の必要がない共同声明の形式」をとることが中国側から提示されたとする。外務省の記録によると、たしかに竹入訪中の際に、周恩来首相は「田中首相、大平外相が訪中する場合は、共同声明か、共同宣言を発表した方がよいと思います」と述べているが、国会による批准云々の発言は少なくとも外務省の公開記録に徴する限り見当たらない。「第三回竹入・周会談」〇六一頁。それどころか、竹入訪中の当初の意見交換では、周首相は日ソ国交樹立の例（日ソ共同宣言は国会承認も批准書交換も行われた正式な条約である）に言及しつつ、共同宣言・共同声明の方式を示唆していた。「竹入・周会談（第一回七月二七日）」（以下、「第一回竹入・周会談」という）（外務省外交史料館、〇一―二九八―一）〇一二頁。後に本文で述べるように、当時の中国には、条約の批准や国会承認の必要といった法的知識はほとんどなかったものと考えられ、国会承認が必要ないとして中国側から共同声明方式が提案されたとは考え難い。しかし、日本側がこの周発言によって若干安堵したのは間違いなかろう。それ以前には、中国は平和条約の締結を求めている、と考えられていたからである。例えば、「日本公明党訪中代表団と中国日本友好協会代表団の共同声明（日中国交回復五条件）」（一九七一・七・二）三七五頁によれば、中国側は、五条件が満たされるならば、「中日両国の戦争状態を終結し、中日国交を回復し、平和条約を結ぶことができると認め」る、としていた。

15 経塚作太郎「国際法より見た日中共同声明」『白門』第二五巻三号（一九七三年）四五、四九頁は、日中共同声明は一種の条約であり、国会の承認を必要とするはずであると述べている。類似の議論は国会においても提起されている。『官報号外・第七十回国会衆議院会議録』第三号（一九七二年一〇月三〇日）一三頁（竹入義勝衆議院議員発言）、『官報号外・第七十回国会衆議院会議録』第四号（一九七二年一〇月三一日）一頁（春日一幸衆議院議員発言）、『第七十一回国会衆議院内閣委員会議録』第四五号（一九七三年七月二六日）四頁（藤尾正行衆議院議員発言）。園田直外相も、「正直に言うと、私のいまの率直な個人の気持ちは、これを声明としないで、両国で話し合って何とか国会にかける道はなかったかなという気持ちが率直であります」と述べている『第八十七回国会衆議院予算委員会議録』第一二号（一九七九年二月一六日）四八頁。

16　『第七十一回国会衆議院内閣委員会議録』第四五号（一九七三年七月二六日）二頁。

17　アジア局中国課「田中総理・周恩来総理会談記録（一九七二年九月二五日〜二八日）―日中国交正常化交渉記録―」（以下、「田中・周会談」という）（外務省外交史料館、〇一―四二一―二）〇〇三、〇〇五頁。

18　「同右」〇〇七頁。

19　李浩培「論日本法院対光華寮案判決的非法性」李浩培『李浩培文選』（法律出版社、二〇〇〇年）五四〇頁、「趙理海教授意見書（日本国最高法院宛、北京大学教授趙理海）」中国国際法学会・外交学院国際法研究所編『国際法資料―光華寮案特集』（法律出版社、一九八八年）一六一頁。両資料については、駒澤大学の王志安教授にご教示頂いた。ここに記して謝意を表する。

20　この点については、国会においても質疑が行われたことがあり、例えば後述のように、真田秀夫内閣法制局長官は、日中共同声明の中で法的効果を伴う条項として、第二項および第五項を挙げている。『第八十二回国会衆議院予算委員会議録』第二号（一九七七年一〇月一一日）二四―二五頁。法的効果を伴う条項として、日中間の外交関係樹立の合意について定める第四項に言及されなかった点に疑問が呈されるかも知れない。日ソ共同宣言第二項や日韓基本条約第一条に、同様な外交関係樹立に関する規定が置かれているからである。しかし、日中共同声明第四項が「外交関係を樹立することを決定した」と過去形で述べていることから、すでに行われた合意を単に確認したのみであって、創設的な法的効果を意図したものではないという説明が可能である。実際、日本政府は、日中国交正常化交渉における日本側共同声明案の対中説明において、外交関係の開設には、国内手続上、共同声明とは別個の事務的な合意文書を必要とするので、別途簡単な覚書を作成し、「共同声明ではこの合意を確認するという形にしたい」と述べている。「大平・姫会談」〇六八頁。

21　条約の形式をとらない文書に法的効果を伴う条項を含めることで、本来国会の承認を必要とする事項について国会承認を回避する、ということは認められないであろう。実際、日中共同声明との関係でも、共同声明中に、法的効果を伴う政府承認に関する条項が含まれている点について、政府承認は行政府限りで処理できる事項であるので国会の承認を求める必要はない、との説明がなされている。『第七十一回国会衆議院内閣委員会議録』第四五号（一九七三年七月二六日）二頁（高島条約局長答弁）。

22　日中平和友好条約は、その名称にも拘らず日中間の平和条約ではない。この点は国会において繰り返し確認されている。『第七十一回国会衆議院内閣委員会議録』第四五号（一九七三年七月二六日）五頁（高島条約局長答弁）、『官報号外・第八十五回国会参議院会議録』第四号（一九七八年九月三〇日）一一頁（福田赳夫首相答弁）。

23　「第三回竹入・周会談」〇六二頁。「日中国交正常化の舞台裏　周・竹入会談大要」『朝日新聞』一九八〇年五月二三日、田中『日中関係』七七頁参照。
24　Kuriyama, "Some Legal Aspects of the Japan-China Joint Communique," p. 47.
25　『第七十一回国会衆議院内閣委員会議録』第四五号（一九七三年七月二六日）三頁。
26　同旨、『第三十八回国会参議院予算委員会第二分科会会議録』第四号（一九六一年三月三〇日）一八―一九頁（中川融外務省条約局長答弁）。
27　田川『日中交渉秘録』三五九頁。
28　「大平・姫会談」〇三九、〇七七、〇八六頁。
29　実際に日中国交正常化交渉において対中説明のために使用された「日中共同声明日本側案の対中説明」と題する文書は、次のように述べる。
「中国側が、その一貫した立場から、わが国が台湾との間に結んだ条約にいつさい拘束されないとすることは、日本側としても十分理解しうるところであり、日本政府は、中華人民共和国政府がかかる立場を変更するよう要請するつもりは全くない。しかしながら、他方において、日本政府が、自らの意思に基づき締結した条約が無効であつたとの立場をとることは、責任ある政府としてなしうることではなく、日本国民も支持しがたいところである。したがつて、わが国と台湾との間の平和条約が当初から無効であつたとの前提に立つて、今日未だに日中両国間に法的に戦争状態が存在し、今回発出されるべき共同声明によつて初めて戦争状態終了の合意が成立するとしか解する余地がない表現に日本側が同意することはできない。

第1項の表現は、このような考慮に基づいて書かれたものである。これまでの日中関係に対する法的認識についての双方の立場に関して決着をつけることは必要ではなく、また、可能でもないので、それはそれとして、今後は、日中両国間に全面的に平和関係が存在するという意味で、戦争状態終了の時期を明示することなく、終了の事実を確認することによつて、日中双方の立場の両立がはかられるとの考えである。」

「大平・姫会談」〇六四―〇六六頁。
30　「同右」〇四一―〇四二頁。
31　「同右」〇四〇、〇四三、〇四四頁。
32　大平正芳の回想録によれば、「不正常な状態」という表現について、「周首相がチエを出した」とされる。大平正芳回想録刊行会編著『大平正芳回想録』（鹿島出版会、一九八三年）三三六頁、田中『日中関係』八二頁。なお、後出注113参照。

33　「大平・姫会談」〇五二頁。

34　不正常な状態とは、戦争状態を意味するか、少なくとも戦争状態を含むと解釈することができるとするものとして、Takano, "The Japan-China Joint Communique," p. 67. なお、高野教授は、日中共同声明は形式上条約ではなく平和条約ではありえないが、「日中両国が共同声明をもって両国間の戦争終結とする意思をもつのであれば、実質的に平和条約といえないことはなかろう」とも述べる。高野「日中平和友好条約のあとさき」一四六頁。

35　栗山「日中共同声明の解説」二二四―二二五頁。

36　同旨の発言として、『第八十七回国会衆議院予算委員会議録』第五号（一九七九年二月五日）二七頁（大平首相答弁）参照。

37　『第八十五回国会衆議院外務委員会議録』第一号（一九七八年一〇月一三日）三二―三三頁。

38　『第八十五回国会参議院外務委員会会議録』第五号（一九七八年一〇月一八日）一八頁。同旨の発言として、『第八十七回国会衆議院予算委員会議録』第五号（一九七九年二月五日）二五―二六頁（柳谷謙介外務省アジア局長答弁）、第一二号（一九七九年二月一六日）四五頁（中島敏次郎外務省条約局長答弁）。

39　日本の在外資産の処分以外は基本的に無賠償というアメリカの方針（一九五〇年の対日講和七原則）を、役務賠償を含む形へと変更させたのは、とりわけフィリピンを中心とする強い反対論であった。山手治之「第二次大戦時の強制労働に対する米国における対日企業訴訟について（続編）（一）」『京都学園法学』二〇〇一年第二・三号（二〇〇二年三月）三四頁。

40　土井章「中国に対する賠償問題」『アジア・クォータリー』第三巻二号（一九七一年四月）五八―五九頁。

41　蔣介石は、一九四五年八月一五日に「抗戦勝利告全国軍民及世界人士書」をラジオ放送し、その中で天皇制の保持、日本分割への反対、日本兵の（非敵対的）取扱いに言及し、日本に対しては「既往を咎めず徳を以て暴に報いる」という姿勢をとるべきだと述べた。これが後に、蔣介石の対日寛容政策の象徴たる「以徳報怨」として知られるようになった。川島真「日華・日台二重関係の形成―一九四五―四九年―」川島真ほか『日台関係史　一九四五―二〇〇八』（東京大学出版会、二〇〇九年）一九頁。この点は、日中国交正常化時の中華民国外交部による「対日断交声明」においても触れられており、以徳報怨政策によって二百余万人の日本俘虜を安全に送還したとしている。「台湾『外交部』による対日断交声明（一九七二・九・二十九）」霞山会『日中関係基本資料集　一九四九年―一九九七年』四三五頁。加々美光行「日中国交正常化二〇周年と戦争責任―賠償問題を中心に―」『愛知大学国際問題研究所紀要』第九七号（一九九二年九月）二一〇頁参照。

42　もちろん、日本側がこれを利用しようとした側面はあったのであり、日華条約会議における賠償交渉の際に、河田全権は、役務賠償の事実上の放棄を求めるに当たって、再三国民政府の「寛大政策」に言及している。第一章注84、殷『中日戦争賠償問題』二六九―二七〇頁参照。

43　川島真「歴史学からみた戦後補償」奥田安弘ほか『共同研究 中国戦後補償――歴史・法・裁判』（明石書店、二〇〇〇年）一三―四七頁。

44　殷『中日戦争賠償問題』二二六頁。

45　『外務省の百年・下巻』八一二頁。

46　「日華条約交渉日誌」〇〇一八頁。

47　倭島アジア局長は、日華平和条約の国会審議において、「台湾、澎湖島の関係では賠償の関係は起つて来ない」と述べている。『第十三回国会衆議院外務委員会議録』第二八号（一九五二年五月三〇日）一五頁。同旨、『第十三回国会衆議院外務委員会議録』第二六号（一九五二年五月二三日）三八頁（倭島局長答弁）。

48　対日平和条約第一四条(a)は、「日本国は、戦争中に生じさせた損害及び苦痛に対して、連合国に賠償を支払うべきことが承認される」としつつも、「日本国の資源は、日本国がすべての前記の損害及び苦痛に対して完全な賠償を行い且つ同時に他の債務を履行するためには現在充分でないことが承認される」として、日本の賠償を役務賠償と在外資産の処分に限定している。吉田首相は、サンフランシスコ会議での対日平和条約受諾演説において、冒頭、「この公平寛大なる平和条約を欣然受諾いたします」として、対日平和条約の寛大さを強調している。しかしそれは、「懲罰的な条項や報復的な条《ママ》項を含ま」ないということであって、賠償に関しては、「莫大な在外資産を日本から取り去」るし、「戦争のために何の損害を受けなかつた国までが、日本人の個人財産を接収する権利を与えられ」るとした上で、「かくの如くにしてなお他の連合国に負担を生ぜしめないで特定の連合国に賠償を支拂うことができるかどうか甚だ懸念をもつ」と述べている。外務省『サン・フランシスコ会議議事録』三〇一、三〇二、三〇三頁。

49　日華条約交渉において、国府側は、「金山和約［対日平和条約のこと］は敗戦国に寛大な政策において歴史上前例のないものである。我方は役務補償《ママ》まで放棄した。これは金山和約よりも寛大」である、と述べている。殷『中日戦争賠償問題』二八四頁。

50　「対日平和条約米英草案とサンフランシスコ会議に関する周恩来外交部長の声明（一九五一・八・十五）」『日中関係基本資料集一九四九年―一九九七年』二二三頁。

51　「邦人引揚問題等に関する中国外交部の声明（一九五五・八・十六）」『同右書』九一頁。数百億ドルとは、具体的には五〇〇億ドルであるといわれる。土井「中国に対する賠償問題」六〇―六一頁。

52　朱建栄「中国はなぜ賠償を放棄したか―政策決定過程と国民への説得―」『外交フォーラム』第四九号（一九九二年一〇月）三一頁。もっとも、すでに一九五七年や一九六〇年の段階で、周恩来首相は賠償を請求しない可能性を示唆する発言をしている。土井「中国に対する賠償問題」六一―六二頁。

53　「趙安博談話（宇都宮徳馬）（一九六五、五、三一）」日中貿易促進議員連盟『日中関係資料集（一九四五～一九六六）』（一九六七年）四六七頁。

54　「廖承志談話（宇都宮徳馬）（一九六五、六、二）」日中貿易促進議員連盟『日中関係資料集（一九四五～一九六六）』四六七頁。

55　「進路をきく・前駐ソ大使高島益郎氏」『サンケイ新聞』一九八五年二月七日。

56　福永文夫『大平正芳―「戦後保守」とは何か―』（中央公論新社、二〇〇八年）一七一頁。もっとも、「法匪」発言はなかったともいわれる。石井明「『法匪』発言はなかった！」石井明ほか編『記録と考証　日中国交正常化・日中平和友好条約締結交渉』（岩波書店、二〇〇三年）二九六頁。

57　高島元条約局長は、インタビューにおいて、「日本の法律的立場というものは、人によって変わる性質のものではない」としつつも、日中国交正常化は極めて重要な外交問題であったので、外務省の総力を結集するために、省内でいろいろ会議を開いたが、「その過程では、北京で僕が展開したような法律論と違うことを、いった人もいることはいます」と述べている。「進路をきく・前駐ソ大使高島益郎氏」。

58　「第三回竹入・周会談」六七頁。「日中国交正常化の舞台裏　周・竹入会談大要」『朝日新聞』一九八〇年五月二三日、田中『日中関係』七八頁参照。

59　田川『日中交渉秘録』三五九頁。

60　同じ出典を参照する田中『日中関係』二二〇頁注(27)も、外務省の懸念を共有していなかったのか、単純な誤記であるのか、不明であるとしている。

61　「大平・姫会談」〇八七頁。

62　「同右」〇七九頁。

63　「同右」〇七二―〇七三頁。

64　日華平和条約によって、大陸中国との関係でも戦争状態が終了した（同条約の国会審議における政府答弁）というのであれば、大陸中国との関係における戦争賠償の問題も、同様に日華平和条約によって処理されたと考えるのが素直なのかも知れない。しかし、両者は必ずしも直結する訳ではない。日印平和条約がそうであるように、戦争状態の終了が合意された後に、別途、戦争賠償の問題が合意されるということもあり得ない訳ではないのであるから、戦争状態は大陸中国との間で終了したが、戦争賠償の問題は大陸中国との関係で未解決であるとの立場も、法的にはあり得たはずである。

65 「大平・姫会談」〇五三、〇六〇頁。「請求権」の放棄を「請求」の放棄とすることは、日本側が要求し、「毛沢東、周恩来の決断で」採用されたものであるといわれるが(朱「中国はなぜ賠償を放棄したか」三八頁)、少なくとも日本側の会談記録を見る限り、「決断」といえるほどの議論どころか、この点に関しては全く議論がなされていない。

66 山田勝彦「裁判実務からみた戦後補償」奥田ほか『共同研究 中国戦後補償』二二五頁。

67 朱「中国はなぜ賠償を放棄したか」三七頁。

68 「大平・姫会談」〇五四―〇五七頁。姫外交長は大平外相に対して、「平和友好条約を締結するということは国会の同意を必要とし、国会の責任になるのか」「交渉を通じ締結した条約は、国会の条約批准を必要とするのか」「日本の法律では、締結後、国会の批准を受けられぬということもあるのか」「国会の批准がなければ反故と同じか」などといった質問をしている。

69 「日中共同声明についての自民党両院議員総会発言録(要旨)(一九七二年九月三十日 自民党本部において)」竹内編『日中国交基本文献集・下巻』二三二頁。評価の部分については、国会においても大平外相によって、「共同声明五項の賠償放棄の宣言は、中国政府の英断として私ども尊敬し、かつ高く評価しておるところでございます」と述べられている。『第七十二回国会衆議院外務委員会議録』第一五号(一九七四年)一頁。

70 他方で大平外相は、「中国側といたしましては戦勝国であり、被害者の立場にあられます。したがいまして、いかような請求も可能である立場にあるにもかかわりもせず、賠償請求を放棄されたということに対しましては率直に評価しなければならない、というのが日本の立場であります」とも述べている。「日中国交正常化の際の大平外務大臣及び二階堂内閣官房長官記者会見詳録(一九七二・九・二十九)」四三二頁。

71 朱「中国はなぜ賠償を放棄したか」三八頁、寺沢一「日中共同声明の諸問題」『ジュリスト』第五二八号(一九七三年三月一五日)一一五―一一六頁。

72 栗山「日中共同声明の解説」二一九頁。

73 『第七十一回国会衆議院内閣委員会議録』第四五号(一九七三年七月二六日)二、六頁。

74 例えば、『第百二十三回国会参議院内閣委員会会議録』第四号(一九九二年四月七日)七頁(竹中繁雄外務省アジア局審議官答弁)参照。

75 対抗力の概念と理論については、第二章注160に掲げた諸文献を参照。

76 『第七十一回国会衆議院内閣委員会議録』第四五号(一九七三年七月二六日)七頁。

77 もちろん、日華平和条約は、交換公文の適用の結果として、戦争状態終了の問題も戦争賠償の問題も、大陸部分を未処理のままに残していたとする考え方もある。例えば、入江啓四郎「講和条約」国際法学会編『国際法辞典』一八七頁、殷燕軍「中日間の戦争賠償問題の解決について—日華条約と日中共同声明における賠償問題の比較研究—」『中国研究月報』第四九巻五号(一九九五年五月)七頁参照。本書の「補論」で取り上げる西松建設事件および中国人慰安婦二次訴訟の最高裁判決も同様である。

78 『第八十二回国会衆議院予算委員会議録』第二号(一九七七年一〇月一一日)二四—二五頁。この発言は、「共同声明第五項にいうところの賠償請求をしないということは、これは厳粛な中華人民共和国の政治姿勢の表明であって、これが[日中平和友好]条約において変更されるというようなことは私はあり得ない、かように考えております」という福田赳夫首相の発言に対して、日中共同声明における賠償請求の放棄が政策の表明であって国を拘束するものでなければ条約において変更されるかも知れないが、共同声明でも権利義務が発生するのであれば話は別であるので明確にしてほしい、との質問がなされたのに答えてなされたものである。

79 『第百二十三回国会参議院内閣委員会会議録』第四号(一九九二年四月七日)三頁。

80 『同右』第四号、五頁。

81 『同右』第四号、七頁(竹中繁雄外務省アジア局審議官答弁)、八頁(加藤官房長官答弁)。

82 『第百五十七回国会衆議院国際テロリズムの防止及び我が国の協力支援活動並びにイラク人道復興支援活動等に関する特別委員会議録』第三号(二〇〇三年一〇月一日)一七頁。

83 ベトナム戦後史の概要につき、差し当たり、国際法事例研究会『国家承認』一〇八—一一一頁、芹田健太郎「戦後の新国家誕生の形態と国家承認」『同右書』二四九—二五一頁、アジア・アフリカ研究所編『資料 ベトナム解放史・第二巻』(労働旬報社、一九七〇年)五三三—五四二頁参照。

84 『第四十三回国会参議院予算委員会会議録』第六号(一九六三年三月五日)二一頁(中川融条約局長答弁)参照。なお日本政府は、大韓民国政府が南北朝鮮全体の代表ではなく、三八度線以南だけの合法政府であるとの立場をとっているが、これはその旨の国連総会決議一九五(Ⅲ)があるためである。『同右』第六号、二二頁。日韓基本関係条約第三条をも参照。

85 『第三十三回国会参議院外務委員会会議録』第二三号(一九五九年一二月二一日)六—七頁(高橋通敏外務省条約局長答弁)、八頁(藤山愛一郎外相答弁)、『第三十三回国会参議院外務委員会会議録』第一三号(一九五九年一二月八日)一一頁(高橋通敏条

約局長答弁)。アジア・アフリカ研究所編『資料ベトナム解放史・第二巻』五三二頁。

86 国際法事例研究会『国家承認』一一〇—一一一頁。

87 『官報』号外第二号(一九六〇年一月一二日)二—六頁。ベトナムに対する賠償問題につき、岡野鑑記『日本賠償論』(東洋経済新報社、一九五八年)四五二—四五五頁、アジア・アフリカ研究所編『資料 ベトナム解放史・第二巻』五二七—六〇七頁、山本剛士「東南アジアへの賠償」安原和雄・山本剛士『先進国への道程(戦後日本外交史Ⅳ)』(三省堂、一九八四年)一四七—一五〇、一五八頁、外務省賠償部監修・賠償問題研究会編『日本の賠償』(世界ジャーナル社、一九六三年)二三九—二四六、三三六—三四一頁参照。

88 ラウターパハトの理論との関係で、賠償協定による賠償額が過度に少ない場合には問題が生ずるかも知れないが、賠償額が適当かどうかは、日本の支払能力や賠償請求国相互間の均衡等も勘案して判断しなければならない。土井「中国に対する賠償問題」六六頁によれば、対日賠償請求額に対する賠償支払実績の比率の平均は、概ね四% (約三〇〇億ドルの要求に対して約一二億ドルの支払い)であったといわれるが、ベトナムの場合にはその比率は二% (二〇億ドルの請求に対して〇・三九億ドルの支払い)であった。なお、日本政府は、ベトナム賠償協定の政府提案理由において一項を設けて、ベトナムへの賠償額が「過大な額ではない」ことを他国との比較において説明している。アジア・アフリカ研究所編『資料 ベトナム解放史・第二巻』五六一—五六二頁。

89 『第七十一回国会衆議院外務委員会議録』第二号(一九七三年二月二三日)一一頁(高島外務省条約局長答弁)、第四号(一九七三年三月七日)一二—一三頁(高島条約局長答弁)。

90 外務省の高島条約局長は、「ベトナム民主共和国の承認問題について、二十三日の本委員会で、国家承認だ、こう条約局長は答弁をしておりますが」との質問に対して、それを肯定も否定もすることなく、「北越も南越もそれぞれ現状では別々な国家として考えざるを得ない。法的に申しますと、そういうふうに考えざるを得ない」と答えている。『第七十一回国会衆議院外務委員会議録』第四号、一二—一三頁。「ヴィエトナム民主共和国との外交関係の設定について(昭和四八年九月二一日の閣議における外務大臣発言要旨)」(外務省外交史料館、〇一—六八一—六)〇四六頁をも参照。

91 もっとも外務省内部では、一九五〇年代後半から六〇年代初めにかけて、中華民国の承認を維持したままで中華人民共和国も承認し、二国並存の取扱いをする可能性が検討されたことがある。『読売新聞』一九九八年六月一四日。また、一九九〇年代に入ってから、台北政府はいわゆる「実質外交」を展開し、北京政府と外交関係を維持している国とも「外交関係」を樹立するとの政策をとっているが、北京政府によるハルシュタイン原則の維持によって、北京・台北の双方の政府と「外交関係」

を維持する国の例はなく、その点でベトナムと中国とではやはり異なっている。王志安『国際法における承認』（東信堂、一九九九年）二〇二―二〇三頁。"Mainland Affairs and National Unification Policy," *The Republic of China Yearbook 1995*, pp. 143-144. なお、中華民国は一九九七年の憲法改正により、台湾省の民選の省長と省議員を事実上廃止したが、これは中華民国と台湾省が面積でも人口でも相当重なるという現実から、政府機構の合理化・効率化のためにとられた措置であって、台湾独立を念頭に置いた措置ではない。Cf. "ROC Constitutional Amendment," *The Republic of China Yearbook 1998*, p. 79; "Provincial Government," *ibid.*, pp. 97-98; "The Future Role of the Provincial Government," *ibid.*, p. 98; "Reunification Guidelines," *ibid.*, p. 122.

92　『第七十八回国会参議院外務委員会会議録』第五号（一九七六年一〇月二六日）四頁（大森誠一外務省条約局長答弁）。

93　『同右』第五号、四頁。

94　『官報』第一四六五七号（一九七五年一一月一一日）四―五頁、『官報』第一四九二二号（一九七六年一〇月二日）五―六頁。

95　『参議院外務委員会（第七十七回国会閉会後）会議録』第一号（一九七六年七月九日）一一頁。

96　ちなみに、かつての南ベトナムに対する借款については、統一ベトナムに承継されるべきもの、というのが日本政府の立場であった。『第七十八回国会参議院外務委員会会議録』第五号（一九七六年一〇月二六日）四、五頁（大鷹正外務省経済協力局外務参事官答弁）。この問題については、その後一九七八年四月に妥協が成立し、ベトナム側が南ベトナム政府の債務（一九七七年時点で利子分を含め約一七〇億円）を返済する見返りとして、日本は一九七八年から四年間に一六〇億円の贈与、同じく二年間に二〇〇億円の借款を提供することになった（贈与分が南ベトナム政府の債務額にほぼ匹敵）。ただし、一九七八年一二月～一九七九年一月のベトナムによるカンボジア侵攻などを受けて、一九七八年に約束された経済援助は初年度のみの実施で凍結されている。吉川利治編著『近現代史のなかの日本と東南アジア』（東京書籍、一九九二年）一四九―一五〇頁、『わが外交の近況（昭和五四年版）』八〇頁、『わが外交の近況（昭和五五年版）』九〇頁参照。

97　『第百二十三回国会参議院内閣委員会会議録』第四号（一九九二年四月七日）七頁。

98　高野雄一『国際法概論・上（全訂新版）』（弘文堂、一九八五年）一五八―一五九頁。第二章注174の諸文献をも参照。

99　もちろん中華民国政府支配下の住民には、日本との公式な関係をはじめとして、日華平和条約の締結による恩恵は少なからずあったはずである。しかし、大陸中国の住民には、同条約の締結による恩恵は何ら存在しなかったといってよかろう。

100　ただし、日中間の賠償・請求権問題（大陸との関係）のうち、日本側による請求権の放棄に関しては、日華平和条約第一一条が準用する対日平和条約第一九条(a)によって解決していると考えることができる。日華平和条約（および対日平和条約）のこの部分については、ラウターパハトの基準に照らした場合でも、人民政府による承継を否定する理由はなく、政府承継における継続性の原則が適用されることになると思われるからである。なお、この点については本文で後述する。

101 第二章注101参照。

102 第二章注103参照。

103 賠償の放棄はむしろ国家財産等に関連する行為であり、承継関連の条約としては一九八三年の「国の財産、公文書および債務についての国家承継に関するウィーン条約」(以下、「国家財産等承継条約」という)の方がより関連するのではないかとも考えられるが、この条約は国家承継の時点で先行国がその国内法に従って所有していた財産・権利・利益を扱うもので(第八条)、放棄されて現存しない財産等は対象外であるため、直接の参考にはならない。

104 条約規定の「解釈」における可分性の問題を扱った事例として、The S.S. "Wimbledon," *P.C.I.J., Series A*, No. 1, pp. 23-24; Free Zones of Upper Savoy and District of Gex, *P.C.I.J., Series A/B*, No. 46, p. 140 を参照。

105 UN Doc. A/6309/Rev.1, New York, 1966, p. 67, Article 41, Commentary, para. 1.

106 そのような条約としては、附属文書一および二の適用除外を認めている一九四九年の道路交通条約などがある。中川融「条約に関する国家承継ウィーン条約について(二)」『政治学論集(駒澤大学法学部)』第一二号(一九八〇年一一月)二七頁。

107 二国間条約に対する「留保」は、実質的には条約の再交渉ないし条約内容の変更の提案に当たる。高野雄一『国際法概論・下(全訂新版)』(弘文堂、一九八六年)七八頁参照。

108 中川「条約に関する国家承継条約ウィーン条約について(二)」二四―二五頁。

109 条約法につき、藤田久一『国際法講義Ⅰ』(東京大学出版会、一九九二年)六〇頁参照。ただし、条約法条約に定める無効・終了原因は別である。承継法については、ユーゴスラビアにおける国家承継との関係で、ユーゴスラビア和平会議の仲裁委員会の意見(一九九一年一一月二九日)が、「[国際法の]原則によれば、承継の結果は衡平であるべきであり、関係国は合意によって自由にその条件を決めることができる」(傍点引用者)と述べているのが参考になる。"Opinion No. 1 of the Arbitration Commission of the Peace Conference on Yugoslavia, 29 November 1991," in Snezana Trifunovska (ed.), *Yugoslavia through Documents: From its Creation to its Dissolution* (Nijhoff, 1994), p. 416.

110 「大平・姫会談」〇七三頁。

111 「橋本恕氏に聞く―日中国交正常化交渉」石井ほか編『記録と考証　日中国交正常化・日中平和友好条約締結交渉』二一五―二一六頁。橋本元中国課長は、そのほかの要因として、日本側による「一つの中国」の受入れ、中国側による日米安保条約の容認を挙げている。

112　日中共同声明発出前には、不規則発言がなくはなかった。例えば、一九七〇年一二月、佐藤栄作首相が衆議院予算委員会の答弁において、大陸中国との間で法的には戦争状態が続いているともいえるかのような発言を行ったが、愛知揆一外相がその発言を事実上取り消し、その後首相も外相答弁と同様の答弁を行うことで事実上自らの発言を訂正したということがあった。『第六十四回国会衆議院予算委員会議録』第一号(一九七〇年一二月一四日)五、一五—一九、二八、四三—四四頁。なお、この点につき、寺沢「日中共同声明の諸問題」一一一頁をも参照。

113　「不正常な状態」という表現を考えたのが周首相であることは定説となっているが(前出注32参照)、外務省中国課長として日中国交正常化交渉に参加した橋本恕は、「私が『不自然な関係』という表現を大平さんに進言した。大平さんは『ウン、それしかないな』と。だから共同声明にもそう書いてあるんですよ。…周総理も『不自然な関係』を受け入れた」と述べ、「不正常な状態」という表現が自らの提案に起源をもつものであることを示唆している。「橋本恕氏に聞く—日中国交正常化交渉」二二一頁。また、それが大平外相の発案であったとの見方もある。福永『大平正芳』一七二頁。しかし、外務省の公式の記録でも、周首相が提案したものとされており、田中首相と周首相の会談の際に、周首相が「今回の共同声明につき、中国側で、『戦争状態』の問題につき、表現を考えたのは、その点[本文に述べた台湾の主張のこと]に配慮したからである」(傍点引用者)と述べた旨が記録されている。「田中・周会談」〇三三頁。また、中国外交部顧問として日中国交正常化交渉に参加した張香山も、「周総理が『それでは私が考えてみる』と、『不正常な状態の終結』との表現を考え出した」と証言している。「張香山回想録(中)」『論座』一九九七年一二月号、二一六頁、張香山『日中関係の管見と見証—国交正常化30年の歩み』(三和書籍、二〇〇二年)三一頁。もっとも、事務レベルの協議で橋本課長が「不自然な」という文言を提案した可能性も、完全には否定できないかも知れない。井上『日中国交正常化の政治史』五三三頁。

114　中国側の柔軟な対応の背景には、日中国交正常化に中国側が極めて積極的であったという点がある。古井喜実自民党代議士も「向こう側はこっちで思っているよりも(日中正常化を)非常に急いでおる」「復交三条件《ママ》などについて、(中国側は)原則は曲げない。が、適用のうえで幅を持たせる余地がある」と述べている。時事通信社政治部編『ドキュメント日中復交』六一、六四頁。中国側が急いでいたとすれば、政治的には中ソ対立が、中国が日本との国交正常化を急いだ主因であるとされるが、一九七二年五月に周恩来首相が癌を患っていることが分かったこともまったく無関係ではなかろう。服部龍二『日中国交正常化—田中角栄、大平正芳、官僚たちの挑戦—』(中央公論新社、二〇一一年)一六八頁、「日中国交正常化(上)」『読売新聞』二〇一二年一〇月六日。なお、日本側も妥協案を出していた点につき、本章第三節参照。

115　「田中・周会談」〇三三頁。実際、蒋介石は、「[日中国交正常化を行えば]「日華」平和条約を私は当然必ず無効と宣言する。

そうなれば日本には中共と改めて第二回の平和条約調印の問題が生れ出る」と述べていた。「蔣介石総統の日本報道関係者に対する談話(一九六八・六・八)」霞山会『日中関係基本資料集 一九四九年―一九九七年』三〇八頁。

116 「田中・周会談」〇〇七―〇〇八頁。中国外交部顧問として日中国交正常化交渉に参加した張香山によれば、周首相は、賠償問題は日華平和条約により解決済みという高島条約局長の主張に対して、「これは私たちに対する侮辱だ。絶対に受け入れることはできない」と述べたという。「張香山回想録(中)」二二一―二二二頁。

117 第一章注87参照。

118 中国では、日中共同声明において中国は賠償の「請求」を放棄したが、賠償の「請求権」は放棄していないとの主張がなされることがあるが、同様の発想からのものと考えることができる。前出注71および対応する本文参照。

119 政府承認には、法律上の承認と事実上の承認があるが、事実上の承認には法的効果がないという訳ではなく、それぞれにおいて具体的な法的効果が異なるだけである。田畑茂二郎『国際法新講・上』(東信堂、一九九〇年)八三頁。

120 放棄一般についても同様である。See Eric SUY, *Les actes juridiques unilatéraux en droit international public* (Librairie Générale de Droit et de Jurisprudence, 1962), p. 153.

121 大平正芳外相は、中国からの帰国後の自民党両院議員総会において、戦争賠償の請求放棄を定める日中共同声明第五項について、「中国側が一方的に宣言し、日本側はこれを率直に評価し、受ける立場をとった」と説明している。「日中共同声明についての自民党両院議員総会発言録(要旨)(一九七二年九月三十日 自民党本部において)」竹内編『日中国交基本文献集・下巻』二三二頁。

122 スイ(Eric SUY)は、約束(promesse)を四つに分類して、①条約上の約束(条約に定める約束)、②形式上一方的な意図の宣言(形式上は一方的な行為であるが、実質上は合意の構成要素となっている宣言)、③純粋に一方的な約束(双務性を含まない約束)、④擬似約束である意図の宣言(すでに存在する義務の承認・確認に過ぎない約束)に分ける。SUY, *Les actes juridiques unilatéraux en droit international public*, pp. 111-147. この分類法に従えば、中国による戦争賠償の請求の放棄の約束は、(日中共同声明は条約ではないものの)①に最も近いと考えることができる。しかし、右の分類は必ずしも網羅的なものとはいえず(実際、厳密にいえば日中共同声明は①には当てはまらない)、しかも本文に記したように、本件は、条約に含まれることのある通常の双務的な要素を有する一方的約束とは性格が異なる点に留意しなければならない。

123 「指針」の実質的内容が基本的にICJの核実験事件判決に依拠していることについて、中谷和弘「国家の一方的宣言」村瀬信也・鶴岡公二編『変革期の国際法委員会(山田中正大使傘寿記念)』(信山社、二〇一一年)四一五頁参照。

124　「同右論文」三九九頁。

125　この点については、一方的宣言を行ったものの意図が名宛人に伝達されれば、それが必ずしも公表される必要はないとする指摘もある。Eric Suy and Nicolas Angelet, "Promise," in Rüdiger Wolfrum (ed.), *Max Planck Encyclopedia of Public International Law*, Vol. VIII (Oxford U.P., 2012), p. 496, para. 14.

126　Nuclear Tests Case, *I.C.J. Reports 1974*, pp. 267-268, paras. 42-46 (Australian case), pp. 472-473, paras. 45-49 (New Zealand case). Voir aussi, Affaire du différend frontalier (Burkina Faso/République du Mali), *CIJ Recueil 1986*, pp. 573-574, paras. 39-40. 中谷和弘「言葉による一方的行為の国際法上の評価(二)」『国家学会雑誌』第一〇六巻三・四号(一九九三年四月)九二―九五頁参照。なお、常設国際司法裁判所の東部グリーンランド事件におけるいわゆるイーレン宣言も、同様な視点から見られることもあるが、同宣言をある種の合意と捉える見方もある。長谷川正国「ＳＡＬＴⅠ及びＳＡＬＴⅡ条約遵守の国際法上の根拠」『福岡大学法学論集』第二八巻二・三・四号(一九八四年)一八〇―一八三頁。

127　http://www.china-embassy.or.jp/jpn/9780.html

128　西松建設事件と中国人慰安婦二次訴訟の最高裁判決は、日本国との関係に限る形ではあるが、類似した論を展開している。『最高裁判所判例集』第六一巻三号(二〇〇七年)一二〇三頁、『最高裁判所裁判集・民事』第二二四号(二〇〇七年)三四一―三四二頁。

129　このように、対日平和条約第一四条(b)では、①「連合国」の「すべての賠償請求権」の放棄と、②「連合国及びその国民」の日本国およびその国民がとった行動から生じた「他の請求権」の放棄が規定されている。①においては「連合国の国民」への明示の言及はないが、①の「連合国」に「連合国の国民」も含まれることが、同条約の国会審議の際に西村熊雄条約局長によって、「両者を含む意味でございます」として明らかにされている。『第十二回国会参議院平和条約及び日米安全保障条約特別委員会会議録』第一四号(一九五一年一一月九日)五頁。しかし、対日平和条約第一四条(b)と第一九条(a)の比較や、日本が第二次大戦後に締結した他の平和条約(日ソ共同宣言を含む)に照らせば、①にいう「賠償請求権」とは、戦勝国の有する戦争賠償の請求権であって、国家と国民の有する「他の請求権」とは異なるように思える。例えば対日平和条約第一四条(b)では、「連合国」の「すべての賠償請求権」および「連合国及びその国民」の「他の請求権」の放棄が規定されているのに対して、対日平和条約第一九条(a)では、「日本国及びその国民」の「請求権」の放棄が規定されているに過ぎず、「賠償請求権」への言及はない。日印平和条約第六条および第九条(a)、日・ビルマ平和条約第五条二項(賠償請求権の放棄は規定されず)および第八条一項、日・インドネシア平和条約第四条二項および第五条一項、日ソ共同宣言第六項も、基本的に同様である。

130 『第百二十三回国会参議院内閣委員会会議録』第四号(一九九二年四月七日)五頁。同様の趣旨は、その後の国会答弁においても表明されている。『第百三十二回国会参議院決算委員会会議録』第三号(一九九五年四月一一日)三三頁(河野洋平外相答弁)。

131 例えば、中国人強制連行新潟訴訟(新潟地裁・二〇〇四年三月二六日判決)、『訟務月報』第五〇巻一二号(二〇〇四年一二月)三六三二―三六三四頁および第四章第一節③参照。

132 伊藤「第二次世界大戦後の日本の賠償・請求権処理」一一二頁は、対日平和条約等において規定する「『国家が国民の請求権を放棄する』という文言の意味は、…国内法上の個人の請求権自体を放棄するのではなく、国際法上、国家が自国民の請求権につき国家として有する外交的保護権を放棄するものであるとの解釈も、日本政府がこれまで一貫して取ってきているところである」と述べる。なお、「同右論文」一一四頁をも参照。

133 『第百五十一回国会参議院外交防衛委員会会議録』第四号(二〇〇一年三月二二日)一三―一四頁。なお、この辺りの経緯については、山手治之「日本の戦後処理条約における賠償・請求権放棄条項(一)―戦後補償問題との関連において―」『京都学園法学』二〇〇一年第一号(二〇〇一年一二月)三七―七九頁に詳しい。

134 ここでは、原爆訴訟をはじめとする従来の日本政府による「外交的保護権放棄論」について説明がなされているため、対日平和条約第一九条(a)が取り上げられたものである。

135 実際、国が東京高裁に提出した準備書面は、対日平和条約第一四条(b)によって「これらの請求権ないし債権に基づく請求に応ずべき法律上の義務が消滅したものとされたのであり、その結果、救済が拒否されることになる。」と述べているようである。『第百五十一回国会参議院外交防衛委員会会議録』第四号(二〇〇一年三月二二日)一三頁より引用。

136 この点に関するサンフランシスコ講和会議における経緯を含めた詳細について、浅田正彦「対日平和条約における『国民の請求権』の放棄(一)」『法学論叢』第一六二巻一～六号(二〇〇八年三月)五九―九〇頁参照。

137 http://www.china-embassy.or.jp/jpn/9780.html

138 『朝日新聞』一九九五年三月九日。この記事は、中国関連の戦後賠償訴訟等においてしばしば言及されたもので、その全文は以下の通りである。
「中国の全国人民代表大会(国会に相当)の台湾省代表が八日明らかにしたところによると、銭其琛副首相兼外相は対日戦争賠償問題について、一九七二年の日中共同声明で放棄したのは国家間の賠償であって、個人の補償請求は含まれないとの見解を示した。銭外相はまた、補償の請求は国民の権利であり、政府は干渉できないと述べ、日本政府が適切に処理することを望む姿勢を暗に示した。中国政府はこれまで、民間の補償問題について政府は関知せず、日本政府の適切な処理を望むとの態度を示してきた。開会中の人民代表大会で七日、台湾出身者から選ばれる台湾省代表との会議で、代表の質問に答えた。」

139 例えば、『第百三十二回国会参議院決算委員会会議録』第三号（一九九五年四月一一日）三三頁参照。

140 例えば、三井鉱山事件（福岡地裁・二〇〇二年四月二六日判決）、『判例タイムズ』第一〇九八号（二〇〇二年一〇月一五日）三〇一頁参照。

141 SUY, *Les actes juridiques unilatéraux en droit international public*, p. 185. See also Nuclear Tests Case, *I.C.J. Reports 1974*, p. 267, para. 44 (Australian case), pp. 472-473, para. 47 (New Zealand case); Case concerning the Indo-Pakistan Western Boundary (Rann of Kutch), *Reports of International Arbitral Awards*, Vol. 17, p. 565

142 フィッツモーリスは、形式上も実質的にも一方的である一方的宣言との関係で、「宣言の文言および意図ならびに宣言を行った状況（circumstances）次第で、宣言を行った当事者に拘束力ある法的義務を創設したりしなかったりする」と述べる。Gerald Fitzmaurice, *The Law and Procedure of the International Court of Justice*, Vol. I (Grotius Pub., 1986), p. 364. これは、純粋な一方的宣言の法的拘束力について述べたものであるが、同様の要素は、一方的宣言の内容の解釈に当たっても重要であろう。

143 平和条約ではないが、ある種の戦後処理条約ともいえる日韓請求権協定も、両締約国は、「両締約国及びその国民（法人を含む。）の財産、権利及び利益並びに両締約国及びその国民の間の請求権に関する問題が…完全かつ最終的に解決されたこととなることを確認」（傍点引用者）し、それらに関しては（第二項に定めるものを除き）「いかなる主張もすることができないものとする」と規定している（第二条一項、三項）。

144 日印平和条約第六条(b)は、「この条約に別段の定がある場合を除く外、インドは、戦争の遂行中に日本国及びその国民が執つた行動から生じたインド及びインド国民のすべての請求権並びにインドが日本国の占領に参加した事実から生じたインドの請求権を放棄する」と規定し、日・ビルマ平和条約第五条二項は、「ビルマ連邦は、この条約に別段の定がある場合を除くほか、戦争の遂行中に日本国及びその国民が執つた行動から生じたビルマ連邦及びその国民のすべての請求権を放棄する」と規定し、日・インドネシア平和条約第四条二項は、「インドネシア共和国は、前項に別段の定がある場合を除くほか、インドネシア共和国のすべての賠償請求権並びに戦争の遂行中に日本国及びその国民が執つた行動から生じたインドネシア共和国及びその国民のすべての他の請求権を放棄する」と規定する。また、日ソ共同宣言第六項は、「日本国及びソヴィエト社会主義共和国連邦は、一九四五年八月九日以来の戦争の結果として生じたそれぞれの国、その団体及び国民のそれぞれ他方の国、その団体及び国民に対するすべての請求権を、相互に、放棄する」と規定する。日ソ共同宣言のみ、「国、その団体及び国民…の請求権」という表現を用いているが、その理由は定かでない。ソ連邦を構成する共和国（ウクライナ、白ロシアは国連に加盟し、多数国間条約の当事国ともなっていた)や国営企業が独自に有することのある請求権をもカバーするためであったとも考えられるが、その場合には、「それぞれ他方の」という文言から、日本にも同様の存在がなければならないことになり、整合しない。もっとも、厳密にいえば、日本にもそのような「団体」が存在しなければ右の文言によって不都合が生ずることになるという訳でもない。

145 *UNTS*, Vol. 49 (1950), p. 165.

146 入江『日本講和條約の研究』二二四頁。フィッツモーリスは、イタリア条約第八〇条に関連して次のように述べる。平和条約の締結という事実のみによって、条約に明記された以外のすべての請求権が完全かつ自動的に放棄されたとする規則に合理的な根拠を見出すことは極めて困難であるが、それが「実際上の考慮」(つまり一旦平和条約が署名されると、条約に定められていない請求権を執行したり賠償を得たりすることは困難となり、諸国もそうしたがらないということ)からであるとすると、そのような概念が生じていると考えることに困難はない。G.G. Fitzmaurice, "The Juridical Clauses of the Peace Treaties," *Recueil des Cours*, tome 73 (1948-II), pp. 340-342.

147 それぞれの条約の賠償条項は以下の通りである。Treaty of Peace with Bulgaria, Article 21, *UNTS*, Vol. 41 (1949), p. 64; Treaty of Peace with Hungary, Article 23, ibid., Vol. 41 (1949), p. 186; Treaty of Peace with Roumania, Article 22, ibid., Vol. 42 (1949), p. 48; Treaty of Peace with Finland, Article 23, ibid., Vol. 48 (1950), pp. 240, 242.

148 『第百二十三回国会参議院内閣委員会会議録』第四号(一九九二年四月七日)四頁。

149 日中国交正常化交渉における田中角栄首相と周恩来首相との会談において、周首相から賠償放棄に関して行われた説明は次の通りである。

「我々は賠償の苦しみを知っている。この苦しみを日本人民になめさせたくない。我々は田中首相が訪中し、国交正常化問題を解決すると言ったので、日中両国人民の友好のために、賠償放棄を考えた」。「田中・周会談」〇〇八頁。

150 「受け入れ」たとはいえ、日本側の提案にも賠償の放棄に関する規定が積極的に置かれていたことはすでに述べた通りである。

151 *FRUS*, 1951, Vol. VI, Pt. 1, p. 948. 毎日新聞社編『対日平和条約』三五〇頁。

152 『第十二回国会参議院平和条約及び日米安全保障条約特別委員会会議録』第一四号(一九五一年一一月九日)五頁。対日平和条約の文言とは異なる部分があるが、原文のまま。

153 『第百二十三回国会参議院内閣委員会会議録』第四号(一九九二年四月七日)四―五頁。

154 "The Views of the Government of Japan on the Lawsuits against Japanese Companies by the Nationals of the Countries not being a Party to the San Francisco Peace Treaty," November 17, 2000, p. 2.

155 この規定は、日本が共産圏諸国との間で彼らに有利な領土問題の処理を行わないようにとの意図で、アメリカが置いたものであるとされる。"Statement of Interest of United States of America," United States District Court for the Northern District of California San Francisco Division, re World War II Era Japanese Forced Labor Litigation, August 17, 2000, p. 26, n. 15.

156 前出注149および次注を参照。

157 当時、外務省中国課長として日中国交正常化交渉に参加した橋本恕の回想によると、周首相は、同交渉において賠償の放棄を申し出る際に、日清戦争の際の賠償金の支払いに言及しつつ、この苦しみを日本人民に背負わせるのはしのびないと述べたとされる。これが③の理由づけについて述べたものであるとすれば、論理的にはともかく、実際には、③の理由づけにおいて国民の請求権が積極的に念頭に置かれていたとは言い難いであろう。「橋本恕氏に聞く――日中国交正常化交渉」二二二―二二三頁。なお、「張香山回想録(中)」二二〇―二二一頁参照。

158 朱「中国はなぜ賠償を放棄したか」三一頁。この点は、朱建栄助教授が行った一九六四年当時の中日友好協会幹部、外交部役員などに対するインタビュー調査にもとづくものであるとされる。なお、中華人民共和国内部における決定の際に、賠償請求放棄の根拠とされたその他の点としては、①賠償を請求した東南アジアの一部の国の経済が賠償金で著しく伸びる結果にはならなかったこと、②賠償を求めれば日本国民の対中感情が悪化し、日中友好促進の基本方針に反すること、③賠償請求の金額が大きくても小さくても問題があること(大きければ交渉が長引き、小さければ意味がない)、などが指摘される。「同右論文」三一頁。

159 「同右論文」三八頁。中国国民への説明としては、このほかに、①日本に台湾と断交させるために賠償問題で寛大な気持を示す必要があること、②賠償の支払いは日本国民への負担となり、日本人民との友好という願望に反すること、の二つが示された。「同右論文」三八―三九頁。

160 日本が関係する平和条約等として、対日平和条約第一九条(a)、日華平和条約第一一条、日印平和条約第九条(a)、日・ビルマ平和条約第八条一項、日・インドネシア平和条約第五条一項、日ソ共同宣言第六項参照。また、ヨーロッパ戦線との関連における平和条約として、イタリア平和条約第七六条、ブルガリア平和条約第二八条、ハンガリー平和条約第三二条、ルーマニア平和条約第三〇条、フィンランド平和条約第二九条参照。

161 張香山によれば、中国は戦争中、日本国民に対して被害を与えたことがないのだから、賠償を請求される心配もなく、だから共同声明は簡単で、中国側が賠償請求を放棄する内容だったという。「張香山回想録(中)」二二二頁。この主張は、中国外交部顧問として日中国交正常化交渉に参加した者の意見としては重要であるが、違法行為が皆無であったという「事実」を説得的に示してはいない。また、いずれにせよその主張は、日華平和条約における請求権の相互放棄の事実とは整合しないといわねばならない。

162　もっとも、仮に日中国交正常化交渉の当時に、中華人民共和国政府が日本政府に対して、日本国および日本国民の中国および中国国民に対する請求権の放棄を求めていたとしても、これに日本政府が応じた可能性はほとんどない。なぜなら、それに応じることは、日華平和条約における同内容の請求権放棄(同条約第一一条により対日平和条約第一九条(a)を準用)の存在を否定することになり、延いては日華平和条約の有効性という日本政府の根本的な立場を否定することに繋がりかねないからである。

163　もちろん、日華平和条約第一一条に定める対日平和条約の準用は、必ずしも対日平和条約のすべての規定を準用するという趣旨ではなく、「日本国と中華民国との間に戦争状態の存在の結果として生じた問題」の解決に必要な限りにおいて、しかも日華平和条約に「別段の定」がない場合に限って準用するという趣旨である。しかし、対日平和条約第一九条(a)も準用されるであろうことは、中華民国側の当初の平和条約案に日本国および日本国民の請求権の放棄が規定されていたこと(国府側第一次草案第一七条)、特にその規定を不要とする旨の主張が日本側から行われた訳でもないこと、などからも推測できる。なお、日本政府によれば、日華平和条約第一一条にいう「相当規定」には、対日平和条約の第一四条(b)と第一九条(a)が含まれる。中国人強制連行新潟訴訟(新潟地裁・二〇〇四年三月二六日判決)における被告国の主張(『訟務月報』第五〇巻一二号(二〇〇四年一二月)三六三三頁)参照。

164　See *Yearbook of the International Law Commission*, 2002, Vol. II, Pt. 1, p. 109, para. 135.

165　条約の第三国に対する権利付与の観点から見た対日平和条約第二一条について、浅田正彦「条約と第三国」国際法事例研究会『条約法』(慶應義塾大学出版会、二〇〇一年)一五三―一五四頁参照。

166　もっとも、張新軍「最高裁四・二七判決における解釈の一貫性問題について」『法律時報』第八〇巻四号(二〇〇八年四月)一〇八―一一〇頁は、日中共同声明第五項には中国側からの放棄しか規定されていないことから、同項で放棄されたのは戦勝国のみが有する戦争賠償に限られ、武力紛争法違反等に基づく相互の請求権は含まれていないとの解釈を導いている。

167　もっとも、本書の「補論」で取り上げる西松建設事件および中国人慰安婦二次訴訟の最高裁判決は、日中共同声明第五項についての解釈論を展開した後、「以上によれば、日中共同声明は、…戦争の遂行中に生じたすべての請求権を相互に放棄することを明らかにした」(傍点引用者。『最高裁判所判例集』第六一巻三号、一二〇三頁、『最高裁判所裁判集・民事』第二二四号、三四一頁)としており、同項によって日本の請求権も放棄されたとの解釈をとっているようである。

168　中国人強制連行京都訴訟(京都地裁・二〇〇三年一月一五日判決)、『判例時報』第一八二二号(二〇〇三年八月一一日)一一七頁。

169　中国人強制連行新潟訴訟(新潟地裁・二〇〇四年三月二六日判決)、『訟務月報』第五〇巻一二号(二〇〇四年一二月)三六三四頁。なお、細菌戦被害賠償請求訴訟控訴審の被控訴人第一準備書面(二〇〇三年八月四日)の第8の3および第8の6(3)イも同様である(http://www.anti731saikinsen.net/　本件控訴審の準備書面の一部は、山手「日本の戦後処理条約における賠償・請求権放棄条項(2)」一二五頁以下に掲載されている)。

170　中国人強制連行京都訴訟、『判例時報』第一八二二号、一一七頁。実際、例えば一九九二年四月の参議院内閣委員会において、いわゆる「民間の賠償請求権」の問題について質問された加藤紘一官房長官が、「戦争にかかわる日中間の請求権の問題は一九七二年の日中共同声明発出後存在してないものと思っております。かかる認識は中国政府も累次明らかにされているところでございます」と述べている。『百二十三国会参議院内閣委員会会議録』第四号(一九九二年四月七日)三頁。なお、第二次世界大戦時の強制労働に関するアメリカにおける対日企業訴訟との関連でアメリカ国務省を通じてアメリカの裁判所に提出された日本政府の意見書(「日本政府の見解」)も、「日本と中国の二者間の法的問題としての戦争に関連する請求権の問題は、一九七二年に[日中]共同声明が発出された後は存在していないというのが、両政府間で共有されている見解である」と述べている。"The Views of the Government of Japan," November 17, 2000, p. 2.

171　See I.C. MacGibbon, "The Scope of Acquiescence in International Law," *British Year Book of International Law*, Vol. 31 (1954), pp. 143, 182-183; Jörg Paul Müller and Thomas Cottier, "Acquiescence," in Rudolf Bernhardt (ed.), *Encyclopedia of Public International Law*, Vol. I (Elsevier, 1992), p. 14.

172　シャムのダムロン殿下は、一九三〇年にプレア・ビヒア寺院を準公式訪問した際に、フランス国旗の下でカンボジア駐在総督代理の公式接待を受けながら、かかる明白な主権の主張に対して何らの反応も示さなかった。反応を示す必要があるときに反応しなかったことよって、シャムはプレア・ビヒアに対するカンボジア(フランス)の主権を黙示に承認したことになるとされた。*Case concerning the Temple of Preah Vihear, I.C.J. Reports 1962*, pp. 30-31.

173　主権の移転は関係国間の合意によって生じうるが、この合意は関係国の行為によって黙示にもなされうるのであって、一定の状況下では、主権を有する国家が相手国の主権者としての行為に反応しない結果として、領域主権が移るということもありうるとされた。Sovereignty over Pedra Branca/Pulau Batu Puteh, Middle Rocks and South Ledge, *I.C.J. Reports 2008*, pp. 50-51, paras. 120-121.

174 『第百三十二回国会参議院決算委員会会議録』第三号（一九九五年四月一一日）三二頁。

175 中国人強制連行新潟訴訟（新潟地裁・二〇〇四年三月二六日判決）、『訟務月報』第五〇巻一二号（二〇〇四年一二月）三六三五頁。なお、張香山も、「賠償放棄に民間も含まれるかどうか」について、個人の見方として、「わが国は社会主義国であり、『人民政府』と表現するのだから、政府は人民を代表することができる。政府が人民の意思も代表して放棄したといえると思う」と述べる。「張香山回想録（中）」二二三頁。この主張は、一見本文に述べたところと共通しているかのようにも見えるが、「人民政府」であるから、人民の意思も代表して、その請求権も放棄したとの論理は、法的なものとも説得的なものともいい難い。

176 同様の認識は日本政府（政治家レベル）の一部でも持たれていたように思われ、園田直外相は、「事務当局と私の答弁が、いささか感じが違うような答弁でありますが」としつつ、次のように述べている。「日本の政府は日華条約で終えんという立場をとったわけでありますが、革命政権でありますから国家継承権はとらない、これは無効であると中国は真っ向から否定しているわけであります。そしてまた、その意見は合意することなしに、それでは非常に大事な問題であるから両方ともこれを超法規的に克服して、共同声明でいこうじゃないかというのが御承知の本当のいきさつでございます。」『第八十五回国会参議院外務委員会会議録』第五号（一九七八年一〇月一八日）一八頁。

177 前出注116および対応する本文参照。

第四章　日本における中国関連の戦後賠償訴訟

前章において、日中間の戦争賠償問題の処理について、日中両政府間の見解の対立を前提としつつも、最も合理的な単一の解釈を探求するという困難な作業を追求した理由の一つは、日本および中国の裁判所において、中国関連の戦後賠償訴訟が現に行われてきたという事実に関連していた。日本の裁判所では、二〇〇七年四月二七日の西松建設事件の最高裁判決において、この問題についての最終的な判断が示されているが、同判決については本書の「補論」において評釈を加えるとして、ここではそれに至るまでの下級審の判決が、日中間の賠償・請求権処理の問題に対していかなる判断を下してきたのかについて一瞥し、これまでの検討を踏まえて若干の整理を行っておきたい。

中国関連の戦後賠償訴訟1では、不法行為責任に基づく損害賠償請求権の時効・除斥期間による消滅、債務不履行に基づく損害賠償請求権の時効による消滅2、戦前におけるいわゆる国家無答責の法理の適用3、権利濫用や条理などによるそれらの適用排除など、様々な法的問題が関係しているが、ここでは「国民の請求権」の放棄の問題のみに限定し、しかも、裁判所が日中共同声明においては「国民の請求権」は放棄されていないと判断した判決のみを取り上げ、その論理・根拠を整理することにしたい4。

右のような観点から重要と思われる判決は意外に少なく、次の五件である。①中国人強制連行福岡訴訟（三井鉱山事件、福岡地裁・二〇〇二年四月二六日判決）、②中国人慰安婦三次訴訟（山西省性暴力被害者訴訟、東京地裁・二〇〇三年四月二四日判決）、③中国人強制連行新潟訴訟（新潟地裁・二〇〇四年三月二六日判決）、④中国人強制連行広島訴訟控訴審（西松建設事件、広島高裁・二〇〇四年七月九日判決）、⑤中国人慰安婦一次訴訟控訴審（東京高裁・二〇〇四年一二月一五日判決）。これらの事件について、事件の概要、被告国（被告会社）の主張および判決の概要を、日中共同声明に関連する部分を中心に簡単にまとめておこう（原告の主張は注において示した）。

第一節　事件と判決の概要

①中国人強制連行福岡訴訟（三井鉱山事件）・福岡地裁判決5（二〇〇二年）

【概要】　本件は、中国の国民である原告らが、国と三井鉱山株式会社を相手に訴えた事案で、原告らは、第二次世界大戦中に、日本政府の閣議決定により被告らによって日本に強制連行された上、被告会社の経営する三池鉱業所等において強制労働に従事させられたとして、謝罪広告の掲載と慰謝料の支払いを求めたものである6。

判決は、強制連行・強制労働による不法行為の事実を認定した（その他の不法行為および保護義務違反による債務不履行は否定）上で、国家無答責の法理の適用により国に対する請求をいずれも棄却したが、除斥期間の法理および消滅時効の適用を否定して（それぞれ、正義・衡平の理念に著しく反する、信義則に反する、として）、被告会社に対する請求を一部認容した（謝罪広告の掲載の請求は棄却）。

【被告会社の主張】　被告国は、日中共同声明等に基づく主張を提起しなかったが、被告会社が次のような主張を行った。すなわち、国際法上、一般的に、賠償その他戦争により生じた請求権の主体は、常に国家であり、国民個人の受けた被害は、国際法的には国家の被害であるというべきである。被告国と中国は日中共同声明に調印し、その第五項には「中華人民共和国政府は、…日本国に対する戦争賠償の請求を放棄することを宣言する」とあり、この定めは日中平和友好条約の前文において、厳格に遵守されるべきことが確認されているのであって、原告らの被害に関する損害賠償請求権の問題は、これらの文書により既に解決済みである7。

【判決】　裁判所は、この点について次のように判示した。日中共同声明第五項および日中平和友好条約前文の定め、対日平和条約締結当時、中国が中国国民は日本政府に対して日中戦争において被った損害の賠償を請求し得るとの立場を採っていたこと、銭其琛副首相兼外相が、日中共同声明で放棄したのは国家間の賠償であって個人の賠償請求は含まれないとの見解を示したことなどの事情を考慮すると、「日中共同声明及び日中平和友好条約により、中国国民固有の損害賠償請求権が、中国政府によって放棄されたかについては、法的にも疑義が残されていたものといわざるを得ない。したがって、原告らの損害賠償請求権が、日中共同声明及び日中平和友好条約により、直ちに放棄されたものと認めることはできない8」。

②中国人慰安婦三次訴訟（山西省性暴力被害者訴訟）・東京地裁判決9（二〇〇三年）

【概要】　本件は、日中戦争当時、旧日本軍の兵士らから性暴力の被害を受けたとして、被害者本人ないしその遺族が、国を被告として訴えた事案で、被害それ自体に対する①国際法上の責任、②当時の中華民国法上の責任、および③日本国法上の責任のほか、④当該被害の救済を怠っていることに対する現行の国家賠償法上の責任を請求の根拠として、慰謝料の支払いと総理大臣の謝罪文の交付による謝罪を求めたものである10。

判決は、被害事実をほぼ原告らの主張通りに認めた上で、国際法上の個人の損害賠償請求権を否定し、わが国軍隊上層部に至る関係者の行為はわが国の法制度の下で規律されるべき事柄であるとして中華民国法の適用を否定し、日本国法上の責任との関係で国家無答責の法理の適用を肯定し、事後救済の責任をすべて否定し、結果としてすべての請求を棄却した。

【被告国の主張】 被告国は、国際法上の責任との関連で、「本件加害行為による本件被害を含め、日中戦争時の被害については、日中共同声明をもって、被害者個人の我が国に対する損害賠償請求権も放棄されている」のであって、改めてわが国が責任を負うべきものではないと主張した11。

【判決】 裁判所は、日本法上の責任との関連で、旧日本軍の加害行為を公権力の行使という場面で生じた不法行為であるとした上で、日中共同声明について次のように判示した。

「被告は、日中共同声明をもって、被害者個人の我が国に対する損害賠償請求権も放棄されたと主張するが、同声明も、国際法の基本的な枠組みのなかで解釈されるべきものであって、日中戦争における加害国である我が国に対し、その相手国である中華人民共和国(戦争当時は中華民国)が損害賠償請求、いわゆる『戦争賠償』を放棄したにとどまり、相手国の国民である被害者個人の我が国に対する損害賠償請求、いわゆる『被害賠償』まで放棄したものではない。被害を受けた国民が個人として加害者に対して損害賠償を求めることは、当該国民固有の権利であって、その加害者が被害者の属する国家とは別の国家であったとしても、その属する国家が他の国家との間で締結した条約をもって被害者の相手国に対する損害賠償請求権を放棄させ得るのは、自国民である被害者に自ら損害賠償義務を履行する場合など、その代償措置が講じられているときに限られるべきところ、中華人民共和国においては、日中共同声明を調印することによって、自国民に対して日中戦争に係る被害を自ら賠償することとして、我が国に対する損害賠償請求権を放棄させたという形跡はなく、被告の主張は採用し得ない。この点は、そもそも、我が国においても、例えば、日ソ共同宣言についても、日韓請求権協定についても、政府見解は、国民である被害者の相手国に対する損害賠償請求権まで放棄したものではないとして、これを否定していることからも裏付けられるというべきである。」[12]

もっとも、判決は、原告らが旧日本軍の不法行為を理由にわが国に対して損害賠償を求めることは、当時、いわゆる国家無答責の法理が妥当すると解されていたことから、当時のわが国に対して責任を追及する余地はなかったといわざると得ない、としている。

③中国人強制連行新潟訴訟・新潟地裁判決13（二〇〇四年）

【概要】　本件は、中国の国民である原告らが、国と株式会社リンコーコーポレーション（吸収合併により新潟港運株式会社を包括承継）を相手に、第二次世界大戦中における強制連行および新潟港での強制労働につき、不法行為と債務不履行（安全配慮義務違反）に基づく損害賠償および謝罪広告を求めた事案である14。

判決は、不法行為に基づく請求については、被告らの行為につき不法行為の成立を認定しつつも（被告国の行為への国家無答責の法理の適用は正義・公平を欠くとして認めず）、これに基づく原告らの請求権は除斥期間の経過により消滅したとしたが、他方で債務不履行（安全配慮義務違反）に基づく請求については、被告らにその違反があったことを認めた上で、消滅時効の援用を権利濫用として制限し、損害賠償の支払いを命じた（謝罪広告の掲載の請求は棄却）。なお本件判決は、中国人強制連行事件で国に対して賠償が命じられた初めての判決である。

【被告国の主張】　被告会社は日中共同声明等に基づく主張を特に提起しなかったが、被告国は、「第6　日中共同声明等による請求権の消滅」と題して、次のような主張を行った15。まず、戦争行為によって生じた国民個人の被害は、国際法的には原則として国家の被害であるとした上で、第二次大戦後は、ベルサイユ条約における失敗の反省から、戦後賠償問題の解決には、当事国が国家およびその国民の被害を一体としてとらえ、相手国と統一的に交渉することによって最終的な決着を図っており、このような講和条約の枠組みの下では、個々の国民の被害については、原則として、賠償を受けた当該当事国の国内問題として解決が図られていることを指摘した。

そのうえで、日中間の戦後処理については、紆余曲折があったが、両国政府の努力で、「[対日] 平和条約における戦後処理の枠組みと同様の解決が図られた」とする。具体的には、日華平和条約第一一条にいう対日平和条約の「相当規定」には、同条約第一四条(b)および第一九条(a)も含まれるとして、この規定により「日本国及びその国民と中国及びその国民との間の相互の請求権」は「全て放棄された」ことになり、その法的効果として、「日本国及び日本国民は、中国国民による国内法上の権利に基づく請求に対して、これに応ずる法律上の義務が消滅したものとして拒絶することができる」のであり、この点は日本の裁判所において「直接的に適用が可能である」とする。

また、日中共同声明については、賠償および請求権の問題は、一度限りの処分行為として、日華平和条約によって法的に処理済みというのがわが国の立場であるが、日華平和条約の有効性について中国との間に基本的立場の違いがあり、交渉を重ねた結果、日中共同声明第五項の規定となったのであり、「日中両国は互いの立場を理解した上で、実体としてこの問題の完全かつ最終的な解決を図るべく、このような規定ぶりにつき一致したものであり、その結果は日華平和条約による処理と同じであることを意図したものである」、したがって、共同声明第五項は「戦争賠償の放棄」にのみ言及しているが、ここには「中国国民の日本国及び日本国民に対する請求権の問題も処理済みであるとの認識が当然に含まれて」おり、「この点については、中国政府も同様の認識と承知している」、と主張した。

【判決】　裁判所は、以上の点について次のように判示した。被告国は、「原告らの請求権は、日華平和条約一一条、［対日］平和条約一四条(b)及び日中共同声明五項によって、中華人民共和国により放棄され、消滅したと主張する」が、「①中華人民共和国と中華民国との関係からして、両国との間の問題は、明確に分けて別個に検討されなければならないこと[16]、②『日本国に対する戦争賠償の請求を放棄することを宣言する。』という日中共同声明五項の文言上、中華人民共和国が個人の被害賠償まで放棄したとは直ちには解し難いこと、③戦争による国民個人の被害についての損害賠償請求権という権利の性質上、当該個人が所属する国家がこれを放棄し得るかどうかにつき疑義が残る上、日中共同声明の署名にもかかわらず、中国国民は戦争被害について何らの補償、代償措置を受けていないこと、④前記認定事実9(2)［戦争賠償問題に関する中国の対応[17]＝引用者注］のとおり、中国要人が、日中共同声明により中国が個人の被害賠償まで放棄したと認識しているとは必ずしもいえないこと(特に、認定事実9(2)オ(ア)bの銭外交部長［当時］の発言)などに鑑みれば、日本政府の認識の如何にかかわらず、中国国民個人が被った損害についての被告国に対する損害賠償請求権、特に、安全配慮義務違反という債務不履行に基づく損害賠償請求権までが、日中共同声明によって放棄されたとは解し難い。

したがって、原告らの安全配慮義務違反に基づく損害賠償請求権が、中華人民共和国により放棄され、消滅した[18]という被告国の主張は採用できない。[19]」

④中国人強制連行広島訴訟(西松建設事件)控訴審・広島高裁判決[20](二〇〇四年)

【概要】　本件は、中国の国民である控訴人らが、第一審被告である西松建設株式会社を相手に控訴した事件(本件では国は当初から被告となっていない）で、第二次世界大戦中に、被控訴人により強制連行され、広島県の安野発電所建設工事現場で強制労働に従事させられたとして、国際法違反、不法行為または債務不履行（安全配慮義務違反）に基づき、損害賠償として慰謝料を求めた事案である21。

判決は、強制連行・強制労働の事実を認定した上で、私人間の権利義務を具体的・明確に規定する関連条約・慣習法はないとして、国際法に基づく損害賠償請求権の存在を否定し、不法行為については除斥期間の経過により、損害賠償請求権が消滅したとしたが、債務不履行（安全配慮義務違反）については、時効の援用は権利の濫用に当たるとして認めず、損害賠償として慰謝料の支払いを命じた。

【被控訴人の主張】　被控訴人（被控訴人は西松建設であるが、その主張は国の主張を相当忠実に反映したものとなっているように思える）は、争点(5)（日中共同声明等による損害賠償請求権の放棄）について、自らの主張を要約してまず次のように述べた。すなわち、「日華平和条約一一条及び［対日］平和条約一四条(b)により、中国国民の日本国及びその国民に対する請求権は、国によって放棄されており、日中共同声明第五項にいう『戦争賠償の請求』は、中国国民の日本国及び日本国民に対する請求権を含むものとして、中華人民共和国政府がその『放棄』を『宣言』したものである。したがって、控訴人らの請求については、日本国及び日本国民がその請求に応ずるべき法律上の義務は消滅している。」

その上で、個別の論点について次のように述べる。まず、対日平和条約第一四条(b)の文言上、連合国国民の請求権も連合国によって「放棄」されているが、サンフランシスコ講和会議におけるオランダ代表との交渉経過の中で、日本政府が、同条項は私権没収の効果をもつものではなく、ただ条約の結果国民は請求権を日本政府または日本国民に対して追及してくることはできなくなるにとどまる旨の解釈を示し、オランダ代表は、これを前提として、日本政府が自発的に自らの方法で処置することを望むと思われる連合国国民のあるタイプの私的請求権があることを指摘したこと[22]などからすれば、「同条項にいう『請求権の放棄』とは、日本国及び日本国民が連合国国民による国内法上の権利に基づく請求に応ずる法律上の義務が消滅したものとして、これを拒絶することができる旨規定したものと解される」し、対日平和条約による戦後処理が「請求権の問題の完全かつ最終的解決である」ことは、アメリカ国内裁判所の戦後賠償関連訴訟における日米両政府の示した見解[23]からも明らかである。そして、同条項は、直接的適用の主観的要件と客観的要件を満たしており、裁判所において直接適用が可能である。

次に、日本と中国との間の戦後処理については、日華平和条約第一一条にいう「サン・フランシスコ条約の相当規定」には、同条約第一四条(b)および第一九条(a)も含まれるから、日本国および日本国民と中国および中国国民との間の相互の請求権は、すべて放棄されたことになり、その法的効果は右に述べた対日平和条約におけるものと同様である。日中共同声明第五項は、「実質的に戦争賠償の問題の完全かつ最終的な解決を図」ったもので、結果的には「日華平和条約による処理と同様であることを意図したものである」と述べる。

さらに、控訴人らが証拠として挙げる銭其琛外交部長による発言は、報道にすぎず、中国政府により確認されていないし、陳健外交部新聞司長や唐家璇外交部長の発言などに照らせば、「日中間の請求権の問題についての両国政府の認識は一致していると考えるべきである」とする。

また、日華平和条約によって、中華人民共和国政府の支配下にある中国人の個人の請求権を放棄することはできないとする控訴人らの主張については、次の諸点を指摘した。日本政府は、中華民国政府をもって中国を代表する正統政府として承認した上で、国家としての中国と日本国との戦争状態の終結等の問題を解決するため日華平和条約を締結したこと、戦争状態の終結や賠償・請求権の問題の処理は国家間の関係として定められるべきものであって、適用地域を限定できないこと(しかも中華民国政府の支配地域は、第二次世界大戦中、日本国の領土の一部であり、日本国との間に戦争状態は存在しなかった)、日華平和条約による日中間の戦争状態の終結および賠償・請求権の解決は、一度きりの処分的行為であるから、条約発効と同時に最終的効果が生ずることなどを指摘した。

さらに、日中共同声明は復交三原則の第三原則(日華平和条約は不法、無効)を受け入れた上で発表されたものであるから、日華平和条約により控訴人らの権利が消滅したとすることはできないとの控訴人らの主張に対しては、日本政府が日中正常化交渉において復交三原則の第三原則を受け入れることは法的にも政治的にも不可能であったのであり、共同声明前文第五項(「復交三原則」を十分に理解する)も、日本政府が復交三原則に完全に同意した訳ではないことを示していると述べた24。

【判決】 裁判所は、争点(5)「日中共同声明等による損害賠償請求権の放棄の有無」について、対日平和条約、日華平和条約、日中共同声明、日中平和友好条約のそれぞれの関連規定の内容について詳細に紹介し、一九九五年の銭其琛外交部長の見解などに言及した上で、次のように判示した。

被控訴人(西松建設)は、控訴人らに損害賠償請求権が認められるとしても、同権利は、日中共同声明第五項で中華人民共和国政府が戦争賠償の請求を放棄したことによって、日本および日本国民は、中国国民個人による損害賠償請求に応じる法律上の義務が消滅した旨主張するが、日中共同声明第五項は、対日平和条約第一四条(b)とは「明らかに異なり」、「中国国民が請求権を放棄することは明記されていないし、中華人民共和国政府が放棄するとしたのは『戦争賠償の請求』のみである」。

これに対し、被控訴人は、対日平和条約に沿って日華平和条約が締結され、その後日中共同声明に至ったのであるから、同声明については対日平和条約と同様に解されなければならないと主張するが、「本来、外国人の加害行為によって被害を受けた国民が個人として加害者に対して損害賠償を求めることは、当該国民固有の権利であって、その加害者が被害者の属する国家とは別の国家であったとしても25、その属する国家が他の国家との間で締結した条約をもって、被害者に加害者に対する損害賠償請求権を放棄させることは原則としてできないというべきであることからすると、当時の日本政府側の意図はともかく、日中共同声明第五項に、明記されていない中国国民の加害者に対する損害(被害)賠償請求権の放棄までも当然に含まれているものと解することは困難である」。このことは、中華人民共和国が対日平和条約の当事国でないことに照らせば、なお一層明らかである。

また、日華平和条約第一一条にいう「相当規定」に、このように重要な個人の損害賠償請求権の放棄規定まで含まれるか疑問があるが、この点はおくとしても、「日華平和条約は、日本と中華民国との間で締結された条約であって、これをそのまま中華人民共和国国民である控訴人らに適用できるかもまた疑問である」。中華人民共和国政府が復交三原則で明らかにしている見解、すなわち、同国政府が中国を代表する唯一の合法政府であり、台湾は中華人民共和国の領土の一部であるとの見解26を堅持していることは、現在の国際情勢においても明白である。しかも、同国政府高官の発言にしても、日中共同声明により中国国民の損害賠償請求権も放棄したものか否かにつき、すべて一致している訳でもない。

こうしたことからすれば、日中共同声明第五項により、日本および日本国民は、中国国民個人による損害賠償請求に応じる法律上の義務が消滅した旨の被控訴人の主張は採用することはできない27。

⑤中国人慰安婦一次訴訟控訴審・東京高裁判決28（二〇〇四年）

【概要】本件は、中華人民共和国の国籍を有する女性である控訴人らが、第二次世界大戦当時、当時の中華民国内において、被控訴人の軍隊の構成員らによって拉致・監禁の上、繰り返し強姦されて、耐え難い精神的苦痛を被ったとして、国際法または当時の中華民国民法もしくは日本法に基づき賠償を求めると共に、被害の賠償のための立法を怠ったとして国家賠償法に基づく賠償を求め、さらに謝罪広告の新聞掲載を求めた事案である[29]。

判決は、被害事実をほぼ控訴人らの主張通りに認めた上で、国際法に基づく請求について、ヘーグ陸戦条約第三条は個人に対し加害国家に対する国際法上の直接の損害賠償請求権を付与したものとは認められないとする原審の判断を維持した。国内法に基づく請求については、国家無答責の法理を適用してこれを退けた上で、仮に不法行為に基づく請求権が存在するとしても、その権利は除斥期間の経過により消滅しているとした。被控訴人国は、控訴審における新たな主張として日中共同声明第五項に基づく以下のような主張を行ったが、判決はこれを退けた。

【被控訴人の主張】被控訴人国は、控訴審における新たな主張として、日中共同声明第五項における中華人民共和国政府による戦争賠償の請求の放棄に言及した上で、次のように主張した。すなわち、「日本政府は、これを個人の請求権の問題を含めて存在しておらずとの認識であると繰り返し明らかにし、中国政府の見解も同様のものであった」と述べた。そして、日華平和条約第一一条および対日平和条約第一四条(b)により、中国国民の日本国およびその国民に対する請求権は国によって放棄されているとした上で、「日中共同声明五項にいう『戦争賠償の請求』は、中国国民の日本国及びその国民に対する請求権を含むものとして、中華人民共和国政府がその『放棄』を宣言したものである」と主張した[30]。

【判決】裁判所は、この点について次のように判示した。

「この日中共同声明五項が中国国民個人の賠償請求権をも放棄したと解すること《ママ》できない。すなわち、日中共同声明五項の文言上、中華人民共和国が個人の被害賠償まで放棄したとは直ちには解し難いこと、戦争による国民個人の被害についての損害賠償請求権という権利の性質上、当該個人が所属する国家がこれを放棄し得るかどうかについては疑問が残る上、この声明によっても中国国民は戦争被害について何らの補償、代償措置を受けていないこと等を総合すれば、日本政府の認識がどうであるかにかかわらず、中国国民個人が被った損害についての被控訴人に対する損害賠償請求権が日中共同声明によって放棄されたとは解しがたいというべきである。31」

第二節　注目すべき点

以上の五件の判決について、本書の関心からまず注目すべきは、いずれの判決においても、裁判所は、日華平和条約よりも日中共同声明に重点を置いて判断を下しているという点である。しかし、これは、必ずしも本書で論じてきたように、日華平和条約の中華人民共和国政府に対する対抗力の問題を意識した上のものではなく、単に日華平和条約は日本と中華民国との間の平和条約に過ぎず、日中共同声明こそ日本と中華人民共和国との間の戦後処理を行った国際文書である、したがって中華人民共和国の国民からの損害賠償の訴えは、当然後者の文書に照らして判断すべきである、といった単純な思考によるもののようにも思える32。

より注目すべきは、中国の対日賠償請求の問題は、法的には日華平和条約によって処理済みとの立場である被告国も、そのような立場を基本的には維持しながらも、日中共同声明第五項によって放棄された「戦争賠償の請求」の範囲にまで踏み込んで論ずる傾向がある点である。さらに、山西省性暴力被害者訴訟において国は、「日中戦争時の被害については、日中共同声明をもって、被害者個人の我が国に対する損害賠償請求権も放棄されている」（傍点引用者）とさえ主張している33。もっともこれは、裁判所による被告国の主張の要約であり、その主張を正確に反映しているという保証は必ずしもない。

この点で、日本政府の主張をより正確に記述したと思われるのが、中国人強制連行新潟訴訟における新潟地裁の判決別紙「被告国の主張」である。そこでは国は、日中共同声明第五項の規定を引用した上で次のように述べている。

「日中両国は互いの立場を理解した上で、実体としてこの問題の完全かつ最終的な解決を図るべく、このような規定ぶりにつき一致したものであり、その結果は日華平和条約による処理と同じであることを意図したものである。すなわち、戦争の遂行中に日本国及びその国民がとった行動から生じた中国及びその国民の請求権は、法的には、日華平和条約により国によって放棄されているというのがわが国の立場であり、このような立場は共同声明によって変更されているわけではない〈証拠略〉。

したがって、日中共同声明五項は、『戦争賠償の請求』にのみ言及しているが、ここには先の大戦に係る中国国民の日本国及び日本国民に対する請求権の問題も処理済みであるとの認識が当然に含まれている。この点については、中国政府も同様の認識と承知している。」[34]

この一見精緻な国の主張にも次のような疑問がある。すなわち、国は、中国国民の請求権の問題は法的には日華平和条約によって処理済みであるという立場を明言しているが、そのような国の主張が貫徹できるのであれば、日中共同声明における中国の賠償放棄の範囲など、問題とする必要はないのではないかという点である。日本の裁判所が、中国は「日中共同声明をもって」賠償を放棄したというのが国の主張であるかのような要約を行うことがあるのも、一つには、国が共同声明における賠償放棄の範囲がいかなるものであるかについてまで言及することに原因があるようにも思える。

ではなぜ日本政府は、自らの法的立場と抵触するとも見られかねない主張を、日中共同声明との関係で行っているのであろうか。第一に、裁判所が日中共同声明を中心に判断を行う傾向にあることが明らかである以上、その点を完全に無視することは得策でないという判断が考えられる。もちろん裁判所に誤りがあるのであれば、訴訟当事者としては、むしろその点を強く指摘すべきなのであって、自己矛盾に陥る危険を冒してまで裁判所の思考様式に迎合すべきではなかろうが、訴訟戦術的な視点からは、右のような考慮も必要なのかも知れない。第二に、直接の訴訟当事者ではないが、中国への配慮という点が考えられる。先に述べたように、日中共同声明は、中国との間のぎりぎりの妥協によって辛うじて合意できた文書である。したがって、その内容や位置づけについて、日本が自らの当初の立場を声高に主張することは、当然、中国の当初の立場を正面から否定することになり、共同声明における合意を支える微妙なバランスを崩してしまうことにもなりかねない。それゆえ、日中間の賠償・請求権処理に関する自らの法的立場を明示しつつも、日中共同声明との関係では、中国に対する配慮として、自己の主張を抑制したということが考えられる。のみならず、第三に、そのように自らの当初の立場を声高に主張する場合には、「中国政府も同様の認識と承知している」と述べることができず、したがって、そのような主張を行っても、却って裁判所によって、それは日本政府の一方的な主張に過ぎないと理解されかねず、必ずしも訴訟上有利にならないとの判断があったのかも知れない。そして、背後にどのような考慮があるにせよ、日中共同声明第五項における中国による賠償請求放棄の具体的な範囲について、日本政府が継続的に主張を行っているという事実は、ある種の実体的な意味をもってくるようにも思える。

ところで、右に掲げた五つの判例は、裁判所が日中共同声明においては中国「国民の請求権」は放棄されていないと判断した主要な判決として掲げたものである。そのような判断を行った根拠ないし理由は、論旨が必ずしも明確でないところもあるが、概ね次のように整理することができよう(括弧付の数字は前掲の判決の番号)。第一は、日中共同声明第五項の文理解釈であり、同項において「国民の請求権」への言及がないことが問題とされる(②③④⑤)。この点は、とりわけ「国民の請求権」への明示の言及がある対日平和条約第一四条(b)との比較において指摘される(④)。

第二に、国民の請求権は国民固有の権利であって、とりわけ代償措置ないし補償措置なくしては(②③⑤)、国家はこれを放棄しえないとの考え方が示される(②③④⑤)。第三に、たとえ日中共同声明に「国民の請求権」の放棄が含まれるとした場合であっても、これまでの日本政府の見解では、平和条約等における「国民の請求権」の放棄とは、国の外交的保護権の放棄を意味するのであって、国民の請求権そのものが放棄されたのではない、とされてきたことが指摘される(②)。第四に、銭外交部長の発言を根拠に、中国要人の見解も日中共同声明により中国国民の請求権が放棄されたとすることで一致している訳ではないことが指摘される(①③④)。第五に、対日平和条約締結当時、中国が、中国国民は日本政府に対して賠償請求をなしうるとの立場であったことが言及される(①)。

以上に整理した根拠のうち、日中に固有のものは、第一、第四および第五である。このうち第一と第四の根拠についてはすでに論及したところである。第五の根拠は、対日平和条約締結当時の中国政府の立場を根拠にするものであるが、この当時には日中共同声明において行われることとなる対日賠償の放棄の決定すら行われていなかったのであり、そのような段階における主張がそもそもどれだけ関連性を有するのか、疑問である。第二および第三の根拠は、必ずしも日中に固有の問題ではなく、より広く対日平和条約を中心とした日本の戦後処理関連諸条約に共通する問題である。そのうちの第二の根拠は、国家は国民固有の権利である国民の請求権を放棄できないとするものであるが、国家は法律を制定することによって国民の権利(私法上の権利を含む)を創設し、変更し、消滅させることができるのであって、それを条約(の直接適用)によって行うことも同様に可能というべきである35。代償措置の存否は国内的には重要であっても、国際的な平面において放棄が有効であるための条件であるとまではいえないであろう。また、第三の根拠については、すでに論じたように、国民の請求権の「放棄」の意味するところは、日本政府の見解によれば、請求権そのものの消滅ではないにしても、放棄の結果として残される権利は「救済なき権利」なのであって、裁判上訴求することができるものではないとされる。この点についての詳細な検討は、本書の「補論」の第三節四を参照されたい。

注

1　その概観として、泉澤章「条約による個人請求権の放棄について」『法律時報』第七六巻一号(二〇〇四年一月)三四―三六頁参照。なお、中国における民間賠償の請求問題は、一九九一年三月の全国人民代表大会における建議に始まり、その後地方議会にも広がっていったといわれる。『第百二十三回国会参議院内閣委員会議録』第四号(一九九二年四月七日)三頁(翫正敏参議院議員発言)。これが正確な情報であるとすれば、時期的には、山手治之教授が九〇年代における外国人個人による戦後賠償訴訟多発の原因の一つとして指摘される、日韓請求権協定に関する一九九一年八月の政府答弁(個人の請求権そのものを消滅させたものではないという柳井俊二外務省条約局長の答弁)よりも前に、民間賠償請求の動きが中国国内においては始まっていたということになる。山手治之「第二次大戦時の強制労働に対する米国における対日企業訴訟について」『京都学園法学』二〇〇〇年第二・三号(二〇〇一年三月)八七頁、同「日本の戦後処理条約における賠償・請求権放棄条項(一)」三―六頁。

2　これらの問題につき、松本克美「時効・除斥期間論の現状と課題」『法律時報』第七六巻一号(二〇〇四年一月)三七―四一頁参照。

3　この問題につき、芝池義一「戦後補償訴訟と公権力無責任原則」『法律時報』第七六巻一号(二〇〇四年一月)二四―三一頁参照。

4　逆に、日中共同声明において「国民の請求権」も放棄されていると判断したと理解できる判例としては、例えば中国人強制連行京都訴訟の京都地裁・二〇〇三年一月一五日判決がある。同判決は、日中共同声明について、「被告国が、国家間の戦後処理について相手国である中国から最終的合意を取り付けたことは紛れもないことである。そのことは、原告ら六名のみならず本件移入政策の実施過程において不法行為の被害者となった中国人のことが、両国間の交渉において具体的に取り上げられていなかったとしても、両国は被告国の戦争中の行為のすべてを交渉の対象にした上で最終合意に達して、被告国が戦後処理の責任を果たしたことを意味しているものというべきである」と述べており、これは、日中共同声明において、中国国民の請求権を含め、日本の対中戦後処理問題はすべて解決済みであると判断したものと理解できる。ただし右引用部分は、除斥期間の適用が著しく正義・公平の理念に反するか否かという部分で述べられており、判決の構成上は、必ずしも適切とは言い難いであろう。『判例時報』第一八二二号(二〇〇三年八月一一日)九四頁。なお、曖昧ではあるが、同じ系列に属すると考えることのできる判決として、細菌戦被害損害賠償訴訟の東京地裁・二〇〇二年八月二七日判決がある。同判決は、日中共同声明の第五項と日中平和友好条約の前文を引用した上で、「したがって、国際法上はこれをもって被告の国家責任については決着したものといわざるを得ない」と述べる。判決正本、四〇頁。

5　『判例タイムズ』第一〇九八号(二〇〇二年一〇月一五日)二六七頁以下。なお、本件の控訴審(第一審原告らおよび第一審被告会社が控訴)判決は二〇〇四年五月二四日に福岡高裁において言い渡されたが、同判決では、被控訴人国および第一審被告会社の強制連行および強制労働にかかる共同不法行為責任を認定した上で、国家無答責の法理の適用は排除したものの、不法行為については除斥期間の経過により、債務不履行(安全配慮義務違反)については時効により、損害賠償請求権が消滅したとして、被控訴人国および第一審被告会社に対する請求はいずれも棄却された。本件控訴審判決では、日中共同声明第五項との関係で特段の見解は示されていない。『訴務月報』第五〇巻一二号(二〇〇四年一二月)三六四六頁以下。

6　原告らは、本訴において国際法上の賠償請求権を主張しているものではないとしつつ、次のように主張した。日本政府は、対日平和条約や日ソ共同宣言等における請求権放棄条項によって放棄したのは外交的保護権にすぎず、直接国民の権利、利益を処分したものではない、との立場を一貫して取ってきており、この理は原告らに対しても当てはまるのであって、日中共同声明において放棄されたのは国家間の請求権のみであり、原告らの損害賠償請求権は放棄されていない、と。『判例タイムズ』第一〇九八号、二八五頁。

7　『同右』第一〇九八号、二八五頁。

8　『同右』第一〇九八号、三〇一頁。

9　『判例時報』第一八二三号(二〇〇三年八月二一日)六一頁以下、『判例タイムズ』第一一二七号(二〇〇三年一〇月一五日)二八一頁以下。なお、本件の控訴審(第一審原告らが控訴)判決は二〇〇五年三月三一日に東京高裁において言い渡され、日中共同声明との関係で被控訴人の主張について判断する必要はないと述べた。『訟務月報』第五一巻一一号(二〇〇五年一一月)二九一五頁参照。

10　原告らは、国際法上の責任との関連で、日中共同声明に関して次のように主張した。「日中共同声明によって中華人民共和国が放棄したのは、あくまで戦勝国の敗戦国に対する戦争賠償の請求権にすぎず、戦時法規や人道原則に違反して相手国の国民に与えた被害を賠償する加害国の責任まで放棄されたわけではない」。このことは、中華民国(中華人民共和国の誤りか＝著者注)政府において、同国民が日本国に対して賠償請求を行う権利を有することを認めていること、日本国政府においても、日韓請求権協定で日韓両国政府が放棄した国民の請求権につき、国家が有する外交的保護権を放棄したものにすぎず、個人の請求権そのものを国内法的な意味で消滅させたものではない旨の国会答弁を行っていることからも明らかである、と。『判例時報』第一八二三号、六四頁、『判例タイムズ』第一一二七号、二八五頁。

11 『判例時報』第一八二三号、六七頁、『判例タイムズ』第一一二七号、二八七頁。「日中共同声明をもって……放棄されている」という表現は裁判所による要約であって、被告国の主張を正確に反映してはいない可能性がある。

12 『判例時報』第一八二三号、七四頁、『判例タイムズ』第一一二七号、二九五頁。

13 『訟務月報』第五〇巻一二号(二〇〇四年一二月)三四四四頁以下。なお、本件の控訴審(第一審被告国および被告会社が控訴)判決は二〇〇七年三月一四日に東京高裁において言い渡されたが、日中共同声明第五項との関係で特段の見解は示されていない。『訟務月報』第五四巻六号(二〇〇八年六月)一二九二頁以下。

14 原告らは、「第6　日中共同声明等により原告らの請求権が消滅したとの主張について」と題して、次のように詳細な議論を展開した。まず、基本的人権の侵害による損害賠償請求権は、被害者個人に固有の私的請求権であって、第三者による処分は許されないとの前提から出発し、対日平和条約第一四条(b)の解釈として、国会の場などに現れた日本政府の公式見解に言及しつつ、同項は外交的保護権を放棄したものであって、個人の私的請求権を放棄したものではないと主張した。そして、この関係で、スティッカー(スティッケル＝著者注)外相宛の吉田首相の書簡(自国民の私的請求権がもはや存在しなくなるとは考えない)にも言及した。

日華平和条約については、同条約では、「中華民国の国民個人の私的請求権を放棄することは一切規定されておらず」、それが「放棄されていないことは明らかである」とする。この関連で、日華平和条約が対日平和条約を準用することによって「日本国及びその国民と中華民国及びその国民との間の相互の請求権は、全て放棄されたことになる」とする被告国の主張に触れつつ、対日平和条約で放棄されたのは外交的保護権であり、個人の私的請求権を放棄したものではないこと、日華平和条約の適用範囲に関する交換公文によって、同条約は中華民国政府の支配下の領域の外に居住している原告らに適用されないこと、および、日中共同声明前文に定める「復交三原則」の第三項は日華平和条約を無効としており、それが日中共同声明の当事者の意思であることを指摘する。

日中共同声明については、その第五項の文言自体からして、「中華人民共和国政府の日本国に対する戦争賠償の請求を放棄しただけであり、中華人民共和国の国民個人の日本国に対する請求権を放棄したとは規定されていない」とした。また、同共同声明についての加藤紘一官房長官の衆議院(参議院の誤り=著者注)内閣委員会における答弁(中国は外交的保護権を放棄したのであって、国民の訴権は存在する)を取り上げ、政府の公式見解で訴権の存在を確認していると主張した。

さらに、中国の見解として、銭其琛外交部長による一九九五年三月の発言等を取り上げた後、中国大使館のホームページが「〝中日共同声明〟で表明した対日戦争賠償要求の放棄を堅持し、〝中日平和友好条約〟で承諾した国際条約上の義務を引き続き履行します。しかし、それと同時に、中国に遺棄した日本の化学兵器、中国人女性を強制的に日本の中国侵略軍の従軍〝慰安婦〟に連行したこと、中国労働者を強制連行したなどの問題に関しては、中国政府は人民の正当な利益を擁護する立場から、日本側に真剣な対応と善処を要求しています。」と記載していることに言及し、中国も「放棄したのは中国の国家としての賠償請求権であることを前提に、個人の賠償問題を日中間の遺留問題としてその解決を我が国に求めている」と指摘した。

原告らは、最後に、禁反言の法理を援用しつつ次のように主張した。すなわち、スティッカー(スティッケル=著者注)外相宛の吉田首相の書簡(私的請求権が消滅することにはならない)、一九九一年八月の参議院予算委員会における柳井俊二外務省条約局長の答弁(日韓請求権協定は外交的保護権を相互に放棄したのであって個人の請求権を消滅させたのではない)、右に掲げた加藤官房長官の答弁(訴権は存在する)、一九五九年の対日平和条約請求権放棄賠償請求訴訟控訴審における国の主張(対日平和条約第一九条(a)で放棄された請求権は外交的保護権に関するもので、個人の請求権が消滅したものということは困難)などを引用しつつ、原告らの被告国に対する損害賠償請求権が消滅したとの本件訴訟における被告国の主張は、「禁反言の法理に違反し、そのような主張をすることは正義・公平の観点から許されない」と述べた。『訟務月報』第五〇巻一二号、三五九九―三六一一頁。

15 『訟務月報』第五〇巻一二号、三六三一―三六三五頁。

16 この部分で判決は、中華人民共和国と中華民国を異なる二つの国であるかのように捉えているが、これは、基本的な認識の誤りであるといわざるを得ない。

17 『訟務月報』第五〇巻一二号、三五〇八―三五一〇頁。

18 この点において裁判所は、被告国の主張を正確に表現してはいないように思える。国は、日華平和条約(および対日平和条約)における「国民の請求権」の「放棄」によって、「国民の請求権」が「消滅」したとはいっておらず、「請求に応ずる法律上の義務」が「消滅」したといっているに過ぎない。『訟務月報』第五〇巻一二号、三六三三頁。

19 『同右』第五〇巻一二号、三五二八―三五二九頁。

20 『判例時報』第一八六五号(二〇〇四年一〇月一一日)六二頁以下。本件の上告審判決につき、本書の「補論」参照。

21　控訴人らの争点(5)(日中共同声明等による損害賠償請求権の放棄)に関する主張は要旨つぎのようであった。控訴人らは、山西省性暴力被害者訴訟の東京地裁判決の該当部分(本文前記②の判決参照)をほぼ全文引用して、その指摘する通りであるとしたのち、被控訴人の主張を次のようにまとめた。すなわち、日華平和条約第一一条と対日平和条約第一四条(b)により、中国国民の日本国および日本国民に対する請求権は、国によって放棄されており、日中共同声明第五項にいう「戦争賠償の請求」は、それらの請求権を含むものとして、中華人民共和国政府がその「放棄」を宣言したものであって、したがって、このような請求権については、日本国および日本国民は、これに基づく請求に応じるべき法律上の義務は消滅しているので救済が拒否され、裁判上の請求も許容される余地がない、というものである、と。

そして、これは国が最近になって対日平和条約第一四条(b)の解釈を変更したことと平仄を合わせるもので、法的構成として杜撰であり、無理な解釈であるが、仮に右解釈の変更を前提としても、同平和条約の締約国でもない中国に、これをそのまま及ぼそうとする点に「大きな論理の飛躍」があるとした上で、条約法条約の解釈原則を踏まえれば、そのような解釈を導き出すことは「到底できない」として、次のように述べる。日華平和条約第一一条(対日平和条約の準用)、同条約議定書第一項(b)(役務賠償の放棄)、および対日平和条約第二一条(中国受益条項)だけから、日華平和条約第一一条にいう「サン・フランシスコ条約の相当規定」に同条約第一四条(b)および第一九条(a)を含め、したがって日本国および日本国民と中国および中国国民との間の相互の請求権は、すべて放棄されたと解釈する主張は、「条約解釈の一般原則を逸脱していることが明白である」。まして、中華民国の支配下にない中華人民共和国政府の支配下にある中国人の個人の請求権の放棄という重大処分がなされうるなどとするのは「非常識の極み」である、と。

他方、日中共同声明については、それ自体は条約ではないが、日中平和友好条約の前文において言及されていることから、「共同声明が条約の一部になったと解される余地がある」として、その国際文書としての性格に鑑み、条約の一般解釈原則に従って解釈した場合、①対日平和条約を含め一九七二年までに日本政府が締結した諸条約では、「国の請求権と国民の請求権を書き分けている」こと、②「『戦争賠償』という用語の通常の意味からしても、中国人個人の請求権を含むと解釈することは、通例の解釈の域を全く超えている」と述べ、「戦争賠償の請求」の解釈としては、山西省性暴力被害者訴訟の東京地裁判決が判示するところが常識的であって、交渉記録をみても中国人個人の権利や請求権の処分は全くテーマになっていない、と指摘する。『判例時報』第一八六五号、七一―七二頁。

22　対日平和条約の署名の直前に、オランダのスティッケル外相が、オランダ憲法上、国が国民の請求権を放棄すること(私権の没収)は禁止されているため、対日平和条約第一四条(b)の請求権放棄が私権を没収する効果を持つというのであれば困ると

(アメリカ全権のダレスを通じて)日本に対して訴えた。そこで、本文に述べたような趣旨の交換公文(吉田・スティッケル交換公文)を交わすことによって、この点が解決されることになった。西村『サンフランシスコ平和条約』三〇一―三〇三頁、浅田「対日平和条約における『国民の請求権』の放棄(一)」六六―八三頁。

23 アメリカ政府の意見書は、対日平和条約第一四条(b)を再述した後、同条約は「連合国の賠償請求権ならびに連合国およびその国民の他のすべての戦争関連の請求権を明確に放棄している」(傍点原文下線)とした上で、「第一四条(b)の条文はまた、その起草者が国民個人の請求権を消滅させる(extinguish the claims of private nationals)以外のことを意図したことを全く示唆していない」と述べている。"Statement of Interest of United States of America," p. 16. 日本政府の意見書も、「対日平和条約の主要な目的は、日本国およびその国民に対する連合国およびその国民の戦争関連の請求権の最終的な解決であった」「日本政府は、第二次世界大戦中に日本国および その国民がとった行動から生じた日本国およびその国民に対する米国およびその国民(戦争捕虜を含む)の請求権は、同条約によって解決済みであるとの米国政府の立場を完全に共有する」と述べる。"The Views of the Government of Japan on the Lawsuits against Japanese Companies by the Former American Prisoners of War and Others," August 8, 2000, p. 1. 日本政府の主張にも拘らず、両者の見解には若干の違いがある。

24 『判例時報』第一八六五号、七三―七五頁。

25 判決のこの部分は、「加害者が…別の国家であったとしても」と述べているが、本件の加害者は西松建設であって、「別の国家」ではない。この部分は先に取り上げた中国人慰安婦三次訴訟(ここでは被告たる加害者は国家である)の東京地裁判決の該当部分を、事案の違いを無視してそのまま借用したため、右のような誤りが生じたものと思われる。

26 判決のこの部分は、復交三原則の第一原則と第二原則に対応しているが、本件訴訟との関係で重要なのは、日華平和条約は不法・無効であるとする第三原則であり、復交三原則について論じながら第三原則にのみ触れていない本判決には、何が論点であるのかを理解していないのではないかという疑念さえ生ずる。

27 『判例時報』第一八六五号、八九―九一頁。

28 『訟務月報』第五一巻一一号(二〇〇五年一一月)二八二三頁以下。

29 『判例タイムズ』第一一三八号(二〇〇四年二月一五日)一六九頁。控訴人らは、日中共同声明との関係で次のように主張した。被控訴人は、日中共同声明等により、控訴人らの請求権はすでに「放棄」されていると主張するが、それはこれまでの被控訴人の主張と矛盾し、共同声明第五項の文理解釈上も個人の請求権は放棄されていないし、中国政府は、個人の請求権の存在を繰り返し確認している、被控訴人は日華平和条約を介して対日平和条約第一四条(b)と結びつけた上で請求権の放棄を根拠づけようとするが、対日平和条約第一四条(b)と日中共同声明第五項とは、文言上も明らかな差異があり、両者を比較すれば、日中共同声明で個人の請求権放棄がなされたと解することは不自然、不合理極まりない、と。『訟務月報』第五一巻一一号、二八四〇—二八四一頁。

30　『同右』第五一巻一一号、二八四四頁。

31　『同右』第五一巻一一号、二八五七頁。

32　この点は、例えば中国人強制連行新潟訴訟において、被告国が日華平和条約第一一条、対日平和条約第一四条(b)、日中共同声明第五項に言及しつつ、原告らの請求権は放棄されていると主張したのに対して、新潟地裁が、「中華人民共和国と中華民国との関係からして、両国との間の問題は、明確に分けて個別に検討されなければならない」(傍点引用者)とした上で、日中共同声明についてのみ検討を行っている点に表われている。『訟務月報』第五〇巻一二号、三五二八頁。

33　本文にも述べたように、これが国の主張を忠実に反映したものであるかは明らかでない。むしろ、これまでの国の主張、および、別の事件との関連で提出された国の準備書面が、「[対日平和条約第一四条(b)を引用する日華平和条約第一一条により原告らの請求に応じる法的義務は消滅したとした上で]日中共同声明五項によってかかる法律上の義務が消滅したという主張ではない」ことを強調していることからすれば(細菌戦被害賠償請求訴訟控訴審の被控訴人第四準備書面(二〇〇四年七月二〇日)第三の2(2)イ)、裁判所による要約が不正確であるという可能性も小さくない。もしそうであるとすれば、それ自体由々しき問題である。裁判所が、自己の主張であればともかく(それは誤っていても仕方がない)、訴訟当事者の主張を正確に記述できていないとすれば、それは、訴訟当事者の主張を正確に理解できていないということを意味するからである。さらに、研究者にとっても、判決に示された当事者の主張の要約が不正確であるとすると、訴訟当事者の準備書面にアクセスできない限り、その主張内容を正確に知ることができないということにもなりかねないからである。

34　『訟務月報』第五〇巻一二号、三六三四頁。ほぼ同様の国の主張は、遺棄化学兵器一次訴訟における東京地裁・二〇〇三年九月二九日判決の別紙(「被告の主張」)にも見られる(判決正本、八九—九〇頁)し、中国人慰安婦二次訴訟における東京高裁・二〇〇五年三月一八日判決の別紙3(「被控訴人が当審において追加補足した主張」)にも見られる(『訟務月報』第五一巻一一号(二〇〇五年一一月)二九一二頁)。なお、前者の「被告の主張」は、「被告のこの主張は、原告らと被告との間の法律関係への適用が当然問題となるサン・フランシスコ平和条約、日華平和条約、日中共同声明というわが国が締結した条約の意義について、説明するものである」(傍点引用者)と述べており、これが被告国の主張を正確に反映させたものであるとすれば、日中共同声明を二つの平和条約と並べて「条約」として扱うと共に、その原告・被告の「法律関係」への適用が当然問題となるとしている点で興味深いが、裁判所による不正確な要約である可能性も小さくない。

35　この点につき、浅田正彦「日華平和条約・日中共同声明と中国国民の請求権—西松建設事件」『ジュリスト(平成一六年度重要判例解説)』第一二九一号(二〇〇五年六月一〇日)二七九頁参照。

第五章　残された問題

第一節　台湾関連の財産・請求権の処理

以上に見てきたような日華平和条約の締結およびその後の日中共同声明の署名にも拘らず、日中両国(ここでは台湾・澎湖諸島を含む)の間には戦後処理にかかる未解決の問題がなお残されている。一つは、いうまでもなく台湾・澎湖諸島との関係における財産・請求権の処理の問題である。対日平和条約第四条および日華平和条約第三条において予定されていた台湾・澎湖諸島関連の特別取極では、①日本国および日本国民の、(i)台湾・澎湖諸島に所在する財産、(ii)台湾・澎湖諸島の中華民国の当局およびそこの住民に対する請求権と、②台湾・澎湖諸島の中華民国の当局およびその住民の、(i)日本国に所在する財産、(ii)日本国および日本国民に対する請求権、の問題を処理するものとされていた。ところが、この特別取極は日本による中国の政府承認の切替え前の時期には締結されず、政府承認切替え後は、日本政府と「台湾及び澎湖諸島における中華民国の当局」との間の公的関係が失われたため、その締結は事実上不可能となった(以下、「台湾及び澎湖諸島」を単に「台湾」ということがある)。

この点は、日中平和友好条約の発効後に開かれた衆議院予算委員会の質疑においても取り上げられ、日華平和条約第三条についての質問に対して、中島敏次郎外務省アメリカ局長兼条約局長が次のように答えている。「この請求権の取り決めを処理する相手方であるところの施政当局そのものとのわが国の法的関係が消滅いたしておりますので、そのままになっておる」、「台湾の施政当局とわが国との法的関係が切れてしまっておるということで、その特別取《マ》り決《マ》めを締結し得ない状態になっておる」、「ただしそのことは、その個々の請求権自体の法的な地位に影響が及んでいるということではない」と述べている[1]。

日華間の特別取極は、日華平和条約の締結(一九五二年)から日中共同声明の署名(一九七二年)までの二〇年もの間、締結の可能性があったにも拘らず締結されなかったが、その原因は(特に初期の段階において)主として中華民国側の消極姿勢にあったといわれる[2]。中華民国政府が特別取極の締結に消極的な姿勢であった背景には、日本側の在台湾財産および対台湾請求権に比して、中華民国側の在日財産および対日請求権が余りに少なかった点がある。当時、日本側の在台湾財産は約三二億ドルと推定されていた(中国人慰安婦二次訴訟の東京高裁判決では四二五億四二〇〇万円とされる[3])のに対して、台湾人側の在日財産および対日請求権は、公債、郵便貯金、公務員未払給与、遺族扶助料等一切を含めても数億ドルに過ぎなかった。したがって、特別取極を締結した場合には、中華民国政府が多額の「逆賠償」を日本に支払うことになるため、日本政府からの再三の交渉要求にも拘らず、台湾側が、財政上の余裕がなく、今はその時期ではないとして、解決を避けてきたといわれる[4]。

他方、この特別取極は、対日平和条約と日華平和条約で予定されていたものに過ぎず、両条約の有効性を認めない中華人民共和国政府としては、日中共同声明の作成に当たって、自らがその領土の不可分の一部であると主張する台湾に関係する本件問題につき、独自の処理方法を(少なくとも)提案することも不可能ではなかったはずである。しかし、一九七二年の日中交渉においてそのような提案が行われたという事実はないようであり[5]、共同声明にもこの点に関する規定は置かれていない。

こうして特別取極は締結されず、日中共同声明にも関連規定は置かれないままとなったが、台湾関係の財産・請求権の処理が解決されるべき問題であることは明らかである。以下では、台湾当局、台湾住民、日本国・日本国民のそれぞれについて、具体的にいかなる問題が存在し、これまでにいかなる処理がなされてきたのかについて主要なものを見ることにしよう。

一　台湾当局の在日財産

特別取極の対象となるべき要素のうち「台湾及び澎湖諸島における中華民国の当局」(以下、「台湾当局」という)が日本において所有する財産として注目されてきたのが、京都市左京区に所在する光華寮である[6]。

光華寮は、第二次世界大戦末期に京都大学が中国人留学生の集合教育用宿舎として民間所有者から賃借していた不動産(土地建物)である。日本の敗戦で集合教育は廃止されたが、住宅難で寮生が住み続けたため、寮生の働きかけもあって、中華民国が一九五〇年と五二年に結んだ契約[7]で同寮を購入し、一九六一年に所有権移転の登記が行われた。その後、中華人民共和国支持派の一部寮生が管理を阻害したとして、一九六七年に中華民国が寮生に対して光華寮の明渡しを求める訴えを京都地裁に提起した。しかし、本件訴訟が第一審で係争中の一九七二年に日本による中国の政府承認の切替えが行われたため、本件訴訟の行方に影響が及ぶこととなった。

裁判における主要な争点は二つあり、①中華民国は政府承認切替え後も訴訟の当事者に留まることができるかという問題（中華民国の訴訟当事者能力）と、②光華寮の所有権は政府承認の切替えによって中華民国（政府）から中華人民共和国（政府）に移転したかという問題（所有権の所在）であった。本件については、二〇〇七年三月二七日の最高裁判決までに、第一次第一審の京都地裁判決（一九七七年）、第一次控訴審の大阪高裁判決（一九八二年）、差戻第一審の京都地裁判決（一九八六年）、差戻控訴審の大阪高裁判決（一九八七年）の四つの判決が出されていた8。

争点①については、第一次第一審から差戻控訴審までの四判決のいずれにおいても、中華民国の訴訟当事者能力を認める判断が下されている9。それは、「原告が今尚台湾とその周辺諸島を支配し事実上の国家形態をとっていること」（第一次第一審判決）、国内裁判所は国内における私的な法律上の紛争をどのように合理的に解決すべきかという見地から判断を下すのであって、中華民国政府が事実上の政府であることも日中共同声明がなされていることも、同政府を当事者とする私的な法律上の紛争につき同政府に当事者能力を認めることに対し支障となるものではないこと（第一次控訴審判決）などを理由とするものであった。なお、差戻控訴審判決では、被控訴人の訴訟当事者名の表示をそれまでの「中華民国」から「台湾（本訴提起時中華民国）」へと改めている。

争点②については、第一次第一審判決において、政府承認の切替えの結果、外国にある中国の公有財産の所有権は中華人民共和国政府に移るとされたのに対して、第一次控訴審、差戻第一審および差戻控訴審のいずれにおいても、本件は前政府（中華民国政府）が局地的に残存する不完全承継に当たるところ、本件財産は、第三国の領域に所在する前政府の財産であり、それが外交財産でも国家権力行使のための財産でもないことから、新政府には承継されないと判示された10。

ところが、差戻控訴審の判決から二〇年が経過して出された二〇〇七年の最高裁判決は、職権により、原告側訴訟追行者の代表権の有無を判断して、次のように判示した。すなわち、本件訴訟の原告は「中国国家」であるが、日中共同声明により、訴訟代理人が有していた中国国家の我が国における代表権が消滅したにも拘らず、訴訟手続が続行されたとして、共同声明の時点に立ち戻って第一審の審理をやり直させるべく、本件を第一審に差し戻した。また、この趣旨を反映して最高裁判決では、被上告人を「旧中華民国、現中華人民共和国、中国」と記載している[11]。

本件の原告が中国国家であるとすると、日本政府は日中共同声明第二項において、中華人民共和国政府が「中国の唯一の合法政府」であることを承認したのであるから、その代表権も同政府に移ることになり、中華民国政府は訴訟追行権を有しないことになる。しかし、本件の原告が中国国家であるとするのが適当であるのか、疑問がない訳ではない。本件の当初の原告代表者は、日本において中国国家を正当に代表する中華民国政府の駐日本国特命全権大使であり、その訴訟物は所有権に基づく明渡請求であったが、その後事態の推移(日本による中国の政府承認の切替え)により、実質的には、台湾が明渡しを請求している「光華寮」の所有権そのものが訴訟物となった(しかもそれが中華民国政府に帰属するか中華人民共和国政府に帰属するかの争いとなった[12])ともいえるのであって、そうであれば「台湾」が原告であると考えることも十分に可能であろう[13]。

いずれにせよ、こうして差し戻された以上、本件は、原告を「中国国家」として訴訟手続の受継がなされることになり[14]、日本においてその代表権を有する中華人民共和国政府が訴訟追行権を有するということになる。他方で台湾が、「中国国家」の代表権は持たないとしても、「台湾」として訴訟当事者能力を有することは、光華寮事件の累次の判決において一度も否定されていないし、最高裁判決もその点まで否定してはいないように思える[15]。そうであれば、今後「台湾」が本件訴訟に独立当事者として訴訟参加することも、また本件の帰趨に拘らず、「台湾」として別訴を提起することも、さらには別訴において被告となる可能性も、いずれも排除されないというべきであろう[16]。

二　台湾住民の在日財産・対日請求権

以上は、特別取極の対象となるべき要素のうち、台湾当局の日本国における財産にかかるものであるが、台湾住民（以下、「台湾人」ということがある）の日本における財産ならびに日本国および日本国民に対する請求権については、いかなる取扱いがなされてきたのであろうか。台湾にかかる特別取極は締結されないままであるが、そのことは、「その個々の請求権自体の法的な地位に影響が及んでいるということではない」（前出の中島アメリカ局長兼条約局長答弁）。それゆえ台湾人は、直接に日本の裁判所において日本国を相手に請求を提起するという手段をとった。

その一つが一九七七年に提訴の台湾人元日本兵事件（一九八二年東京地裁判決、一九八五年東京高裁判決、一九九二年最高裁判決）である。この事件において原告らは、「戦傷病者戦没者遺族等援護法」（以下、「援護法」という）の附則第二項（戸籍条項）が、「戸籍法の適用を受けない者［＝旧植民地出身者］については、当分の間、この法律を適用しない」と規定することで、彼らを援護法による障害年金や遺族年金の給付対象外としていること、および、恩給法の第九条一項三号（国籍条項）が「年金タル恩給ヲ受クルノ権利ヲ有スル者左ノ各号ノ一ニ該当スルトキハ其ノ権利消滅ス」「三　国籍ヲ失ヒタルトキ」と規定することで、同様に彼らを恩給の給付対象外としていることについて、憲法第一四条や国際人権規約に定める平等原則に反するなどと主張した。

最高裁は、援護法・恩給法に戸籍条項・国籍条項を設けたことについて、台湾住民である軍人軍属に対する補償問題には特別取極による解決が予定されていたことから、彼らを援護立法の適用から除外したことには「十分な合理的根拠がある」として、憲法第一四条違反との原告らの主張を退けた上で、中国に対する政府承認の切替えの結果として特別取極の協議が事実上不可能となった点については、このような現実を考慮して「いかなる措置を構ずべきかは、立法政策に属する問題というべきである」と判示した[17]。

もっとも、本件において裁判所が、原告ら台湾人に対する補償措置がなかったことについて「同情を禁じ得ないものがある[18]」（東京地裁判決）とし、また「早急にこの不利益を払拭し、国際信用を高めるよう尽力すること[19]」（東京高裁判決）を促したこともあり、東京高裁判決後の一九八七年九月に「台湾住民である戦没者の遺族等に対する弔慰金等に関する法律」が、一九八八年五月には同法の実施に関する事項を定める「特定弔慰金等の支給の実施に関する法律」が公布され、台湾住民である旧軍人軍属の戦傷病者（本人・遺族）や戦没者遺族に一律二〇〇万円の弔慰金・見舞金が支給されている[20]。この業務は一九九三年三月末日を請求期限として実施され、この間に総件数約三万件、総額約五九三億円の支給が行われた[21]。

同様に、特別取極の締結が事実上不可能となったために処理ができず、しかし台湾人の側からの処理の要求の強い問題に、いわゆる「台湾確定債務」の問題があった。台湾確定債務とは、日本が国内法上明らかに支払義務を有する債務であるが、日台間の全般的な請求権問題（特別取極による処理）が未解決であることから、日本政府がその支払いを保留してきたものである。台湾確定債務は、まさにその確定性からして、右の弔慰金・見舞金以上に当然に特別取極の対象となるべきはずのものであった。

日本政府は、一九九四年八月に発表された戦後五〇周年の村山談話[22]を受け、また、台湾側関係者の高齢化なども考慮して、同年、この問題に取り組むことになった。すなわち、一九九四年一二月一九日付の「台湾住民である元日本兵問題関係省庁連絡会議申合せ」により、日本円で当時の債務額に一二〇を乗じた額の支払いを行うこととし、一九九五年一〇月から二〇〇〇年三月末日までの五カ年度にわたって確定債務の支払いを実施した。対象となったのは、①台湾出身旧日本軍人軍属の未払給与（厚生省）、②台湾住民の軍事郵便貯金および外地郵便貯金（郵政省）、③台湾住民の簡易保険および郵便年金（郵政省）であり[23]、財団法人交流協会の台北事務所および高雄事務所を通じて、総件数約二七万件につき、総額約一二八億円が支払われた。なお、「一二〇倍」は法的意義を有する措置ではなく、この間の貨幣価値の変動のほか、国が支払いを保留してきたという事情を勘案した政策上の判断に基づくものである24。二〇〇〇年四月一日以降は、本来の債務額(一倍)で支払いが継続されている。

三　日本国および日本国民の在台湾財産

以上は、特別取極の対象となるべき要素のうち、台湾当局および台湾住民の在日財産・対日請求権に関するものであるが、他方、日本国および日本国民の在台湾財産の扱いについては、必ずしもその詳細は明らかでない。日本の在台湾財産については、国民政府が一九四六年に、台湾から引き揚げた日本国民の私有財産の取扱いについての命令、「台湾省内引揚日本人の私有財産処理に関する注意事項」を公布した25。それによれば、①不動産およびその附属権益は全部接収される、②一切の企業所有権、鉱業権、漁業権、特許権、商標権、著作権、船舶および車両は全部接収される、③有価証券および債権は、一定の例外を除いて接収される、④個人または家庭の必需品であって、連合国総司令部の定めた弁法および省政府が規定した範囲内で個人が携帯し得るものは、携帯持出しが許され、携帯を許されない動産および携帯を欲しない動産は一切接収されるものとされた。

そして現実には、「日産処理委員会」(後に「恒産管理処」と改称)が主管して接収・処理に当たり、私人(個人)の不動産については、接収後、当初は処理機関が占有者との間に賃貸契約を結んだが、その後一般に売却された(政府予算中にも恒産(日本人資産)売却収入が計上されている)。日本政府機関および日本人が出資した法人の財産については、一旦すべて接収し、これを政府各機関に割り当てまたは国営ないし省営企業とする方針をとったが、日本人の出資が僅少のものについては関係台湾人の請求によりこれを返還して民営企業として運営したようである26。

これらの財産は、台湾の当局および住民の在日財産と同様、対日平和条約第四条および日華平和条約第三条にいう特別取極の対象とされるべきものであったのであり、中華民国政府による一方的な接収は、明らかに法的な根拠のない措置であったといわねばならない。台湾の法制度の詳細は明らかでないが、理論的・抽象的には、それらの財産や請求権は、台湾確定債務の場合と同様、法的には消滅することなく残されていると考えるべきであろう。

第二節　中国関連の財産の処理

日華間・日中間の諸取極・取決めにも拘らず、なお未解決である可能性のある戦後処理の問題としてさらに検討すべきは、大陸を対象とする形で日華平和条約に関連規定はあったが、適用地域に関する交換公文のゆえに実際には同条約の下では適用されるに至らなかったものにかかる事項で、日中共同声明においても取り上げられなかったため、未解決・未処理のままに残されることとなったものである。具体的には、日本国および日本国民の在中国（＝中華人民共和国）財産と、中国および中国国民の在日財産の処理にかかる問題がそのようなものである可能性がある。なお、日本国および日本国民の戦争関連の請求権と中国および中国国民の戦争関連の請求権の問題は、すでに見たように（第三章第六節三）、それぞれ日華平和条約第一一条（対日平和条約第一九条(a)の準用）および日中共同声明第五項（日華平和条約第一一条により準用される対日平和条約第一四条(b)の内容を含め日華平和条約における処理と同内容と解される）によって処理済みである。

一　日本国および日本国民の在中国財産

まず、日本国および日本国民の在中国財産であるが、中国人慰安婦二次訴訟の東京高裁判決によると、第二次世界大戦終戦当時、中華民国東北に一四六五億三二〇〇万円、華北に五五四億三七〇〇万円、華中および華南に三六七億一八〇〇万円相当が存在したといわれる27。

これらの財産に関しては、対日平和条約において次のような趣旨の関連規定がある。すなわち、連合国は自国の管轄の下にある日本国および日本国民（それらの代理人ならびにそれらの支配した団体）の財産・権利・利益（以下、「（日本の）在外資産」という）を処分する権利を与えられるものとされる（第一四条(a)２）。

本来であれば対日平和条約に署名しなかった中国には、同項に基づく権利は付与されないはずであるが（第二五条28）、第二一条によって「この条約の第二十五条の規定にかかわらず、中国は…第十四条(a)２の利益を受ける権利を有」するものとされており、中国は、対日平和条約に署名していないにも拘らず、日本の在中国財産を処分する権利を与えられたということになりそうである。そうであれば、この問題は処理済みということになる。

しかし、対日平和条約が中国に日本の在中国財産の処分権を与える旨を定めたというだけで、中国が自動的にそのような権利を取得することになるかといえば、必ずしもそうともいえないところがある。条約法条約第三六条の規定によれば、第三国が条約に基づいて権利を取得するためには、条約の当事国が当該第三国に権利を与えることを意図しているだけでなく、当該第三国がそのことに同意することが必要であるとされ、ただし、第三国の同意は反対の意思表示がない限り存在するものと推定される。

この規定は、条約法条約の作成時における慣習法を法典化したものというよりも、二つの主要学説（「附随的合意」の理論と「第三者のためにする契約」の理論29）の妥協の産物として、国際法の漸進的発達に属するものと考えるべきであろう[30]。とはいえ、条約法条約が広範な参加を得ていること、同条に反する実行がないこと、内容的にも論理的であること、ほとんどの国に受入れ可能と見られていること[31]、同条を慣習法の法典化と見る有力な学説も少なくないこと[32]などから、これを基礎に検討することが許されるであろう。対日平和条約の右規定が第三国(中国)に権利を与えることを意図していることは明らかであるので、以下では第三国の側の同意の側面を中心に検討することにしたい。第三国たる中国は、対日平和条約における在中国日本財産の処分権付与に対していかなる反応を示したのか。

(一)中華民国政府の対応

この点の検討に当たっての問題は、第三国たる中国に二つの政府が存在し、それらが対日平和条約に対して異なる態度をとってきたところにある。そのうちの一方の政府である中華民国政府が本件権利付与に同意を与えていることは、以下の事実からも明らかである。

日華平和条約に注目すると、同条約には日本国および日本国民の在中国財産の問題を扱う規定が特に存在しないので、この問題は、同条約の第一一条(別段の規定がない限り対日平和条約の相当規定を準用する)に従い、対日平和条約の「相当規定」である第一四条に従って解決されることになる。対日平和条約第一四条は、日本の戦争賠償[33]および財産に関する規定であるが、そのうち、①役務賠償(第一四条(a)1)については、中華民国が日華平和条約の議定書第一項(b)においてこれを「自発的に放棄」したため、中華民国との関係では、②日本国および日本国民の在外資産の処分権(第一四条(a)2)のみが残されたということになる[34]。そのことは、日華平和条約の同意議事録の四で確認されており、日本国代表が、中華民国に及ぼされるべき唯一の残りの利益は「日本国の在外資産」であると了解すると述べたのに対して、中華民国代表が「然り、その通りである」と答えている。右の「日本国の在外資産」が中国大陸にある日本の資産であることは、日華平和条約の国会審議においても確認されている[35]。したがって、これをもって、日本の在中国財産の処分権付与に対する中華民国政府による第三国としての明示的な同意と捉えることができるであろう。

あるいは、その同意が日華間の条約においてなされていることからすれば、それはもはや第三国としての同意ではなく、むしろ両当事者が直接に日本の在中国財産の処分権について取り決めたものと見るべきなのかも知れない。いずれにせよ、中華民国政府との関係では、対日平和条約第一四条(a)2に定める在外資産の処分権が中国に与えられていることに疑いはない[36]。

さらにいえば、中華民国政府は、一九四五年九月二日の降伏文書署名の日に、中国にある日本の公私の資産をすべて没収することを米英ソ三国に通告しているし[37]、その直後の九月一一日に開かれたロンドン外相会議においても、中国にある日本の政府および私人の財産は中国に対する賠償としなければならないと述べていた[38]。こうした発言からすると、国民政府はすでに終戦直後の段階において、日本の在中国財産の所有権を取得する意思を明らかにしていたということができる。そうであれば、そのような意思は、対日平和条約における在外資産の処分権を中国に与える意図の表明(第一四条(a)2および第二一条)に先立って予め与えられていた同意と解することもでき、そのような理解によれば、中華民国政府との関係では、中国の在中国日本財産処分権は、(日華平和条約ではなく)対日平和条約の発効と同時に確定的に効力を生じたということになろう[39]。

他方、この問題を事実の観点より見れば、国民政府は、中国大陸を支配していた一九四五年一〇月に「日僑財産処理弁法」を公布して、その領域内にある日本人財産を没収しているが[40]、対日平和条約の締結前に行われたこういった行為は、国際法上の根拠なくして行われたものといわなければならない。それゆえ、対日平和条約の右規定(第一四条(a)2および第二一条)によって、「没収の措置が追認[41]された[42]」(中国人慰安婦二次訴訟、東京高裁判決)と指摘されるのである。いずれにせよ、こうして在中国日本財産の問題は、中華民国政府との関係では法的に処理済みということになろう。

(二)中華人民共和国政府の対応

対日平和条約の第三国たる中国のもう一方の政府である中華人民共和国政府は、対日平和条約を「不法」「無効」として認めない立場を明らかにしてきた(第一章第三節参照)。したがって中華人民共和国政府との関係では、中華民国政府の場合とは異なり、対日平和条約に定める日本の在外資産の処分権に関する規定が、そのままの形で問題なく目的を達するということにはならない可能性がある。では、右の中華人民共和国政府の立場をもって、同政府が日本の在外資産の処分権を取得することを拒否した(条約法条約第三六条一項にいう「同意しない旨の意思表示」をした)ということになるのか。

この点は、「同意しない旨の意思表示」をどれだけ厳格に解するかによるであろう[43]。権利付与に同意しない旨を特定して意思表示しない限り、同意は存在するものと推定すべきと考える場合には、人民政府によってそのような特定した意思表示は管見の限り行われてはおらず、したがって中華人民共和国政府との関係においても、対日平和条約の規定によって中国に日本の在中国財産の処分権が付与されたということになる。

他方、そのような特定した「同意しない旨の意思表示」を求めない場合には、権利を付与する旨の規定を含む条約を「不法」「無効」とする主張をもって、権利付与に「同意しない旨の意思表示」と捉えることができるかも知れない。そのような捉え方をする場合には、中華人民共和国政府は権利付与に同意していないということになり、同政府との関係では、対日平和条約の規定から直接に中国に日本の在外資産の処分権が生ずるということにはならないであろう。

この場合に、中華人民共和国政府との関係で、中国による日本の在外資産の処分権取得を肯定することのできるもう一つの可能性として、中華民国が取得した処分権の承継という考え方がありうる。前述のように、中華民国による日本の在外資産の処分権取得の捉え方は様々ありうるが、例えばそれが日華平和条約によるとした場合、中華民国政府が国家としての中国を代表して締結した日華平和条約は、国家としての中国に日本の在外資産の処分権を与えたのであり、その中国において政府の変更があった場合には、政府承継の問題が生ずることになる。既に述べたように（第二章第五節七）、包括承継が原則である政府承継においても[44]、内戦中になされた「国民の一般利益に反する」（ラウターパハト）条約については新政府に承継されないと考えられるが、在外資産の処分権はそのようなものに当たるとはいえないのであって、日華平和条約に定める在中国の日本財産の処分権は、日本による政府承認の切替えによって中華人民共和国政府に承継されたと考えることができるのである。

もっとも、中華人民共和国政府が同じく「不法」「無効」を主張してきた対日平和条約と日華平和条約とで、前者については同政府との関係で関連規定（日本の在外資産の処分権付与）の効果が中国に及ぶことを認めず、後者については同政府との関係で効果を認めるというのでは一貫性がない、との批判がありうる。しかし、これは必ずしも正鵠を得た批判ではない。前者との関係では、（条約法条約の規定によれば）第三国の政府としての中華人民共和国政府の（推定的なものであれ）同意が法的に必要であったが、同政府が対日平和条約を全体として「不法」「無効」であると一貫して主張している以上、そのような同意を推定することはできず（それがここでの前提）、したがって対日平和条約の規定が現実に効果を発揮することにはならなかった。これに対して後者は、政府の交替に伴う政府承継に係わるものであったが、政府承継は、国家としての同一性を前提として、基本的に後継政府の意思ではなく承継法という法規則の作用によってその帰趨が決まるものだったからである[45]。

こうして、推定的なものとしても第三国たる中国の同意がないとする場合には、中華人民共和国政府にとって在中国日本財産の処分権は、対日平和条約が第三国たる中国に処分権を与え、それに対して同政府が同意を与えた結果としてではなく、日華平和条約の関連規定等に基づいて中華民国がすでに取得していた処分権を、中華人民共和国政府が承継した結果として生じたものと考えるべきだということになろう。

このように、中華人民共和国政府との関係における中国による在中国日本財産の処分権取得については、同政府の同意の存在をいかに考えるかによって異なった捉え方ができるが、対日平和条約と日華平和条約の双方の「不法」「無効」を主張する中華人民共和国政府自身が、在中国の日本財産の処分をいかなる仕方で正当化するかは別問題である。そこで次に、中華人民共和国政府による在中国日本財産の現実における扱いについて見ることにしよう。

(三) 中華人民共和国政府による在中国日本財産の扱い

在中国の日本財産は現実には次のように扱われた46。日本国および日本国民の在中国財産のうちの主要な部分を占めていた在満州財産のうち、南満州鉄道株式会社に属していたものは、当初中華民国政府の下で、中国長春鉄路として中華民国とソ連の共有財産とされ、その共同経営の下に置かれた(一九四五年八月一四日の中国長春鉄路に関する華ソ協定第一条47)。しかし、その後中華人民共和国政府の下で、中ソ間において、中国長春鉄路の共同管理に関するすべての権利を、同鉄路に属するすべての財産とともに、遅くとも一九五二年末までに無償で中華人民共和国政府に譲渡することが合意されている(一九五〇年二月一四日の中国長春鉄路、旅順口および大連に関する中ソ協定第一条48)。

鉄道以外の在満州日本財産については、ソ連が戦利品49として没収した。これに対してアメリカやイギリスが、一九四六年二月―三月に、それらの財産は対日賠償の対象となるべきものであるとする抗議の通牒をソ連政府宛に手交するなどしている。国民政府も同様の立場であって、戦利品であるとするソ連の主張は国際法で認められた範囲をはるかに逸脱するものであるとの意見を表明している[50]。そして、一九五〇年二月一四日の中ソ友好同盟相互援助条約および中国長春鉄路、旅順口および大連に関する中ソ協定の調印に関する共同コミュニケによれば、それらの鉄道以外の財産についても、無償で中華人民共和国政府に譲渡する旨の公文が交換されている[51]。

こうして見てくると、中華人民共和国政府としては、必ずしもそのように明示的に主張しているのではないにしても、その行為からは、すでに他の実体（中華民国政府やソ連）が合法か違法かはともかく外観上所有権を取得しているかのように見える元日本財産を、承継しまたは譲り受けたという形式をとっているように思える。

日本としては、対日平和条約および日華平和条約において、在中国日本財産の処分権を国家としての中国に与えることに同意しているのであるから、現実の最終的な結果についてはその意図したところと異なるところはない。しかし、法的な観点からは、そのような内容の対日平和条約が締結される前の段階で行われた右の一連の行為が、法的な根拠を有していたかといえば、アメリカやイギリスが抗議した鉄道以外の財産の没収はもちろんのこと、鉄道自体の財産および経営権の移転についても、一九世紀になって確立した敵国民の私有財産の没収を禁止する非没収の原則[52]からして、否定的に答えなければならないであろう[53]。

そしてここでも、前記(一)の末尾において述べたことがほぼそのまま当てはまる。すなわち、右のような中華民国政府およびソ連の行為や、中華民国政府およびソ連から財産・権利を承継しまたは譲り受けた中華人民共和国政府の行為は、その当時においては違法ないし法的根拠がなかったとしても、その後の対日平和条約および日華平和条約の締結、そして日中共同声明による政府承認の切替え等を通じて、そのような措置が「追認」されることになったといえよう。こうして、この問題は中華人民共和国政府との関係でも処理済みということになろう。

二　中国の在日財産

以上は日本国および日本国民の在中国財産の扱いに関する理解であるが、逆に、中国および中国国民の在日財産の問題は、一見したところ、日華平和条約および日中共同声明においても未解決・未処理であるように見える。

まず日華平和条約には、中国および中国国民の在日財産の問題を包括的に扱う規定は存在しない。したがって、ここでも基本的には同条約第一一条により、対日平和条約の相当規定が準用されることになるが、対日平和条約の相当規定とは、連合国および連合国国民の在日財産・権利・利益（以下、単に「在日財産」という）の返還問題を扱う第一五条ということになろう[54]。第一五条(a)は主要な部分において次のように定める（以下では、第一五条(a)を中心に検討する[55]）。

「この条約が日本国と当該連合国との間に効力を生じた後九箇月以内に申請があつたときは、日本国は、申請の日から六箇月以内に、日本国にある各連合国及びその国民の有体財産及び無体財産並びに種類のいかんを問わずすべての権利又は利益で、千九百四十一年十二月七日から千九百四十五年九月二日までの間のいずれかの時に日本国内にあつたものを返還する。…所有者により若しくは所有者のために又は所有者の政府により所定の期間内に返還が申請されない財産は、日本国政府がその定めるところに従つて処分することができる。…」

では、中国および中国国民の在日財産は、この規定の準用によって返還され、（あるいは返還されなくとも）すべて処理済みということなのであろうか。事はさほど単純ではない。以下、中国の在日財産と中国国民の在日財産とに分けて検討することにしよう。

(二)日華平和条約の起草過程

この点を考えるに当たってまず検討すべきは、日華平和条約に若干含まれる関連規定がどのような経緯を辿って合意されるに至ったかである。中華民国政府は、すでに日華条約交渉冒頭の国府側第一次草案56においてこの問題を取り上げ、その第一三条は、「中華民国およびその国民」の在日財産について、条約の発効後九カ月以内に申請があれば、日本は申請から六カ月以内にそれらを返還すべきことを規定していた。これは、連合国および連合国国民の在日財産の返還に関する対日平和条約第一五条の規定をほぼそのまま機械的に中華民国について当てはめたものである57。

これに対して、現実に適用可能な範囲で日華間に条約を締結することを基本方針として交渉に臨んだ日本にとって、少なくとも日華条約交渉の当初の段階においては、「中華民国およびその国民」の在日財産とは、分離地域である台湾・澎湖諸島における中華民国の当局およびそこの住民の在日財産であって、それらは専ら特別取極の対象とすべきものであった。それゆえ日本側は、一方で自らの草案において、台湾・澎湖諸島関連の財産処理の問題について明文の規定を置きつつ(日本側第一次草案第三条)、他方で、対日平和条約第一五条に対応する国府側の提案には関心を示さなかったのである。

しかし、交渉の最終段階に至って、日本側は最後の譲歩として、満州国・汪精衛政権などのいわゆる協力政権の在日財産の処理に関する「同意議事録の二」を受け入れることになった(第一章第六節四参照)。これは、国府側がその第一次草案以来一貫して、対日平和条約第一五条を引き写した規定において、あるいは対日平和条約の相当規定の準用に関する規定との関係で、中華民国の在日財産には協力政権の財産が含まれる旨を定めてきたことを受けたものである。そこで、日華条約交渉において最終的に合意された同意議事録の二の内容とその起草過程を見ることによって、中国の在日財産の処理にかかる日華平和条約の考え方を、まず協力政権の在日財産の処理との関係で探ることにしよう。

なお、連合国最高司令官の覚書によると、中国関連の「かいらい政府」(=協力政権)の在日財産には次のものが含まれていた。満州国関連で、内外ビル(千代田区丸の内)、トトテイ(TO TO TEI)ビル(千代田区有楽町)、満州国大使館本館(港区麻布桜田町)、満州国大使館旧武官住居(港区麻布桜田町)、満州国学生指導協会財産(文京区小石川(土地・建物)、新宿区牛込弁天町(土地・建物)、長野県軽井沢町(土地))、日本銀行および横浜正金銀行の預金、そして汪精衛政権関連では、東京銀行および日本銀行の預金である58。

(二) 協力政権の在日財産

1　日華平和条約の同意議事録の二

日華平和条約の同意議事録の二は次のように定める。

中華民国代表「私は、千九百三十一年九月十八日のいわゆる『奉天事件』の結果として中国に設立された『満州国』及び『汪精衛政権』のような協力政権の日本国における財産、権利又は利益は、両当事国間の同意により(upon agreement between the two Parties)この条約及びサン・フランシスコ条約の関係規定に従い、中華民国に移管されうる(transferrable)ものであると了解する。その通りであるか。」(傍点引用者)

日本国代表「その通りである。」

これは、一見したところ、協力政権の在日財産を中華民国へ移管する旨を定める規定であるかのようにも見えるが、実はそうではない。右の傍点を付した部分に注目すれば、この同意議事録が述べているのは、協力政権の在日財産の中華民国への移管は日華間の合意によって決せられるべき事項である、ということであることが分かる。換言すれば、協力政権の財産であることが明らかな場合であっても、日本側が同意しない限り移管されないのである。この点は、日華条約交渉でまさに妥結の直前まで合意に至らなかった問題の一つであり[59]、協力政権の在日財産の中華民国への移管が合意によって決められるという点は、日本が結局最後まで譲らなかった点なのである。この問題の交渉は次のような経緯を辿った。

日華条約交渉の冒頭に示された国府側第一次草案は、右に述べたように、対日平和条約第一五条を引き写した形で、日本による中国の在日財産の返還義務について規定するとともに、「協力政権の財産、権利または利益は、中華民国の財産、権利または利益と見なされる(shall be deemed to be)」と規定していた[60](第一三条)。その後、国府側の第二次草案および第二次草案修正案では、対日平和条約第一五条を引き写した規定に代わって、他の事項を含め対日平和条約の相当規定の準用に関する規定が置かれる(それぞれ第一一条および第一二条)ことで、対日平和条約第一五条の準用が確保されるとともに、それぞれの議定書案において、準用規定の適用における了解として、「サン・フランシスコ条約第一五条に従い日本から他の署名国に返還されるべき財産ならびに回復されるべき権利および利益は、中華民国に関しては、協力政権の財産、権利および利益を含む(shall … include)」旨の規定が置かれていた[61](いずれも第一項(a))。

これに対して日本側は、大陸関係の事項は可能な限り日華平和条約の対象外とするという方針のもと、協力政権(大陸に所在)の在日財産の問題について規定を設けることには一貫して消極的な態度を示した。しかし、役務賠償を放棄したことなど国府側の譲歩の存在、同意議事録という附属の文書における規定である点などを背景に、現地における交渉の結果、一九五二年四月一三日に次のような規定を含む同意議事録案が、本国の承認を条件として日華間でアドレフ合意されるに至った。すなわち、アドレフ合意された同意議事録案には、協力政権の財産、権利および利益は、本条約および対日平和条約の関係規定に従い「中華民国に移管される(shall be transfered [sic: transferred の誤り] to the

Republic of China)」と規定されていた[62]。

日本(本国)は、最終的にこの問題に関する規定を設けることは受け入れたが、受入れに当たって、現地でアドレフ合意されていた案の「移管される(shall be transfered [sic: transferred の誤り])」という文言を、「両当事国間の同意により…移管されうる(shall be transferable [sic: transferrable の誤り] … upon agreement between the two Parties)」という文言に変更するよう提案し[63](四月二三日)、その後国府側から修正案の提示などがあったものの[64]、右の日本(本国)提案が若干の字句の修正を経て最終的に合意されるに至ったものである。

日本政府が協力政権の在日財産の移管問題に関していかに拘っていたかは、右の提案の文言からも窺うことができる。法的には、「両当事国間の同意により」という文言で、日本の同意がなければ移管されないことが確保されるにも拘らず、さらに「移管される」を「移管されうる」に変更するという念の入れ方だったからである。

日華平和条約の国会審議においても、同意議事録の二については、「移管されうる」と規定されていることが強調された。例えば岡崎外相は、「それは当然に中華民国に移管されるのでなくして、日本政府と中華民国政府との間に同意があつた場合には、…中華民国政府に移管され得るものである。移管され得るものであつて、現実に移管されるかどうかということについては、これはまだ将来の問題でありますが、要するに移管され得るものである」と述べているし、倭島アジア局長も、「両国がこの関係のある事項について今後いろいろ交渉をやる。それで合意に達した際にこれを移管し得る」と述べているのである[65]。

以上のように見てくるならば、中国の在日財産の処理については、日華平和条約にその問題を包括的に扱う規定が存在しないことから、基本的には日華平和条約第一一条を介して対日平和条約における連合国の在日財産の返還に関する第一五条が準用されると考えることができるが、日華条約交渉の最終段階の妥協の結果合意された同意議事録の二（「両当事国間の同意により…中華民国に移管されうる」）に照らせば、協力政権の在日財産については、対日平和条約第一五条（「申請があったときは…日本国は…返還する」）がそのままの形で準用される訳ではないということが分かる。むしろ日華平和条約第一一条が、「この条約及びこれを補足する文書に別段の定がある場合を除く外」、対日平和条約の相当規定を準用する旨を規定していることからすれば、日華平和条約を「補足する文書」である同意議事録の二に別段の定めがある限りで、協力政権の財産については、日華平和条約第一一条を介して対日平和条約第一五条が準用されるという訳ではないということになろう。

では、協力政権の財産については、対日平和条約第一五条に定める九カ月および六カ月に対応する期間はどのような扱いになるのか。この点については、同意議事録の二そのものが、「この条約及びサン・フランシスコ条約の関係規定に従い、中華民国に移管されうる」（傍点引用者）としていることから、同意議事録の二にいう「関係規定[66]」（傍点引用者）としての対日平和条約第一五条に定める期間が協力政権の在日財産との関係でも準用されると考えることができる。この点は、同意議事録の二の基礎となった前記国府側草案の規定の変遷（当初より一貫して対日平和条約第一五条が念頭に置かれていた）に照らしても首肯することができる。

では、対日平和条約第一五条が、日華平和条約第一一条を介して準用される場合と、同意議事録の二に定める「サン・フランシスコ条約の関係規定」として準用される場合とで、具体的にいかなる違いが生ずるのだろうか。この点を次に見ることにしよう。

2　日華平和条約議定書第一項(a)

右の問いに答えるに当たって、その前提となるべき別の規定が日華平和条約の議定書に置かれている。すなわち、議定書第一項(a)が次のように規定する。

「「サン・フランシスコ条約において、期間を定めて、日本国が義務を負い、又は約束をしているときは［第一五条はそうである］、いつでも、この期間は、中華民国の領域のいずれの部分に関しても、この条約がこれらの領域の部分に対して適用可能となつた時から直ちに開始する。」（傍点引用者）

しかし、日華平和条約は、適用地域に関する交換公文（日華平和条約の条項は中華民国に関しては「中華民国政府の支配下に現にあり、又は今後入るすべての領域に適用がある」）の効果として、結局、（戦争状態の終了など一部の規定を除いて）大陸中国には「適用可能」とならなかった。したがって、大陸に係わる協力政権の財産の処理に対日平和条約第一五条が準用されるとしても、右の議定書第一項(a)の規定により、対日平和条約第一五条に定める九カ月の返還申請期間は、日華平和条約との関係では（中華民国政府の支配下にある領域が中国大陸に拡大して（つまり「大陸反攻」が成功して）はじめて開始されることになるが、それがそのように拡大することとならなかった結果として）そもそも「開始」されなかったということになりそうであるが、そうであるのか。

実は、まさにこの点において、対日平和条約第一五条の準用が日華平和条約第一一条を介したものであるのか、それとも同意議事録の二の「関係規定」としてのものであるのかによる違いが生ずることになる。すなわち、日華平和条約議定書第一項(a)は、同項の柱書において「この条約の第十一条の適用は、次の了解に従うものとする」と規定していることからも明らかなように、同条約第一一条の適用に関する了解である。しかし、同意議事録の二に定める協力政権の在日財産の移管に関しては、右に述べた理由で（同意議事録の二が日華平和条約における「別段の定」であるので）第一一条が適用されないことから、第一一条の適用に関する了解である議定書第一項(a)も適用されないということになる。その結果、同意議事録の二そのものが言及する「関係規定」としての対日平和条約第一五条の定めがそのまま

（つまり議定書第一項(a)による修正がない形で）準用されることになるのである。そして第一五条がそのまま準用されると、協力政権の在日財産の返還（移管）申請期間は日華平和条約の発効と同時に開始されることになり、日華平和条約の発効から九カ月以内に実際に返還の申請が行われ、日本政府がそれに同意する場合には、協力政権の在日財産は中華民国に移管されることになるとされていたといえる。

他方、対日平和条約第一五条において日本の義務として定められている、申請から六カ月以内の返還という期限については、協力政権の財産にそのまま準用されるようには思えない。なぜなら、協力政権の財産については、同意議事録の二において、（移管（返還）の申請があっても）「両当事国間の同意」が成立しなければ、そもそも移管すらされないことになっている以上、移管にこのような期限を設けることは意味をなさないからである。六カ月の期間については、「両当事国間の同意」から六カ月と考えるのがおそらくは合理的な解釈であろう（以上につき表3参照）。

表3　中国の在日財産の返還制度

財産の種類	日華平和条約の関連規定	返還申請期間	返還期限
協力政権の財産	同意議事録の二	日華平和条約の発効から九カ月間（「関係規定」たる対日平和条約第一五条により）	両当事国の同意から六カ月以内
協力政権以外の中国財産	第一一条（対日平和条約第一五条の準用）、議定書第一項(a)（申請期間の開始）	議定書第一項(a)により申請期間は開始せず	―

ちなみに、東京都港区の登記簿によれば、協力政権である旧満州国の大使館敷地は、日華平和条約の発効(一九五二年八月五日)から一五年以上経過した一九六七年一二月二〇日に「満洲国」から「中華民国」に所有権移転の登記がなされている67。詳細は不明であるが、仮に本件において日華平和条約の規定に従った手続が踏まれていたとすれば、日華平和条約の発効後九カ月以内に中華民国政府から同意議事録の二に従った移管(返還)の申請がなされ、その約一五年後に日本政府がこれに対して同意を与え、その結果移管が行われたということではないかと推測される。では、日華平和条約の発効後九カ月以内に申請がなされなかったか、あるいは日本政府が「同意」を与えなかったために、中華民国に移管(返還)されなかった協力政権の在日財産があるとすれば、それらはいかなる扱いを受けることになるのであろうか。この点に関しては実際に日本の裁判所で争われた事例があるので、次にそれを見ることにしよう。

3　旧満州国大使館武官室敷地明渡請求事件

日中国交正常化後の時期に、協力政権の在日財産である旧満州国大使館武官室敷地の所有権をめぐって訴訟が提起された。これは、満州国が所有し同国大使館武官室敷地として利用されていた東京都港区元麻布に所在する土地上に、被告らが建物を所有しまたは占有しているとして、国が中華人民共和国政府の授権等に基づき、被告らに対し同土地上に存する建物の収去および同土地の明渡しを求めた事案である(一九七四年提訴、東京地裁・一九八五年一二月二七日判決)68。

判決によれば、本件訴訟において国は次のように主張した。「満州国は、同国政府が第二次世界大戦の終了した昭和二〇年八月一五日に消滅した結果、本件土地を含めた満州国の財産・権利等は、国際法上、満州国を承継した国家に帰属するところ、満州国消滅後、その領域を国家の一部としている中華人民共和国が満州国を承継しているので、本件土地の所有権は、中華人民共和国に帰属する[69]」と。

これに対して被告側は、取得時効を援用するなどして争ったが、裁判所は被告側の主張を退けて次のように判示した。「国際法上、一定の地域を統治する国家に変更があり、旧国家が消滅した場合、右地域を統治していた旧国家の領域外にある公有財産は、旧国家の領域を全面的に新しく統治することになつた国家(後継国)に帰属するものと解される」ところ、満州国が消滅し、現在、その領域が全面的に中華人民共和国に属している事実、および、本件土地が右各国の領域外にあるという事実から、本件土地所有権は中華人民共和国に承継されているということができる[70]、と。そしてこの判決を受けて、一九八六年九月に駐日中華人民共和国大使館が本件土地の登記名義を中華人民共和国に変更している[71]。

以上の裁判の過程で、協力政権の在日財産の日本における具体的な扱いが国によって明らかにされている。判決に示された国の陳述によると、第二次世界大戦後、協力政権の在日財産は、帰属国未定のまま連合国司令官が接収し管理するところとなったが、その後連合国最高司令官は、一九五一年一二月一〇日付のSCAPIN第二一八八号「かいらい政府の在日財産に関する覚書[72]」をもって、同月一五日から法的所有権の決定するまで協力政権の在日財産を日本国が管理すること、および、これら財産の法的所有権を決定するためその後継政府と交渉すべきことを指令し、日本政府は、同日以降、右覚書に基づき、協力政権の在日財産を管理することになった。(日華平和条約の発効後は)日華平和条約とその同意議事録の二により、中華民国に移管されるまでの間、引き続き日本国が善良な管理者としての注意をもって、これを適正に管理すべき国際法上の義務を負うことになった。その後、日中国交正常化の結果として日華平和条約は存続の基礎を失い、また、前記ＳＣＡＰＩＮ覚書の効力も対日平和条約の発効と共に失われたが、本件土地が国家としての中国に帰属することは否定できず、その後も本件土地の管理を継続してきた日本国としては、日中国交正常化後も引き続き中華人民共和国のために、善良な管理者としての注意をもって本件土地を管理すべき国際法上の義務を負っている、と述べている[73]。

以上のような国の陳述において、「協力政権」である満州国の所有するものであった本件土地が、中華民国の所有に「移管」されたという記述はない。したがって、恐らくは日本による「同意」が得られなかったために[74]、中華民国には移管されなかったものと推測される[75]。

では、一般論として、移管（返還）の申請が行われないままに申請期間が満了したか、または日本国の同意が得られなかったかのいずれかにより、中華民国に移管（返還）されなかった協力政権の在日財産は、誰に帰属することになるのか。右に詳述した日華平和条約の同意議事録の二に従う限り、返還申請に期限が付されているし、日本の同意も必要であったことから、それらの財産が当然に中華民国（国家としての中国）に帰属するということにはならないであろう。そうすると、日中国交正常化によって政府承認の切替えが行われたからといって、それが当然に中華人民共和国（政府）の所有となるということにもならないように思える[76]。だとすれば、そのような所有関係を主張する日本国の立場およびそれを支持した判決をいかに理解すればよいのであろうか。

日本政府がどのような思考の過程を経て右のような結論に至ったのかは不明であるが、一つのありうべき考え方としては、日華平和条約が終了したことから、協力政権の在日財産の移管（返還）に付されていた返還申請期間や日本の「同意」という条件も消滅し、中国に返還すべきという原則のみが残ったということなのかも知れない。

しかし、日中間の戦後処理の問題は日華平和条約で処理済みとする日本政府の立場[77]からすれば、日華平和条約の同意議事録の二は、国家承継（政府承継）に関する一般原則を修正する「特別法」（返還申請期間を限定し、日本の同意を条件とした）として取り決められたものであり、しかも処分条項としてすでに処分済み（申請期間の満了で）ということになるのではなかろうか。すなわち、日華平和条約の同意議事録の二が準用する対日平和条約第一五条が返還申請の期間を限定し、かつ、同意議事録の二自体が日本の「同意」を条件としていることから、日華平和条約の発効から九カ月間の返還申請期間内に申請がなされなかったか、あるいは日本が「同意」を与えなかった協力政権の在日財産については、申請期間の満了で返還請求権が消滅し、日本国の国庫に帰属することとなったと考えるのがより自然な解釈であるように思える。

実際、対日平和条約第一五条自身も、「所定の期間内に返還が申請されない財産は、日本国政府がその定めるところに従つて処分することができる」旨を明記している。また、対日平和条約を受けて一九五二年四月二三日に改定された「連合国財産の返還等に関する政令」（以下、「返還政令」という）も、九カ月以内に返還請求がなされなかったときは「当該財産の返還請求権は、消滅する」（第一七条）と規定し、さらに、請求権の消滅した財産のうちの一定のものについては、その消滅の際に国庫に帰属する旨が明記されているのである[78]（第一八条）。

もっとも、対日平和条約第一五条は、日本政府が「その定めるところに従つて」処分できるとしているところ、国庫に帰属させることが唯一の「処分」ではなく、旧所有権者に返還したり本件のような処分を行うことも「処分」の内容として排除されている訳ではなかろう。

しかし、いずれにせよ、本件判決に示された国の立場が、当該財産は当然に中華人民共和国に帰属すべきだというものであったとすれば、それは、日中間の戦後処理の問題は日華平和条約で処理済みであるという日本政府の立場を前提とした、日華平和条約の同意議事録の二の通常の解釈の帰結とは些か異なるように思える。

他方、これまでに述べた本書の立場を基礎とすれば、この点の処理を比較的容易に整合性をもって説明することができる。すなわち、日華平和条約の関連規定(同意議事録の二)は、一般国際法に従えば当然中国に返還されるべき財産であるにも拘らず、その移管(返還)を日本の「同意」にかからしめたのであり(そのこと自体は日本国と中華民国という両当事国間の関係では問題はない)、その意味ではいわば中国国民の一般利益に反する内容であった。したがって、賠償放棄について述べたのと同様の理由(ラウターパハトのテーゼ)から、中華人民共和国政府には、そのような約束やその結果としての所有権の喪失という法的帰結を承継する義務はなく、同政府としては、日華平和条約による処分の結果がないものとして、すなわち一般国際法上の承継に関する規則に従って、先行国(政府)[79]たる協力政権の領域外に所在する国有財産を後継国(政府)として承継取得することになったということになるのである[80]。

以上のような理解は(そして結論的には本件における国の主張および判決の考え方も)、日華平和条約の締結の際の日本政府の意図と整合的である。日本政府は、累次の国府側平和条約案に含まれていた協力政権の在日財産に関する規定にも拘らず、それらの移管を日本国の「同意」にかからしめることについて最後まで譲らなかった。しかしそれは、それらの財産を自己のものにしたいという趣旨ではなく、それらが「大陸に関連する事項」だという理由からであった[81]。したがって、本件土地の所有権は中華人民共和国に帰属するという結論は、日華平和条約締結当時の日本政府の意図と合致すると考えることができるのである。

なお、日華平和条約の同意議事録の二において協力政権の在日財産の移管を日本国の同意にかからしめたことは、一般論としては、中国国民の一般利益に反するということになるが、個別の事例において、日本国が同意を与えて中華民国に移管され、その後中華人民共和国へと名義変更された財産(例えば前述の旧満州国大使館敷地で中華民国大使館敷地を経て現中華人民共和国大使館敷地となった土地など)については、日本政府によって「同意」が与えられたことによって、この点の問題点(中国国民の一般利益に反する)は治癒されたものと考えてよかろう。

いずれにせよ、そのような形で同意議事録の二に従って移管された財産は別として、そのようにして移管されなかった財産がなお存在するとすれば、それらの財産については、同意議事録の二の中華人民共和国政府への対抗力には疑義があっただけでなく、日中共同声明においても関連する規定が置かれなかった以上、日中間では未解決・未処理のままに留まっているということになろう。

(三) 協力政権の財産以外の中国の在日財産

以上に述べたのは、同意議事録の二に定める協力政権の在日財産の扱いであるが、中国のそれ以外の在日財産についてはどうであろうか。後者の在日財産としていかなるものがあったかは不明であるが[82]、仮にあったとすれば、それらの財産については、協力政権の在日財産とは異なり、日華平和条約に特別な規定(「別段の定」)がないことから、日華平和条約第一一条により、対日平和条約の相当規定である同条約第一五条が準用されることになる。そして、このように日華平和条約第一一条を介して対日平和条約第一五条が準用される場合には、先に述べたように(本節二(二)2参照)、日華平和条約の議定書第一項(a)と適用地域に関する交換公文の規定のゆえに、それらの返還の申請期間がそもそも開始しておらず、返還の申請もできなかった(つまり未解決・未処理)ということになるように思える。

もっとも、このような理解に対しては次のような異論がありうる。第一に、右の解釈によれば、中国の在日財産のうち、協力政権の財産については、日華平和条約の発効と同時に返還の申請を行うことができるのに対して、協力政権の財産以外の財産については、中華民国政府の支配下にある領域が中国大陸に拡大しなければ(つまり、中華民国政府による「大陸反攻」が成功しなければ)返還の申請もできないということになる。しかし、中華民国政府にとって、協力政権の財産以外の在日中国財産とは、自己の財産であったはずである。そのような自己の財産については大陸反攻が成功しなければ返還申請ができないのに対して、対立関係にあった協力政権の財産（他者の財産ともいえる）については日華平和条約の発効でただちに移管申請ができるというのであれば、バランスを失して不合理ではないかという主張がありうる。しかし、協力政権の財産以外の中国の在日財産（申請を行えば六カ月以内に返還される）の場合とは異なり、協力政権の在日財産は、申請を行えば移管されるというものではなく、日本の「同意」がなければそもそも移管され得ない仕組みになっていた。その点を想起すれば、両者の扱いがバランスを失しているとは到底いえないであろう。

第二に、先のような解釈をとった場合には、中華民国政府の支配が大陸に及んだ段階で中華民国による中国の在日財産の返還申請ができるということになるが、中華民国政府はすでに、特別取極の締結が予定されている台湾・澎湖諸島以外の地域として金門・馬祖を支配しており、そして後二者は（台湾・澎湖諸島の一部でなく、大陸に近接しているという点で）大陸の一部と考えることもできる。だとすれば、そのことをもって議定書第一項(a)の条件（日華平和条約が大陸に適用可能となること）はクリアされたとして、中華民国による在日中国財産（協力政権の財産以外）の返還申請期間は、日華平和条約の発効とともに開始した（そして九カ月の期間の満了とともに終了した）と考えることができるのではないかという主張もありうる。このような解釈はまったく不可能という訳ではない。しかし、先に日本の在外資産の範囲との関係でも指摘したように[83]、（どの程度の支配拡大が必要かは難しい問題であるが、少なくとも）それらの小島嶼を支配しているというだけで、中国の全在日財産（協力政権の財産以外）の返還を申請できる（この場合、協力政権の財産の場合とは異なり、日本による同意は条件ではなく、日本による返還は義務となる）とするのは些か現実から乖離した議論といわねばならないであろう。

以上のように見てくるならば、いずれの異論も説得的なものとはいえず、こうして協力政権の財産以外の中国の在日財産の問題も、日華平和条約の規定にも拘らず(否、むしろそれゆえに)、そもそも返還申請の期間が開始しておらず、同条約の下では未処理のままに留まっていたということになろう。そして、日中共同声明においても関連する規定が置かれなかった以上、日中間ではそれらの財産の問題は未解決・未処理のままに留まっているということになろう。

(四)日中国交正常化と中国の在日財産

日本は、一九七二年の日中国交正常化に際して中国の政府承認の切替えを行った。中国の在日財産は、これによっていかなる影響を受けることになったのか。日中共同声明自体には、日中両国の財産に関する規定は置かれていない。そして日本側の資料に徴する限り、日中共同声明の交渉過程においてこの問題に関する具体的な提案がなされたという形跡も見られない。したがって、日中国交正常化が中国の在日財産に及ぼした影響とは、政府承認の切替えによるもの(政府承継)に限られるということになろう。

中国における政府承継は、新政府の成立後も旧政府が完全には消滅せずに存続するという、いわゆる不完全承継の形をとっており、日本による中国の政府承認切替えの効果も、通常の完全承継84の場合とは異なってくる。政府の不完全承継の場合における国家財産の扱いについては、前出の光華寮事件における累次の判決によれば、一般に次のようなものとして理解される。すなわち、①旧政府が外国において所有していた財産は原則として新政府には承継されないが、②旧政府が国を代表する立場において所有していた財産(大使館建物などの外交財産)や、その外国が旧政府に認めた国家権力行使のための財産(領事裁判所建物など)は、承認の切替えの時点で新政府に承継されるものとされる85。

日中国交正常化の当時、中華民国が日本に所有していた財産には、外交・領事目的に使用されていたものとして、駐日中華民国大使館の土地建物(かつて満州国大使館であったもの)、在大阪中華民国総領事館の土地建物、在横浜総領事館用地の三件が含まれるが、これらについては、駐日中華人民共和国大使からの登記の嘱託がなされて、中華民国から中華人民共和国に所有権登記名義人の表示変更の登記がなされている[86]。

他方、日中国交正常化の当時、中華民国の所有に移管されていなかった中国の在日財産については、右に述べた政府の不完全承継の場合とは異なる扱いを受けることになる。例えば、中華民国の所有に移管されなかった満州国の在日財産については、先に検討した旧満州国大使館武官室敷地の場合のように、満州国から中華人民共和国への国家承継の扱いを受けることになろう[87]。

表4　中国の在日財産の扱い

財産の種類			日華平和条約の関連規定	中華人民共和国への承継	例・（参考事例）
協力政権の財産	中華民国に移管	外交財産	同意議事録の二	○	旧満州国大使館敷地・（光華寮事件の諸判決の趣旨）
		非外交財産	同意議事録の二	×	（光華寮事件の諸判決の趣旨）
	中華民国に移管されず		同意議事録の二	○	旧満州国大使館武官室敷地
協力政権以外の中国財産（中華民国に移管されず）			第一一条（対日平和条約第一五条の準用）、議定書第一項(a)	○	

以上に述べてきた在日中国財産の扱いを整理するならば、次のようなものであるということができる（表4参照）。すなわち、①協力政権の在日財産のうち、日華平和条約（同意議事録の二）に従って中華民国に移管されたものであって、外交・領事財産や国家権力行使のための財産であるものについては、日中国交正常化（政府の不完全承継）の結果として中華人民共和国政府に承継されるべきものである（例えば、旧満州国大使館→中華民国大使館→中華人民共和国大使館）。②協力政権の在日財産のうち、日華平和条約（同意議事録の二）に従って中華民国に移管されたものであって、外交・領事財産や国家権力行使のための財産以外のものについては、必ずしも日中国交正常化（政府の不完全承継）の結果として中華人民共和国政府に承継されるということにはならない（旧協力政権の在日財産ではないが、日中国交正常化による承継を否定した光華寮事件の諸判決の趣旨参照）。③協力政権の在日財産のうち、日本の同意が得られず中華民国に移管されなかったものについては[88]、移管を日本による同意にかからしめた日華平和条約の同意議事録の二が、中国国民の一般利益に反するがゆえに中華人民共和国政府に対して対抗できず、その結果、人民政府との関係では右同意議事録の二による処分が存在しないものとして扱われ（したがって未処理）、しかも日中共同声明には関連する規定が置かれなかったため、それらは一般国際法上の承継に関する規則に従って中華人民共和国（政府）に承継されるべきものである（例えば、旧満州国大使館武官室敷地→中華人民共和国に所有権を移転）。④協力政権の財産以外の中国の在日財産については、日華平和条約においても日本による同意にかからしめられていなかったが、同議定書第一項(a)のゆえにそれらの返還申請の期間が開始することなく日華平和条約が終了し（したがって未処理）、しかも日中共同声明には関連する規定が置かれなかったため、一般国際法上の承継に関する規則に従って中華人民共和国政府に承継されるべきものである。

そして、以上の整理において中華人民共和国（政府）に承継されるべきものとされていながら、なお承継の手続がとられていないものがあるとすれば、未処理の問題として、国内法上の手続を通じて承継の手続がとられなければならないということになろう。

三　中国国民の在日財産

中国の在日財産(国家財産)の場合とは異なり、中国国民の在日財産(私有財産)については、日華平和条約において、協力政権の在日財産に関する同意議事録の二のような特別な規定は置かれていなかった。そのため、この問題については、同条約第一一条に従って対日平和条約の相当規定(第一五条)が準用されることになる。そして、繰り返し述べてきたように、日華平和条約第一一条の適用に当たっては、同条約議定書第一項(a)に定める了解に従うことになり、その結果、中国国民の在日財産については、中華民国政府の支配下にある領域が拡大すれば、そのようにして拡大した領域に住む住民は自らの在日財産について領域拡大後九カ月の期間、返還の申請を行うことが可能となるという法的枠組みが設定されていたということができる。

しかし、中華民国政府の支配下にある領域が大陸へと拡大する前に日中国交正常化が行われ、その随伴的効果として、中国国民の在日財産返還の根拠となるべき日華平和条約自体が終了してしまった。こうして、中国国民の在日財産は、日華平和条約上、基本的には中国国民に返還されるべきものであるとされていながら、返還申請の前提となるべき条件が充足されなかったため、法的にはそれが実現されないままに留まったということになる。そして日中共同声明においても関連する規定は置かれておらず、またその交渉過程でこの点に関する具体的な提案がなされたとの形跡も見られないのであって、この問題も日華平和条約と日中共同声明においては未解決・未処理のままに残されているということになるように思える。

なお、対日平和条約第一五条を準用して中国国民が在日財産の返還を申請することができなかったのは、右に述べたように、日華平和条約が大陸に対して適用可能とならず、日華平和条約議定書第一項(a)の規定のゆえに返還の申請期間が開始しなかったからであるが、日華平和条約議定書の右規定および適用地域に関する交換公文の文言からすれば、特別取極の対象となる台湾・澎湖諸島以外の地域であって中華民国政府の支配下にある領域が存在し、そこに住民が居住しておれば、対日平和条約第一五条を準用して、財産返還の申請を行うことが可能であったということになる。そして、そのような地域として金門・馬祖がある。実際に金門・馬祖の住民が日本に財産を保有していたか否かについては不明であるが、法的にはそのような理解となろう。

右の点を留保して、中国国民の在日財産については、日華間・日中間の諸取極・取決めにおいて未解決のままに留まっているといえるが、ここで未解決というのは、国際法上未解決であるという趣旨であって、それゆえ却って国内法上の法律関係は影響を受けることなく維持されているということ、すなわち国内法上はかつて存在した私権が引き続き存続しているということになる(前出の中島アメリカ局長兼条約局長答弁参照)。したがって、中華人民共和国の国民から日本政府に対して例えば郵便貯金の支払請求がなされる場合には、日本政府にはそれを拒否する法的根拠はないということになる89。まさに台湾確定債務の場合と同様の位置づけがここでも妥当するのである。

もっとも、台湾確定債務の問題と中国国民の在日財産の問題とでは若干異なる部分がある。それは、台湾人との関係では、対日平和条約第四条および日華平和条約第三条に定めるように財産と請求権の双方が関係しうるのに対して、大陸の中国人との関係では、この点において対日平和条約第一四条(b)と同内容を規定していると考えられる日中共同声明第五項において中国国民の請求権が放棄されていることから90、財産のみが関係しうるという点である。しかし、財産と請求権の区別には必ずしも明確でないところがあり、中国国民の在日財産の中にも、財産であると同時に請求権(claim)の範疇にも入りうると見ることのできるものが存在する。例えば、郵便貯金などがそうである。もしそれらが請求権の範疇に入るとすれば、それは日中共同声明第五項によってすでに放棄されているのではないか、との疑問が生ずる。

しかし、それはそうではなかろう。まず何よりも、対日平和条約第一四条(b)で放棄された連合国国民の請求権とは、「戦争の遂行中に日本国及びその国民がとった行動から生じた」請求権である。郵便貯金債権がそのようなものであるとは考えがたい。また、仮に右文言を広く解して郵便貯金債権などがそこでいう請求権にも該当すると解されたとしても、第一四条(b)では、「この条約に別段の定がある場合を除」くとしていることから、郵便貯金などが「財産」に当たる限りでそれらは「別段の定」である第一五条の規定に従うことになり、第一四条(b)では放棄されていないということになる。

この観点からは、連合国総司令部が一九五二年二月二〇日付のSCAPIN第七四九八—A号において、アメリカ人の捕虜および民間抑留者の郵便貯金につき、それらが対日平和条約第一五条(a)にいう財産に当たるとして、日本政府に対してそれらの保全を命じているという事実[91]が、解釈上重要である。このことは、対日平和条約の主たる起草者であるアメリカが、郵便貯金は同条約第一五条(a)の「財産」に当たると考えていたことを示しているからである。

日本政府も、中国国民が日本国に対して有する債権につき、国内法上支払義務を有することに争いがないものについては、台湾確定債務と同様の「確定債務」として認識しているようであり、かつ、放棄された請求権に当たるとは考えていないようであって、国会においてもそのような認識を反映したと思われる答弁が行われている。例えば、一九九三年六月一日の参議院逓信委員会において、「関東州の住民が加入していた簡易保険、郵便年金の契約…件数推定約七十万件、保険金額推定約一億七千万円」の支払いについて、「中国国民からの支払請求があれば、法的には支払う義務があるものと考えております」との答弁がなされているし、「関東州の方が有する軍事郵便貯金」についても、「日本国内法上の権利が確認されるものにつきましては、国内で支払い請求があれば支払いができるということでございます」との答弁がなされている92。

四　小　括

以上に見てきたように、日華平和条約および日中共同声明では未解決・未処理であると考えられる日中間の戦後処理の問題には、①日華平和条約第三条に定める日本と台湾・澎湖諸島との間におけるそれぞれの国家(当局)・国民(住民)の財産および請求権の問題のほか、②協力政権の在日財産の問題、③協力政権の財産以外の中国の在日財産の問題、そして④中国国民の在日財産の問題がある(部分的に処理されたものを含む)。

それらが日華平和条約では未解決・未処理であるとされる原因や理由はそれぞれ同じではない。①については、政府承認の切替えで日華間の公的関係が失われ、特別取極が事実上締結できなくなったのが原因である。②については、日華平和条約(同意議事録の二)上は日華平和条約の発効から九カ月間の移管(返還)申請期間が設けられており、その期間の満了をもって処理済みであるかのように見えるが、中国(協力政権)の在日財産の移管(返還)を日本の「同意」にかからしめた点で、その処理は中国国民の一般利益に反するものとして中華人民共和国政府に対して対抗できず、同政府との関係ではなお未解決・未処理だということになる。③および④については、日華平和条約(第一一条および議定書第一項(a))上、中華民国政府の支配が大陸にまで及んだ段階で返還申請が可能となるものとされていたが、その支配が大陸にまで及ばなかったため、未解決・未処理のままに留まったということである。

そして、日中共同声明においてもこれらの問題について関連する規定が置かれた訳ではなく、それらは共同声明においても未解決・未処理のままに留まったということになろう。

もっとも、以上の諸問題は、日華間・日中間の諸取極・取決めにおいて明示的な解決がなされ、その処理が完了しているという訳ではないというように留まり、そのことによってその個々の国内法上の権利が影響を受けているという訳ではないのであって、少なくとも日本においては、国内法上明確な根拠のあるものについては(一般国際法に従って)国内法的な処理が適宜行われてきているし、行われるべきものであるということである。

第三節　中国の遺棄化学兵器問題

以上のほか、日中戦争に関係する問題で、今日なお未解決のままに残されているように見えるものとして、いわゆる遺棄化学兵器の問題がある。ここでいう「遺棄化学兵器」とは、第二次世界大戦終結時に日本軍が中国に遺棄し放置した化学兵器であって93、「遺棄化学兵器問題」とは、それらの遺棄化学兵器が関係する事故等によって被害を受けた中国国民が日本国に対して損害賠償の請求を行っているという問題である。

この問題は、まさに対日平和条約第一四条(b)において連合国が放棄した「戦争の遂行中に日本国…がとった行動から生じた連合国…の国民の…請求権」の問題に相当するものであり、本書が主張するように、日中共同声明第五項による放棄の内容(「中華人民共和国政府は、…日本国に対する戦争賠償の請求を放棄する」)がこの点において対日平和条約第一四条(b)における放棄と基本的に同内容であるとすると(第三章第六節参照)、それらの損害賠償にかかる請求権も日中共同声明においてすでに放棄されているということになるように思える。

この問題については、二〇〇三年の国会において、これは日中共同声明以降に発生した別の問題として日本に責任があるのではないかとの質問がなされたことがある。これに対して福田康夫内閣官房長官は、「一九七二年の日中共同声明、これでもってその請求権はもう存在しない、こういうことになったわけですよね。要するに、旧軍というのはそれ以前の、戦争中のことでございまして、そして、それが原因で起こったことについて、以後のことについては責任は負わない、こういうことなんです」と答弁しているし、川口順子外相も、「その事件が最近起こったことだから、請求権を放棄したといっても関係ないんではないだろうかということをおっしゃったわけですけれども、これは、請求権を放棄したということによって、まさに放棄をされたということの対象になっています」と答弁している94。

他方で、この問題に関しては、中国国民によってこれまでに四件の訴訟が日本の裁判所に提起されている。なかでも、同じ二〇〇三年の九月二九日と五月一五日にそれぞれ第一審の判決が出された一次訴訟と二次訴訟95は、同じ東京地裁による判決でありながら異なる結論が示された(一次訴訟では原告勝訴、二次訴訟では被告勝訴)し、両訴訟についてはその後最高裁において判決が確定しているということもあり、以下ではこの両者を中心に遺棄化学兵器問題について検討することにしたい96。なお、一次訴訟は、一九七四年、一九八二年、一九九五年に黒竜江省の各地で発生した事故について、中国国民である原告ら一三名が提起したものであり、二次訴訟は、一九五〇年、一九七六年、一九八〇年、一九八七年に同じく黒竜江省の各地で発生した事故について、中国国民である原告ら五名が提起したものである。

一　遺棄化学兵器訴訟

(一)第一審

一次訴訟も二次訴訟も、いずれも主として国家賠償法および民法に基づいて97、国に対して損害賠償を請求したものである。第一審の東京地裁は、両訴訟において、遺棄は概念上放置を含むものであるとする国の主張を退け、当初の「遺棄行為」とその後の「放置行為」とを分離した上で[98]、主として国家賠償法施行（一九四七年一〇月二七日）後の行為としての「放置行為」を検討して異なる結論を導いている。すなわち、一次訴訟では、国には関連情報の提供や調査・回収の申出が可能であったとして、結果回避の作為義務違反を認定したが[99]、二次訴訟では、中国における回収活動の困難さなどを理由に、結果回避可能性が認められないとして、作為義務を否定した[100]。

国の作為義務違反を認定し、国家賠償法上の賠償請求権を認めた一次訴訟の第一審判決は、続いて「日中共同声明による請求権放棄」について検討し、本件で問題としているのは日中共同声明以降の放置行為であり、この不作為は「戦争の遂行中の行動ではないから、これによって生じた原告らの請求権は放棄されていない」と述べた。さらに、原告らの請求権が遺棄行為によって生じたものと考えたとしても、その請求権が放棄されたというためには、「遺棄行為が『戦争の遂行中に』行われたものであることが要件となる」が、「遺棄行為は、終戦後にも行われている」と指摘して、中国国民の請求権は放棄されているとする国の主張を退けた[101]。なお、判決が、「戦争の遂行中」の行動か否かを問題としたのは、日華平和条約（裁判所によると、国は日中共同声明が請求権の放棄につき日華平和条約によるのと同じ処理を行ったと主張）が準用する対日平和条約第一四条(b)において、連合国の放棄した連合国国民の請求権が、「戦争の遂行中に日本国…がとつた行動から生じた…請求権」（傍点引用者）と規定されていることを念頭に置いたものである。

他方、二次訴訟の第一審判決は、前述のように、国家賠償法施行後の放置行為について国の作為義務を否定するとともに、遺棄行為および国家賠償法施行前の放置行為については、国家無答責の法理（国家は公権力の行使による不法行為につき損害賠償責任を負わない）を適用して、原告らの請求を退けている[102]。

両判決の採用した遺棄行為と放置行為とを分離するというアプローチについて一言述べるならば、次の点を指摘することができる。すなわち、両者を別個に認識する場合、「放置行為」については(少なくともその多くは)「戦争の遂行中」の行為とはいえないが、「遺棄行為」については(少なくともその一部は、あるいは全体として)「戦争の遂行中」の行為と考えることが可能である。だとすれば、遺棄行為と放置行為とを分離するか否かで裁判の結論が異なってくるということにもなりうる。

まず国内法上は、①両者を分離すれば(分離説)、遺棄行為と国家賠償法施行前の放置行為については、国家賠償法の施行前における国家行為の民法上の評価として、国家無答責の法理が適用されうるが、国家賠償法施行後の放置行為については国家賠償法が適用されるという形で、適用法規(法理)が異なってくるし、場合によっては後者について国の賠償責任が認定されるということにもなりうる。これに対して、②両者を分離しなければ(一体説)、放置行為も遺棄行為に吸収されて一体化し、国家賠償法の施行前における国家行為の民法上の評価として、全体として国家無答責の法理が適用され、賠償責任が否定されるということになりうるのである。

また、国内法上の評価として損害賠償請求権の存在が認定された場合においても、日中共同声明との関係で、①分離説をとれば、放置行為については「戦争の遂行中」の行為ではないとして共同声明第五項における放棄の対象外といいうるのに対して、②一体説をとれば、放置行為も遺棄行為と一体となって「戦争の遂行中」の行為として把握されることで、全体として放棄の対象であるといいうるのである。

(二) 控訴審および上告審

第一審原告らの勝訴を受けて行われた一次訴訟の控訴審(東京高裁・二〇〇七年七月一八日判決)では、①国家賠償法に基づく請求との関係で、遺棄行為とは別に放置行為を法的評価の対象とはなし得ないとする国の主張（一体説）に対して、裁判所は、危険を発生させた遺棄行為と、危害の発生を防止する手段があるにも拘らずこれを行わない不作為（＝放置行為）とは別個の法的評価の対象となり得る（分離説）とし[103]、その上で、不作為の不法行為が認められるには、その行為を行っておれば権利侵害の結果が生じなかった高度の蓋然性が認められるという関係（条件関係）があることが必要であるが、関連情報の提供や調査・回収の申出・実施があったならば事故の発生を防止できた一般的、抽象的な可能性は高まったとしても、「事故の発生を防止できた高度の蓋然性があったとは到底認め難い」として、被控訴人ら（第一審原告ら）の請求を退けた[104]。

東京高裁はまた、②民法上の請求（不法行為）について、旧日本軍関係者による本件毒ガス兵器等の遺棄・隠蔽や本件砲弾の放置（＝遺棄[105]）は、「戦争行為の一環」として行われたものというべきで、そのような行為についてはそもそも民法の適用が排除されるし、仮に国家賠償法施行前の公務員の不法行為に民法が適用されると解したとしても、「戦争行為の一環として行われた行為」の結果生じた損害の賠償を求める権利については、被控訴人らは日中共同声明第五項によって裁判上訴求する権能を失ったものというほかはないと判示した[106]。

さらに、③ハーグ陸戦条約第三条および慣習法に基づく請求についても、ハーグ陸戦条約第三条は個人に対し、加害国に対する損害賠償請求権を付与したものではないとし、また、仮にそうだとしても、それは「日中戦争の遂行中の行為」によって生じた請求権ということになるので、被控訴人らは、日中共同声明第五項によって裁判上訴求する権能を失ったものというほかはないと判示した[107]。

表5　遺棄化学兵器関連訴訟の判決

		国賠法施行前（民法上の評価）	国賠法施行後（国賠法上の評価）	日中共同声明
一次訴訟	第一審	—	結果回避可能性あり 作為義務違反 除斥期間の適用は正義に反する	戦争遂行中の行動でなく 放棄されていない
	控訴審	国家無答責	高度の蓋然性なし 作為義務なし	仮に不法行為があっても 放棄された
二次訴訟	第一審	国家無答責	結果回避可能性なし 作為義務なし	—
	控訴審	国家無答責	結果回避可能性なし 作為義務なし	—

第一審で被告国が勝訴した二次訴訟の控訴審（東京高裁・二〇〇七年三月一三日判決）でも、右の①に対応した国家賠償法に基づく請求について、裁判所は、一体説に基づく国の主張を退け、遺棄行為と放置行為とは別個の行為と評価し得る（分離説）と解するのが相当であるとした上で、中国政府の同意なくして調査も回収もできないし、中国政府への回収業務の依頼も遺棄場所の特定が必ずしも容易でないので前提条件を欠くとして、結果回避可能性があったとは認められないから国に作為義務が発生したとはいえないと判示した[108]。右の②に対応する民法に基づく請求については、遺棄行為および国家賠償法施行前の放置行為（施行後は①の通り）につき、国家無答責の法理により請求を棄却した。

右の③に関しては、控訴人らが控訴審において国際法に基づく請求を取り下げたため[109]、判決も国際法に基づく請求について判断を行っていない。なお、二次訴訟では、第一審でも控訴審でも、判決（「当裁判所の判断」部分）において日中共同声明への言及は一切ない。

以上の二つの訴訟は、二〇〇九年五月二六日、最高裁において、民事訴訟法上の上告要件を満たさないとして上告および上告受理申立てが棄却され、判決が確定している。こうして、遺棄化学兵器関連の一次訴訟および二次訴訟の双方において、第一審原告らの敗訴が確定したが、両訴訟の控訴審判決は概ね次のように整理することができる（表5参照）。すなわち、いずれの裁判においても、国の行為である遺棄行為と放置行為は別個の法的評価の対象となり得る（分離説）とした上で、国内法上、国家賠償法の施行の前後で適用法規が民法か国家賠償法かで異なることから、国家賠償法施行前の遺棄行為（および放置行為）と国家賠償法施行後の放置行為とに分け、①国家賠償法施行前の遺棄行為（および放置行為）については、民法の適用は（国家無答責の法理によって）排除されるし（一次訴訟、二次訴訟）、仮に民法が適用されて原告らが損害賠償請求権を取得したとしても、日中共同声明第五項によって裁判上訴求する権能が失われた（一次訴訟）とし[110]、また②国家賠償法施行後の放置行為については、結果回避の高度の蓋然性があったとはいえない（一次訴訟）あるいは結果回避可能性がなかった（二次訴訟）ため、国に作為義務が発生したとはいえないので、国による違法な公権力の行使（不作為）はないとして、いずれも第一審原告らの請求を退けた。

二　日中共同声明第五項との関係

一次訴訟と二次訴訟のそれぞれの控訴審判決には、結論こそ異ならないものの、いくつかの相違点がある。本書との関連で注目すべきは、一次訴訟が傍論ながらも日中共同声明第五項に言及しているのに対して、二次訴訟は同共同声明に言及していない点である。これは一つには、一次訴訟の第一審が日中共同声明に言及していたことが影響したのかも知れないし、より直接的には、二次訴訟の控訴審判決(二〇〇七年三月一三日)の後、一次訴訟の控訴審判決(二〇〇七年七月一八日)の前の時期に示された西松建設事件および中国人慰安婦二次訴訟の最高裁判決(二〇〇七年四月二七日)において、中国国民の請求権は日中共同声明第五項によって裁判上訴求する権能を失った、とする判断が示されたこと[111]が影響したのかも知れない(一次訴訟の控訴審判決は西松建設事件最高裁判決を引用している)。

しかし、一次訴訟の控訴審判決において示された判断(傍論ではあるが)には、単に直近の関連最高裁判決が再確認されたというには留まらない意味が含まれているように思える。二〇〇七年四月二七日の二つの最高裁判決は、それぞれ、日中戦争中の西松建設による強制連行・強制労働と、日中戦争中の日本兵らによる暴行・強姦等につき、日中共同声明第五項により訴求権能が失われたと判示したものである。しかし、本件一次訴訟の対象となったのは、一九七四年、一九八二年および一九九五年に発生した事故である。したがって、本件判決は、「戦争の遂行中に日本国及びその国民がとつた行動から生じた」請求権という条件を満たす限り、日中共同声明第五項における請求権放棄の効果が、同共同声明署名後の一九七四年や一九八二年、そして一九九五年に発生した事態にも及び得ることを明らかにしたという点で注目される[112]。判決もこの点を意識していたかのように、「本件各事故の発生時点において被控訴人らに損害が生じたとの事情を考慮しても」、被控訴人らは日中共同声明第五項によって裁判上訴求する権能を失ったものというほかはない、と判示している。こうして、前出の福田官房長官と川口外相による国会答弁の内容は、司法の場においても確認されたということができよう。

このように最高裁において確定した判決によれば、遺棄化学兵器にかかる問題については、民法上(国家無答責)も国家賠償法上(作為義務なし)も損害賠償請求権は存在しないのであって(仮に民法上の請求権が存在したとしても日中共同声明第五項において放棄されている）、この問題は、日本の司法判断に関する限り、日中間の戦後処理における「残された問題」ということにはならないということになる。

なお、日中両国が締約国である化学兵器禁止条約（ＣＷＣ）が一九九七年に発効した（日中両国についても）ことによって、日本は中国に遺棄した化学兵器を廃棄する義務を法的にも実質的にも負ったが、これに関連する義務違反はＣＷＣの枠内における義務違反となるのであって、日華平和条約および日中共同声明による戦後処理の法的枠組みの外における問題だといえよう[113]。

注

1　『第八十七回国会衆議院予算委員会議録』第一二号（一九七九年二月一六日）四五、四六頁。なお、政府承認の切替えの結果、分離地域に関する特別取極の交渉が事実上不可能となった点に言及する判例として、台湾人元日本兵補償請求事件の東京地裁、東京高裁、最高裁の各判決参照。東京地裁・一九八二年二月二六日判決、『判例タイムズ』第四六三号（一九八二年五月一日）一〇三頁、東京高裁・一九八五年八月二六日判決、『判例タイムズ』第五六二号（一九八五年一〇月一五日）一〇〇頁、最高裁・一九九二年四月二八日判決、『判例タイムズ』第七八七号（一九九二年八月一五日）六二頁。

2　例えば、栗山廉平内閣総理大臣官房臨時在外財産問題調査室長は、外務省の情報として、「再三台湾政府に対して特別取りきめをしたいということを従来申し出たところが、向こうのほうでなかなか応じてこないというのが実情である」と述べている。『第五十五回国会衆議院内閣委員会議録』第三二号（一九六七年七月一四日）一四頁。日本は、日華条約交渉の当初から「特別取極」の締結には積極的であり、日華平和条約の日本側第一次草案の第三条には、台湾および澎湖諸島関連の財産・請求権の処理について「和協の精神により、且つ、正義と衡平の原則に従つて迅速に解決するものとする」（傍点引用者）との文言が含まれていた。

3　『訟務月報』第五一巻一一号（二〇〇五年一一月）二八六四頁。同じ数字は、オランダ人元捕虜等損害賠償請求事件の東京高裁判決でも用いられている。『判例タイムズ』第一〇七二号（二〇〇一年一二月一五日）九八頁。

4　吉澤清次郎監修『講和後の外交（Ⅰ）対列国関係（上）』（日本外交史28）』（鹿島研究所出版会、一九七三年）二三八頁。

5 「日中国交正常化交渉の記録　外務省開示文書から」『読売新聞』二〇〇一年六月二三日。

6 外交・領事目的以外で中華民国が日本において所有していた(いる)財産として、光華寮以外に、長崎県の孔子廟などが指摘される。『第百六十六回国会衆議院外務委員会議録』第六号(二〇〇七年四月一一日)一六頁(佐渡島志郎外務省大臣官房審議官答弁)。

7 契約が二回にわたって行われたのは、当初一九五〇年五月に交わされた契約につき、不動産の所有権移転登記がされないままに時が経過し、この間に従前の駐日代表団が駐日大使館に変わったりしたことから、一九五二年一二月に当初の売買契約を合意解除し、改めて契約を結んだためである。差戻第一審(京都地裁・一九八六年二月四日判決)、『判例タイムズ』第五八〇号(一九八六年三月二〇日)九二頁。

8 第一次第一審(京都地裁・一九七七年九月一六日判決)、『判例時報』第八九〇号(一九七八年八月一一日)一〇七頁以下、第一次控訴審(大阪高裁・一九八二年四月一四日判決)、『判例タイムズ』第四八一号(一九八三年一月一五日)七三頁以下、差戻第一審(京都地裁・一九八六年二月四日判決)、『判例タイムズ』第五八〇号(一九八六年三月二〇日)九一頁以下、差戻控訴審(大阪高裁・一九八七年二月二六日判決)、『判例タイムズ』第六三七号(一九八七年八月一日)二五二頁以下。なお、本件につき、差し当たり、安藤仁介「光華寮事件をめぐる国際法上の諸問題」林久茂ほか編『国際法の新展開(太寿堂鼎先生還暦記念)』(東信堂、一九八九年)二二〇―二六一頁参照。

9 ただし、差戻第一審および差戻控訴審は、この問題について第一次控訴審の判決に拘束されるので(裁判所法第四条)、いずれも実質的な判断を行っていない。なお、控訴審の取消差戻判決が差戻第一審と差戻控訴審を拘束する点につき、兼子一原著／松浦馨ほか『条解民事訴訟法(第二版)』(弘文堂、二〇一一年)一六五八頁、兼子一・竹下守夫『裁判法(第四版)』(有斐閣、一九九九年)一三三頁参照。

10 光華寮の購入時期との関連では、第一次控訴審が、承認の遡及効の観点から、新政府承認の遡及効は新政府が当時事実上の支配を及ぼしていた地域内の財産についてだけに及び、第三国の領域に所在した前政府の財産には及ばないとした上で、本件では中華民国政府が日本によって合法政府として承認されていた時期に日本に所在する本件建物を取得したことを指摘する(したがって承認の遡及効は本件建物には及ばない)のに対して、差戻第一審および差戻控訴審は、本件財産が中華人民共和国政府の成立後に取得されたものであることを指摘する。

11 上告審(最高裁・二〇〇七年三月二七日判決)、『判例タイムズ』第一二三八号(二〇〇七年七月一日)一八七頁以下。本判決の評釈として、安藤仁介「訴訟当事者としての外国国家と政府承認の切替え」『民商法雑誌』第一三七巻六号(二〇〇八年三月)

五五〇―五七二頁、横溝大「日中共同声明前に『中華民国』の名称で土地建物明渡しを請求した原告の確定」『判例時報』第一九八七号（『判例評論』第五八八号）（二〇〇八年二月一日）一九四―一九九（三二―三七）頁参照。

12 実際、光華寮事件の差戻控訴審判決は、中華人民共和国政府が「日本との国交回復以降今日まで六次にわたる外交折衝を通じて、日本政府に対して、本件建物が中華人民共和国政府の所有に帰すべき国有財産である旨の主張を行ってきた」と述べている。『判例タイムズ』第六三七号（一九八七年八月一日）二五五頁。

13 訴訟当事者の確定についての民事訴訟法における通説は「表示説」とされる。伊藤眞『民事訴訟法（第3版4訂版）』（有斐閣、二〇一〇年）八七頁。しかし表示説にも、訴状の当事者欄における表示のみを基準とする考え方（形式的表示説）と、請求の趣旨・原因の記載をも考慮する考え方（実質的表示説）がある。『同右書』八六頁。後者をとった場合には、本文に述べたような結論に至ることも十分に考えられるであろう。

14 裁判所法第四条参照。

15 判決は、「本件建物の所有権が現在中国国家以外の権利主体に帰属しているか否かは別として」と述べて、台湾が本件建物の所有権の権利主体とされる可能性があることを示唆しており、したがって台湾が訴訟当事者となる可能性があることをも示唆しているといえよう（民事訴訟法第二八条）。

16 横溝「日中共同声明前に『中華民国』の名称で土地建物明渡しを請求した原告の確定」一九九（三七）頁参照。

17 台湾人元日本兵事件（最高裁・一九九二年四月二八日判決）、『判例タイムズ』第七八七号（一九九二年八月一五日）六一頁。

18 台湾人元日本兵事件（東京地裁・一九八二年二月二六日判決）、『判例タイムズ』第四六三号（一九八二年五月一日）一〇三頁。

19 台湾人元日本兵事件（東京高裁・一九八五年八月二六日判決）、『判例タイムズ』第五六二号（一九八五年一〇月一五日）一〇二頁。

20 日本に永住している（したがって台湾住民ではない）ため、そもそも「特別取極」の対象とされるべきものではないが、同様な立場にある旧軍人軍属である点では共通している特別永住者である旧軍人軍属の戦傷病者（本人・遺族）および戦没者遺族に対しては、死亡者一人につき弔慰金二六〇万円、重度戦傷病者一人につき見舞金・特別給付金四〇〇万円を支払うことが、二〇一〇年六月に公布された「平和条約国籍離脱者等である戦没者遺族等に対する弔慰金等の支給に関する法律」において定められた。

21 内閣総理大臣官房管理室「特定弔慰金等支給業務の概要」（一九九五年三月）。

22 村山談話は、「わが国は、遠くない過去の一時期、国策を誤り、戦争への道を歩んで国民を存亡の危機に陥れ、植民地支配と侵略によって、多くの国々、とりわけアジア諸国の人々に対して多大の損害と苦痛を与えました。私は、未来に誤ち無からしめんとするが故に、疑うべくもないこの歴史の事実を謙虚に受け止め、ここにあらためて痛切な反省の意を表し、心からのお詫びの気持ちを表明いたします。また、この歴史がもたらした内外すべての犠牲者に深い哀悼の念を捧げます。」という文言を含んでいる。

23 『第百二十九回国会参議院内閣委員会会議録』第二号（一九九四年三月二九日）二頁（谷野作太郎内閣外政審議室長答弁）。

24 台湾側は四〇〇〇倍、七〇〇〇倍という数字で要求してきたといわれる。『同右』第二号、三頁（谷野内閣外政審議室長答弁）。

25 浅田正彦「中国（仮題）」国際法事例研究会『戦後賠償（仮題）』（近刊）参照。

26 「同右論文」参照。

27 『訟務月報』第五一巻一一号（二〇〇五年一一月）二八六四頁。同じ数字は、オランダ人元捕虜等損害賠償請求事件の東京高裁判決でも用いられている。『判例タイムズ』第一〇七二号（二〇〇一年一二月一五日）九八頁。ただし、これらの財産が、ソ連の参戦後も全く無傷であったかについては定かでない。

28 対日平和条約第二五条によれば、「第二十一条の規定を留保して、この条約は、ここに定義された連合国［日本国と戦争していた国でこの条約に署名・批准するもの］の一国でないいずれの国に対しても、いかなる権利、権原又は利益も与えるものではない」とされる。

29 「附随的合意」の理論は、第三国に権利を付与することを意図して条約規定が定められ、この権利を第三国が受諾した場合にのみ、権利が創設されるという考え方であり、「第三者のためにする契約」の理論は、第三国のために権利を創設するという条約当事国の意図のみによって権利は創設されるのであって、第三国の側にはいかなる特別の受諾行為も必要ないという考え方である。浅田正彦「条約と第三国」国際法事例研究会『条約法』（慶應義塾大学出版会、二〇〇一年）一五一頁。前者の理論は、例えばマクネアによって、後者の理論は、例えばラウターパハトやフィッツモーリスによって唱えられている。McNair, *The Law of Treaties*, pp. 309-321; Hersch Lauterpacht, *The Development of International Law by the International Court* (Stevens & Sons, 1958), pp. 306-310; *Yearbook of the International Law Commission*, 1960, Vol. II, pp. 102-104. See generally *Yearbook of the International Law Commission*, 1964, Vol. II, p. 21.

30 Alexander Proelss, "Article 36: Treaties providing for rights for third States," in Oliver Dörr and Kirsten Schmalenbach (eds.), *Vienna Convention on the Law of Treaties: A Commentary* (Springer, 2012), pp. 656-657, 664, 668; Pierre d'Argent, "Article 36: Treaties providing for rights for third States," in Olivier Corten and Pierre Klein (eds.), *The Vienna Conventions on the Law of Treaties: A Commentary*, Vol. I (Oxford U.P., 2011),

pp. 930-931, 935-937.

31 *Ibid.*, pp. 930-931.

32 See, e.g., Jennings and Watts (eds.), *Oppenheim's International Law*, Vol. I, 9th ed. p. 1262; Hans Ballreich, "Treaties, Effect on Third States," in Bernhardt (ed.), *Encyclopedia of Public International Law*, Vol. IV, p. 947; Mark E. Villiger, *Commentary on the 1969 Vienna Convention on the Law of Treaties* (Nijhoff, 2009), p. 488.

33 日本の在外資産の処分権付与について、日本政府の公式見解によれば、それが賠償に充てられたという直接の因果関係はないとされることにつき、第二章注36参照。

34 ただし、日華平和条約においては、同条約第一一条に従って準用される対日平和条約第一四条(a)2に定める在外資産の処分権につき、若干の修正が加えられている。すなわち、対日平和条約では、日本の在外資産のうち、日本の外交・領事機関の不動産等や外交・領事職員の家具等は処分権の対象から除外するものとされている(第一四条(a)2(II)(ii))が、日華平和条約ではこの点が一部修正され、一九三一年九月一八日(満州事変の発端となった柳条湖事件の日)以降中華民国の同意なしに設置された日本の外交・領事機関の不動産等や外交・領事職員の家具等については、この除外を適用しない(したがって処分権の対象となる)旨の了解がなされている(同意議事録の三)。

35 『第十三回国会参議院外務委員会会議録』第四二号(一九五二年六月一八日)一六頁(岡崎勝男外相答弁)

36 日華平和条約の国会審議において、中国大陸に所在する日本財産の問題については未解決である旨の答弁がなされたことがある。すなわち、「…その間の日本国並びに日本国民の大陸の財産というものは、どういう地位にあるわけですか」との質問に対して、倭島英二アジア局長は「その件はまだ未決定であります」と答えている(『第十三回国会衆議院外務委員会議録』第二六号(一九五二年五月二三日)三八頁)。もっともこれは、日華平和条約の国会審議の前半において、同条約がいわば限定講和として扱われ、交換公文による条約の適用地域の限定が戦争状態の終了にも適用されるとの前提で議論がなされていた時期の答弁である。右質問の「その間の」というのも、中華民国政府が中国大陸を支配下に置くまでの間の、という意味であり、倭島局長の答弁も、日本の在外資産の処分権に関する同意議事録の四に定める了解は、中華民国政府が大陸を支配下に置いた場合のことであって、それまでの間の日本の在中国財産の地位は未決定だという趣旨の答弁であった。しかし、すでに述べたように(第二章第五節二)、その後の国会審議の過程で下田武三条約局長より、戦争状態の終了は現実に支配している地域いかんといった事実問題とは無関係な全面的な法律関係であるとの答弁がなされ、それ以降は、戦争状態の終了に適用地域の限定はないということ、つまり戦争状態の終了は条約の発効と同時に大陸についても効力を生ずるということになり、そのような前提で日華平和条約の国会承認がなされている。

37 殷燕軍『日中講和の研究―戦後日中関係の原点』(柏書房、二〇〇七年)八五頁。ただし、そのすべてを賠償対象とすべきであるとの立場ではなく、一定のものは侵略の結果獲得した資産として、無条件に中国に返還すべきとの立場であった。

38 入江『日本講和條約の研究』九四頁。

39 同じ結論は、対日平和条約の関連規定を「第三者のためにする契約」の理論で理解する場合にも導かれる。

40 毎日新聞社編『対日平和条約』二三四―二三五頁、中国人慰安婦二次訴訟(東京高裁・二〇〇五年三月一八日判決)、『訟務月報』第五一巻一一号(二〇〇五年一一月)二八六四頁。

41 違法行為に対して行うことのある「追認」(事後の同意)の効果について、国家責任条文の国連国際法委員会(ILC)によるコメンタリーは、責任追及の権利の喪失であるとしている。James Crawford, *The International Law Commission's Articles on State Responsibility: Introduction, Text and Commentaries* (Cambridge U.P., 2002), p. 163, Article 20, Commentary, para. 3.

42 『訟務月報』第五一巻一一号(二〇〇五年一一月)二八六四頁。

43 ILCの条約法草案コメンタリーは、条約法条約第三六条の基礎となった二つの主要学説が、権利の受諾は権利の単なる行使という黙示的な形でもよいし、権利の拒否はその不行使という黙示的な形でもよいとしていることを指摘している。U.N. Doc. A/6309/Rev.1, 1966, p. 59, Article 32, Commentary, para. 5. しかし、このような説明が、極めて複雑な本件の解明に資する訳ではない。本件では、人民政府が対日平和条約を「不法」「無効」と主張する一方で、事実としては同条約で権利付与が定められている在中国日本財産を入手しているが、後述のように、その財産は必ずしも日本から直接に入手した訳ではないし、しかも入手したのは対日平和条約の締結前であった。

44 山本『国際法(新版)』三一四頁は、国家承継の場合とは異なり政府承継の場合には、「前政府がその国を代表して行った法律行為は、原則としてすべて新政府に承継される」とした上で、「一国内で二つの政権が革命・内戦により対立抗争しそれぞれ一定の地域を実効的に支配している間に、対立政権が第三国との関係で行った約束その他の行為については、後に全国的支配を確立した新政府が、原則としてこれを承継する義務を負う」とする。そしてこの原則の例外としては、対立政権の政治的・一身専属的な行為や敵対的目的の行為(あらかじめ第三国に承継の拒否を警告しておいたもの)、対立政権が事実上の地方政権として行った行為などがあげられている。

45 『同右書』三一四頁参照。

46 入江『日本講和條約の研究』八七、九〇―九三、九四頁。なお、本文で以下に述べる点については、国会審議において次のような答弁がある。

「終戦直後ソ連が満洲地区にありました日本の莫大な資産をソ連領内に移転しました事実はございます。それにつきまして、ソ連はこれは戦利品であるという主張をしたことがあると了承しております。併し戦時国際法で言う戦利品の中に入るべきものでないことは連合国も認めておるようでございます。その後、今日までの経過はよくわかりませんが、ソ連と中国との協定によりまして、相当ソ連側から中国側に返還することになつておるようでございます。中ソ同盟條約の附属議定書にその趣旨の規定がございます。と申しますのは、いずれにいたしましても、この問題は中国国民政府によりまして取上げられたような形跡がございます。三月の條約草案におきまして、連合国の領域内にある日本財産が他の連合国によつて持ち運ばれた場合には、その両連合国内の間でお互いに勘定を付けるべきであるという條項が入つておりました。この條項は米英合同案では削除いたされております。そういう関係がございますので、中国とソ連の間でそれは問題になつておるし、中共とソ連との間には、すでに條約によつて或る程度解決されておる点でございます。」

『第十二回国会参議院平和条約及び日米安全保障条約特別委員会会議録』第一五号（一九五一年一一月一〇日）一頁（西村熊雄外務省条約局長答弁）。

47　協定の条文については、鹿島平和研究所編『現代国際政治の基本文書』（原書房、一九八七年）二一六―二一七頁参照。

48　協定の条文については、『同右書』二三六―二三七頁参照。

49　対日平和条約の国会審議において、戦利品と賠償の区別について次のような答弁がなされている。

「戦利品というものは、交戦中に軍の直接管轄内に落ちたもので、当然没収し得るものでございます。でございますから、戦利品は戦闘行為との関連において考えるべきものと思います。賠償は、戦争が終りまして、講和條約によつて平和関係に入る際に戦勝国が戦敗国に課する財的負担と観念すればよろしいかと思います。当初は戦勝国が戦争のために費した戦費プラス国民の受けた損害、この合算したものになお余りある金額を戦敗国に課すのが通例でございました。二十世紀に入りましてからは、戦争の性質が変つて、非常に損害が大きくなり、戦敗国の支拂能力が殆んど残らないような状態になりましたので、ヴエルサイユ平和会議では戦費の賠償はこれを放棄しまして、国民の受けた損害だけを戦敗国に課すという考え方が出て来たわけであります。今度の戦争では、国民が受けた損害の賠償を求めることすらもが、第一次世界大戦の経験で不可能であることがわかりましたので、更に圧縮して、むしろ戦敗国の支拂能力の限度によつて財的負担をきめようという思想になつて来ております。」

『第十二回国会参議院平和条約及び日米安全保障条約特別委員会会議録』第一五号（一九五一年一一月一〇日）一頁（西村熊雄外

務省条約局長答弁）。

50 入江『日本講和條約の研究』九四―九七頁。なお、長春鉄路に関しては同様の抗議が行われなかったのは、一九四五年二月のヤルタ協定（米英ソ）が在満鉄道の華ソによる共同運営とソ連の優先的利益を認めていたことや、南満州鉄道を華ソの共有財産・共同経営とする中国長春鉄路に関する華ソ協定が締結されたことなどが影響したものと思われる。『同右書』八五、九六頁参照。

51 『同右書』九〇、九二頁。

52 藤田久一『国際人道法（新版・増補）』（有信堂高文社、二〇〇〇年）一七四頁。

53 入江『日本講和條約の研究』九二、九四―一〇四頁参照。なお、ヨーロッパにおいても同様のことが起っている。『同上書』九三頁。

54 岡崎勝男外相は、日華平和条約の国会審議において、日華平和条約第一一条による準用の対象となる対日平和条約の相当規定には同条約第一五条が含まれるとの考えを示している。『第十三回国会参議院外務委員会会議録』第四三号（一九五二年六月二六日）二頁。

55 第一五条(b)は連合国および連合国国民の工業所有権についての規定であり、同条(c)は連合国および連合国国民の著作権についての規定である。

56 「Tentative Draft: Peace Treaty between the Republic of China and Japan」『日華平和条約関係一件』第三巻、〇〇二一、〇〇三三―〇〇三四頁。

57 両者の主要な違いは、第一に、対日平和条約にないものとして、後述の協力政権の財産も中華民国の財産と見なすとの規定がある点、第二に、対日平和条約では一九四一年一二月七日から一九四五年九月二日までの間に日本国内にあった財産等とされている部分が、一九三七年七月七日（盧溝橋事件の日）から一九四五年九月二日までの間に日本国内にあった財産等とされている点である。

58 「Puppet Government Property in Japan, SCAPIN 2188, 10 December 1951」竹前栄治監修『GHQ指令総集成（原文（英文））』第一五巻（エムティ出版、一九九三年）七三〇三頁。なお、後述の蒙古連合自治政府公館も、「かいらい政府」の在日財産ということになるように思われるが、ここでは列挙されていない。他方、ここで満州国の財産として列挙されている満州国学生指導協会の土地と思われる東京都新宿区弁天町の地番九一番の土地（地目宅地）の登記簿によると、この土地は、かつての住所が東京都新宿区牛込弁天町の地番九一番（右GHQ資料の住所に一致）の土地であるが、一九二八年一一月一日に売買により「南満州鉄道株式会社」が所有権を取得し(同年同月同日受付)、その後一九五三年二月一九日に売買により個人(韓吉昌)が所有権を取得した(同年同月二四日受付)とされており、少なくとも登記簿上は満州国の財産であったことを示す記録は見当たらない。

59　この問題は、適用地域に関する交換公文の文言とともに、まさに最後の最後(署名日前日の午後)になって合意できたものである。「河田全権発吉田大臣宛、日華條約交渉に関する件(昭和二七年四月二七日)」『日華平和条約関係一件』第二巻、〇二六一―〇二六二頁。なお、「日華平和条約交渉経緯(後宮事務官研修所講演速記・昭和二十七年六月二十五日)」八六―九二頁によれば、本当に最後の最後まで残ったのは、「transfer」か「transferrable」かという文言の問題であったようである。

60　「Tentative Draft: Peace Treaty between the Republic of China and Japan」『日華平和条約関係一件』第三巻、〇〇三三―〇〇三四頁。

61　「Peace Treaty between Japan and the Republic of China (Presented by the Chinese Delegation on 21 March)」『日華平和条約関係一件』第三巻、〇一三二、〇一三五頁、「Treaty of Peace between the Republic of China and Japan」『日華平和条約関係一件』第三巻、〇一五五、〇一五七頁。

62　「Agreed Minutes, April 13」『日華平和条約関係一件』第三巻、〇二二八頁、「河田全権発外務大臣宛、日華條約交渉に関する件(昭和二七年四月一八日)」『日華平和条約関係一件』第二巻、〇〇八二―〇〇八三頁。

63　「吉田大臣発河田全権宛、日華條約交渉に関する件(昭和二七年四月二二日)」『日華平和条約関係一件』第二巻、〇一四二頁。「Major Points, April 23, 1952」『日華平和条約関係一件』第三巻、〇二七七―〇二七八頁。

64　本文に述べた日本側提案に対して、国府側は、翌日、「[協力政権の]財産、権利または利益の中華民国への移転は、中華民国と日本国との間の同意があり次第、この条約およびサン・フランシスコ条約の関係規定に従い、直ちに実施される(shall be effected immediately)」との修正案を提示していた。「適用範囲、協力政権に関する中国側訂正案(昭二七・四・二四)」『日華平和条約関係一件』第三巻、〇二八一、〇二八三頁。

65　『第十三回国会衆議院外務委員会議録』第二八号(一九五二年五月三〇日)九頁(岡崎外相答弁)、一六頁(倭島局長答弁)。

66　同意議事録の二は、対日平和条約の「関係規定」のほか、日華平和条約の「関係規定」にも従うとしているが、日華平和条約の「関係規定」がいずれの規定であるのかについては必ずしも定かではない。その背景には次のような事情がある。すなわち、日本政府の当初の考えによれば、協力政権の在日財産の問題は特別取極において一括して処理すべきだということであり、したがって日本にとっての「関係規定」とは、特別取極に関する対日平和条約第四条と日華平和条約第三条であったようである。しかし、そのような解釈は、中国大陸に所在した協力政権の在日財産を台湾・澎湖諸島に関する在日財産と見なすことになるのであって、論理的に不可能といわなければならない。そこでこれを論理的に解釈しようとすれば、対日平和条約の「関係規定」とは、本文に述べたように第一五条ということにならざるを得ないが、そのような解釈を採用すると、今度は日華平和条約には該当する「関係規定」が見当たらないということになってしまうのである(日華平和条約の「関係規定」を同条約第一一条と考えることは、本文でも述べたように誤りである)。もっとも、同意議事録の二が「両当事国間の同意により」と規定している以上、そのうちの一方の当事国である日本が、あくまでこの問題を特別取極の枠内で一括して処理することに固執すれば、事実上そのように処理されるという可能性もない訳ではない。いずれにせよ、日華間の思惑の異なる中で起草された日華平和条約であることから、本文に述べたような解釈をとる場合に、日華平和条約に適当な「関係規定」が容易には同定できないとしてもやむを得ないというほかなかろう。

67 現在の中華人民共和国大使館の敷地である東京都港区元麻布三丁目の地番四四番の土地(地目大使館敷地)および地番四九番の壱の土地(地目公使館敷地)の登記簿によると、これらの土地は、かつての住所がそれぞれ東京都港区麻布桜田町の地番四四番および地番四九番の壱の土地であるが、それぞれ一九三七年一一月九日(同日受付)および一九三二年一二月三日(同日受付)に売買により「満洲国」が所有権を取得し、その後いずれも一九四五年九月二日に承継により「中華民国」に所有権が移転し(一九六七年一二月二〇日受付)、その後いずれも一九七二年九月二九日の変更により「中華人民共和国」に登記名義人表示変更がなされている(一九七三年六月五日受付)。

68 旧満州国大使館武官室敷地明渡請求事件(東京地裁・一九八五年一二月二七日判決)、『判例タイムズ』第六二二号(一九八七年二月一日)二一七―二二三頁。

69 『同右』第六二二号、二一九頁。国によれば、本件土地は、満州国が消滅した時以来、日本国が管理していたもので、日本国としてはこれを中華人民共和国に移管すべきものであるが、本件土地上に不法占拠者が生じているままの状態で移管することは、日本国と中華人民共和国および同国と被告らとの間に将来錯綜した法律関係を生じさせ、日中間の友好関係を阻害することになる恐れがあるから、本件土地の所有者である中華人民共和国による訴訟追行権の授与をもって、日本国が本件土地の不法占拠者である被告らに対し明渡しを請求する訴えを提起したものである。

70 『同右』第六二二号、二二二頁。

71 『第百九回国会衆議院予算委員会議録』第五号(一九八七年七月一六日)二九頁(藤田公郎外務省アジア局長答弁)。

72 竹前監修『GHQ指令総集成(原文(英文))』第一五巻、七三〇〇―七三〇六頁参照。

73 『判例タイムズ』第六二二号(一九八七年二月一日)二一九頁。

74 中華民国政府によって移管の申請がなされなかったために移管されなかったのか、日本の同意が得られなかったために移管されなかったのかは不明である。しかし、中華民国政府が旧満州国大使館敷地については移管の申請を行い、近隣の旧満州国大使館武官室敷地については移管の申請を行わなかったということは想定し難いであろう。なお、旧満州国大使館武官室敷地とは直線距離にして一〇〇～一五〇メートル離れていた。

75　この点は登記簿によっても確認できる。本件旧満州国大使館武官室敷地である東京都港区元麻布三丁目の地番参〇番の壱の土地（地目大使館敷地）の登記簿によると、この土地は、かつての住所が東京都港区麻布桜田町の地番参〇番の壱の土地であるが、一九四二年三月一日に売買により「満洲国」が所有権を取得し（一九四二年三月三〇日受付）、その後一九七二年九月二九日に承継により「中華人民共和国」に所有権が移転している（一九八六年九月五日受付）。

76　もっとも、前述のように、旧満州国大使館が一九六七年に中華民国大使館として中華民国に移管され、それが政府承認の切替えで一九七三年に中華人民共和国に名義変更されていることからすれば、恐らくは日本の同意が得られずに中華民国に移管されなかった旧満州国大使館武官室敷地も、本来ならば中華民国に移管されてしかるべきものだったのであり、そしてそれが政府承認の切替えで中華人民共和国の所有とされるべきものであったと考えたとしても不思議ではない。

77　『第八十五回国会参議院外務委員会会議録』第五号（一九七八年一〇月一八日）一八頁（大森誠一外務省条約局長答弁）。

78　返還政令につき、大蔵省編『第二次大戦における連合国財産処理（資料篇）』（大蔵省印刷局、一九六六年）一三四頁以下参照。返還政令を改正した一九五二年四月二三日の法律は、返還政令に法律としての効力を与えた。大蔵省編『第二次大戦における連合国財産処理（戦後篇）』（大蔵省印刷局、一九六六年）一五六頁。返還政令（およびその前身である一九四六年五月三〇日の返還勅令）は、元来、連合国最高司令官からの覚書に応じて行われる連合国財産の返還のために制定されたものであったが、対日平和条約の発効に伴い、日本が同条約第一五条および第一七条の規定によって連合国財産の返還の義務を負うこととなったため、それに合わせて改正が行われた。さらに、対日平和条約に参加しなかった国との間に二国間平和条約が締結されることとなったため、それらの国の財産の返還に備えるべく、返還政令上日本が財産返還の義務を負う国の範囲が、対日平和条約以外の平和条約を締結した国で「政令で定めるもの」にまで拡張された。しかし、後者の政令で定められたのはインドとビルマ連邦にとどまり、中華民国は含まれていなかった。『同右書』八七、九二、一五六、一六三―一六七頁。なお、返還政令は本文に述べたように規定するが、同政令は、その名称にも拘らず基本的に「連合国人の財産」に関するものであり（第二条三項）、必ずしも「連合国の財産」そのものについて規定したものではなかった。とはいえ、それが「連合国の財産」の扱いとの関係で、解釈上参考になるのも事実である。第二次世界大戦後の連合国人財産の返還の概要について、『同右書』七九―八〇、一〇九、一五六、一五八、三九四―四〇六頁参照。

79　国家承継と政府承継とは異なるが、日華平和条約の同意議事録の二においても「満州国」（国家）が「汪精衛政権」（政府）と並べて「協力政権」として扱われていることもあり、本書でも区別の必要が乏しい場合には、国家承継の問題と政府承継の問題を厳密に区別することなく論ずることがある。

80　この点は、本書の「補論」で取り上げる西松建設事件および中国人慰安婦二次訴訟の最高裁判決のように、そもそも日華平和条約は大陸には適用されないとの解釈をとった場合にも当てはまるであろう。

81　第一章第六節四参照。

82　一九五二年一二月に中華民国政府によって購入された光華寮は、「千九百四十一年十二月七日から千九百四十五年九月二日までの間のいずれかの時に日本国内にあつた」（対日平和条約第一五条(a)）中国の財産でないので、ここでは無関係である。

83　本書の別の箇所（第二章注46）で、同意議事録の四にいう「日本の在外資産」を金門・馬祖の日本資産と解することは、全く不可能ではないにしても現実から乖離した議論であると指摘したことがある。

84　政府の完全承継の場合には、新政府は、前政府に属していた財産であって新政府を承認する国の管轄内にあるものに対してその所有権を要求しそれを受領する権利を有するとされてきた。H. Lauterpacht (ed.), *Oppenheim's International Law*, Vol. I, 8th ed. (Longmans, 1955), pp. 137-139; Jennings and Watts (eds.), *Oppenheim's International Law*, Vol. I, 9th ed., pp. 159-160.

85　光華寮事件差戻第一審（京都地裁・一九八六年二月四日判決）、『判例タイムズ』第五八〇号（一九八六年三月二〇日）九四頁、同差戻控訴審（大阪高裁・一九八七年二月二六日判決）、『判例タイムズ』第六三七号（一九八七年八月一日）二五五、二五六頁。なお、同第一次控訴審（大阪高裁・一九八二年四月一四日判決）、『判例タイムズ』第四八一号（一九八三年一月一五日）七七頁をも参照。

86　『第百九回国会衆議院予算委員会議録』第五号（一九八七年七月一六日）二九頁（藤田公郎外務省アジア局長答弁）、『第百六十六回国会衆議院外務委員会議録』第六号（二〇〇七年四月一一日）一六頁（佐渡島志郎外務省大臣官房審議官答弁、後藤博法務省大臣官房審議官答弁）。なお、本件名義変更の登記の際には、外務省より「別紙目録記載の不動産の登記名義人の名称は昭和四十七年九月二十九日、中華民国から中華人民共和国に変更されたことを証明する」という文面の外務次官の証明書が添付された。『第百九回国会衆議院予算委員会議録』第五号、二九頁（千種秀夫法務省民事局長答弁）。

87　日中国交正常化当時に中国（国家）が日本において所有していた不動産には、必ずしも網羅的ではないが、次のものがあったとされる。①駐日中華民国大使館土地建物、②在大阪中華民国総領事館土地建物、③在横浜中華民国総領事館用地、④光華寮、⑤旧満州国大使館武官室敷地、⑥蒙古連合自治政府公館である。以上のうち①〜③は、本文でも述べたように、中華民国の所有する外交・領事財産であり、④は本文で既述の通りである。他方、⑤と⑥については不法占拠者がいたため、訴訟を行ったりして所有権移転登記が遅くなったとされる。『第百九回国会衆議院予算委員会議録』第五号、二八―二九頁（藤田公郎外務省アジア局長答弁）。

88　協力政権の在日財産で中華民国に移管されなかったものの中に、移管申請期間中に中華民国政府によって移管申請がなされなかったために移管されなかったものがあるとすれば、それらについては、日本の同意が得られなかったために移管されなかったものと同じ扱いにする必要はないように思える。同意議事録の二の問題点は、日本の同意を移管の条件としたところにあるからである。またそのような処理は、対日平和条約の均霑条項（第二六条）の趣旨からしても首肯されよう。

89　郵便貯金法第二九条によれば、一〇年間貯金の預入れおよび払戻し等がない通常郵便貯金については、その後さらに一〇年間その貯金の全部払戻請求がない場合に行われる催告にも拘らず払戻請求がない場合には、当該貯金に対する預金者の権利は消滅するものとされていた。しかし、一九五五年四月二一日の郵政省通達（郵二業第五一三号）により、外国人名義の貯金についてはこの規定の適用を見合わせることとされた。その後、一九五八年五月二三日の郵政省通達（郵二業第三五四号）により、連合国の元俘虜・民間抑留者の貯金であって、対日平和条約第一五条に規定される所定の期間までに支払請求がなかったものについては、権利消滅の差止めが解除され、当該貯金に対する権利が消滅している。したがって、連合国の元俘虜・民間抑留者が有していた通常郵便貯金については、その権利は消滅することになったが、中国国民の郵便貯金については、郵便貯金法第二九条の適用がなお見合わされており、仮に長期にわたって支払請求がなされていなくても、そのことによって権利が消滅したということにはならない。なお、郵便貯金法は二〇〇七年の郵政民営化に伴って廃止されたので、右の第二九条の権利消滅に関する規定の適用も終了した。ゆうちょ銀行「長期間ご利用のない貯金のお取扱いについて」参照。http://www.jp-bank.japanpost.jp/news/2012/news_id000799.html

90　結論的には同じであるが、日本政府の立場によれば、連合国国民（ここでは中国国民）の請求権は、日華平和条約第一一条を介して準用される対日平和条約第一四条(b)によって放棄されている。

91　「Transfer of Yen Deposit in SCAP Custody Account in Bank of Japan, SCAPIN 7498-A, 20 February 1952」竹前栄治監修『GHQ指令「SCAPIN―A」総集成』第一八巻（エムティ出版、一九九七年）一〇五七三頁。

92　『第百二十六回国会参議院逓信委員会会議録』第一二号（一九九三年六月一日）一一頁（江川晃正郵政省簡易保険局長および山口憲美郵政省貯金局長答弁）。

93　一九九三年の化学兵器禁止条約では、「遺棄化学兵器」とは、「千九百二十五年一月一日以降にいずれかの国が他の国の領域内に当該他の国の同意を得ることなく遺棄した化学兵器(…)をいう」と定義される(第二条六項)。

94 『第百五十七回国会衆議院国際テロリズムの防止及び我が国の協力支援活動並びにイラク人道復興支援活動等に関する特別委員会議録』第三号(二〇〇三年一〇月一日)一八、一九頁。

95 一次訴訟(東京地裁・二〇〇三年九月二九日判決)、『判例タイムズ』第一一四〇号(二〇〇四年三月一五日)三〇〇頁以下、二次訴訟(東京地裁・二〇〇三年五月一五日判決)、『訟務月報』第五〇巻一一号(二〇〇四年一一月)三一五九頁以下。

96 本書では詳述しないが、遺棄化学兵器問題の三次訴訟は、二〇〇三年八月に中国黒竜江省チチハル市において発生した旧日本軍の毒ガス兵器による事故(中国側によると一名死亡、四三名負傷)に関する裁判である。本件については、「日本国政府は、遺棄化学兵器処理事業に係る費用として、三億円を支払う旨表明し、中国政府は、この費用を、中国政府の責任により、関係諸方面に適切に配分することを表明した。日中両政府は、これをもって、本件事故に係る善後処理の問題の最終的な解決を確認した」(二〇〇三年一〇月一九日の在中国日本国大使館対外発表文より)とされる。ところが、二〇〇七年一二月に中国国民四八名が、本件について国家賠償法に基づき日本国を相手に訴えを提起した。原告らは、本件毒ガス兵器を放置することによって本件事故を発生させたとして日本国に対して損害賠償を請求したのに対し、東京地裁は二〇一〇年五月二四日の判決において、チチハル市内における毒ガス兵器の遺棄やそれらの兵器による付近住民への危害の予見は可能であったが、旧日本軍が駐留し毒ガス兵器が遺棄された可能性のある地域すべてを本件事故時までに調査することは極めて困難であり、またチチハル市内等の探索を他の地域よりも優先すべきであったと認めることもできず、被告国に作為義務が発生したとは認められないとして、請求を棄却した。原告らは控訴したが、東京高裁は二〇一二年九月二一日の判決において、右のような予見は可能であったとしても、それは作為義務の前提としての予見可能性としては不十分であるとして、本件軍事関連施設の跡地に毒ガス兵器が存在していることの予見可能性を検討し、そのようなことを予見することができたとは認め難いとして、請求を棄却した。『訟務月報』第五九巻一一号(二〇一三年一一月)二七六七頁以下。原告らは最高裁に上告し、現在、上告審で係争中である。なお、チチハル毒ガス事故と日中間の善後処理(右の対外発表文を含む)について、堀之内秀久「黒龍江省チチハル市毒ガス事故善後」浅田正彦編『二一世紀国際法の課題(安藤仁介先生古稀記念)』(有信堂高文社、二〇〇六年)三七五—四〇〇頁参照。

遺棄化学兵器問題の四次訴訟は、二〇〇四年七月に吉林省敦化市蓮花泡(＝馬鹿溝)林場において発生した旧日本軍の毒ガス兵器による事故につき、二〇〇八年一月に中国国民二名が国家賠償法に基づき日本国を相手に提訴したものである。第一審の東京地裁は、二〇一二年四月一六日の判決において、化学兵器禁止条約成立前には遺棄化学兵器の処理は遺棄国が行うとする国際慣行は成立していなかったし、遺棄締約国の廃棄義務を定める同条約成立後も、中国の多数の地区に遺棄された化学兵器の処理事業について、中国側と協議しながら、条約に定める期限を想定した長期的計画に基づき、順次地域を選んで現地調査や発掘・回収作業を推進していたのであるから、被告国に結果回避義務違反は認められないとして、請求を棄却した。原告らは控訴したが、東京高裁は二〇一三年一一月二六日の判決において、結果回避措置につながる程度の具体性をもって馬鹿溝周辺に遺棄化学兵器が存在することを予見する可能性はなかったのであるから、結果回避義務はなく、作為義務違反もないとして、請求を棄却した。なお、本件第一審判決の評釈として、浅田正彦「中国毒ガス弾事件(第四次訴訟)―遺棄化学兵器」『ジュリスト(平成二五年度重要判例解説)』第一四六六号(二〇一四年四月)二九〇―二九一頁参照。

97　このほか、ハーグ陸戦条約第三条、慣習法および中国民法などに基づく請求も行われた。

98　一次訴訟で被告国は、「遺棄はその概念からして放置行為を含むものであり、放置は遺棄と別のものではない」旨主張した。『判例タイムズ』第一一四〇号、三一四頁。二次訴訟でも国は同様の主張を行った。『訟務月報』第五〇巻一一号、三二一九頁。なお、原告らも二次訴訟で、遺棄行為と放置行為を「一体のものとしてみるべきである」旨主張している。『訟務月報』第五〇巻一一号、三二一九頁。

99　『判例タイムズ』第一一四〇号、三一六―三一七頁。なお、一次訴訟の東京地裁判決は、この関連の傍論として、次のように述べている。日本は、一九九七年に発効した化学兵器禁止条約(CWC)により、中国の領域内に遺棄したすべての化学兵器を廃棄することを義務づけられたが、CWCは、その前文によれば、一九二五年のジュネーブ議定書の義務を再確認し補完するものとして位置づけられており、そうすると、日本が中国遺棄化学兵器を廃棄することは、CWCの「発効以前においても・・国際法的には日本に課された義務であったと理解することができる」と述べる(『同右』第一一四〇号、三一七頁)。しかしこの記述は、条約前文の法的位置づけ、ジュネーブ議定書の規定内容(「使用」の禁止のみを規定)、条約(CWC)の発効の法的意味など、国際法の基礎的知識の欠如を示すものといわねばならない。類似の誤りは二次訴訟の東京地裁の判決にも見られ、同判決は、作為義務の前提としての違法な先行行為の存否の判断に関連して、「毒ガス兵器の使用は、当時既に国際法により禁止されていたものであるから、このような危険物を使用及び保管するだけでなく、これを遺棄することは、顕著な違法性を有する行為というべきである」と述べている(『訟務月報』第五〇巻一一号、三二二二頁)。しかし、この違法性の評価が国際法上の評価をも含むものであるとすれば、国際法上、使用の禁止から保管や遺棄の禁止を導くことはできないといわなければならない。

100　『同右』第五〇巻一一号、三二二七―三二二九頁。

101　『判例タイムズ』第一一四〇号、三一八頁。

102 『訟務月報』第五〇巻一一号、三二三〇―三二三三頁。

103 一次訴訟控訴審(東京高裁・二〇〇七年七月一八日判決)、『判例時報』第一九九四号(二〇〇八年四月一一日)四二頁。

104 『同右』第一九九四号、四四―四五頁。なお、事故防止の「高度の蓋然性」を要求することへの批判として、北村和生「戦後旧日本軍が中国に遺棄した毒ガス兵器の爆発により中国人が人身被害を受けた場合、国の国家賠償責任が認められないとされた事例」『判例時報』第二〇一一号(二〇〇八年一〇月一日)一七九―一八〇頁、渡邉知行「遺棄化学兵器訴訟における国の不作為責任」『成蹊法学』第七五号(二〇一一年一二月)二五―二九頁参照。

105 判決では、「本件毒ガス兵器等を中国国内において遺棄、隠匿し、又は本件砲弾を放置したものと認められるが、これらの各行為は、戦争行為の一環として行われたものというべきである」(傍点引用者)と述べられている。『判例時報』第一九九四号、四七頁。この記述からは、あたかも(遺棄行為から切り離された別個の行為としての)「放置行為」が「戦争行為の一環」であって、したがって日中共同声明第五項(＝この点において対日平和条約第一四条(b)と同内容)に含意される「戦争の遂行中」の行為として、そこから生じた請求権は放棄されているとの判断がなされたかのように見える。しかし、そうではない。「本件砲弾の放置」とは、事実認定にかかる部分(そこでの表題も「本件砲弾の旧日本軍関係者による遺棄とその態様」(傍点引用者)とされる)においては、次のように述べられているからである。すなわち、「本件砲弾については、旧日本軍が弾薬庫内に放置していたという意味においては、その管理下にあった本件砲弾を捨て置き、遺棄したということができる」(傍点引用者)と述べられており、ここでの「放置」とは「遺棄」と同義語として用いられていると考えることができるからである。『同右』第一九九四号、四一頁。同一判決内において同一の語を異なった意味に用いるといった用語法が極めて紛らわしく、望ましくないのはいうまでもない。ましてや、判決において遺棄行為と放置行為の分離の可否が重要な論点の一つとなっていることからすれば、なおさらである。

106 『判例時報』第一九九四号、四七頁。

107 『同右』第一九九四号、四五―四六頁。

108 二次訴訟控訴審(東京高裁・二〇〇七年三月一三日判決)、『訟務月報』第五三巻八号(二〇〇七年八月)二三〇四―二三〇五、二三一〇―二三一三頁。

109 『同右』第五三巻八号、二二六五頁。

110 本文の①の括弧内はいずれも二次訴訟における判断である。すなわち、一次訴訟の判決では民法に基づく請求の判断において「国家無答責」に明示的には言及していないが、二次訴訟の判決では明示的に言及している。また、国家賠償法施行前の行為については、一次訴訟では遺棄・隠匿行為を検討したに留まるが、二次訴訟では遺棄行為のみならず放置行為をも検討の対象としている。

111　西松建設事件および中国人慰安婦二次訴訟の最高裁判決につき、それぞれ『最高裁判所判例集』第六一巻三号(二〇〇七年)一一八八頁以下および『最高裁判所裁判集・民事』第二二四号(二〇〇七年)三二七頁以下参照。それらの評釈として、本書の「補論」参照。

112　鉾田達人「解説」『訟務月報』第五三巻八号(二〇〇七年八月)二二六三―二二六四頁は、「直接的に『戦争の遂行中』とはいえない事故についても、[西松建設事件最高裁]判決の射程範囲となるかが注目されていた」とする。

113　遺棄化学兵器四次訴訟の第一審東京地裁判決は、化学兵器禁止条約成立後の不作為について、同条約の定める廃棄義務の趣旨に照らして日本国の不作為を評価し、著しく不合理であったとまではいえないと判示している。判決正本、二八頁。

第六章　日華平和条約の終了の意味

第一節　問題の所在

日中共同声明は、日華平和条約の存在のゆえに、妥協の産物としてあいまいな内容を含む文書として署名されることになったが、逆に、日中共同声明の署名の結果として、日華平和条約は「終了」することになった。日中共同声明が署名された日、大平正芳外相は、北京での記者会見の場において、「共同声明の中には触れられておりませんが、日中関係正常化の結果として、日華平和条約は、存続の意義を失い、終了したものと認められる、というのが日本政府の見解でございます[1]」と述べた。これは、日中国交正常化に当たって、中華人民共和国政府がその原則的立場として示した「復交三原則」の第三原則(日台条約は不法であり無効であって廃棄されなければならない)について、日本としては、日華平和条約が当初から無効であるという主張は受け入れられないものの、日中国交正常化の結果として日華平和条約が終了することになったとすることで、日本としての「けじめ」をつけたものであろう。

しかし、法的な観点からは、この大平声明にはいくつか解明すべき点がある[2]。第一に、日華平和条約の「終了」の法的位置づけの問題である。大平声明は、中華民国政府との(明示的または黙示的な)合意に基づくものではなく、その意味では、外見上、二国間条約の一方的廃棄の宣言のように見える。しかし、そうだとすれば、そもそも平和条約が一方的廃棄の対象となりうるのかという疑問が生ずる。というのも、平和条約は、国境画定条約と共に、その性質上、一方的廃棄や一方的脱退の対象とはなりえない条約とされてきたからである。国連国際法委員会(ＩＬＣ)による条約法最終草案(以下、単に「条約法草案」という場合、最終草案を指す)第五三条(現第五六条)のコメンタリーも、「若干の条約は、まさにその性質上、個々の当事国の意思によって条約を一方的に廃棄しまたは脱退することができるものと締約国が意図した可能性を排除している。平和条約や国境を画定する条約がそのような条約の例である」と述べているのである[3]。

第二に、日本政府の説明する日華平和条約終了の「理由」の意味するところである。日華平和条約が終了することとなった理由として、大平外相は「存続の意義を失」ったと述べているが、存続の意義を失うとはいかなることを意味し、そしてなぜ日華平和条約は存続の意義を失ったのか。

第三に、右の第二の疑問とも関連するが、日華平和条約の「終了」の条約法条約上の位置づけである。条約法条約は、その第五部において、「条約の無効、終了及び運用停止」を扱い、その第一節(総則)の冒頭(第四二条)において、「条約の終了…は、条約又はこの条約の適用によってのみ行うことができる」(第二項)として、終了原因について網羅主義を採用している[4](運用停止も同様。以下、終了原因と運用停止原因の両者を含めて「終了原因」ということがある)。すなわち、条約の終了は、当該条約の規定(廃棄条項や終了条項など)の適用によるか、あるいは条約法条約の規定の適用によってのみ行うことができるとされる。日華平和条約には廃棄や終了に関する規定はなかったので、同条約は、条約法条約に従えば、条約法条約に定めるいずれかの終了原因によって終了したということになるが、そのいずれの原因によるということになるのか。

以上のような疑問点を解明するため、以下ではまず、日華平和条約の「終了」がいかなる形式の終了であるのか（一方的廃棄か）を日本政府の説明に照らして一応確認し、次に、同じく日本政府の説明に照らして、日華平和条約の終了原因である「存続の意義を失」ったということの意味するところおよびその他関連する事情を検討し、それを踏まえた上で、次章においてその条約法条約上の位置づけについて考えることにしたい。なお、本章では、日本政府の終了声明の意味するところを探るのが目的であるので、当然のことながら、日本政府の立場を前提として論を進めることにしたい[5]。

第二節　平和条約の廃棄可能性

日華平和条約の承継問題を審議した国会において、井川克一外務省条約局長は、平和条約一般の問題として次のように述べた。すなわち、「平和条約というもののいわゆる存続とか云々とかいうことにつきましての、これは一般的な国際法上の通説がございまして、これは平和条約というものは廃棄とか無効化とかそういうものの対象になるものではない。つまり一ぺんで、平和条約ができまして発効いたしましたならば、そこで平和関係が出てくるわけでございます。そこで処分が終わるわけでございます。使命を達成するわけでございます[6]」と述べると共に、一方的廃棄を許容することを意図しない条約として平和条約を例示する前述の条約法草案のコメンタリーにも言及している。

このように日本政府は、一般論として、平和条約を一方的に廃棄できるとは考えていなかったが[7]、日華平和条約との関係でも、その終了が一方的廃棄によるものではないことを明言している。条約法条約の国会審議の際に、日華平和条約の取扱いは廃棄なのか、終了なのか、運用停止なのか、という質問に関連して、栗山尚一外務大臣官房審議官は、「日中国交正常化の結果として日華平和条約は存続の意義を失い、終了したものと認められるというのが日本政府の見解であります[8]」と述べた上で、さらに「政府承認の変更に伴う随伴的な効果として条約の存続意義がなくなって条約が終了したものと認められるということでございまして、わが国が条約を条約の規定等に基づきまして一方的に廃棄をするとか終了させるとかという措置をとったわけではございません[9]」と述べている。後者の答弁は、直接的には、日華平和条約の終了に国会の承認は必要ないのかという質問に対して、その必要はないという回答の前提として述べられたものであるが、日華平和条約の終了は一方的な廃棄ではないことを明らかにしたものである。栗山答弁は、「条約の規定等に基づ」いた一方的な廃棄ではないと述べているが、条約の規定「等」といっていることからは、当該条約の規定のみならず条約法上の規則(例えば、後述の後発的履行不能等)に基づくものも含めて、一方的廃棄であることを否定したものと捉えることができよう。もちろん、日華平和条約の終了が一方的廃棄の「外観」を呈していたのも事実であり(後述の国府の反応参照)、この答弁のみをもって、それが一方的廃棄ではなかったと最終的に結論づけることはできないが、当面、そのような前提で論を進めることとしたい[10]。

第三節　日華平和条約の終了の理由

日華平和条約の終了が一方的廃棄によるものではないとすると、それはいかなる形式による終了なのであろうか。右の栗山審議官の答弁では「政府承認の変更に伴う随伴的な効果」として、日華平和条約は「存続意義がなくなっ」

たとされるが、一般的にいって、政府承認の切替えを行ったからといって、それだけで当然に前政府との条約が失効するということはない。むしろ一般的には、政府の交替があっても条約関係は継続するというのが原則である。もちろん日華平和条約の場合は、中華人民共和国政府が、一貫して同条約は「不法」「無効」と主張してきたのであり、したがって同条約が中華人民共和国政府に対して当然に有効であるといえるかといえば、そうともいえなかった。しかし、逆に中華人民共和国政府が「不法」「無効」と主張しているというだけの理由で、政府承認の切替えによって同条約が当然に終了するというものでもなかろう。日本政府も、「存続の意義を失」ったので終了したといっているのである。では、「存続の意義を失」ったとは、いかなる意味であるのか11。

一　存続の意義の喪失―適用地域の限定と政府承認の切替え

この点を含めて日華平和条約の終了の理由を最も詳細かつ的確に説明していると思われるのが、高島益郎外務省条約局長の一九七三年の答弁である。「一体、条約がなくなってしまう、効力を失ってしまうということの前提というもの、それは一体何と何ですか」との質問に対して、高島局長は、日華平和条約との関係に限定して、二点にわたってその終了の理由ないし関連事情を説明している。その一つは、存続の意義の喪失であり、いま一つは、処分条項の履行完了である。高島局長は、第一に、存続の意義の喪失について次のように述べている。

「本来は、平和条約に限らずすべての条約は、国と国との関係を律する条約でございますので、一方の政府の承認を切りかえるという事態において、その条約が当然に失効するということはあり得ません。したがって本来ならば当然中華人民共和国政府が引き継ぐべき性質の条約であります、一般論としましては。しかし、…この日華平和条約は地域的な限定がございまして、実際に大陸に適用のしようがございません。そういう関係で、…中華民国政府の承認を切りかえるその段階において、この平和条約の存続の意義がなくなってしまったということを大臣が記者会見の席で声明されたという経緯になっております。」[12]

つまり、日華平和条約は、附属の交換公文においてその適用地域を中華民国政府の支配下にある領域に限定しており、原則として大陸には適用のない（戦争状態の終了などを除く。この点については後述）条約であったが[13]、日本が中国の政府承認を切り替え、大陸を支配する中華人民共和国政府を中国の唯一の合法政府として承認したため、大陸に適用のない条約は存続の意義が失われたということである。この点は、将来仮に「大陸反抗」が行われ、中華民国政府が大陸の一部を（全部であれば全く別問題となる[14]）支配するようになったとしても変わらない。なぜなら、中華民国政府が大陸の一部を支配するようになったとしても、それによって日華平和条約の適用地域が広がるだけであって、同条約が中華人民共和国政府の支配下にある場所には原則として適用がないという事実に変わりがない以上、人民政府への承認の切替え後は同条約に存続の意義がない点も変わらないからである（実際、現状でも、大陸の一部ともいいうる金門・馬祖は中華民国政府の支配下にある）。そして、逆もまた然りである。将来、中華人民共和国政府の支配地域がいかに拡大したとしても、中華人民共和国政府の支配下にある地域には適用されない日華平和条約は適用しえないのであり、日本が中華人民共和国政府を承認している限り、同条約に存続の意義はないということになる。

日華平和条約の個別の規定についていえば、例えば日本との通商関係を規律する議定書第二項[15]などのように、適用地域に関する交換公文によってその適用地域が明らかに中華民国政府の支配下にある地域としての台湾・澎湖諸島等に限定される規定は、政府承認の切替え後は、中華人民共和国政府の支配下にある大陸において適用することができないため、存続の意義を失ったということができるであろう。

同様に、適用地域の限定と政府承認の切替えのゆえに、存続の意義がなくなったように思えるのが、日本と台湾・澎湖諸島（ここでは文字通りの意味）との間の財産・請求権の処理に関して特別取極を締結すべき旨を定める日華平和条約第三条である。同条は適用地域に関する交換公文の適用対象ではないとされるが[16]、それは、この規定が分離地域にのみ適用されることが規定上明らかであるため当然のこととして適用地域が限定されているだけでなく、交換公文に定めるような形で適用地域が拡大する可能性もないからである。しかし、適用地域に関する交換公文の適用はないとしても、その適用地域が台湾・澎湖諸島に限定されているという点では、交換公文の適用のある規定と現状ではほぼ同様であり[17]、したがって同条も同様に政府承認の切替えの結果として、存続の意義が失われたということができるであろう。もっとも、同条との関係で日華平和条約の存続の意義が失われたといえるのは、直接的には、政府承認の切替えの結果として日華間で特別取極の締結交渉を行うことが事実上不可能となったため、その履行ができなくなったことによる[18]。とはいえ、同条は、政府承認の切替えの結果として存続の意義が失われたという点では、右に見た第一の理由と同様の位置づけができるのであり、したがって以下では、この点も日華平和条約終了の第一の理由に含めて考察することにしたい。

二　処分条項の履行完了

以上のように、日華平和条約が終了したとされる主たる理由は、同条約の適用地域が原則として中華民国政府の支配下にある地域に限定されているにも拘らず、政府承認の切替えによって日本が日華平和条約の適用のない地域を支配する中華人民共和国政府を承認したことに求められる。しかしすでに見たように、適用地域に関する交換公文にも拘らず、日華平和条約の適用地域は、そのすべての条項について台湾・澎湖諸島等に限定されるという訳ではなかった。戦争状態の終了や賠償など、その性質上大陸に適用される規定も少なからず存在した。それらの規定との関係でも、日華平和条約は存続の意義を失うことになったのであろうか。高島条約局長は、条約が終了する前提は何かとの前述の質問に対して、第二に、次のように述べている。

「政府の承認を切りかえたことに伴う付随的効果として日華平和条約の存在の意義がなくなってしまった…。その場合に、戦争状態の終了とか、あるいは賠償とか、その他の戦後処理に関する条項はございまするが、こういう点は、…すべて処分条項ということになっておりまして、これは日華平和条約発効のその日においてすべて処分されてしまって、これは使命を果たしてしまっておるということでございまするので、この点については何らの影響はないわけであります。[19]」（傍点引用者）。

同様の答弁は、その後日中平和友好条約の締結に関連して、中島敏次郎外務省アメリカ局長兼条約局長によっても繰り返されている[20]。

一般に、条約の分類法の一つとして用いられることのある「処分条約(dispositive treaties)」とは、一回だけの給付を約し、その履行とともに目的を達して消滅する条約をいう[21]。「処分条項」というのも同様の趣旨であり[22]、右の高島局長の答弁も、戦争状態の終了や賠償・請求権の放棄、在外資産の処分権の付与などについての規定は、条約発効の日に処分を完了し、その結果として創設された権利の得喪や法的状態が条約からは独立して残るのみであって、一九七二年に日華平和条約が終了したとしても、それらの法的状態が影響を受ける訳ではないという趣旨である。したがって、それらの規定自身が一九七二年の時点で存続の意義を失ったというのではなく（処分完了で存続の意義が失われるのであれば、それは処分完了の時点であって一九七二年の時点ではない）、他の規定がその時点で存続の意義を失って条約が全体として終了したとしても、それらの規定との関係でも影響はないので問題ないというに留まる。

この点は、日華平和条約の処分条項が大陸に適用される規定であることから一層明確である。大陸との関係を規律する規定は、高島局長の第一の説明(条約の適用地域の限定)からすれば、政府承認の切替え後も適用不可能となる訳ではないといえるし、それゆえ、必ずしもそれらの規定の存続の意義がなくなったとはいえないはずだからである。実際この点は、高島局長の説明においても、必ずしも日華平和条約が存続の意義を失った直接の理由として提示されたものではなく、同条約が終了したとしても「何らの影響はない」として言及されたものに過ぎない。

逆にいえば、日華平和条約が終了することになればそれらの規定のゆえに法的な問題が生ずるというのであれば、同条約の終了は認められないということにもなりうるのであって、その意味では、日華平和条約の若干の規定(大陸に適用される規定)が処分条項であるということの第二の点は、終了を妨げないという消極的な意味ないし広い意味における日華平和条約の終了の理由ではあるといえよう。したがって、この第二の点は、以下でも日華平和条約終了の第二の理由として言及することにしたい[23]。

ところで、処分条項の創設した法的状態は条約が終了しても影響を受けないという点は、平和条約と並んで一方的廃棄の可能性が否定される国境画定条約との関係でも当てはまる。国際司法裁判所(ＩＣＪ)において争われたリビアとチャドとの間の領土紛争事件がその点を示している。同事件では画定された国境の存否が争われたが[24]、ＩＣＪは一九九四年の判決において、一九五五年にフランス(チャドの旧宗主国)とリビアとの間で締結されていた友好善隣条約(この条約は二〇年の有効期間をもって締結され、発効から二〇年経過後はいずれの当事国によっても一年前の予告をもって終了できるものとされていた(第一一条))によって国境は画定されていると判示し、次のように述べた。すなわち、条約において合意された国境の確定(L'établissement de cette frontière)は、「当初から一九五五年条約の運命とは独立のそれ自身の法的生命を有する事実」であり、逆に、「条約は、国境の存続に何ら影響を及ぼすことなく(sans que la pérennité de la frontière en soit affectée) 効力を失うことができる」と述べている[25]。

まったく同じことが平和条約の処分条項についてもいえるのであって、たとえ極めて例外的な事情の下で平和条約が終了するということになったとしても、そこに含まれる処分条項の処分の完了によってもたらされた法的状態（法的帰結）—例えば戦争状態の終了—は、条約の運命のいかんを問わず存続するといえよう。

第四節　日華平和条約の終了の各規定への影響

一　大陸に適用される規定の処分条項性

（一）日華平和条約の各規定

先に引用した高島答弁によれば、日華平和条約の各規定は、その適用地域が限定されているため大陸に適用できず存続の意義が失われたか、それが処分条項であって処分が完了しているから条約が全体として終了したとしても問題ない、ということであった。では、日華平和条約は、適用地域が限定された規定と処分条項のみによって構成されているのか。この点について見ることにしよう。

日華平和条約の適用地域に関する交換公文が、形式上は条約全体について適用地域を限定する規定ぶりであることからして、別段の意図が明らかでない限り、同条約の各条は適用地域が限定されているものと考えることができる。したがって、適用地域に関する交換公文にも拘らず（つまり中華民国政府の支配地域のいかんを問わず）発効と同時に大陸に適用されることが意図されている規定が、すべて処分条項であり、それらが発効と同時に処分を完了するか、遅くとも日中国交正常化の時点までにその履行を完了していたとすれば、「日華平和条約は、…終了したものと認められる」

とされても特段の問題はないということになろう。したがってここでは、日華平和条約中の大陸を適用範囲とする条項がすべて処分条項であり、しかもその処分(履行)が日中国交正常化の時点で完了していたのかについて検討することにしたい。

日華平和条約およびそれを補足する文書の規定のうち、発効と同時に大陸に適用されることが意図されていたものとして、第一条(戦争状態の終了)、第四条(旧二国間条約の無効の承認)、第五条(中国における特殊権益の放棄の承認)、議定書第一項(b)(役務賠償の放棄)、同意議事録の三(中華民国の同意なく中国に設置された外交・領事機関の財産の処分権の付与)、同意議事録の四(日本の在外資産の処分権の付与)が考えられるが[26]、それらはいずれも処分的であり、条約の発効と同時にある法的状態が確定し、権利の得喪が完了するという性質の規定であるか、すでに確定している権利の得喪や法的状態を単に確認するに過ぎない規定であるといって差し支えなかろう。

(二)日華平和条約第一一条を介して準用される対日平和条約の各規定

問題は日華平和条約第一一条である。同条は、日中間の戦争状態に起因する問題は、別段の定めがない限り「サン・フランシスコ条約の相当規定に従つて解決する」として、対日平和条約のいわば包括的準用を規定している。しかも、この第一一条の適用に関する了解事項を定める議定書第一項には、発効と同時に大陸に適用されることを意図したものとして右に掲げた第一項(b)が含まれていることからしても、第一一条による準用には、発効と同時に大陸に適用される形での準用が他にも含まれている可能性がある。そこで次に、第一一条によって準用される対日平和条約の規定について、それらが日華平和条約の発効と同時に大陸に適用される規定であるのか、そしてそれらが処分条項であるのかについて検討することにしよう。ここでは便宜上、順序を変えて、まず第一一条によって準用される対日平和条約の各規定が処分条項であるかについて見ることにしたい。

日華平和条約自体は、対日平和条約の第一一条と第一八条がここでいう準用の対象外であることを明記している[27]（議定書第一項(c)）。他方、日華平和条約の国会審議において日本政府が準用のありうる対日平和条約の規定として言及したのは、第六条（日本軍隊の復員）、第一四条（賠償、連合国によるその他の賠償・請求権の放棄）、第一五条（連合国財産の返還）、第一七条（裁判の再審査）、第一九条（日本による請求権の放棄）の各条であった[28]。これらの条項は、条約の発効と同時に権利が付与されるか権利が放棄される規定（第一四条[29]、第一五条の一部、第一九条）であるか、あるいは、条約発効後のある一定の時点で履行が完了する（すべき）規定（第六条、第一五条の一部、第一七条）であり、いずれも処分条項の部類に属するといってよかろう。

しかし、次に見るように、日中共同声明署名の時点で後者の諸規定のすべてについて履行が完了していたかといえば、必ずしもそうとはいえなかった。そのような履行を完了していない規定が、適用地域に関する交換公文にも拘らず大陸に適用されるということであれば、大陸を支配する中華人民共和国政府に政府の承認を切り替えたからといって、日華平和条約が「存続の意義を失い、終了した」とすることには疑義が生ずるということにもなりうる。

日華平和条約第一一条によって準用されることになった対日平和条約の規定のうち、大陸を適用対象とすることが意図され、しかもその履行が日中国交正常化の時点でも完了していなかった可能性があるのは第一五条と第一七条である[30]。両条は日華平和条約第一一条を介した準用との関係で類似した捉え方が可能であるので、ここでは、すでに詳細な検討を行った（第五章第二節二参照）第一五条を取り上げることにしたい[31]。

二　対日平和条約第一五条の準用

対日平和条約第一五条は、日本にある連合国およびその国民の財産について、期間を限って返還申請を行うことを認め、申請から一定期間内にそれらの財産を返還することを日本に義務づけたものである。日華平和条約において、台湾・澎湖諸島関連の在日財産の問題については別途特別取極の締結が予定されていた（第三条）ことから、日華平和条約における対日平和条約第一五条の準用とは、中国（大陸）および中国（大陸）国民の在日財産の返還を意味した。

中国の在日財産のうちの協力政権の財産については、その返還（移管）は、別段の定めとしての日華平和条約同意議事録の二に基づいて行われることになっており、日華平和条約第一一条によるものではなかっただけでなく、先に（第五章第二節二（二））述べたように、同意議事録の二による処理は、中国国民の一般利益に反するものとして、そもそも日中国交正常化後も中華人民共和国政府との関係で存続すべきものとはいえなかった。したがって、協力政権の在日財産の問題は日華平和条約の終了の妨げとなるものではなかった。

協力政権の財産以外の中国の在日財産については、協力政権の在日財産の場合のような別段の定めはなく、日華平和条約第一一条を介して対日平和条約第一五条が準用されることになっていたが、日華平和条約に基づいて中国の在日財産の返還申請が行われるとすれば、それは論理的には中華民国政府から日本政府に対してということになる[32]。しかし、両政府の間の公的関係は、政府承認の切替えによって失われており、両政府間で特別取極の締結が事実上不可能となったのと全く同じ理由から、中国の在日財産の返還申請も事実上不可能となったといわざるを得ない。したがってこの問題も、日華平和条約の終了の妨げとはならなかったといえよう。

最後に残されたのは、中国国民の在日財産の問題である。中国国民の在日財産も、日華平和条約第一一条を介して準用される対日平和条約第一五条に従って返還されることになっていたが、対日平和条約の準用に関する了解事項である日華平和条約議定書第一項(a)によれば、その返還には日華平和条約の適用地域の限定がかかる仕組みとなっていた。すなわち、それらの財産の返還は、適用地域に関する交換公文のいうように中華民国政府の支配が大陸に及んではじめて可能となるものとされており、したがって中華民国政府の支配が大陸に及んだ段階で、その支配が及んだ地域に居住する住民が日本に対してその在日財産の返還を申請できる、という仕組みになっていた。しかし、その支配は結局大陸まで及ばなかったのであり、したがって対日平和条約第一五条の準用も基本的に開始されることはなかった33。

では、第一五条は将来的にも全く適用の可能性がないのか。そうであれば、第一五条の準用との関係では、日華平和条約が終了したとしても「影響はない」ということになろう。だが、法的には必ずしもそうとはいい切れないところがあるようにも思える。すなわち、将来中華民国政府が「大陸反攻」に成功し、大陸の一部を支配下に置くということになれば、政府承認の切替えの後であっても、当該「中華民国政府の支配下」にある地域(大陸)に居住する住民は、存続している日華平和条約第一一条と対日平和条約第一五条に依拠して、その在日財産の返還申請を行うことが全く不可能という訳ではないように思えるからである。それは、中国国家の在日財産の場合とは異なり、中国国民の在日財産については、中国国民(住民)自身が返還申請の主体となると考えられることから34、日本政府と中華民国政府との間の公的関係が断絶しても、それによって返還申請の可能性が閉ざされることにはならないと考えられるからである。

とはいえ、右にいう将来における適用の可能性とは、中華民国政府による大陸反攻の成功を前提とするものであり、現実的な観点からは、その可能性は事実上皆無といっても過言ではなかった。日華間の「特別取極」の締結も、法的な可能性としては必ずしも皆無とはいい切れなかった(例えば第三国を介した交渉など)が、日本政府の見解35や日本の裁判所の諸判例36においてもそれは事実上不可能となったとされてきたし、本書でもそのような前提で論を進めてきた。中華民国政府による大陸反攻の成功の可能性は、「特別取極」締結の可能性とは質的に異なるが、後者と同様（あるいはそれ以上に）、前者についても事実上不可能であることを前提に論を進めるのが現実的であろう。実際、一九五八年の第二次台湾海峡危機（金門島砲撃）後にアメリカのダレス国務長官が蔣介石を説得して、大陸反攻をしない旨を約束させたこと（同年一〇月の「ダレス・蔣介石共同コミュニケ」）はよく知られている[37]。そして日中国交正常化以降の時期には、その可能性が現実味を帯びて語られたことすら皆無であるといってよい。そうすると、対日平和条約第一五条の将来における適用（準用）可能性は、中国国民の在日財産との関係においても現実的な可能性としては考慮する必要はなかったのであり、したがってこの点においても日華平和条約の「終了」には疑義があるということにはならないというべきであろう。

以上のように見てくるならば、日華平和条約は基本的に適用地域が限定された規定と処分条項からなっており、前者の規定は政府承認の切替えで適用できなくなったし、後者の規定は日中共同声明の時点において処分が完了しているか、その他の理由で条約の終了を妨げるものではなかったと考えられることから、全体として条約が終了したとしても特段の問題はなかったということになるように思える。

そしていずれにせよ、日本政府が日華平和条約は「終了したものと認められる」との認識を示し、これに対して二国間条約の相手側当事国である中華民国の政府が、「条約義務を無視した背信忘義の行為」であるとし、「この事態にたいしては日本政府が完全に責任を負うべきもの」としつつも、必ずしも条約の終了声明自体を無効として争った訳ではないし、その存続を明確に主張した訳でもないのであるから[38]、日華平和条約が「終了」したことについては、所与のものとして扱うことが許されるように思える。では、その「終了」は、条約法条約に定めるいずれの終了原因によるものということになるのであろうか。この点を最後に検討することにしよう。

注

1 「日中国交正常化の際の大平外務大臣及び二階堂内閣官房長官記者会見詳録(一九七二・九・二十九)」四三一頁。

2 具体的な理由は必ずしも明らかではないが、安藤仁介教授も「日華平和条約の終了(!?)」と表現している。安藤仁介「戦後処理の五〇年—国際法の視点から」『国際問題』第四二三号(一九九五年六月)五四頁。

3 U.N. Doc. A/6309/Rev.1, 1966, p. 79, Article 53, Commentary, para.2. 横田喜三郎『国際法Ⅱ(新版)』(有斐閣、一九七二年)四六四頁参照。もっとも、平和条約が廃棄された例がない訳ではない。第一次世界大戦の平和条約としてロシア(ソビエト)とドイツとの間に締結された一九一八年三月のブレスト・リトフスク平和条約は、同年一一月にソビエト政府によって廃棄されている(ドイツはベルサイユ条約第一一六条および第二九二条でこの廃棄を受諾)。Lauterpacht (ed.), *Oppenheim's International Law*, Vol. II, 7th ed., p. 609, n. 3. マクネアは、同条約の終了を、ロシアによる廃棄とそれに対するドイツの黙認による黙示的な合意を理由とするものと捉えている。Arnold D. McNair, "La terminaison et la dissolution des traités," *Recueil des Cours*, tome 22 (1928-II), p. 519. なお、ブレスト・リトフスク条約は双方によって頻繁に違反されたという事実には注目する必要があろう。Adam B. Ulam, *Expansion and Coexistence: Soviet Foreign Policy 1917-73*, 2nd ed. (Praeger, 1974), pp. 80, 85. 邦訳、アダム・B・ウラム(鈴木博信訳)『膨張と共存・ソヴエト外交史1』(サイマル出版会、一九七八年)九九、一〇四頁。

4 終了(運用停止)原因の網羅主義は、無効原因の網羅主義(条約法条約の規定のみによる)とは異なり、条約法条約の規定以外にも当該条約の規定に基づく終了(運用停止)等を認めている点で、真の網羅主義とはいえないかも知れないが、当事国の(明示または黙示の)合意によらない終了原因については、無効原因と同様の意味における網羅主義を定めているといってよかろう。以下でも、終了(運用停止)原因の「網羅主義」に言及する際には、そのような意味で言及することとする。

5 したがって、本章では、中華人民共和国政府が、日華平和条約は不法・無効であって廃棄しなければならないと主張しているといった事実は、原則として考慮しない。

6 『第六十五回国会衆議院外務委員会議録』第九号(一九七一年三月一八日)三頁。井川条約局長は、廃棄の対象とならないということの意味を明らかにするために領土割譲を例にあげ、領土割譲を含む平和条約を締結したとして、相手国がそれを廃棄しても、そのことによってその領土が前の国に戻るというものではない、と説明している。

7　この点は、対日平和条約との関係でも述べられており、条約法条約の国会審議の際に、対日平和条約の領土条項(第二条(c))を廃棄すべきではないかとの質問に対して、栗山尚一外務大臣官房審議官が、「〔対日〕平和条約というものを、全体はもちろんのこと、その一部の規定を取り出してこれを一方的に廃棄するということは、これは国際法上認められない」と答弁している。『第九十四回国会衆議院外務委員会議録』第一一号(一九八一年四月二二日)二七頁。

8　『第九十四回国会衆議院外務委員会議録』第一三号(一九八一年五月一一日)四頁。

9　『同右』第一三号、四頁。See also Kuriyama, "Some Legal Aspects of the Japan-China Joint Communique," p. 49.

10　中国の政府承認切替えに伴って条約の廃棄が行われた例として、アメリカによる米華相互防衛条約の廃棄がある。この廃棄は、同条約第一〇条に基づく終了通告によるものであった(したがってその点では法的に問題とはならない)が、行政府限りの廃棄決定に対して、アメリカ国内では、上院議員が憲法違反であるとして裁判を提起するに至っている。第一審では政府側が敗訴し、第二審では政府側が逆転勝訴し、最高裁では多数の判事が政治問題であると主張し、訴えが却下されている。この問題について、差し当たり、宇佐美滋「米中国交樹立と米華条約の処理─条約をめぐる三権間の軋轢─」『アジア・クウォータリー』第一六巻一・二号(一九八五年一〇月)一四─三六頁参照。

11　「存続の意義を有しない」として条約が終了した例として、ソ連邦の崩壊に伴って生じた国家承継との関係で、日本がロシア連邦以外の旧ソ連共和国との間で交わした口上書や往復書簡において、日本とソ連邦との間で締結されていた一部の条約が、「存続の意義を有しない」として適用されないものとされている。森川俊孝「条約の承継に関する日本の実行」国際法事例研究会『条約法』三二六頁。

12　『第七十一回国会衆議院内閣委員会議録』第四五号(一九七三年七月二六日)一〇─一一頁。

13　政府承継の結果として、適用地域に関する交換公文にいう「中華民国政府の支配下」にある領域を「中華人民共和国政府の支配下」にある領域と読み替えるとの解釈は、そもそも文言上の問題(「中華民国政府」と規定してある)があるだけでなく、日華平和条約を一貫して「不法」「無効」と主張する中華人民共和国政府によって受け入れられる可能性もなかった。

14　逆に、中華人民共和国政府が台湾・澎湖諸島等を完全に支配下に置いた場合には、交換公文にいう日華平和条約の適用地域は存在しなくなる。

15　日華平和条約議定書第二項に定める日華間の通商関係を規律する取極は、累次の「日華平和条約附属議定書第二項の有効期間の延長に関する議定書」によって延長されていたが、一九五五年七月二日に署名された延長議定書で、その後の自動延長(別段の意思の通告がない限り)が合意されていた。

16 『第四十六回国会参議院予算委員会会議録』第六号(一九六四年三月四日)二八頁(中川融外務省条約局長答弁)。

17 厳密にいえば、適用地域に関する交換公文が適用される規定の適用対象には金門・馬祖が含まれるのに対して、第三条の適用対象にはそれらが含まれない。また、交換公文が適用される規定については適用対象が変化する可能性があるのに対して、第三条については適用対象が分離地域に固定されている。しかし、現状においては、政府承認の切替えの影響は両者において殆ど異なるところはない。

18 日本政府による「台湾の施政当局とわが国との法的関係が切れてしまっておるということで、その特別取り《マ》決め《マ》を締結し得ない状態になっておる」という答弁がある。『第八十七回国会衆議院予算委員会議録』第一二号(一九七九年二月一六日)四五頁(中島敏次郎外務省アメリカ局長兼条約局長答弁)。

19 『第七十一回国会衆議院内閣委員会議録』第四五号(一九七三年七月二六日)一一頁。なお、西村熊雄も、対日平和条約との関連ではあるが、「平和条約の条項を仔細に点検してみると、執行規定、すなわち規定された事柄を実施してしまうとその条項は目的を果たして終了し、後には実施によって創設された事態が残るのみであるようなものが多い」と述べている。西村熊雄『サンフランシスコ平和条約・日米安保条約』(中央公論新社、一九九九年)一五八頁。

20 中島局長は、「日華平和条約は日中国交正常化の結果としてその存続の意義を失い、終了しましたが、同条約第一条による戦争状態の終了という処分的効果に影響を与えるものではありません。」と述べている。『第八十七回国会衆議院予算委員会議録』第一二号(一九七九年二月一六日)四五頁。

21 杉原高嶺ほか『現代国際法講義(第5版)』(有斐閣、二〇一二年)二八五頁(加藤信行執筆)、田畑茂二郎『国際法新講・上』(東信堂、一九九〇年)三二八頁。See also McNair, *The Law of Treaties*, pp. 256-259.「一定の恒久的権利を創設し、移転し、またはその存在を承認する条約」との関係で、それらの権利は「それらを創設しまたは移転した条約からは独立にその存在と有効性を取得しまたは維持する」(強調原文)といわれる(*Ibid.*, p. 256)。

22 条約の過度に一般化した分類に対しては強い反対論があるのも事実である。ベルサイユ条約を想起するまでもなく、条約には様々な規定が盛り込まれていることが少なくなく、そのような条約を全体としてある種類の条約として分類するのは無益であろう。むしろ精確な分類には、当該条約のすべての条項について個別に検討を行うことが必要となろう(Voir Paul REUTER, *Introduction au droit des traités*, 2e édition (Presses Universitaires de France, 1985), p. 31, no. 57)。その意味では、高島条約局長が、通常の用語としての「処分条約」ではなく「処分条項」という語を用いたのは、精確な用語選択であった。

23 日華平和条約の終了に関する法的問題(国会承認の要否)について、内閣法制局との長時間にわたる協議に参加した外務省の丹波實も、本文に述べた二つの理由を同条約の終了の理由として指摘している。丹波實『わが外交人生』(中央公論新社、二〇一一年)二二一—二二四頁。

24　*C.I.J. Recueil 1994*, p. 14, para. 19

25　*Ibid.*, p. 37, paras. 72, 73. ガブチコボ・ナジマロシュ計画事件においてＩＣＪは、条約承継条約第一二条(領域的制度)との関係で、同条が慣習法であるとすると共に、同条では、条約そのものではなく、条約により確立されかつ当該領域に付着している権利義務が、国家承継によって影響を受けないとしている点にも注目している。*I.C.J. Reports 1997*, p. 72, para. 123. なお、同条が、条約ではなく、条約の確立した制度(権利義務)について規定したのは意図的である点について、see *Yearbook of the International Law Commission*, 1974, Vol. II, Pt. 1, pp. 201-202, paras. 18-20, p. 206, para. 36.

26　日華平和条約の同意議事録の二(協力政権の在日財産の移管)もそのような規定と考えることができるかも知れないが、同規定についてはいずれにせよ本文で後述するので、ここでは言及しなかった。

27　第一一条は戦争犯罪に関する規定で、日本が戦争犯罪法廷の裁判の受諾と国内拘禁者の刑の執行などを約束したものである。また第一八条は戦前債務に関する規定であり、戦争状態の介在は、戦前に存在した債務で、日本国・日本国民が連合国・連合国国民に対してまたは連合国・連合国国民が日本国・日本国民に対して負っているものを支払う義務に影響を及ぼさないことを定める。対日平和条約第一一条が日華平和条約における準用から除外されたのは、日華平和条約の国会審議においても、「すでに自国の裁判したものについても釈放を承知しておる」と指摘されている通り(『第十三回国会参議院外務委員会会議録』第四三号(一九五二年六月二六日)二頁(岡崎外相答弁))、中華民国が日本人の早期釈放を決めたことを反映したものと思われる。実際、日華条約交渉の過程において、日本政府が、中華民国の軍事法廷によって有罪判決を受けた日本人の戦犯に対する中華民国政府の寛大な態度に感謝するとともに、議定書第一項(c)によってその扱いは完全に日本政府の手に委ねられることになるとの理解を陳述する内容の同意議事録案と思われる文書に暫定的に合意している(最終的には同意議事録に盛り込まれなかった)。「戦犯に関する事項の暫定同意案(英文)　(tentatively agreed on 16, April)」『日華平和条約関係一件』第三巻、〇一二三七頁。

また、対日平和条約第一八条が日華平和条約における準用から除外された理由については、日華平和条約の国会審議において次のように説明されている。すなわち、現に台湾・澎湖諸島に居住する住民と日本人との間の債権債務関係は、日華平和条約第三条に定める特別取極によって処理されるし、その他の地域に居住する中国人についても、日本は戦争中、中国人を敵国人扱いしていなかったので、日本人と中国人との間の債権債務関係も戦争によって影響を受けていなかったのであって、したがって対日平和条約第一八条を準用する実際上の必要がなかったためであるとされる。もっとも、戦争によって影響を受けなかったことから、日本人と中国人との間の戦前の債権債務関係はそのままに残るというのであれば、対日平和条約第一八条を準用した場合と準用しない場合とで結果は異ならないといえよう(『第十三回国会参議院外務委員会会議録』第四三号、二頁(岡崎外相答弁))。

28　これらの条項は、日華平和条約第一一条の対象となる対日平和条約の規定を例示しようとした岡崎外相に対して、網羅的な列挙を求めた杉原荒太議員の要求に応えて示されたものであるが、岡崎外相は、「そうはつきりいたしておれば、むしろはつきりそう書いたのであります」と述べており、本文に掲げた列挙が網羅的であるとの保証が与えられている訳ではない。『同右』第四三号、二頁。

29　対日平和条約第一四条には、役務賠償につき、関係連合国は日本と交渉すべき旨の規定が含まれているが、中華民国が役務賠償を放棄したため、同条は中華民国との関係では全体として発効と同時に処分を完了する規定となったといえよう。

30　対日平和条約第六条のうち準用の対象となりうると考えられる(b)項は、日本国軍隊の本国復帰に関するポツダム宣言第九項の規定の実行を求めるものである。戦後、日本の軍人で未引揚げのものは、ほとんどすべてが中国大陸とソ連に留まっていたといわれる(外務省条約局・法務府法制意見局編『解説平和条約』(印刷庁、一九五一年)二五頁、『第十二回国会参議院平和条約及び日米安全保障条約特別委員会会議録』第一二号(一九五一年一一月七日)三頁)。そのうち中国大陸に留まる日本人抑留者の送還問題は、一九五〇年代に、日本政府と中華人民共和国政府との間でかなりのやりとりがあった(霞山会『日中関係基本資料集　一九四九年―一九九七年』八七―一〇四、一一一―一一二、一一五―一二一、一二五―一二六頁)が、一九五八年七月の第二一次引揚げの結果、総勢三万五〇〇〇人に上る集団引揚げは一応完了したものとされており(『同右書』九八七、一二四四頁)、一九七二年の時点においても実質的な問題として残っていたようには思われない。なお、第二次世界大戦後、蔣介石が日本軍人を速やかに帰還させたことにつき、蔣介石恩義論があることはよく知られている。服部『日中国交正常化』九〇頁。

31　対日平和条約第一七条の国内的な実施は次のように行われた。一九五二年四月一日に「捕獲審検所の検定の再審査に関する法律」が制定され(同年四月二八日施行)、この法律により「捕獲審検再審査委員会」が設けられて、連合国からの要請があった場合には、当該連合国の国民の所有権に関係のある事件に関する捕獲審検所の検定の再審査を行うこととされ、その結果として旧捕獲審検所の検定が国際法に反するとして取り消された場合には、当該物件の所有権は検定があった時に遡ってその時の所有者に回復されることとされた。また、そのような場合を想定して、「返還政令」の第五次改定(一九五二年四月二三日)において、それらの財産も「連合国財産」の中に含められ、「連合国財産の返還」の対象とされることとされた。実際に捕獲審検再審査委員会に付託されて決定がなされたのは三件であったが、そのいずれにおいても原検定が容認され、所有権の回復は皆無、したがってこの点における連合国財産の返還の事例も皆無であった。大蔵省編『第二次大戦における連合国財産処理（戦後篇）』三〇五—三〇七頁。

32 中国の在日財産（協力政権の財産以外）も、次に見る中国国民の在日財産の場合と同様、日華平和条約第一一条を介して準用される対日平和条約第一五条に従って中華民国に返還されることになっていた。したがってその返還は、対日平和条約の準用に関する了解事項である議定書第一項(a)に従って日華平和条約の適用地域の拡大（つまり、中華民国政府の支配下にある領域の拡大）とリンクしていた。それゆえ、ここでの返還申請の主体は、少なくとも規定上は、中華人民共和国政府ではなく中華民国政府ということになろう。

33 ただし、金門と馬祖については、その住民が在日財産を有しているとすれば、返還申請を行うことが可能であった。

34 対日平和条約第一五条は、「所有者により若しくは所有者のために又は所有者の政府により所定の期間内に返還が申請されない財産は、日本国政府がその定めるところに従つて処分することができる」と規定することで、財産の所有権者たる個人による返還申請を予定する規定ぶりとなっていたし、返還政令でも、該当する財産を有していた連合国国民個人が主務大臣に対して返還を請求するという手続になっていた（第一二条の二）。

35 例えば、『第八十七回国会衆議院予算委員会議録』第一二号（一九七九年二月一六日）四五頁（中島敏次郎外務省アメリカ局長兼条約局長答弁）参照。

36 例えば、台湾人元日本兵補償請求事件の東京地裁、東京高裁、最高裁の各判決参照。東京地裁・一九八二年二月二六日判決、『判例タイムズ』第四六三号（一九八二年五月一日）一〇三頁、東京高裁・一九八五年八月二六日判決、『判例タイムズ』第五六二号（一九八五年一〇月一五日）一〇〇頁、最高裁・一九九二年四月二八日判決、『判例タイムズ』第七八七号（一九九二年八月一五日）六一頁。

37 石川誠人「第二次台湾海峡危機へのアメリカの対応—『大陸反攻放棄声明』に至るまで—」『立教大学大学院法学研究』第二九号（二〇〇二年）八五、一〇三—一〇四頁、長谷川啓之「台湾の政治」長谷川啓之監修『現代アジア事典』（文眞堂、二〇〇九年）六六〇頁、『第三十八回国会衆議院外務委員会議録』第一二号（一九六一年三月二九日）五頁（黒田壽男議員発言）。台湾がこの合意で完全に大陸反攻を放棄したという訳ではないとしつつも、同時に、一九五四年の米華相互防衛条約の「ダレス・葉公超交換公文」で、大陸への攻撃にはアメリカの事前同意が必要とされていたので、すでにその時点で大陸反攻は実現不可能となっていたと指摘するものとして、石川「『ダレス・蒋共同コミュニケ』再考」一四四—一四六頁参照。

38　中華民国外交部は、その「対日断交声明」において、「田中政府が一方的に中日平和条約を破棄し、中共偽政権と結託したことによって引き起こされるあらゆる行為で、中華民国の合法地位、領土主権およびすべての合法権益に損害を及ぼすものはすべて不法無効であり、これによって惹起する重大な結果もまた、いずれも当然日本政府が完全にその責任を負うべきものである」と述べ、(微妙ではあるが)必ずしも日華平和条約の「破棄」そのものを「無効」と明言している訳ではない。「台湾『外交部』による対日断交声明(一九七二・九・二十九)」霞山会『日中関係基本資料集　一九四九年―一九九七年』四三四頁。

第七章　日華平和条約の終了と条約法条約

第一節　条約法条約に定める条約の終了原因

先に述べたように、条約法条約は、条約の終了原因に関して網羅主義を採用しており、当該条約の規定の適用によるか、条約法条約の規定の適用による場合を除いて、条約の終了を認めていない。この関連で疑問なく明らかなのは、日華平和条約には、他の平和条約の場合と同様、終了に関する規定は置かれていないということ、そしてまた、平和条約という条約の性格上、規定は置かれていないが廃棄を認めている（条約法条約第五六条）とも考えられないということである。したがって、その終了は、条約法条約を前提にする限り、条約法条約の他のいずれかの規定の適用による終了ということになろう。

条約法条約では、明示的または黙示的な合意による条約の終了の場合として、右に触れた当該条約の規定に基づく終了（第五四条(a)）と廃棄を認めていると考えられる場合の廃棄（第五六条）のほか、すべての当事国の同意による終了（第五四条(b)、新条約の締結による終了(第五九条)を定める。他方、合意によらない条約の終了原因として、重大な条約違反(第六〇条)、後発的履行不能(第六一条)、事情の根本的な変化(第六二条)、新たな強行規範の成立(第六四条)を挙げている。なお、外交関係・領事関係(以下、単に「外交関係」という)の断絶は、原則として当事国の条約関係に影響を及ぼすものではないが、外交関係の存在が当該条約の適用に不可欠である場合は例外であるとされる(第六三条)。以上の終了原因に関する規定については、一般的にいえば、制限的に解釈適用されるべきものであろう。さもなければ網羅主義によって終了原因を限定し、条約関係の安定を図ろうとしたことの意味が失われるということにもなりかねないからである。

さて、日華平和条約の終了が、合意によるものでないことは明らかである。中華民国外交部が、日中共同声明署名の日に発した「対日断交声明」の中で、日本が「一方的に中日平和条約を破棄し」たとして非難していることからも、その点が窺える1。したがって、日華平和条約の終了は、「合意によらない」終了ということになる。他方で日本政府は、日華平和条約の「終了」について、一方的廃棄であることを明確に否定した上で(前出の栗山審議官答弁)、①適用地域が限定されている条項については、政府承認の切替えで条約の適用が不可能となったことを理由に、「日華平和条約は、存続の意義を失い、終了したものと認められる」とすると共に、②処分条項については、処分が完了したことを理由に、条約が終了しても何ら影響ないとする説明を行っている。

そこで、以下、この二つの理由、とりわけ主要な理由である①の理由を中心に、それらの理由を条約法条約との関係でいかに位置づけることができるかについて検討するが、その際に、中華民国政府が日本政府の終了声明を一方的廃棄と見ていることから、また、本章では条約法条約との関係を検討するのが主目的であることから、専ら日本政府の主張の意味するところを検討した前章とは異なり、一方的廃棄という可能性も視野に入れつつ考察を進めることにしたい。

第二節　条約法条約に定める条約の終了原因の相互関係

条約法条約の掲げる合意によらない終了原因の中で、条約の重大な違反と新たな強行規範の成立は、日本政府が掲げる日華平和条約終了の二つの理由のいずれとも無関係であろう。その主要な理由である第一の理由（適用地域の限定と政府承認の切替え）と関連する可能性があるのは、後発的履行不能、事情の根本的な変化（以下、「事情変更の原則」ともいう）および外交関係の断絶の三つである[2]。

これら三つの終了原因は互いに密接に関連しており、その相互間の関係には必ずしも明確でないところがある。条約法条約の起草過程においても、ＩＬＣの特別報告者であるウォルドックの提案（一九六四年の第三報告書）は、第六五条Ａ（現第六三条）において、後発的履行不能に関する規定に従うことを条件として、外交関係の断絶は当事国間の条約関係に影響を及ぼさない旨を規定し、その注釈として、外交関係の断絶が条約の履行を不可能にする場合には、後発的履行不能に関する規定が適用されるであろうと述べていた[3]。また、ＩＬＣの条約法草案第五八条（現第六一条）のコメンタリーは、後発的履行不能と事情の根本的な変化とを区別することが容易でないとの意見があったことを認めている[4]。したがって、まず右の三つの終了原因の精確な意味内容を、条約法条約の規定やその起草過程等を手がかりとして確認しておきたい。

一　事情の根本的な変化と後発的履行不能および外交関係の断絶との関係

まず、「事情の根本的な変化」（第六二条）と他の二つの終了原因とは、次の点で異なるように思える。条約法条約第六二条一項によれば、条約の終了原因として認められることのある「事情の根本的な変化」があるとされるためには、①当該事情の存在が条約に拘束されることについての当事国の同意の不可欠の基礎を成していたこと（第一項ⓐ）に加えて、②当該変化が「条約に基づき引き続き履行しなければならない義務の範囲を根本的に変更する（radically to transform the extent of obligations still to be performed under the treaty）」（強調引用者）効果を有するものであること（第一項ⓑ）、という条件を満たすことが求められる。この規定からすれば、事情変更の原則とは、履行すべき義務の範囲を大きく変えてしまうが、義務の履行はなお不可能ではないような、そのような事情の変化を対象とする規則であるように思われる5。

実際、ＩＬＣによる条約法草案のコメンタリーは、事情変更の原則に関する規定の注釈において、次のように述べている。すなわち、国内法制度においては、「いかなる現実の履行不能とも全く別に（quite apart from any actual impossibility of performance）」（強調原文）、事情の根本的な変化によって契約が「不適用となる（become inapplicable）」ことがあるが、それと同様に、条約も同じ理由で「不適用となる（become inapplicable）」ことがある6、と。この注釈は、明らかに履行不能と不適用とを区別し、事情変更の原則は、「いかなる」履行不能とも「全く別」に認められる（つまり履行不能ではない）不適用の事態であることを強調していると見ることができよう。

また、事情変更の原則の背景にある思想として、事情の変化の後もそのままに義務の履行を要求することが、「（当事国が予期しておらず）不合理」であり、「衡平と正義」に反し、当事国の一方に「不当な負担」を課することになる点がしばしば指摘されるが7、こうした指摘も、事情変更の原則が適用される事態においては、義務の履行がなお不可能でないことを前提としているように思われる。

これに対して、「後発的履行不能（supervening impossibility of performance）」（強調引用者）はもちろんのこと、外交関係の断絶も、外交関係の存在が当該条約の適用に不可欠である場合（条約法条約第六三条但書）には、条約の「履行不能」をもたらすことがあるのであって8、この点で両者は、事情の根本的な変化とは基本的に異なると考えることができる。

そして、日本政府のいう日華平和条約終了の第一の理由についていえば、それは、条約の適用地域が限定されているため事実として条約の適用が不可能となったこと（「適用のしょうがございません」）を指摘していることからして、履行がなお可能な事態を前提とする事情の根本的な変化とは、直接には関係しないというべきであろう。また、その第二の理由についても、それが処分条項の履行完了に言及していることから、同様に、なお履行すべき義務が残っていることを前提とする事情の根本的な変化と直接には関連しないといえよう。こうして、条約法条約に掲げる終了原因の中で、日華平和条約の「終了」と密接な関係がありそうなものは、後発的履行不能と外交関係の断絶ということになる。

二　後発的履行不能と外交関係の断絶との関係

では、「後発的履行不能」（第六一条）と「外交関係の断絶」（第六三条）という二つの終了原因は、いかなる関係にあるのか。条約法条約第六一条は、「条約の実施に不可欠である対象（object）が永久的に消滅し又は破壊された結果条約が履行不能となつた場合」を後発的履行不能とし、それを条約の終了原因として援用することを認めている。これに対して外交関係の断絶は、第六三条において「外交関係又は領事関係の断絶」として言及され、それらの関係の断絶は、原則として当事国間の条約関係に影響を及ぼすものではない、ただし、外交関係・領事関係の存在が当該条約の適用に不可欠である場合はこの限りでない、と規定される。このように、両者の規定ぶりは大きく異なるが、いずれも条約の履行不能に関係する点で両者が密接な関係にあることは右に見た通りである。そして、条約法条約の文言や起草過程、関連する学説などを参照すると、この両者は次のように区別することができるように思われる。すなわち、「後発的履行不能」が条約の実施に不可欠な「対象(object)」(目的物)に関係するのに対して、「外交関係の断絶」は条約実施の「手段(means)」に関係するという点で異なっているように思える9。

「後発的履行不能」について、ＩＬＣの条約法草案のコメンタリーは、その実例はほとんどないとしつつ、この規則が想定する事態として、条約の実施に不可欠な島の水没、河川の枯渇、ダムや水力発電施設の破壊を例示する10。そしてこれに対しては、条約法条約の定める後発的履行不能は条約の対象(目的物)との関係のみに限定されており、概念的に狭すぎるとして厳しく批判されてきた11。このように、後発的履行不能の原因となるものとして消滅し破壊される「対象」は、条約法条約の起草過程のみならず学説上も「物的対象」として捉えられてきたのである12。

ＩＣＪにおいても、一九九七年のガブチコボ・ナジマロシュ計画事件においてハンガリーが、条約法条約第六一条にいう「条約の実施に不可欠である対象(object)」は「物的な対象(a physical object)」である必要はなく、権利義務の存在理由たる「法的状況(legal situation)」も含まれうると主張した13のに対して、裁判所は、「ハンガリーによる第六一条の文言の解釈は、同条の文言と合致していないし、[条約法]条約を採択した外交会議の意図とも合致していない14」と述べている。

もっとも他方で、ハンガリーが当該事件との関係でより具体的に、「環境保護と合致し両締約国で共同運営される経済共同投資」という不可欠の対象が永久的に消滅し、条約は履行不能となったと主張したのに対して、裁判所は、第六一条にいう「対象(object)」に「法的制度(legal régime)」が含まれるかどうかについては、いずれにせよ本件ではそのような制度が完全には消滅していなかった(条約における経済上の要請と生態系上の要請の再適合メカニズムの存在を指摘)ので決定する必要はないとして、判断を回避している[15]。またＩＬＣは、「国と国際機構との間または国際機構相互の間の条約についての法に関するウィーン条約」(以下、「国際機構条約法条約」という)の第六一条(条約法条約第六一条と同文)のコメンタリーにおいて、「[条約法条約]第六一条は、条約の適用を規律する法的状況(legal situation)の消滅をも想定している[16]」(傍点引用者)と述べている。こういった事実には留意すべきであろう[17]。

他方、「外交関係の断絶」に関しては、一九六四年のＩＬＣ条約法仮草案が、「外交関係の断絶は、それが条約の適用に必要な手段(means)の消滅をもたらす場合には、当該条約の運用を停止する根拠として援用することができる」(第六四条、傍点引用者)と規定しており[18]、外交関係の断絶が条約実施の「手段」との関連で捉えられていたことが分かる。その後、外交関係の断絶に関する条約法草案の規定ぶりは変遷することになるが(後述)、外交関係の断絶が条約実施の「手段」に関連するという捉え方が変わった訳ではない。

ともに履行不能に関係するという点で共通する後発的履行不能と外交関係の断絶との間にある以上のような「対象」と「手段」という観点からの区別を前提として、以下、それら二つの終了原因と日華平和条約終了の理由との関係について見ることにしよう。

第三節　日華平和条約の終了と政府承認の切替え

一　適用地域の限定―後発的履行不能との関係

日華平和条約の「終了」について日本政府の示す二つの理由のうちの第一の理由は、主として①政府承認の切替えによって、適用地域の限定されている同条約の規定を適用することができなくなったこと(適用地域の限定されている規定との関係)をいうが、政府承認の切替えに伴う随伴的な効果という点では、②政府承認の切替えによって、中華民国政府との間で公的関係を維持することができなくなったため、同条約の規定を実施することが事実上不可能となったこと(特別取極に関する規定との関係)をも含むものである。

右のうち①が、条約実施のための「手段」の消滅という意味での外交関係の断絶とは性格が異なるのは明らかである。それは、条約の適用地域を支配していた政府の承認が取り消されたことを理由とするものであり、むしろ当該政府の法律上の政府としての「消滅」(事実上の政府となった)による後発的な履行不能といった捉え方の方により親和的であるといえるのかも知れない。

しかし、そもそも政府承認の取消しをもって、当該政府やその支配地域が「永久的に消滅し又は破壊された」(条約法条約第六一条)といえるか、疑問である。加えて、たとえ政府承認の取消しをもって当該政府の法的な意味での消滅と捉えることができるとしても、政府は条約の「対象(object)」というよりも、むしろその「主体(subject)」というべきであり、それは第六一条の対象外であるように思える[19](条約法条約第六一条が主体の消滅に関係しないことは、同文である国際機構条約法条約第六一条のコメンタリーでも明文で言及されている[20])。このように見てくると、条約法条約第六一条がどの程度まで柔軟な解釈(本節二をも参照)を許容するかにもよるが、少なくとも同条を文字通りに解釈する場合、①を後発的履行不能という観点から捉えるのも困難なように思える。

むしろこの問題は、条約法条約第七三条で留保されている「承継」に、より密接に関連しているというべきであろう。しかし、第七三条で留保されているのは「国家承継」であって、本件で関係する「政府承継」ではない。したがって、厳密にいえば、この問題は条約法条約の実体規定のみならず、第七三条の留保条項においてもカバーされていないということになろう。もっとも、本件のような不完全政府承継を国家承継に類似の事象と見ることも不可能ではないのかも知れない。

二　特別取極—外交関係の断絶との関係

(一)外交関係の断絶の効果

右の②(特別取極に関する規定との関係における終了)も政府承認の切替えと関係し、政府承認の切替えの結果、日華間で特別取極の締結交渉が事実上不可能となったことを理由とするものであるが、これは一見して、条約の実施に必要な「手段」が失われた結果としての条約の履行不能という「外交関係の断絶」と密接に関連しているように見える。日華平和条約の終了は、外交関係の断絶を理由とした条約の終了として(この点については)説明することができるのであろうか。

実際そのように理解する学説も存在する。例えば経塚作太郎教授は、日華平和条約の終了との関係で、事情変更の原則の適用可能性につき、根拠が十分でないと疑問を呈した後、「ただし、従来、条約当事国間で『国交断絶』が生じた場合、条約が終了してきた」と述べた上で条約法条約第六三条に言及して、「外交関係や領事関係の断絶が生じた場合、その関係の存在を前提にする条約関係は終了する旨を規定した」(傍点引用者)として、大平外相の声明がこの点で日華平和条約が存続の意義を失うとした点は「正しい見方である」と述べている[21]。

しかし、日華平和条約の終了を、外交関係の断絶による条約の終了と理解することには疑問がない訳ではない。第一に、条約法条約第六三条によれば、外交関係の断絶は、原則として、当事国間の条約関係に「影響を及ぼすものではない」とされ、ただし、「外交関係…の存在が当該条約の適用に不可欠である場合は、この限りでない」として、外交関係の断絶によって条約関係が影響を受けることが例外的にあり得ることを定めている[22]。しかし、「この限りでない」との文言は、例外的な場合に、外交関係の断絶が条約に対していかなる影響を及ぼし得るのかについて明らかにしていない[23]。

条約法条約の起草過程を参照するならば、ここで例外的にあり得るとされているのは、外交関係の断絶によって条約が一時的に履行できなくなるような状況における、条約(またはその特定の規定)の「運用停止」であって、「終了」ではないように思われる。実際ＩＬＣの特別報告者ウォルドックも、その第三報告書において、「外交関係の断絶は、それ自体としては関係国間の条約関係を終了に導くものではない、という一般的命題に対しては広範な支持があり、特別報告者はこれに反する命題を主張する権威を知らない」(傍点引用者)と述べている[24]。

この点の正しさは、条約法条約第六三条の起草過程からも確認することができる。同条の起草は次のような過程を辿った[25]。前述のように、特別報告者ウォルドックの提案(一九六四年の第三報告書)は、「第四三条［後発的履行不能に関する規定＝引用者注］に従うことを条件として」外交関係の断絶は当事国間の条約関係に影響を及ぼすものではない(第六五条A)、と規定していた[26]。これは、右のような認識(外交関係の断絶はそれ自体としては条約を終了に導かないという点への広範な支持)にも拘らず、他方で、条約の実施が当事国間の外交関係の維持に依存するような場合には、外交関係の断絶によって条約が履行不能となる可能性があり、その場合には条約の終了または運用停止の問題が発生しうると考えられたことを反映した規定であった(第三報告書)[27]。

しかし、その後同年の起草委員会で作成された第六五条Ａでは、右引用部分(「第四三条に従うことを条件として」)は削除され、かつ、外交関係の断絶のありうべき法的効果が条約の運用停止であることが明記された(具体的な規定ぶりは左記の仮草案第六四条と同じ)[28]。これは、「後発的履行不能」に関する第四三条への言及によって、外交関係の断絶が条約の運用停止のみならず条約の終了をもたらしうると誤解されかねない、との批判を受けたことを反映したもののように思われる29。

その後、ＩＬＣが起草委員会の提案を受けて全会一致で採択した一九六四年の条約法仮草案第六四条（起草委員会案の第六五条Ａと同じ）は、第一項で条約当事国間の外交関係の断絶は条約関係に影響を及ぼさないことを定めると共に、第二項で「ただし、外交関係の断絶は、それが条約の適用に必要な経路（手段）の消滅をもたらす場合には、当該条約の運用を停止する根拠として援用することができる」（傍点引用者）と規定し、第三項では（条約全体ではなく）条約の特定の条文に関して、同様に運用停止の根拠として援用できることを定めた30。このように、ＩＬＣの仮草案によれば、外交関係の断絶によって、条約ないし条約の特定の規定の「運用停止」が認められる可能性があるとするに留まっていたのである。

この外交関係の断絶による運用停止に関する例外規定の部分は、条約上の義務を免れるための口実として外交関係の断絶が利用されることを懸念した各国のコメントなどを受けて削除され31、ＩＬＣの最終草案には含められなかったが32、ウィーン外交会議におけるイタリア・スイス共同提案を受けて復活することになった。イタリアによると、例外を規定しないことは、重大な結果をもたらすことなく外交関係を断絶できるとの印象を与えて危険だというのである33。外交会議では、外交関係の断絶が条約に及ぼし得る影響は条約の終了なのか運用停止なのかという点について突っ込んだ議論はなされなかったが、それが条約の終了ではなく運用停止である点を明確にすべき旨の主張が再度なされたという事実には注目すべきである34。

もちろん、外交関係の断絶の結果として条約が終了するということが、そもそも論理的にあり得ないという訳ではないのかも知れない。しかし、一般的には、外交関係の断絶とは、永久的なものというよりもむしろ一時的な事態であって、その後比較的短期間のうちに関係が再開されるということもある。そうであれば、外交関係の断絶は、基本的に条約の「終了」ではなく、その「運用停止」（長期にわたることはありうるにしても）をもたらすことがあるに過ぎないと考えるべきであろう。

一九三五年の「条約法に関するハーバード草案」の第二五条（外交関係断絶の効果）も、条約の履行が外交関係の存在に依存する場合には、外交関係の断絶によって条約の運用は停止される旨を規定していたが、そのコメンタリーにおいて、外交関係の断絶は、その後戦争が勃発しない限り（この場合には条約に対する戦争の効果に関する規則が適用されるとする）一時的なものに過ぎないことを指摘しつつ、その効果として条約の終了ではなく運用停止を導いている。同コメンタリーはまた、外交関係の断絶の効果が条約の終了であるとすれば、条約義務から逃れたいと考える国が、そのために外交関係を断絶するということが考えられるかも知れないが、外交関係の断絶の効果が単に条約の運用停止に過ぎない場合には、そのようなことが考え難くなるという点も指摘している35。同様に一又正雄教授も、国家実行の観点から、外交関係の断絶が条約関係に影響を及ぼす場合には概ねその運用停止が行われているのではないかと指摘する36。

以上のように見てくるならば、日華平和条約の「終了」を、外交関係の断絶に関する条約法条約の規定で説明するのは困難であるように思える。

(二) 外交関係の断絶の意味

日華平和条約の終了を（部分的にであれ）外交関係の断絶を理由とした条約の終了と理解することについては、第二に、同様に重要な疑問点として、一九七二年九月二九日の政府承認の切替えによって、本当に外交関係が断絶したのかという問題がある。日本政府が行ったのは、中国に対する政府承認の切替えであるが、これに対して、中華民国外交部は、「日本政府の…条約義務を無視した背信忘義の行為に鑑み、ここに日本政府との外交関係の断絶を宣布する」(傍点引用者)とのいわゆる「対日断交声明」を発した37。この中華民国政府による外交関係断絶の宣言の法的意味については別途検討されるべきである(後述)が、それに先立つ日本の行為、すなわち政府承認の切替えは、「外交関係」の断絶なのであろうか。

外交関係とは、本質的に国家と国家との間の関係であって、相互の同意によって開設され、維持されるものである(ウィーン外交関係条約第二条)。そして、政府承認の切替えによって、日本と中国という国家と国家との間の外交関係が断絶したかといえば、一九七二年九月二八日以前は中華民国政府との間に、同年九月二九日以降は中華人民共和国政府との間にという形で、相手となる政府は変わっているが、日本と中国という国家と国家との間の外交関係は断絶していないというべきであろう。もちろん、非合法な政府の交代の結果、前政権が完全に崩壊した中で、新政府に対して政府承認が行われなければ、政府承認の不存在により外交関係の断絶と同様の事態が生じうる38。しかし、日本と中国との間の関係についていえば、日本は旧政府から新政府へと承認の切替えを行ったのであり、そのような政府承認の不存在という事態は発生していない。中華民国と中華人民共和国は二つの国ではなく、中国という一つの国に二つの政府が存在することを反映した一つの国の二つの国名であって、この点は、中華民国、中華人民共和国、日本のいずれの政府によっても否定されていないのである。

そして実際日本政府も、いわゆる日中「国交」正常化との関係において、法的には、日本と中国との間の外交関係の断絶は起こっていないとの立場を一貫してとっているようである39。一九七三年の国会審議において、二国間の双方または一方が外交関係を断絶するとの意思表示をすれば外交関係は断絶するのであるから、中華民国政府の対日断交声明によって外交関係は断絶したのではないかとの質問がなされたのに対して、高島条約局長は、「日本と中国との間には外交関係は断絶しておらないという立場を従来とっておりまして、いまでもそのような立場でございます」と述べている40。このように、中華民国外交部の主張にも拘らず、日本による中国の政府承認の切替えによっても、また中華民国政府の対日断交声明によっても、日本と中国との間の外交関係の断絶は発生していないのであり、そうであれば条約法条約第六三条は、そのものとしては適用の対象外だということになろう。

もっとも、だからといって外交関係の断絶に関する右の中華民国外交部の主張(それが国際法上厳密に観念して使用されていたとして)が正しくないかといえば、必ずしもそうともいえない。中華民国政府が(日本政府が中華人民共和国政府との間に関係を結んだのと同じように)日本の別の政府との間に関係を結ぶのであればともかく、日本にはそのような別の政府は存在せず、したがって中華民国政府にとっては、日本政府との関係が断絶するということは、中華民国政府の日本国との関係が断絶するということを意味したからである。

ところで、単なる外交関係の断絶の場合には、国家としての承認は依然として続いていることから、第三国を通じた形や、変則的ではあるが直接の経路を利用する形で、国家間の必要な通信が維持されることも少なくない41。その意味では、外交関係の断絶は国家間の正常な(normal)外交経路の消失(中断)に過ぎないともいえる。これに対して、政府承認の切替えの場合(旧政府がその後も存続する場合)には、切替えによって新たに承認された新政府が当該国の唯一の正統政府(合法政府)であることから、旧政府(いわば非合法政府ということになる)との間の法的関係は基本的に解消せざるを得ないということになる(米台関係は例外42)。少なくとも、新政府の承認と矛盾する関係を旧政府との間に維持することは基本的に不可能である43。そうであれば、政府承認の切替え(旧政府がその後も存続する場合)は、両関係国間の条約関係に対して、外交関係の断絶の場合(一時的であろうから条約の運用停止)以上の大きな影響(より永続的と考えられるから条約の終了)を与えることも、場合によってはありうると考えることができるかも知れない。そう考える場合には、政府承認の切替えによる日華平和条約の終了を、外交関係の断絶に類似しているがより深刻な事態の帰結として、条約法条約第六三条の類推解釈ないし拡張解釈によって理解するということも全くあり得ない訳ではないということになるのかも知れない。

他方、このような類推・拡張解釈は、条約法条約に定める終了原因に関する網羅主義という建前を重視する場合には正当化されないことになる。安易な類推解釈や拡張解釈は、条約関係の安定のために条約の終了原因に網羅主義を採用したことの意味を損なうことにもなりかねないからである。

以上のように見てくるならば、日華平和条約の終了にかかる第一の理由(政府承認の切替え)は、条約法条約の定める終了原因を柔軟に解釈するか厳格に解釈するかによって、同条約の規定によってカバーされていると見ることもカバーされていないと見ることも可能なように思える。とはいえ、とりわけ、全体として補充的な(residual)性格の規則からなる条約法条約において、条約の無効原因および終了原因(合意によらない場合)との関係では例外的に限定列挙主義(網羅主義)を採用している趣旨に鑑みれば、後者の解釈をとるのが正しいというべきであろう。しかし、後者の解釈をとる場合には、条約法条約の標榜する網羅主義にも拘らず、条約法条約に規定されていない終了原因がある、ということにもなる。

この網羅主義にかかわる問題は、日本政府の主張する日華平和条約終了の第二の理由(処分条項の履行完了)との関係でより顕著であるが、この第二の理由は、日華平和条約の終了の直接的な理由というよりも、終了を妨げるものではないという消極的な理由であり、処分条項の履行完了は、それをもって日華平和条約が終了したとして主張されたものではなかった。したがって、それが条約法条約に終了原因として掲げられていなかったとしても、少なくとも日華平和条約との関係では、特段の問題であるということにはならないであろう。とはいえ、第一の理由との関係でも、条約法条約の標榜する網羅主義に疑問があったことから、次に条約法条約の定める終了原因の網羅性について検討することにしよう。

第四節　日華平和条約の終了と条約法条約の網羅主義

一　条約法条約の網羅主義への疑問

条約法条約は条約の終了原因(合意によらない場合)について網羅主義を採用している(第四二条二項)が、この自称「網羅主義」は疑問であるとする批判がある。もちろん条約法条約自体、若干の問題、すなわち「国家承継、国の国際責任又は国の間の敵対行為の発生により条約に関連して生ずるいかなる問題」についても予断を下すものではないとする留保を行っている(第七三条)。したがって、それら(の一部)は、条約の終了に関する網羅主義の例外を構成するということになる[44]。例えば国家承継との関係でいえば、新独立国に適用されるいわゆるクリーン・スレートの原則によって、二国間の条約が終了するということがありうるが[45]、その点は条約法条約に列挙される終了原因ではカバーされていないのである。

しかし、条約法条約によってカバーされていない条約の終了原因は、それらには限られないこと(したがって第七三条を考慮してもなおカバーされていない終了原因がさらにあること)が指摘される。例えばシンクレアは、条約法条約発効後の著作において、廃用(desuetude)、当事国の消滅、条約の完全履行、条約上の権利の放棄などがそうであることを示唆している[46]。また、一又正雄教授の条約法条約成立前の論考には、条約法条約に列挙されている終了原因以外にも、履行、放棄、主体の消滅が条約の終了原因として列挙されていた47。同様に、一九二八年に署名された米州諸国間の「条約に関する条約(Convention on Treaties)」にも、条約の「失効(cease to be effective)」事由として、条約法条約の定める終了原因以外に、条約上の義務の履行と条約上の権利の放棄が掲げられていた(第一四条)48。

もちろんＩＬＣも、条約法条約に規定されなかった各種の「終了原因」について検討を行っており、条約法草案のコメンタリーは、右に掲げたいくつかの事由について次のように述べている。すなわち、条約の「陳腐化(obsolescence)」や「廃用」については、すべての当事国の同意による条約の終了でカバーできると考えられるし、二国間条約における「当事国の消滅」については49、条約法条約において別途に扱うべき終了原因ではなく、条約についての国家承継と共に扱うべき問題であるという。また、「政府承認の不存在」から生ずる問題も、条約法条約ではなく、国家承継・政府承継または国家承認・政府承認の文脈で扱うべきであると指摘している50。しかし、以上の指摘で右に掲げた他のありうべき終了原因のすべてをカバーしている訳ではないし、条約法条約のＩＬＣでの起草の最終段階において特別報告者のウォルドックが、条約法草案が条約終了のすべての事由をカバーしている訳ではないとして、例えば「陳腐化」は特に扱われていないと述べていたという事実は示唆的である51。

いずれにせよ、条約法条約の網羅主義が、終了原因を真に網羅しないままに採用されているとすれば、日華平和条約の終了にかかる第一の理由(政府承認の切替え)が条約法条約に照らしていずれの終了原因にも完全には適合しないとしても、さほど不思議なことではなかろう。

二　条約法条約の網羅主義と慣習法上の終了原因

右に見たように、日華平和条約の終了との関係で日本政府が掲げた理由は、条約法条約では必ずしもカバーされていないといいうるものであった。しかし、それらの理由は終了原因として不合理だという訳でもなかった。仮に、それらの理由が条約法条約ではカバーされていないとしても、慣習法上の規則によってカバーされている(実際それらは伝統的に条約の終了原因として語られてきたものに近い)とした場合、条約法条約の当事国の間では、特別法かつ後法たる条約法条約の規則がそれらの慣習法上の規則に優先し、条約法条約の定める規則とその網羅主義が妥当することになるように思える。その場合、条約法条約に列挙されていない慣習法上の終了原因はいかなる地位に立つことになるのか。

この点は、日華平和条約(一九五二年四月二八日署名、同年八月五日発効、一九七二年九月二九日終了)との関係に限っていえば、比較的容易に解答できそうである。つまり、条約法条約(一九六九年五月二三日署名、一九八〇年一月二七日発効)は、そもそも日華平和条約が存続した時期にはまだ発効していなかったのであり、第四条に明記される不遡及の原則からしても、その第四二条二項の規定する網羅主義は、日華平和条約の終了との関係では関連性を持たなかったといえそうである。加えて、条約法条約上の規則の優先は条約法条約の当事国相互間の関係に限ったことであるが、中華民国(台湾)は同条約に署名はしたものの、その当事国とはなっていなかったのであり、この点も右の結論を補強することになろう52。

もっとも、条約法条約第四二条二項の定める網羅主義が慣習法の法典化であったとすれば、話は変わってくる。なぜなら、そうであったとすれば、第一に、条約法条約の定める網羅主義が日華平和条約とは無関係だとはいえなくなるからである(第四条但書参照)。第二に、より重要なことに、条約法条約第四二条二項(網羅主義)の規定が慣習法の法典化であったということと、日本政府が掲げた日華平和条約終了の二つの理由が条約法条約に定められていない慣習法上の終了原因であったということとは、論理的に両立しえない(同項に定める網羅主義が慣習法であったとすれば、条約法条約に定める終了原因以外に慣習法上の終了原因は存在しなかったことになる）ことから、同項が慣習法の法典化であったとすれば、日本政府のいう日華平和条約の終了の理由を、条約法条約の定める終了原因の枠外で理解することは誤りであるということになり、そうすると、日華平和条約の終了は先に我々がギリギリの選択として否定した（本章第三節二(二)参照条約法条約の類推・拡張解釈に依拠して理解するしかないということになるからである。条約法条約第四二条二項は慣習法の法典化であったのか。この点を次に検討することにしよう。

まず、条約法条約の起草過程においては、多くの国が第三九条（現第四二条）は国際法の漸進的発達である（を含む）（つまり慣習法の法典化ではない（ものを含む））との主張を行ったという事実がある[53]。このことからは、同条が当時の慣習法を法典化したものではないという結論に傾くことになる。

他方で、ＩＣＪが同条の慣習法性を前提とするかのような判決を下しているという事実もある。すなわち、ガブチコボ・ナジマロシュ計画事件判決においてＩＣＪは、一九七七年九月一六日に署名されたチェコスロバキアとハンガリーとの間の二国間条約（一九七八年六月三〇日発効）について、同条約には終了条項がなく、両当事国が廃棄や脱退の可能性を許容する意図を有していたことを示すものもないことから、「条約法条約に限定列挙される［終了に関する］根拠に基づいてのみ終了しうる[54]」（傍点引用者）と述べた。条約法条約は、同条約が発効している国によってその発効後に締結[55]される条約についてのみ適用されるものとされている（第四条）ことから、本来ならば、一九八七年にチェコスロバキアとハンガリーの両国について発効した[56]条約法条約の規定（内容）が、一九七七年に締結された条約に適用されることはなく、もし「適用」されるとすれば、それは当該規定（内容）が慣習法であったからだということになろう（条約法条約第四条但書）。したがって、右に引用した判決の記述は、条約法条約に定める網羅主義が慣習法であることを前提としたものであると解することができる。

しかし、ここで注意しなければならないのは、同判決において条約法条約第四二条二項の慣習法性を前提としているかのように論じられた条約の終了とは、ハンガリーによる一九七七年条約の一九九二年五月一九日の時点における終了通告であったということである[57]。たしかに右に述べたように、一九七七年条約について条約法条約第四二条二項に定める規則（網羅主義）を適用したということは、同項の内容の慣習法性を前提としているということができるが、その適用は一九九二年における条約の終了に対してであり、したがって当該規則の慣習法性も一九九二年の時点におけるものであって、一九七七年の時点におけるものではない。ましてや、ガブチコボ・ナジマロシュ計画事件判決の当該部分をもって、日華平和条約の終了が宣言された一九七二年の時点における同項の慣習法性を導くことはできないといわなければならない。

以上のように見てくるならば、少なくとも日華平和条約の終了が宣言された一九七〇年代初頭の時期において、条約法条約第四二条二項に定める網羅主義が慣習法であったといえるかといえば、その起草過程における諸国の発言からしても、同項がその後わずか三〜四年の間に条約法条約自体の発効さえも待たずして慣習法化したということが立証されない限り、それに肯定的に答えるのは困難なように思える[58]。また、ＩＣＪのガブチコボ・ナジマロシュ計画事件判決も、一九九〇年代におけるその慣習法性はともかく、一九七〇年代におけるその慣習法性を示すものとはいえなかった。そうであれば、条約法条約に定める終了原因の中に、日本政府のいう日華平和条約の「終了」の理由と完全に適合するものがなかったとしても、それらはいわば慣習法上の終了原因とも考えることができるのであって、少なくとも条約法条約との関係では特に問題視すべきものではないということになろう。

注

1　「台湾『外交部』による対日断交声明（一九七二・九・二十九）」四三四、四三五頁。

2　本文に掲げた三つの終了原因のうち、条約法条約第六一条（後発的履行不能）および第六二条（事情の根本的な変化）については、ＩＣＪが一九九七年のガブチコボ・ナジマロシュ計画事件判決において、第六〇条（重大な条約違反）と共に、「多くの点で」「慣習法を宣言したものである」（*I.C.J. Reports 1997*, p. 62, para. 99, p. 38, para. 46）と述べた上で、一九九二年五月のハンガリーによる終了通告について判断を行っている。このうち第六二条については、すでに一九七三年の漁業管轄権事件判決において同様の判断が示されていた（*I.C.J. Reports 1973*, p. 18, para. 36, p. 63, para. 36）。もっとも、これまで国際裁判所が事情変更の原則を「適用」した例はないとされる（Anthony Aust, *Modern Treaty Law and Practice*, 2nd ed. (Cambridge U.P., 2007), p. 298）。他方、第六三条（外交関係または領事関係の断絶）については、ＩＣＪはこれまでその慣習法性について明示的に述べたことはない（Thomas Giegerich, "Article 63," in Dörr and Schmalenbach (eds.), *Vienna Convention on the Law of Treaties*, p. 1119）。しかし、一九八〇年のイラン人質事件判決において、一九八〇年四月の米・イラン（両国とも条約法条約の非当事国）間の外交関係断絶にも拘らず、関連条約の継続適用を認定していることから（*I.C.J. Reports 1980*, p. 28, para. 54）、同条の定める原則を慣習法として捉えている可能性が窺えるし、また学説上も同条は一般に慣習法を反映したものとして捉えられている（Nicolas Angelet, "Article 63," in Olivier Corten and Pierre Klein (eds.), *The Vienna Conventions on the Law of Treaties: A Commentary*, Vol. II (Oxford U.P., 2011), pp. 1439-1442; Giegerich, "Article 63," p. 1119; Villiger, *Commentary on the 1969 Vienna Convention on the Law of Treaties*, p. 789）。これらは、必ずしも日華平和条約の終了が宣言された一九七二年九月時点での関連規則の慣習法性を示すものではないが、関連する情報として言及しておく。

3　*Yearbook of the International Law Commission*, 1964, Vol. II, pp. 44-45, Article 65A, Commentary, para. 6.

4　U.N. Doc. A/6309/Rev.1, 1966, p. 84, Article 58, Commentary, para. 1. 後発的履行不能は、事情変更の原則の一形態であるともいわれる。Pierre Bodeau-Livinec and Jason Morgan-Foster, "Article 61," in Corten and Klein (eds.), *The Vienna Conventions on the Law of Treaties*, Vol. II, p. 1385. See also Villiger, *Commentary on the 1969 Vienna Convention on the Law of Treaties*, p. 760. なお、ＩＣＪの一九九七年ガブチコボ・ナジマロシュ計画事件において、一方当事者であるハンガリーは、自らの行った条約終了通告を正当とする根拠として、後発的履行不能と事情の根本的な変化の双方に言及している。*I.C.J. Reports 1997*, p. 58, para. 92, pp. 59-60, paras. 94-95, pp. 63-65, paras. 102-104.

5　ウォルドックの第五報告書（一九六六年）は、後発的履行不能と事情の根本的な変化を同一の条文で扱うべきかという問題をＩＬＣの第一五会期において検討したが、両者は法的に異なる終了原因であるし、後発的履行不能は事情の根本的な変化に比べて客観的かつ明確であり、主観的評価の困難が少ないとして、両者を別条文で扱うこととした旨を述べている。*Yearbook of the International Law Commission*, 1966, Vol. II, p. 38, Article 43, Observations and proposals of the Special Rapporteur, para. 1.

6　U.N. Doc. A/6309/Rev.1, 1966, p. 85, Article 59, Commentary, para. 1. ルテールも、事情の根本的な変化と不可抗力(force majeure)とを比較して、両者とも外的事情による点(l'extériorité)および予見不可能である点(l'imprévisibilité)で共通するが、事情の根本的な変化は、抵抗不能ではない点(l'absence d'irrésistibilité)で不可抗力とは区別されると述べることで、事情の根本的な変化が履行不能を伴わないことを示唆する。REUTER, *Introduction au droit des traités*, 2e édition, p. 154, para. 270. なお、履行できないという意味では、後発的履行不能の事態は国家責任条文にいう「不可抗力」の事態と重なるところがあるが、両者は事実の点で重なることはあっても、その法制度や法的効果の点では大きく異なる。See Crawford, The *International Law Commission's Articles on State Responsibility*, p. 161, para. 4.

7　例えば、田畑茂二郎『現代国際法の課題』(東信堂、一九九一年)一九一―一九二頁、一又正雄「『事情変更の原則』と条約法草案第五九条」『国際法外交雑誌』第六七巻四号(一九六八年一二月)四頁。O.J. Lissitzyn, "Treaties and Changed Circumstances (*Rebus Sic Stantibus*)," *American Journal of International Law*, Vol. 61, No. 4 (October 1967), p. 912.

8　カポトルティは、外交関係の断絶による条約の運用停止は、一時的な履行不能を理由とするものであると指摘する。Francesco Capotorti, "L'extinction et la suspension des traités," *Recueil des Cours*, tome 134 (1971-III), p. 530. 本文でも後述するように、条約法条約の起草過程においても、ウォルドックの提案(一九六四年の第三報告書)は、「第四三条 [後発的履行不能に関する規定=引用者注] に従うことを条件として」外交関係の断絶は条約関係に影響を及ぼさない、と規定していた。これは、外交関係の断絶によって条約が履行不能となる可能性があることを示すものである。なお、その後起草委員会で合意された一九六四年の仮草案では、右引用部分は削除されているが、これは「後発的履行不能」に関する第四三条への言及によって、外交関係の断絶が条約の運用停止ではなく条約の終了をもたらしうると誤解されかねない、との批判を受けたことを反映したものと考えられるのであって、外交関係の断絶が履行不能を導くことがある点が否定された訳ではない。*Yearbook of the International Law Commission*, 1964, Vol. II, pp. 44-45; *ibid.*, Vol. I, pp. 157-158, para. 55 (Jiménez de Aréchaga), p. 159, paras. 5-6 (Yasseen), p. 239, paras. 5-6.

9　これは、ＩＬＣが条約法草案のコメンタリーで指摘した点でもある。U.N. Doc. A/6309/Rev.1, 1966, p. 88, Article 60, Commentary, para. 3.

10　*Ibid.*, p. 84, Article 58, Commentary, para. 2.

11　Capotorti, "L'extinction et la suspension des traités," pp. 529-530; Ian Sinclair, *The Vienna Convention on the Law of Treaties*, 2nd ed. (Manchester

U.P., 1984), pp. 191-192. See also "Observations de sir Gerald Fitzmaurice," *Annuaire de l'Institut de Droit International*, 1967, tome I, p. 271; *Yearbook of the International Law Commission*, 1957, Vol. II, p. 29 (Second report by G. Fitzmaurice, Special Rapporteur). 特別報告者ウォルドックによる一九六五―六六年に提出の第五報告書では、後発的履行不能として「条約に含まれている権利および義務の主題(subject-matter)の完全な消滅または破壊」による履行不能が言及されていたが、一九六六年一月のＩＬＣにおける審議を受けた起草委員会の起草の結果として、現行の条約法条約第六一条一項の文言に修正されている。ＩＬＣにおける審議からは、修正の理由は必ずしも明らかではないが、英語の"subject-matter ..."の部分がフランス語では"objet"であるとか、その部分は"object"で充分であるとの指摘がなされている。*Yearbook of the International Law Commission*, 1966, Vol. II, p. 39 (Fifth report by Sir Humphrey Waldock, Special Rapporteur, January 1966); *ibid.*, Vol. I, Pt. I, p. 72, paras. 14, 18, p. 129, para. 33.

12 Bodeau-Livinec and Morgan-Foster, "Article 61," p. 1389.

13 *I.C.J. Reports 1997*, p. 59, para. 94.

14 *Ibid.*, p. 63, para. 102. See also K. Wellens, "The Court's Judgment in the Case Concerning the Gabcikovo-Nagymaros Project (Hungary/Slovakia): Some Preliminary Reflections," in Karel Wellens (ed.), *International Law: Theory and Practice* (Nijhoff, 1998), p. 772.

15 *I.C.J. Reports 1997*, p. 59, para. 94, pp. 63-64, para. 103. サールウェイは、裁判所がハンガリーの主張を認めなかった最大の理由は、履行不能と主張される事態に適合させる手段を条約自身が規定している場合には、履行不能とはいえないというところにあると述べる。Hugh Thirlway, *The Law and Procedure of the International Court of Justice: Fifty Years of Jurisprudence*, Vol. II (Oxford U.P., 2013), p. 1356. なお、国際司法裁判所判例研究会(酒井啓亘)「ガブチーコヴォ・ナジマロシュ計画事件」『国際法外交雑誌』第九九巻一号(二〇〇〇年四月)八三頁参照。

16 *Yearbook of the International Law Commission*, 1982, Vol. II, Pt. 2, p. 59, Article 61, Commentary, para. 3.

17 こうして最近では、物的な対象が最も一般的に問題となるが、法的な対象の消滅の場合に第六一条が援用される可能性も排除できない、と指摘される。Bodeau-Livinec and Morgan-Foster, "Article 61," p. 1391.

18 *Yearbook of the International Law Commission*, 1964, Vol. II, p. 192.

19 条約の主体の消滅は、条約の当事国の消滅ということになるが、この点については条約法条約において扱われておらず、条約法草案のコメンタリーも、本文で後述のように、条約の国家承継の問題を扱うことなくこの問題についての規則を定立することは誤りであるとして、その点を扱わなかった理由を説明している。U.N.Doc. A/6309/Rev.1, 1966, p. 84, Article 58, Commentary, para. 6. なお、条約法条約第七三条をも参照。

20 国際機構条約法条約第六一条のＩＬＣコメンタリーは、「[条約法条約]第六一条において想定されている事態は、対象(object)が影響を受ける場合のみであって、主体(subject)が問題となる場合ではない」と述べる。*Yearbook of the International Law Commission*, 1982, Vol. II, Pt. 2, p. 59, Article 61, Commentary, para. 2.

21 経塚「国際法より見た日中共同声明」四七頁。なお、経塚作太郎「条約論から見た日華平和条約の効力」『時の法令』第七六三号(一九七一年一〇月三日)一七―一八頁をも参照。

22 外交関係の存在がその適用に不可欠な条約は必ずしも稀ではなく、例えばハーバード草案は、犯罪人引渡条約などをそのような例として挙げる。"Harvard Draft," pp. 1058-1060.

23 実際、条約法外交会議において、第六三条の但書との関連で、「条約の終了であるのか権利義務の運用停止であるのか、効果を明確にすべきである」との発言がなされている。*United Nations Conference on the Law of Treaties, Official Records, First Session, 1968* (United Nations, 1969), p. 385, para. 72 (Belgium).

24 *Yearbook of the International Law Commission*, 1964, Vol. II, pp. 44-45, Article 65A, Commentary, para. 4. See also McNair, *The Law of Treaties*, pp. 672-673.

25 坂元茂樹「外交関係の断絶が条約に及ぼす効果」『関西大学法学論集』第四三巻一・二号(一九九三年五月)四九四―五一五頁参照。

26 *Yearbook of the International Law Commission*, 1964, Vol. II, p. 44.

27 *Ibid.*, p. 45, paras. 5-6.

28 *Yearbook of the International Law Commission*, 1964, Vol. I, p. 239, para. 5.

29 実際、外交関係の断絶が条約関係に影響を及ぼすことがある点を主張した委員は、その効果として、条約が終了するのではなく、その運用が停止されるという点を強調していた。See, e.g., *Yearbook of the International Law Commission*, 1964, Vol. I, pp. 157-158, para. 55 (Jiménez de Aréchaga), p. 159, paras. 5-6 (Yasseen), p. 239, paras. 5-6.

30 *Ibid.*, pp. 239-240, paras. 5, 11, 15; *Yearbook of the International Law Commission*, 1964, Vol. II, p. 192. ＩＬＣでは、一旦「手段(means)」に代えて「経路(channels)」とすることが合意されていたが、その後「手段」に戻されたようである。

31 外交関係の断絶の際に、第三国を通じて(あるいは直接にも)必要なやりとりを行うという実行が一般に見られることも考慮された。U.N. Doc. A/6309/Rev.1, 1966, p. 88, Article 60, Commentary, paras. 3-4.

32 ＩＬＣ最終草案採択へと至る議論において、なお外交関係の断絶が条約関係に影響を及ぼすことがある旨を主張した委員は、その効果として、条約の終了ではなくその運用停止に言及している。*Yearbook of the International Law Commission*, 1966, Vol. I, Pt. II, p. 213, para. 12 (El-Erian), p. 213, paras. 13, 21 (Bartoš).

33 *United Nations Conference on the Law of Treaties, Official Records, First Session*, 1968, p. 382, para. 44.

34 *Ibid*., p. 383, para. 47 (Hungary).

35 "Harvard Draft," pp. 1055-1058, 1060.

36 一又正雄「國交斷絶と條約の效力」『國際法外交雜誌』第四一巻一一号（一九四二年一一月）四六頁。一又教授は、外交関係の断絶が条約の効力に及ぼす影響について、理論上、無影響主義、停止主義、消滅主義の三つがありうるとした上で、国家慣行上は「全部停止主義」（すべての条約の運用停止）がとられているのではないかと思うが、最も妥当な主義は「一部停止主義」（外交関係の断絶で必然的に実施できなくなる条約のみ運用停止）であると結論づける。また、全部消滅主義の例は了知せず、一部消滅主義の例としてはベルサイユ条約第二八二条ないし二八九条があるが、極めて例外的であるとする。「同右論文」四二―五〇頁。

37 「台湾『外交部』による対日断交声明（一九七二・九・二十九）」四三四頁。

38 Cf. "Harvard Draft," p. 1057.

39 日中国交正常化の過程においては、「外交関係」の断絶という語が日本政府においても使用されていたようであるが（服部『日中国交正常化』一一一、一八四頁）、これは厳格な法的概念として使用されていたものではないか、中華民国政府を相手とする外交関係という意味で使用されていたものと理解することができよう。そのような理解は、日中共同声明第四項にいう「外交関係」の樹立にも当てはまるように思われる。

40 『第七十一回国会参議院予算委員会第二分科会会議録』第四号（一九七三年四月九日）一二―一三頁。

41 U.N. Doc. A/6309/Rev.1, 1966, p. 88, Article 60, Commentary, para. 4. See also Aust, *Modern Treaty Law and Practice*, 2nd ed., pp. 307-308.

42 アメリカにおいては、アメリカと中華民国との関係は、「台湾関係法（Taiwan Relations Act）」によって、通常の未承認政府（国家）の場合とは異なる扱いがなされている。例えば、同法によれば、「合衆国の法律が外国、外国国民、外国国家、外国政府（foreign countries, nations, states, governments）もしくはこれに類する実体に言及しまたはそれらに関係する場合には、そのような用語には常に台湾が含まれ、そのような法律は常に台湾との関係において適用される」（第四条(b)(1)）し、「議会は、法律に従って終了されない限りかつ法律によって終了されるまでの間、一九七九年一月一日前に合衆国と合衆国により中華民国として承認されていた台湾の統治当局によって締結されたすべての条約および国際協定（多数国間条約を含む）が引き続き効力を有することを承認する」とされる(第四条(c))。また、台湾が十分な自衛能力を維持できるのに必要な量の防衛関連の装備と役務を提供し(第三条(a))、さらには、台湾の人民の安全や社会経済体制への脅威とそのような脅威から生ずるアメリカの利益への危険は直ちに議会に通報され、大統領と議会はそのような危険に対してとるべき適当な行動を決定することとされる(第三条(c))。"United Sates: Taiwan Relations Act," *International Legal Materials*, Vol. 18, No. 3 (May 1979), p. 874; *United States Code Annotated*, Title 22, Chapter 48, secs. 3302-3303. もっとも、以上の点は、米華間の条約をそのままの形ですべて維持するということを意味せず、米華相互防衛条約の廃棄などが行われている。王『国際法における承認』二〇四—二〇六頁参照。

43 例えばイギリスは、一九五〇年一月に中国の中央人民政府を政府承認しつつ、台湾に領事館を維持したが、イギリスの領事の任命や接受には通常の手続は踏まれなかった。その手続は中華民国外交部ではなく、台湾省政府を通して行われ、イギリスの公式な立場は、台湾のいかなる当局も政府として承認しないというものであった。しかし中国は、このようなイギリスの立場を不当として、長期にわたって英中間の通常の外交関係の開設を行わなかった。両国間に大使の通常の交換が行われたのは、台湾にあるイギリス領事館が一九七二年三月に閉鎖された後のことである。Keishiro Iriye, "The Joint Communique of Japan and the People's Republic of China and the Taiwan Issue," *Japanese Annual of International Law*, No. 17 (1973), pp. 57, 59. 林『戦後の日華関係と国際法』一〇七頁。

44 条約法条約第七三条は、とりわけ条約の終了および運用停止との関係で規定されたといわれる。U.N. Doc. A/6309/Rev.1, 1966, p. 9, para. 29, p. 94, Article 69, Commentary, para. 1. 小川芳彦『条約法の理論』(東信堂、一九八九年)三四—三五頁参照。

45 条約承継条約に従えば、例えば、先行国が新独立国の領域に当たる地域にのみ適用される二国間条約を締結していた場合に、当該新独立国がその条約を承継しないことを選択すれば(条約承継条約第二四条)、条約は終了することになろう。

46 Sinclair, *The Vienna Convention on the Law of Treaties*, 2nd ed., pp. 163-165. See also Jennings and Watts (eds.), *Oppenheim's International Law*, Vol. I, 9th ed., pp. 1297, 1310.

47 一又正雄「條約の概念・成立・効力・消滅・解釋」國際法學會編『國際法講座・第二巻』(有斐閣、一九五三年)一八八—一九八頁。田畑茂二郎教授は、当事国の意思によらない条約の終了原因として、当事国の消滅、目的の消滅(条約法条約の後発的履行不能とは異なるとされる)、条約の事実上の消滅(désuétude)を例示している。田畑『国際法新講・上』三五八、三六三頁。また、高野雄一教授は、一般国際法に基づく終了原因として、条約法条約の定める原因のほか、戦争と当事国の消滅を挙げる。高野『国際法概論・下(全訂新版)』九二頁。さらに、田村幸策教授は、条約の終了原因として、条約法条約の定める原因以外に、履行(これには争いがあるとされる)、締約国の一方の消滅、履行不能(条約法条約の後発的履行不能とは異なり、三国同盟条約の当事国たる二国が戦争を始めた場合の第三国の立場が例示される）、履行以外の方法による条約目的の達成、戦争などを挙げる。田村幸策『國際法・中巻』（有斐閣、一九五二年）三一六—三二二頁。他方、田岡良一教授は、一般国際法に基づく終了原因として、不可抗力による給付不能、双務契約における当事者の一方の不履行、事情変更（慣習法は未成立）、戦争の四つを挙げるに留まり、条約法条約の規定でほぼカバーされている。田岡良一『国際法講義・上巻』（有斐閣、一九五五年）五七六—五八一頁。

48 *American Journal of International Law*, Vol. 22 (1928), Supplement, p. 140.

49 そのような主張が行われた実例として、ガブチコボ・ナジマロシュ計画事件におけるハンガリーの例（チェコスロバキアの分裂で一方当事国が消滅したので条約は効力を終止した旨を主張）がある。*I.C.J. Reports 1997*, p. 69, para. 117.

50 U.N. Doc. A/6309/Rev.1, 1966, p. 66, Article 39, Commentary, para. 5, p. 84, Article 58, Commentary, para. 6, p. 88, Article 60, Commentary, para. 1. なお、条約の廃用については、一九七四年の核実験事件において、フランスが一九二八年の国際紛争平和的処理一般議定書について援用したことがある。判決自体はこの点について判断していないが、四裁判官による共同反対意見が、本文で触れたＩＬＣのコメンタリーを引用しつつ、これを黙示の同意と理解した上で、同議定書につきそのような同意の存在を否定している。*I.C.J. Reports 1974*, pp. 337-338, para. 53. この点についてヴィリジャーは、共同反対意見が「ウィーン［条約法］条約は廃用を意図的に落とした」と結論づけたと述べている。Mark E. Villiger, *Customary International Law and Treaties: A Manual on the Theory and Practice of the Interrelation of Sources*, 2nd ed. (Kluwer, 1997), pp. 199-200. その他の事例を含め、廃用一般について、長谷川正国「国際法における廃用(desuetude)の一考察—国際条約の廃用を中心として—」『福岡大学法学論叢』第五六巻四号（二〇一二年三月）五三九—五七七頁、Athanassios Vamvoukos, *Termination of Treaties in International Law: The Doctrines of* Rebus Sic Stantibus *and Desuetude* (Clarendon, 1985), pp. 219-303.

51 *Yearbook of the International Law Commission*, 1966, Vol. I, Pt. II, p. 149, para. 15.

52 中華民国は一九七〇年四月二七日に条約法条約に署名している。See United Nations, *Multilateral Treaties Deposited with the Secretary-General: Status as at 31 December 1990*, U.N. Doc. ST/LEG/SER.E/9, New York, 1991, p. 811, n. 3. なお、条約の署名国にも「条約の趣旨及び目的を失わせることとなるような行為」を行わないようにする義務がある（条約法条約第一八条）とされるが、本件がそのような義務に関連するようには思えない。条約法条約第一八条に基づく義務の内容について、浅田正彦「未発効条約の可能性と限界—ＣＴＢＴを素材として—」山手治之・香西茂編『現代国際法における人権と平和の保障』（東信堂、二〇〇三年）三八八—三九一頁参照。

53 スイス、エクアドル、フランス、チリなどの国が、同条は漸進的発達である旨の主張を行い、ソ連とアメリカが、同条につき法典化と漸進的発達の双方を含む旨の発言を行っている。*United Nations Conference on the Law of Treaties, Official Records, First Session, 1968*, pp. 215, 223, 224, 226; *ibid.*, pp. 220, 222.

54 *I.C.J. Reports 1997*, pp. 62-63, para. 100.

55 条約法条約において「締結(conclusion)」は定義されていないし、一般国際法上も必ずしも明確な意味が与えられている訳ではないが、一般には署名(開放)をもって「締結」と理解されている。See Aust, *Modern Treaty Law and Practice*, 2nd ed., pp. 92-93; UN Doc. ST/LEG/SER.E/9, p. 803. 他方、日本政府の実務においては、批准等条約に拘束されることについての同意の表明をもって「締結」と称しているようである。http://www.mofa.go.jp/mofaj/gaiko/tpp/pdfs/tpp03_03.pdf

56 チェコスロバキアは一九八七年七月二九日に、ハンガリーは同年六月一九日に条約法条約に加入した。

57 *I.C.J. Reports 1997*, p. 57, para. 89.

58 オデンダールは、今日においてさえ、第四二条全体が慣習法となっているかにつき否定的に答えている。Kerstin Odendahl, "Article 42," in Dörr and Schmalenbach (eds.), *Vienna Convention on the Law of Treaties*, p. 737. See also Marcelo G. Kohen and Sarah Heathcote, "Article 42," in Corten and Klein (eds.), *The Vienna Conventions on the Law of Treaties*, Vol. II, pp. 1017-1018; Villiger, *Commentary on the 1969 Vienna Convention on the Law of Treaties*, p. 549.

第八章　日華平和条約終了声明の意味

――日華平和条約以外の日華間条約の存在

以上のように、日華平和条約の終了の原因として高島条約局長が掲げた二つの理由は、条約法条約の規定に完全に合致するというものではなかったが、それに近いものか、概ね伝統的に終了原因として語られてきたものか、少なくとも明らかに不合理だといえるものではなかった。そしてともかくも、そのような理由をもって日華平和条約が終了したことが宣言された。

ところで、中国の政府承認の切替えの時点で日華間に存在した条約は、日華平和条約だけではなかったはずである。それらの他の条約も同時に終了したのか。それらも終了したとすれば、なぜ日華平和条約についてのみ、その終了が宣言されたのか。

一九七二年の政府承認切替えの時点において、日華間には日華平和条約以外に、一九五四年の司法共助取極、一九五五年の航空取極、一九六一年の貿易支払取極、一九六五年および一九七一年の円借款取極[1]、一九六九年の技術協力センター設置協定などが存在していた[2]。これらの条約に関し、国会において、「日台条約が終了したということになりました場合、それ以外の台湾との間に結ばれたもの、たとえば条約、協定あるいは取りきめ、これも一切効力を失った」と理解してよいかとの質問がなされた。これに対して大平正芳外相は、「当然そういうふうに理解しています」と答弁している[3]。それ以上の説明はないが、これらの条約も、その適用地域が中華民国政府の支配下にある地域に限られていたため、大陸には適用ができず、その結果政府承認の切替えの時点において存続の意義がなくなったことから、終了したということなのであろう。まさに日華平和条約の終了の第一の理由と同様の理由による終了ということになる。

しかし、これらの諸取極の終了については、日中共同声明署名時の大平外相による声明においても全く触れられていない[4]。逆にいえば、日華平和条約の「終了」もあえて宣言する必要はなかったのではないかとも思える。そうであれば、いかなる理由で日華平和条約の終了が、そして日華平和条約だけを取り上げてその終了が宣言されたのか。

前述のように(第三章第一節および第三節)、日中国交正常化交渉において日本政府は、日華平和条約は国際法上適法に締結され発効した有効な条約であるとの立場であったのに対して、中華人民共和国政府は、日台条約は不法・無効としてその効力を一切認めないという立場であった(復交三原則の第三原則)。そして、この対立が日中国交正常化交渉の最も困難な問題の一つとなった。この問題を解決するためには、日本としても何らかの措置をとることが求められたが、無効という主張を受け入れる訳にはいかなかった。そこで、その締結の有効性を何ら毀損することなく、中華民国政府との間の関係を清算するとの意思表示ができる手段として、条約の「終了」を宣言するという方法が選択されたものと考えられる。

条約の「終了」とは、一旦有効に締結され効力を生じた条約が、その後一定の事情の発生等により効力を失い、条約としての存在を失うことを意味する5。したがって、日華平和条約の「終了」宣言は、一方で、日華平和条約は有効に締結されたという日本の主張が維持できると共に、他方で同時に、事実上同条約を一方的に廃棄するのと類似の効果(実際、中華民国はそう受けとめた)をもたらすことで、中華人民共和国政府側の主張(復交三原則の第三原則は、「日台条約は不法であり、無効であって、廃棄しなければならない」(傍点引用者)とする)を一部取り入れることができるという点で、恐らく両者が歩み寄ることのできる数少ない方法の一つであった。

それだけではない。条約の「終了」は、条約の「無効」とは異なり、当初の締結自体は有効であったということが前提となるので、日華平和条約の「終了」の宣言は、日華平和条約の有効な締結を歴史的な事実として確定することができる6(中華人民共和国政府が日華平和条約の「終了」宣言に異議を唱えることは想定し難かったし、実際異議を唱えなかった7)という点で、日本政府にとって格別有利な措置であったということもできる。

さらにそれは、日華平和条約の中華人民共和国政府への承継8や、平和条約の「廃棄」といった難問を回避できるという意味でも巧みな措置であった。こういった困難な問題は、国会を中心とした日本の国内政治に重大な混乱を引き起こし9、ひいては国際問題にまで発展して日中国交正常化の意義を大きく損なわせるということにもなりかねなかったものだからである。

この方式はまた、少なくとも日本政府の理解では、条約の一方的廃棄ではなく、「存続の意義を失」ったという理由での「終了」の宣言であったことから、台湾との政治的軋轢を最小限に留めるという効果も期待できたかも知れない(もっとも、この点は成功しなかった10)。

こういった様々な利点を持つ日華平和条約の「終了」であるだけに、日中共同声明が署名された日の外務大臣による記者会見という、政治的に最も注目される場を利用してそのことが宣明されたと理解することも、強ち誤りとはいえないように思える。そして日華間の他の諸取極には、以上のような要素が(ほとんど)存在しなかったのである。

注

1　例えば一九七一年の円借款取極は、日本輸出入銀行および民間銀行が中華民国政府に対して円借款を供与することについての両政府間の了解を確認したものである。外務省条約局『条約集(昭和四十六年・二国間条約)』(外務省条約局、一九七二年)七八頁。

2　外務省条約局『条約便覧(二国間条約)』(一九五八年)四九九、五〇六頁、外務省条約局『条約集(二国間条約)』各年版など参照。See also Iriye, "The Joint Communique of Japan and the People's Republic of China and the Taiwan Issue," p. 52. なお、現在、日本と台湾との間の定期民間航空については、日本の交流協会と台湾の亜東関係協会(駐日台北経済文化代表処)との間の民間取決めを基礎に、航空法第一二九条に基づく許認可によって処理されているようである。日華航空問題について、林『戦後の日華関係と国際法』一四五―一五三頁参照。

3　この点は、この質疑の直後に高島条約局長より、民間航空協定、円借款協定などを例示しつつ、「平和条約と同時に全部失効した」として確認されている。『第七十一回国会衆議院外務委員会議録』第二号(一九七三年二月二三日)一二頁。

4　この点を指摘するものとして、Iriye, "The Joint Communique of Japan and the People's Republic of China and the Taiwan Issue," p. 52.

5　大森正仁「条約の終了および運用停止」国際法事例研究会『条約法』一九五頁。

6　もちろん、そのような立場・理解が人民政府に対しても対抗可能かは別問題ではあった。

7　日本政府から中華人民共和国政府に日華平和条約の終了声明を行うことについて事前に内報したところ、先方からは何らの異議も提起されなかったとのことであり、人民政府側も日本側の立場を暗に認めていたと指摘される。服部『日中国交正常化』一九二頁。実際日本政府は、日中国交正常化交渉(一九七二年九月二六日午前の第一回外相会談)において高島条約局長が読み上げた「日中共同声明日本側案の対中説明」の第九項で、「日中国交正常化が達成されれば、日華平和条約は実質的にその存続意義を完全に失うこととなるので、日本政府としては、今後の日中関係が全く新しい基礎の上に出発することを明確にする意味で、なんらかの適当な方法により同条約の終了を公けに確認する用意がある」と述べていた。「大平・姫会談」〇七五―〇七六頁。

8　高島条約局長も、日華平和条約について、「本来ならば当然中華人民共和国政府が引き継ぐべき性質の条約であります、一般論としましては」と述べ、しかし、日華平和条約には適用地域に限定があり、実際に大陸に適用のしようがないので、存続の意義がなくなってしまったということを大平外相が記者会見の席で声明したという経過になっている、と説明している。『第七十一回国会衆議院内閣委員会議録』第四五号（一九七三年七月二六日）一〇頁。

9　実際、「[日華平和]条約を廃棄するとなると、国会審議が必要になる。『自然死』とすれば、国会審議は避けられ、中国側の合意もいらないという思惑が働いていた」との指摘がなされる。「日中国交正常化（中）」『読売新聞』二〇一二年一〇月一三日。

10　台湾側の反発につき、服部『日中国交正常化』八九―一二六頁参照。

終章　まとめ

本書は、一九五二年の日華平和条約をめぐる「不思議」を出発点として、その交渉開始の契機となった吉田書簡から日中国交正常化の結果としてのその終了に至るまで、同条約にかかわる様々な国際法上の問題点を、その日中共同声明との関係を含めて検討するとともに、日中共同声明に含まれる賠償放棄条項の解釈を中心に、日中間の戦争賠償の問題をいかに捉えるべきかについて考察し、さらに日華平和条約および日中共同声明にも拘らず未解決のままに留まっていると思われる問題の所在について指摘した。最後に、以上の検討の結果として明らかとなった主要な点をまとめておきたい。

第一節　日華平和条約をめぐる問題

第一に指摘すべきは、日華平和条約の位置づけが交渉の過程のみならず、その後の日本の国会における批准承認審議の過程においても大きく変化した点である。当初日本政府は、日華間で締結する予定の条約が対日平和条約第二六条にいう「二国間の平和条約」であるとは考えていなかった。そのことは、日本側第一次草案のタイトル(「戦争状態の終結及び正常関係の再開に関する日本国政府と中華民国政府との間の條約案」(傍点引用者))やその内容(通商関係を中心とした六カ条)にも反映されていた。これに対して、日本による侵略戦争の主要な犠牲国であるにも拘らずサンフランシスコ講和会議にも対日平和条約にも参加できなかった中華民国政府は、連合国の一員として、日本との間に対日平和条約の諸原則を基礎とした二国間の平和条約を締結することを至上命令として日華条約交渉に臨んだ。このような立場の相違は、日本側が当初より平和条約を締結する可能性を完全には排除していなかったこともあり、日華間の交渉の過程で比較的早期に解消することになる。

しかし、日華条約交渉における両者間の最大の立場の相違は、中華民国政府が中国国家全体を代表する政府であり、そのようなものとして日中間の戦争に関する戦後処理を包括的に行うことができるのか、そしてそうすることが適当であるのか、という点にあった。もちろん、国民政府はそれを肯定する立場で一貫していたが、日本政府としては、将来における大陸中国との関係を考えた場合、その妨げとなるような、手を縛るような条約の締結は避けたいという考えであった。

この両者の異なる立場を辛うじて架橋したのが、ダレスが起案した「吉田書簡」の中でその原型が提示されていた日華平和条約の「適用地域に関する交換公文」であった。同交換公文は、日華平和条約の条項は「中華民国に関しては、中華民国政府の支配下に現にあり、又は今後入るすべての領域に適用がある」と規定する。日本政府は、交渉の当時、平和条約は地域を限定して締結することができると認識していたようであり(いわゆる「限定講和」)、そのような前提のもと、条約に大陸をも規律対象とするかのような規定(主として戦後処理の規定)が置かれていても、交換公文によって条約の適用地域が限定されているので、講和の効果も限定できると考えていたと思われる1。それゆえ、適用地域に関する交換公文の文言をめぐる詰めの交渉は、最後まで容易には妥結することができず、日華平和条約の合意を遅らせる原因の一つともなったのである。

もっとも、交換公文の文言をめぐる対立に実質はなかった。中華民国に関しては中華民国政府の支配下にある地域を適用対象とするという点において、日華間に見解の相違はなかったからである。他方、この交換公文が日華平和条約のいずれの規定に適用されることになるのか(条約全体かその一部の規定か)という観点からは、その結論次第では日華平和条約の位置づけが大きく変わることともなりかねなかったのであり、その意味では、交換公文の文言よりも、その適用対象がいずれの規定であるのかが重要であった。そしてこの点において、日本政府の考え方は、日華平和条約の国会審議の過程で大きく変化することになる。

日本政府は、一九五二年五月一四日から始まった日華平和条約の国会審議の前半においては、賠償を含め同条約中に大陸にかかわる部分がある点について質問がなされると、適用地域に関する交換公文に言及しつつ、中華民国政府の支配下に「今後入る」という部分でカバーされるとの答弁を行い、中華民国政府の支配が大陸にまで及ばなければ、それらの規定は大陸には適用されないとの立場を示していた2。ところが、同年六月一七日からの国会審議の後半になると、戦争状態とは国家と国家との関係であり、戦争状態の終了も現実の支配という事実問題とは無関係な全面的な法律関係であるとして、戦争状態は大陸との関係でも終了したとの主張を行うようになる3。そしてそのような解釈を前提として、日華平和条約の国会承認がなされた。

もっとも、日華平和条約において大陸をも含む形で処理がなされたとされたのは、この時点ではなお、戦争状態終了の問題に留まっており、同じことが賠償問題(請求権問題を含む。以下、同じ)についてもいえるとまでは、少なくとも明言されてはいなかったように思える。むしろ後半国会の当初の段階では、賠償問題に関する規定は大陸との関係では拘束力を持たないとの趣旨の答弁もなされていた[4]。

ところが早くも一九五〇年代半ばには、日本政府が賠償問題は日華平和条約によって中国全体との関係において処理されたとの考え方をとっていることを示唆する答弁がなされるようになる[5]。そして一九六〇年代初めになると、賠償問題も戦争状態終了の問題と同様、日華平和条約によって大陸との関係でも処理済みであるとの見解がより明確に示されるようになるのである[6]。例えば、一九六一年三月の国会において、日華平和条約が大陸に適用される見込みは全然ないので、中華人民共和国政府との間に平和条約を締結しなければならないのではないかとの指摘がなされたのに対して、小坂善太郎外相は、日華条約は法律的には中国を代表する政府としての国民政府を相手方として結んでいるので、「国と国との関係の問題、たとえば戦争状態の終結、それから戦前条約の廃棄、在支権益の放棄、中国の賠償放棄等は中国全体を対象といたしております」と答弁している[7]。そして、日中国交正常化後の時期になると、賠償を含む日中間の戦後処理問題全般について、次のように明言されるようになる。すなわち、日中共同声明の作成に当たっては「日中間の賠償問題を含めましてすべて［日華平和条約で］法律的に処理済みであるという立場で交渉［した］[8]」(高島益郎外務省条約局長)のであり、「日本と中国という国との間の戦争状態の終結の問題、あるいはその他の戦後処理の問題は、一九五二年の日華平和条約によって処理済みというのが私どもの法的立場で［ある］[9]」(大森誠一外務省条約局長)とされるようになるのである[10]。

こういった点は、適用地域に関する交換公文の位置づけの変化にも反映されている。すなわち、日華平和条約審議の前半国会においては、交換公文は基本的に条約全体に適用されるとの前提で議論がなされていたが、後半国会になると、戦争状態の終了には適用地域に関する交換公文は適用されない(中国大陸との関係を含めて戦争状態は終了した)との趣旨の答弁がなされ、その理由として、戦争状態の終了は国家と国家との関係であるから例外的に適用されないとの趣旨の説明がなされた[11]。

ところが、日中国交正常化が近づく時期になると、次のようにその位置づけが変化することになる。例えば一九七一年三月の国会答弁において、愛知揆一外相は、平和条約に適用地域に関する交換公文があるのは「むしろ奇異」かも知れないが、その背景には通商、民間航空運送、漁業等に関する規定の存在があり、これらについては「現実にその有効に支配している地域とこれは直接切っても切れない関係がございますから、特にこの交換公文をつくられたのがそのそもそもの必要性であり背景であると思います」と説明している[12]。さらに日中国交正常化後の時期には、より明確に、日華平和条約には戦後処理に関する処分的な規定がある一方で、通商関係の規定や民間航空運送に関する規定等、二国間の今後の他の分野における問題を律していくという面があり、「その面に限ってのこの交換公文の了解でございます」(傍点引用者)との答弁がなされているのである[13]。こうして、交換公文の位置づけは、明らかに地域が限定されるべき規定(通商航海関係の規定など)以外には適用されないという形で、当初の意図(基本的に日華平和条約全体について適用地域の限定がある)から一八〇度逆転することになるのである。

もっとも、以上のような変遷後の解釈が法的に問題のあるものかといえば、そうではない。日本としては、中華民国政府を中国の正統政府として承認していたのであり[14]、その中華民国政府との間に中国との戦争にかかる平和条約を締結して、戦争状態を終結し、戦後処理を行うことは、法的にはまったく正常なことであった。中国の正統政府として国民政府を選択したことについては、吉田書簡にも言及されているように、当時国民政府は、国連加盟国の大部分と外交関係を維持し、国連においても中国の議席を有していたことなどからして、問題視されるべきことではない。また、それとの間に戦争状態の終了を約し、全面的な戦後処理の取極を行うことも、法的に問題がある訳ではなかろう。第二次世界大戦中、欧州諸国のロンドン亡命政府は、完全な条約締結権能を有するものとして他国との間で条約を締結するとともに、対日戦争宣言をも行っている。外国領域に亡命中の政府でさえ条約を締結し和戦に関する権限を行使し得るのであるから、自らの領域らしきものを支配する中華民国政府には、戦争状態の終了と戦後処理に関連する包括的な取極を締結することを認められてしかるべきであるといえよう。

戦争状態の終了と戦後処理に関して日本政府は、同様に第二次世界大戦後の分裂国家であるベトナムとの関係において、その一方の政府であるベトナム国(後のベトナム共和国＝南ベトナム)政府との間に平和条約(一九五一年の対日平和条約)を締結し、これに賠償を支払っている(一九五九年の日本国とヴィエトナム共和国との間の賠償協定)が、この場合にも日華平和条約の場合と同様、戦争被害の実態(現実の損害は北ベトナムが被った)と乖離があるにも拘らず、法的には、ベトナム国政府が全ベトナムの代表として対日平和条約に署名し、その後全ベトナムの代表として賠償問題を処理する協定を締結したのである[15]。そしてそれは、全ベトナムに対する賠償という建前をとった。日華平和条約においても同様の処理がなされたと理解することができよう[16]。

しかし、実質的な観点から見逃してはならないのは、戦後処理の問題、とりわけ賠償問題について右のように理解することが、日本にとって有利であったという点である。日華条約交渉の過程で国民政府が妥協として受け入れた役務賠償を含む賠償の放棄を、実際に戦争損害を被った大陸中国と直接交渉を行うことなく、大陸中国との関係でも獲得することができるとすれば、これほど得がたい利益はなかった。

そして、日華平和条約によって日中間の賠償問題を含む戦後処理は完了したとする解釈に、日華平和条約のもう一方の当事者である中華民国政府が異論を差し挟むはずはなかった。中華民国政府にとってそれは、自らが中国全体を代表する正統政府として賠償問題に権利を有しており、そしてその権利を行使したことを示すものにほかならなかったからである。

　こうして日華条約交渉の両当事者は、対日平和条約を締結した他の連合国には認められていた役務賠償までも中華民国が放棄するとの内容を含む日華平和条約を締結し、それによって中国国民の一般利益を損なうこととなる約定を行ったのである。ここに、日華平和条約の(大多数の中国国民の住む大陸中国を支配する)中華人民共和国政府に対する対抗可能性の問題が生ずることになる。すなわち、日本は、右のような内容を含む日華平和条約を、一九七二年の承認の切替えによって新たに政府承認することとなった中華人民共和国政府に対して、当然のこととして受け入れるよう要求することができるのかという問題である。

第二節　日中共同声明をめぐる問題

　一般に受け入れられている国際法の原則によれば、政府が交替しても条約の締結主体としての国家の同一性が失われる訳ではなく、したがって前政府の締結した条約は新政府にそのままの形で承継されることになる。しかし、これは必ずしも絶対的な原則という訳ではなく、新政府は旧政府が内戦の継続中に締結した国民の一般利益に反するような条約には拘束されない、という主張が有力である。そうであれば、そして日華平和条約がそのような内容を含むように思える以上、少なくとも同条約のそのような内容を含む規定(より正確にはその帰結としての権利の喪失)が、当然に新政府たる中華人民共和国政府に承継されることにはならないということになろう。その意味では、日中国交正常化交渉における日華平和条約の有効性をめぐる争いは、右のような内容を含む同条約(より正確にはその帰結としての権利の喪失)の受入れをめぐる争いであったと見ることもできる。

しかし実際には、日中国交正常化交渉における日中両政府の対立は、両者間の見解の相違が賠償放棄といった実体面にではなく、中華民国政府との間で締結された日華平和条約の有効性を認めるかどうかというぃわば形式面に関係していた。こうした対立の解消は一般には容易でないが、人民政府側が政治的その他の理由で日中国交回復を急いでいたという事情もあって、国交正常化は比較的短期の交渉で合意に達することができた。

日中国交正常化交渉の結果としてもたらされたのは、戦争状態の終了と賠償問題の双方に関して、両者がそれぞれ自らの立場に引き寄せて解釈することのできる曖昧ないし微妙な表現を採用した日中共同声明であった。そして結論的に述べるならば、日中間の戦争状態は日華平和条約によって終了したのに対して、日中間の賠償問題は日華平和条約ではなく日中共同声明によって処理されたものと捉えることができる。

日華平和条約は、法的には有効に締結された条約であるが、中国国民の一般利益に反する賠償・請求権の放棄に関する部分は、中華人民共和国政府に対して当然に対抗できるという訳ではなく、同政府の同意がない以上、少なくともその部分(より正確には賠償・請求権の放棄という法的帰結)には対抗力がないということになる。したがって、この問題は、人民政府との関係では日中共同声明において処理されたという理解になる。これに対して戦争状態の終了は、有効に締結された日華平和条約に定められており、しかも対抗可能性を問題とすべき内容でもないので、日華平和条約で解決済みとすることに問題はなかろう[17]。そして、戦争状態の終了と賠償・請求権の処理が同一の条約で行われなければならないという国際法上の規則も存在しないのである[18]。

こうして、日中間の賠償・請求権をめぐる問題は、日中共同声明第五項に定める「戦争賠償の請求を放棄する」という文言の解釈に焦点が移ることになる。この文言の解釈における最大の争点は、日本の裁判所における多数の訴訟でも中心的な争点となった、中国国民の請求権が放棄されているのかという問題であった。結論的に述べるならば、右の規定は、以下のような理由から、基本的に日華平和条約における賠償・請求権の放棄と同内容であると解するのが妥当である。第一に、対日平和条約をはじめとして日本が第二次世界大戦後に締結したすべての平和条約、その他の戦後処理関連条約(日ソ共同宣言)が、例外なく「国民の請求権」を含む形で賠償・請求権の放棄を規定していること、第二に、対日平和条約第二六条のいわゆる均霑条項のゆえに、日本政府として、中国国民に対して「[対日]平和条約で定めるところ[＝連合国国民の請求権は放棄されている]よりも大きな利益[＝中国国民の請求権は放棄されていない]を…与える…戦争請求権処理を行[う]」(第二六条)ことは、対日平和条約の当事国たるすべての連合国の国民の請求権の復活にも繋がりかねないことから、およそ考え難かったこと、第三に、中華人民共和国政府の側についても、周恩来首相が、共産党の度量は蔣介石(中華民国政府)より広くならなければならないとして、日華平和条約における賠償・請求権(国民の請求権を含む)の放棄に劣らない放棄を行う旨を説明していたことなどからして、日中共同声明第五項は、日華平和条約におけるのと同内容の賠償・請求権(国民の請求権を含む)の放棄であると解するのが妥当であると考えられる。そして日本政府も、日中共同声明第五項は日華平和条約による処理と同じであることを意図したものであるとして、そのような立場は国会や裁判の場を通じて繰り返し明らかにされている。のみならず、とりわけ日中共同声明第五項によって中国国民の日本国および日本国民に対する請求権の問題も処理済みであるという点について、日本政府は「中国政府も同様の認識と承知している」と繰り返し述べているが、中国政府からはそれに対してまったく反論がなされていないのである。日本の裁判所における一連の日中戦後賠償裁判の総決算である二〇〇七年四月二七日の西松建設事件および中国人慰安婦二次訴訟のそれぞれの最高裁判決も、「サンフランシスコ平和条約の枠組み」という概念を用いて同様の結論(若干の相違点は後述)を導いている[19]。

以上を前提として、日中間(日本と中華人民共和国政府との間)の関係における賠償・請求権問題の全体像を俯瞰するならば、次のように整理することができよう。すなわち、①(ⅰ)中国の日本国に対する戦争賠償請求権、ならびに(ⅱ)中国および中国国民の日本国および日本国民に対する請求権は、日中共同声明第五項によって放棄された(それは日華平和条約と基本的に同内容で、役務賠償の放棄を含む)。②中国の在中国日本財産処分権については、いくつかの理解が可能であり、第一に、対日平和条約第一四条(a)2および第二一条におけるそれらの処分権の中国への付与の意図表明(第三国に権利を与える条約規定)に対して、人民政府が(推定的)同意を与えることによって当該権利を取得したと考えることも、また第二に、日華平和条約第一一条(対日平和条約第一四条(a)2の準用＝日華平和条約の同意議事録の四で確認)によって中華民国(国家としての中国)に与えられた処分権を中華民国政府から中華人民共和国政府が承継したと考えることも可能である。③日本国および日本国民の中国および中国国民に対する請求権は、日華平和条約第一一条(対日平和条約第一九条(a)の準用)による放棄を中華民国政府から中華人民共和国政府が承継した。こうして見てくると、①の中国による戦争賠償請求権の放棄および中国・中国国民の請求権の放棄のみは、日中共同声明によるものということになるが、右に述べたように、日中共同声明においてもこの点については日華平和条約による処理と異ならない処理がなされたと理解できるのであって、結果的には日中間における戦後処理の内容は全体として日華間におけるそれと異ならないということになろう。

以上の整理は、次の諸点で日本政府の立場および最高裁の立場とは異なっている。まず、日本政府の立場は、日中間の賠償・請求権問題は法的には日華平和条約ですべて処理済みであるというものである。これに対して本書では、日華平和条約における処理は、中華民国政府との関係では妥当しても、中国国民の一般利益に反する処理結果については中華人民共和国政府に当然に承継されるとはいえないとの立場から、右の①については日中共同声明第五項において創設的に処理がなされたとの主張を行った。もっとも、本書でも、日中共同声明第五項における処理は基本的に日華平和条約におけるそれと異ならないとの理解であるので、結論においては、本書の立場は日本政府の立場と異なるところはないということになる。

他方、西松建設事件判決等に見られる最高裁の立場は、日華平和条約の戦後処理関連規定の中に大陸に適用されないものがあるという点では、本書の立場と類似している。しかし、その理由づけと範囲の点では異なる。本書は、右に述べたように、新政府は内戦中に(または内戦に敗北した)旧政府が締結した国民の一般利益に反する条約には拘束されないとの理解を前提に、日華平和条約の規定の中でも中国国民の一般利益に反する規定のみ、しかも中華人民共和国政府との関係でのみ、大陸に対して当然には適用されないとの立場であったのに対して、最高裁は、適用地域に関する交換公文の規定のゆえに、同条約が「中国大陸に適用されるものと断定することはでき」ないとして、日華平和条約が全体として、しかも中華人民共和国政府との関係のみならず中華民国政府との関係でも、大陸には適用されないとの立場をとった。その上で最高裁は、争点となった中国国民の請求権の帰趨については、本書と同様に日中共同声明第五項に照らして判断を下し、内容的にも同項について本書とほぼ同様の解釈を導いている。

ほぼ同様の解釈と述べたのは、賠償・請求権問題を全体としてみた場合、本書の立場と最高裁の立場が同じであるといえるのか定かでないところがあるからである。本書は、日中共同声明第五項における処理と日華平和条約における処理とは基本的に同内容であるとの立場である(日本政府も同じ)。これに対して最高裁は、主として個人の請求権の放棄の有無を検討する文脈においてである(したがって戦争賠償の部分に重点は置かれていない)が、「日中共同声明において、戦争賠償及び請求権の処理について、サンフランシスコ平和条約の枠組みと異なる取決めがされたものと解することはできない」(傍点引用者)と述べていることからして、日中共同声明第五項における処理は、基本的に対日平和条約の賠償・請求権処理と同内容と考えているということのようにも思える。つまり最高裁が、日中共同声明第五項において、対日平和条約における賠償・請求権処理からさらに進んで、日華平和条約におけるような役務賠償の放棄まで行われたと考えているかといえば20、必ずしもそうではないようにも思えるのである21。

第三節　未解決の問題

以上の日華平和条約と日中共同声明という平和条約およびそれに匹敵する内容を有する文書の締結・署名にも拘らず、日中両国間にはなお未解決・未処理の問題が残されている。その一つは、台湾の当局・住民の在日財産および対日請求権、ならびに、日本国・日本国民の在台湾財産および対台湾請求権の問題である。これは日華平和条約第三条において締結を予定されていた特別取極が、日中国交正常化までの時期には締結されず、日中国交正常化後は、政府承認の切替えにより事実上締結できなくなったことによるものである。もっとも、それらの一部は、日本における国内的措置(台湾確定債務の支払いなど)によって処理されている。

同様の未解決の問題は、大陸中国との関係においても存在する。それは中国および中国国民の在日財産の返還問題である(日本および日本国民の在中国財産の問題は前述のように中国への処分権の付与によって処理済み)。この問題は、①協力政権の在日財産、②協力政権の財産以外の中国の在日財産、③中国国民の在日財産の三つに分けることができる。このうち、①の協力政権の在日財産は、日華平和条約の同意議事録の二においてその返還が日本の同意にかからしめられていたが、その結果として返還されなかった財産があったとしても、そのような処理は、中国国民の一般利益に反するものとして中華人民共和国政府に対して対抗できないと考えられる。そして日中共同声明においてもこの問題に関する規定は置かれなかったため、この問題は未解決・未処理のままに留まっているといえよう。

他方、③の中国国民の在日財産については、日華平和条約第一一条を介して対日平和条約第一五条(連合国財産の返還)が準用されることになっていたが、日華平和条約議定書に定める日華平和条約第一一条の適用に関する了解によれば、本件については中華民国政府の支配が大陸にまで及んだ段階ではじめて返還申請が可能となるものとされていた。しかし、その支配が大陸にまで及ばなかったことから、彼らの在日財産の返還申請は行われないままとなった。そして日中共同声明においてもこの問題に関する規定は置かれなかったため、この問題も未解決・未処理のままに留まっているといえよう。②の協力政権の財産以外の中国の在日財産の場合も、概ね右の③と同様に理解することができる。

もっとも、以上の問題が未解決のままに留まっているというのは、日華間・日中間の諸取極・取決めにおいて明示的な解決がなされ、その処理が完了しているという訳ではないというだけであって、却ってその国内法上の法律関係は影響を受けることなく維持されており、中国ないし中国国民の在日財産であって日本の国内私法上明確な根拠があるものについては、日本側として返還・支払いの義務を負うということになる。この点は、特別取極の締結が事実上不可能となったため、未処理のままに留まっていた台湾住民の確定債務の場合と同様に理解することができよう。

最後に、日華平和条約の「終了」について若干付言するならば、その理由として日本政府が示したのは、日中関係正常化(政府承認の切替え)の結果として、大陸に適用のない同条約は「存続の意義を失」ったということであった。このような終了の理由については、条約の終了原因について網羅主義をもって規定する条約法条約の中にも直接に該当するものを見出すことが困難であった。もっとも、条約法条約の発効時期等からして、不遡及を原則とする条約法条約は日華平和条約およびその終了には適用されないのであり、条約法条約の規定の中に直接に該当するものが見当たらなかったとしても、その網羅主義との関係で問題であるということではなかった。

日華平和条約の終了宣言が行われた当時、日華間には日華平和条約以外にもいくつかの有効な条約が存在した。にも拘らず、日華平和条約についてだけ「終了」宣言が行われた。この事実は、日華平和条約の終了を国際法の規則の中にではなく、日中国交正常化の歴史的・政治的文脈の中に置くことによってはじめて理解できるように思える。こうして、「不思議」な条約と呼ばれた日華平和条約は、その終焉も「不思議」な形で迎えることになったのである。

注

1　例えば、日華平和条約の交渉過程において、現地の河田全権から、日本の在中国外交・領事機関財産に対する中華民国の処分権に関する了解(同意議事録の三)について、「適用範囲に関する交換公文の趣旨は本件についても適用される」との了解を付しておくと良いとの意見具申がなされている。これは、中国大陸に所在する日本財産の処分権の付与(それは賠償の一部と考えられる)についても、交換公文による適用地域の制限が適用される旨の了解を付すことを提案したものである。第二章第五節五参照。

2　例えば、倭島外務省アジア局長は、役務賠償の放棄に関する議定書第一項(b)について、「これは中国大陸全部に対する役務賠償を放棄するということを言っているのですか」との質問に対して、「これは中華民国に関する限りこういう合意に達したということであります」と答弁し、さらに「そうすると、あなた方のいうこの條約で、将来支配下に入ったときのことをここでは言っているわけですか」と問われて、「その通りであります」と答えると共に、「交換公文の第一号のところにありますように、『支配下に現にあり、又は今後入るすべてに領域』という二つの建前になつておりまして、『又は今後入るすべての領域』のうちで支配に入ればそれの関係事項がおのずからこの條約の條項に従つて適用せられるというのでありまして、中華民国政府に関する限り、中華民国政府が支配を現に持ち、将来も持つ関係において、この議定書の一の(b)が生きるわけであります」と述べている。『第十三回国会衆議院外務委員会議録』第二八号(一九五二年五月三〇日)一五―一六頁。同様な答弁として、『第十三回国会衆議院外務委員会議録』第三〇号(一九五二年六月六日)一〇―一一頁(岡崎外相答弁)、『第十三回国会参議院外務委員会会議録』第三九号(一九五二年六月一〇日)一〇―一一頁(岡崎外相答弁)参照。

3　第二章第五節二参照。なお、中華民国政府を、中国を代表する正統政府として認めて条約を締結したのかという点についても、同様に国会審議の過程で変遷が見られる。国会審議の前半では日本政府は、「先方の建前から言えば、恐らくこれは中国を代表した政府として日本政府として条約を結んだのである、こういう建前をとられるだろうと思います。日本政府のほうではそれに対してそのところは深く問わずして、適用範囲において明らかにいたしておく、こういうことにご了解願いたい」と答えていた(『第十三回国会参議院外務委員会会議録』第三九号(一九五二年六月一〇日)八頁(岡崎外相答弁))(もっともその前提として、国際法上は正統政府としての承認か事実上の政府としての承認かの区別はないとも述べている)。ところが国会審議の後半では、「中華民国政府は、中国を代表する政権という見解を政府はとつておるのでありますか」という質問に対して、「わが国に関する限りそうであります」と答弁しているのである(『第十三回国会衆議院外務委員会会議録』第三六号(一九五二年六月一八日)四頁(倭島外務省アジア局長答弁))。

4 日華平和条約の国会審議において、適用地域に関する交換公文の対象外であるとして言及されたのは、そのことが明らかな第四条、第五条のほかは、第一条に定める戦争状態の終了のみであった。他方、役務賠償放棄との関連では、「中華民国政府に関する限りは」と繰り返し強調する答弁がなされているし、また、他に実力のある政府がある場合に「そちらまで拘束するというわけじやない」とも答弁されていたことからも、大陸中国の意図とは無関係に、大陸中国との関係を含め日華平和条約で賠償問題がすべて処理されたという見解ではなかったことが窺える。『第十三回国会参議院外務委員会会議録』第四二号(一九五二年六月一八日)一七頁(岡崎外相答弁)。さらに、将来中華人民共和国から賠償の要求がある場合には大きな問題になるのではないかとの指摘に対して、「将来そういうことが起るかもしれません」「そのときにその適当の考慮をいたすよりしか《ママ》ない」と述べた上で、在中国日本財産の接収に言及して、この点も考慮に入れるべきだとの答弁もなされている。『第十九回国会参議院外務委員会会議録』第二三号(一九五四年四月一七日)一一、一八頁(岡崎外相答弁)。

5 例えば、一九五六年五月の国会において、適用地域に関する交換公文との関係で、中華民国政府の支配が中国大陸には及んでいないことに言及しつつ、「日華条約で国民政府が対日賠償を放棄したといっても、中国本土に支配を打ち立てておりますところの北京政府は、このことについて何ら意思表示をしていない」と指摘する質問がなされたのに対して、重光葵外相は、「この条約の中にもう賠償問題は双方とも取り上げないのだということであるならば、日本国と中華民国との間の関係はそれで処理ができた」、そして「台湾政府との関係である、だから、ほかの政府はそれと異なる主張をしてもよいのだということは、日本側からは、少くとも私は考えられぬことだと思います」と答弁している。『第二十四回国会衆議院外務委員会議録』第五二号(一九五六年五月二八日)三―四頁。もっとも、この時期には、日華平和条約における賠償の放棄について中華人民共和国政府との関係を質す質問がなされたのに対して、必ずしもそれに正面からは答えない形の答弁もなされている。例えば、右と同じ質問に対して重光外相の後に答弁に立った下田武三外務省条約局長は、日華平和条約の適用地域に関しては二つのグループがあり、特殊権益の放棄や戦前条約の効力に関する規定は、適用地域の問題に関係なくすべての地域において無効になるとの答弁を行うに留まっている。『同右』第五二号、四頁。また、一九五九年四月の国会において、「もし日本と中共との国交が回復いたしたと仮定いたしまして、その対日賠償は一体どうなるのか。…やはり中共から請求されれば日本は払わなければならぬじゃないかと私は考えておりますが」との質問がなされたのに対して、藤山愛一郎外相は、日華平和条約で日中間の関係は解決しており、その後特に戦争状態にあるとは考えていないとの答弁を行うに留まっている。『第三十一回国会衆議院外務委員会議録』第一七号(一九五九年四月一日)二頁。

6　これが批准後の解釈変更ということであれば、少なくとも国会との関係では問題とされる余地があるように思える。他方、条約の相手国である中華民国(政府)との関係では、同政府が中国の正統政府として、戦争状態の終了と賠償問題について大陸をも含む形で条約を締結したいとの希望を一貫して表明してきたことから、これが解釈変更であったとしても事実上問題とはならないであろう(第二章第五節五参照)。また、中華人民共和国政府との関係でも、同政府は日華平和条約の無効を一貫して主張してきたことからして、そもそもその個々の規定の解釈を問題とすることは考え難いし、仮にその規定内容が問題となるとしても、同政府は日中共同声明において基本的に日華平和条約と同内容の賠償放棄に同意することになるのであるから、この点は事実上問題とはならないように思える。

7　『第三十八回国会衆議院外務委員会議録』第一二号(一九六一年三月二九日)五頁。同様の答弁として、『第四十六回国会参議院予算委員会会議録』第六号(一九六四年三月四日)二八頁(中川融外務省条約局長答弁)、『第四十六回国会衆議院外務委員会議録』第一〇号(一九六四年三月一一日)一〇頁(大平正芳外相答弁)、一〇—一一頁(中川融外務省条約局長答弁)参照。

8　『第七十一回国会衆議院内閣委員会議録』第四五号(一九七三年七月二六日)六頁。『同右』第四五号、二頁(高島条約局長答弁)をも参照。

9　『第八十五回国会衆議院外務委員会議録』第五号(一九七八年一〇月一八日)一八頁。

10　のちに国によって裁判所に提出された文書においては、さらに詳細に次のように記述されている。

「戦争状態の終結、賠償並びに財産及び請求権の問題の処理といった、国と国との間で最終的に解決すべき処分的な条項は、正に国家と国家の間の関係として定められるべきものであって、その性質上、適用地域を限定することができないものである。

したがって、当時中国を代表する正統政府であると承認されていた中華民国と日本との間で締結された日華平和条約は、戦争状態の終了と戦争に係る賠償並びに財産及び請求権の問題を、国家としての中国と日本との間で完全かつ最終的に解決したものである。」

11 『訟務月報』第五一巻一一号(二〇〇五年一一月)二九一〇—二九一一頁(中国人慰安婦二次訴訟における東京高裁判決の別紙3(被控訴人［＝国］が当審において追加補足した主張))。

12 例えば岡崎勝男外相は、交換公文の趣旨からして、この適用範囲は条約全般にかかるけれども、その適用範囲が実際上法的な効果をもって適用され得るものとされ得ないものとがある、と述べていた。第二章第五節二参照。

13 『第六十五回国会衆議院外務委員会議録』第九号(一九七一年三月一八日)七頁。福田赳夫外相も、日華平和条約は「全中国を包括するたてまえの条約である」が、「地域的な配慮を要するものにつきましては、この条約はその実効的支配を及ぼしている地域に限られる」との答弁を行っている。『第六十八回国会参議院予算委員会会議録』第一九号(一九七二年四月二七日)二六頁。

14 『第八十五回国会衆議院外務委員会議録』第一号(一九七八年一〇月一三日)三三頁(大森誠一外務省条約局長答弁)。同旨の発言として『第七十一回国会衆議院内閣委員会議録』第四五号(一九七三年七月二六日)一一頁(高島益郎外務省条約局長答弁)。

15 前出注3参照。同旨の答弁として、『第四十三回国会参議院予算委員会会議録』第六号(一九六三年三月五日)二一頁(中川融条約局長答弁)参照。

16 第三章第四節四参照。

17 ベトナムとの平和条約および賠償協定には、日華平和条約のような適用地域に関する限定はない。したがって、ベトナムの例が認められるとすれば、日本政府が国民政府との間で中国全体の平和回復および戦後処理を行うこと自体が法的に問題であったということにはならないであろう。

18 この点に関連して、条約を部分的に承継することができるのかとの疑義が提起されるかも知れないが、厳密にいえば、ここで論じているのは条約そのものの部分的承継ではなく、条約の一部たる処分条項の処分後の法的帰結(権利の得喪や法的状態)の部分的承継である。

19 例えば日印間の関係でも、戦争状態の終了と賠償の問題は別個に処理された。第二章第五節一参照。

20 『最高裁判所判例集』第六一巻三号(二〇〇七年)一一九七、一二〇三頁、『最高裁判所裁判集・民事』第二二四号(二〇〇七年)三三五、三四一頁。なお、本書の「補論」参照。

対日平和条約と日華平和条約との間のもう一つの相違点として、対日平和条約では、日本の在外資産のうち、日本の外交・

領事機関の不動産等や外交・領事職員の家具等は処分権の対象から除外するものとされている(第一四条(a)2(II)(ii))が、日華平和条約ではこの点が一部修正され、一九三一年九月一八日(満州事変の発端となった柳条湖事件の日)以降中華民国の同意なしに設置された日本の外交・領事機関の不動産等や外交・領事職員の家具等については、この除外を適用しない旨の了解がなされている(同意議事録の三)。

21　最高裁が日華平和条約の大陸への適用を全体として否定していること(したがって日華平和条約の内容は役務賠償の放棄を含めまったく大陸には適用されないことになる)、判決の本文引用部分で「サンフランシスコ平和条約の枠組み」という表現が用いられていること、その「サンフランシスコ平和条約の枠組み」が役務賠償の提供を含む戦争賠償の問題も含まれるものとして定義されていること、判決の本文引用部分で「戦争賠償及び請求権の処理について」として「戦争賠償」にも明示的に言及されていることなどからは、最高裁が、日中共同声明第五項における賠償処理の内容を、日華平和条約におけるそれではなく、対日平和条約におけるそれと同内容であると考えていた可能性は否定できない。もっとも、他方で、日中共同声明における(請求権とは区別される)賠償の範囲(特に役務賠償放棄の有無)は裁判の争点ではなかったことから、最高裁がこの点について特段意識していなかった可能性も否定はできない。なお、日本政府の立場については、判決においても、日本政府が賠償・請求権の処理は日華平和条約で解決済みとしつつも、日中共同声明においても「実質的に同条約と同じ帰結となる処理がされたことを確認する」(傍点引用者)意味をもつものとして第五項の表現に合意したものと解されている(『最高裁判所判例集』第六一巻三号、一二〇二頁)。

補論　西松建設事件および中国人慰安婦二次訴訟の最高裁判決

はじめに

本論においても述べたように、日中間における賠償・請求権の問題、とりわけ中国国民の請求権の帰趨をめぐっては、日本の裁判所で多数の訴訟の形をとって争われてきた。それらの総決算ともいえるのが、二〇〇七年四月二七日にそれぞれ第二小法廷および第一小法廷で言い渡された西松建設事件および中国人慰安婦二次訴訟の最高裁判決である。以下では、それぞれの事件の事実概要のほか、原審の判決、上告受理申立て理由、最高裁の判決理由を整理した上で、若干の論評を加えることにしたい。

なお、論評を加える部分においては、本論において述べたところと重複するところがなくはないが、重要な判決の評釈であるので重複を厭わず論ずることにしたい。

第一節　西松建設事件

本件は、中華人民共和国（以下、「中国」ということがある）の国民であり、第二次世界大戦中に日本に強制連行され、上告人（西松建設株式会社）の下で強制労働に従事させられたと主張する者（以下、「本件被害者ら」という）またはその承継人が、上告人に対し、上告人が本件被害者らを過酷な条件の下で強制労働に従事させたことは安全配慮義務に違反するなどと主張して、損害賠償を求めた事案の上告審である。判決は、日中戦争の遂行中に生じた中華人民共和国の国民の日本国またはその国民もしくは法人に対する請求権は、日中共同声明第五項によって、裁判上訴求する権能を失ったというべきであり、そのような請求権に基づく裁判上の請求に対し、同項に基づく請求権放棄の抗弁が主張されたときは、当該請求は棄却を免れないこととなるとして、原判決（請求を認容）を破棄し、被上告人らの請求を棄却した1。

一　事実

（一）事実経過

被上告人らの主張する強制連行および強制労働の実情に関し、原審の適法に確定した事実関係の概要は次のとおりである。日中戦争の遂行過程で、日本政府は、労働力不足に対処するため中国人労働者の移入を決定した。上告人は、受注していた安野発電所建設工事に必要な労働者を確保できなかったことから、その不足を補うため中国人労働者の移入を申請し、昭和一九年七月、青島において三六〇人の中国人労働者の引渡しを受けた。本件被害者らはこのうちの五名である。彼らは、日本に到着後、安野発電所事業場で劣悪な条件の下での労働に従事させられ、重篤な傷病のため稼働できなくなり中国に送還されたり、原爆の被害にあって死亡したり後遺障害を負ったりした。本件被害者らは、日本に渡航して上告人の下で稼働することを事前に承諾しておらず、雇用契約も締結していない。

(二) 被上告人らの主張

被上告人ら（原告ら、控訴人ら）は、中華人民共和国の国民であり、第二次大戦中に中国華北地方から日本に強制連行され、西松建設株式会社（被告、被控訴人、上告人）の下で強制労働に従事させられたと主張する本件被害者らまたはその承継人である。被上告人らは、上告人が本件被害者らを過酷な条件の下で強制労働に従事させたことは安全配慮義務に違反するものであるなどと主張して、上告人に対し、債務不履行等に基づく損害賠償を求めた。

(三) 上告人の主張

上告人は、強制連行や強制労働とされるような事実はなく、また、上告人と本件被害者らとの間には安全配慮義務の基礎となるような雇用契約またはこれに準ずる法律関係は存在しなかったなどとして、その責任原因を争うとともに、債務不履行に基づく損害賠償請求権につき消滅時効を援用し、また、いわゆる戦後処理の過程における条約等による請求権放棄の結果、上告人が本訴請求に応ずるべき法律上の義務が消滅したと主張した。

(四) 戦後処理の事実関係

戦後処理における請求権の放棄等に関し、原審の適法に確定した事実関係の概要等は次のとおりである。

日本国は、一九五一年九月八日に連合国四八カ国との間で「日本国との平和条約」（以下、「サンフランシスコ平和条約」

または「対日平和条約」(という)を締結し、一九五二年四月二八日の同条約の発効により独立を回復した。この条約は、第二次大戦における日本国の戦後処理の骨格を定めるものであり、①各連合国と日本国との間の戦争状態を終了させ、②領域、請求権および財産等の問題を最終的に解決するために締結されたものである。ただし、中国は講和会議に招請されず、インド等は招請に応じず、ソ連等は署名を拒否したため、全面講和には至らなかった。

サンフランシスコ平和条約は、戦争賠償および請求権の処理等に関して次のように規定する。①日本国は、戦争中に生じさせた損害および苦痛に対して、連合国に賠償を支払うべきであるが、日本国の資源は、完全な賠償を行いかつ同時に他の債務を履行するためには現在十分ではない(第一四条(a)柱書き)。②日本国は、現在の領域が日本国軍隊によって占領され、かつ、日本国によって損害を与えられた連合国が希望するときには、生産、沈船引揚げその他の役務を供与することで、与えた損害の修復費用を補償すべく交渉を開始する(第一四条(a)1。以下、この役務の供与を「役務賠償」という)。③各連合国は、日本国および日本国民等のすべての財産、権利および利益であって、この条約の最初の効力発生時にその管轄下にあるものを処分する権利を有する(第一四条(a)2)。④この条約に別段の定めがある場合を除き、連合国は、連合国のすべての賠償請求権、戦争の遂行中に日本国およびその国民がとった行動から生じた連合国およびその国民の他の請求権を放棄する(第一四条(b))。⑤日本国は、戦争から生じまたは戦争状態が存在したためにとられた行動から生じた連合国およびその国民に対する日本国およびその国民のすべての請求権を放棄する(第一九条(a))。

中国は、本来、連合国の一員として講和会議に招請されるべきであったが、中華人民共和国政府と中華民国政府がいずれも自らが中国を代表する唯一の正統政府であると主張したことなどから、同会議に招請されず、サンフランシスコ平和条約の当事国とならなかった。日本国政府は、一九五二年四月二八日、中華民国政府を中国の正統政府と認め、これとの間で「日本国と中華民国との間の平和条約」(以下、「日華平和条約」という)を締結し、同条約は同年八月五日に発効した。この条約には、日本国と中華民国との間の戦争状態の終了のほか、両国間に戦争状態の存在の結果として生じた問題はサンフランシスコ平和条約の相当規定に従って解決するものとすること(第一一条)等の条項があり、また、条約の不可分の一部をなす議定書の条項として、中華民国は、サンフランシスコ平和条約第一四条(a)1の役務の利益を自発的に放棄すること(議定書第一項(b))が定められ、さらに、条約の附属交換公文において、この条約の条項が、中華民国に関しては、中華民国政府の支配下に現にあり、または今後入るすべての領域に適用があることが確認されている。

その後日本国政府は、中華民国政府から中華人民共和国政府への政府承認の変更を行う方針を固め、いわゆる日中国交正常化交渉を経て、一九七二年九月二九日、「日本国政府と中華人民共和国政府の共同声明」(以下、「日中共同声明」という)が発出された。この共同声明中には、「中華人民共和国政府は、中日両国国民の友好のために、日本国に対する戦争賠償の請求を放棄することを宣言する。」(第五項)等の条項がある。

両国政府は、一九七八年八月一二日、「日本国と中華人民共和国との間の平和友好条約」(以下、「日中平和友好条約」という)を締結し、同条約は同年一〇月二三日に発効したが、その前文には、日中共同声明に示された諸原則が厳格に遵守されるべきことを確認する旨が規定されている。

(五) 控訴審判決2(二〇〇四年)

控訴審判決は、次のとおり判断して、被上告人らの請求をすべて認容した(上告審判決による要約を参照した)。

上告人による一連の行為は、強制連行および強制労働とのそしりを免れない。上告人と本件被害者らとは直接の契約関係にはなかったが、特殊な雇用類似の関係にあり、上告人はその付随的義務として安全配慮義務を負っていたというべきである。上告人がこの安全配慮義務を尽くさなかったことは明らかであるから、債務不履行責任を免れない。消滅時効の援用は権利の濫用として許されない。

上告人は、日華平和条約または日中共同声明による請求権放棄の結果、日本国および日本国民は本訴請求に応ずるべき法律上の義務が消滅している旨主張するが、日中共同声明第五項には、中国国民が請求権を放棄することは明記されておらず、また中華人民共和国政府が放棄するとしたのは「戦争賠償の請求[3]」にとどまること、被害者たる国民の加害者に対する損害賠償請求権は当該国民固有の権利であって、条約をもってこれを放棄させることは原則としてできないこと、日華平和条約第一一条にいう「相当規定」に個人の損害賠償請求権の放棄規定まで含まれるかどうか疑問があるし、また同条約は日本国と中華民国との条約であって、これをそのまま中華人民共和国の国民である被上告人らに適用できるかも疑問であることなどから、上告人の上記主張を採用することはできない。

二　上告受理申立て理由[4]

上告人は次のような理由をもって上告受理申立てを行った。

原判決は、国家が他の国家と締結した条約をもって、被害者に加害者に対する損害賠償請求権を放棄させることは原則としてできないとするが、第二次大戦後の講和条約の枠組みの下では、戦争後賠償は原則として国家間の直接処理によるのであり、個々の国民の被害については原則として国内問題として解決が図られている。

原判決は、①日中共同声明第五項に個人の権利の放棄が明記されていないこと、②日華平和条約第一一条にいう「相当規定」に個人の損害賠償請求権の放棄が含まれるか疑問があること、③日華平和条約は日本と中華民国との間で締結された条約であること、④日中共同声明の解釈をめぐって、銭外交部長の「個人の補償請求は（放棄対象に）含まれない」との発言が報道されていること、を理由に、上告人の主張は採用できないとする。

しかし、日本と中国との間の賠償および財産・請求権の問題は、サンフランシスコ平和条約における戦争後処理の枠組みと同様の解決が図られており、日華平和条約第一一条にいう「相当規定」には、サンフランシスコ平和条約第一四条(b)および第一九条(a)も含まれる。賠償および財産・請求権の問題は、一度限りの処分行為であり、日華平和条約によって法的に処理済みというのが我が国の立場である。我が国は中華人民共和国と中華民国が別個の国と認識したことは一度もなく、一九七二年の日中国交正常化は中国を代表する政府の承認の切替えである。日中共同声明第五項は「戦争賠償の請求」のみに言及しているが、ここには中国国民の日本国および日本国民に対する請求権の問題も処理済みとの認識が当然に含まれている。銭外交部長の発言は単に報道がなされたに過ぎず、かかる一部報道のみをもって日中共同声明の解釈の根拠とするのは誤りである。

したがって、「日華平和条約一一条及びサン・フランシスコ平和条約一四条b項により、中国国民の日本国及びその国民に対する請求権は、国によって『放棄』されている。日中共同声明五項にいう『戦争賠償の請求』は、かかる請求権を含むものとして、中華人民共和国がその『放棄』を宣言したものである。したがって、サン・フランシスコ平和条約の当事国たる連合国の国民の請求権と同様に、これに基づく請求に応ずる法律上の義務が消滅しているので、救済が拒否されることとなるのである。」

三　判決理由

(一) 戦後処理における請求権放棄

第二次世界大戦後における日本国の戦後処理の骨格を定めることとなったサンフランシスコ平和条約は、「個人の請求権を含め、戦争の遂行中に生じたすべての請求権5を相互に放棄することを前提として、日本国は連合国に対する戦争賠償6の義務を認めて連合国の管轄下にある在外資産の処分を連合国にゆだね、役務賠償を含めて具体的な戦争賠償の取決めは各連合国との間で個別に行うという日本国の戦後処理の枠組みを定めるもの」であった。この「サンフランシスコ平和条約の枠組み」は、同条約の当事国以外の国や地域との間での平和条約等の締結に当たっても、その枠組みとなるべきものであった。

「この枠組みが定められたのは、平和条約を締結しておきながら戦争の遂行中に生じた種々の請求権に関する問題を、事後的個別的な民事裁判上の権利行使をもって解決するという処理にゆだねたならば、将来、どちらの国家又は国民に対しても、平和条約締結時には予測困難な過大な負担を負わせ、混乱を生じさせることとなるおそれがあり、平和条約の目的達成の妨げとなるとの考えによるものと解される。」

サンフランシスコ平和条約の枠組みにおける請求権の放棄の趣旨が、右のような点にあることに鑑みると、「[同条約一四条(b)」でいう請求権の『放棄』とは、請求権を実体的に消滅させることまでを意味するものではなく、当該請求権に基づいて裁判上訴求する権能を失わせるにとどまるものと解するのが相当である。」したがって、「請求権の放棄が行われても、個別具体的な請求権について…債務者側において任意の自発的な対応をすることは妨げられないものというべきであり、サンフランシスコ平和条約一四条(b)の解釈をめぐって、吉田茂内閣総理大臣が、オランダ王国代表スティッカー外務大臣に対する書簡において、上記のような自発的な対応の可能性を表明していることは公知の

事実である。」（この引用部分は西松建設事件の判決のみ）

被上告人らは、国民の固有の権利である私権を国家間の合意によって制限することはできない旨主張するが、国家は、戦争の終結に伴う講和条約の締結に際し、対人主権に基づき、個人の請求権を含む請求権の処理を行い得るのであって、右主張は採用し得ない。

㈡日華平和条約による請求権放棄

日華平和条約第一一条は、日本国と中華民国との間に戦争状態の存在の結果として生じた問題はサンフランシスコ平和条約の相当規定に従うものと規定するところ、「その中には、個人の請求権を含む請求権の処理の問題も当然含まれていると解される」から、これによれば、「日中戦争の遂行中に生じた中国及び中国国民のすべての請求権は、サンフランシスコ平和条約一四条(b)の規定に準じて、放棄されたと解すべきこととなる。」

日華平和条約の締結当時（一九五二年）、中華民国政府は、台湾とその周辺諸島を支配するにとどまっていたことから、同政府が日中間の平和条約を締結する権限を有していたか、疑問の余地もないではない。しかし、当時の中国の政府承認については、数の上で中華民国政府が中華人民共和国政府を上回っており、また、国際連合における中国の代表権も中華民国政府が有していた。このような状況下で、日本国政府において同政府を中国の正統政府として承認したのであり、中華民国政府が平和条約を締結すること自体に妨げはなかった。

もっとも、日華平和条約の附属交換公文には、「この条約の条項が、中華民国に関しては、中華民国政府の支配下に現にあり、又は今後入るすべての領域に適用がある」旨の記載があり、これによると、戦争賠償および請求権の処理に関する条項は、中華人民共和国政府が支配していた中国大陸については、将来の適用の可能性が示されたにすぎないとの解釈も十分に成り立つ。したがって、戦争賠償および請求権の放棄を定める日華平和条約の条項については、「中国大陸に適用されるものと断定することはできず、中国大陸に居住する中国国民に対して当然にその効力が及ぶものとすることもできない。」

(三)日中共同声明第五項による請求権放棄

「中華人民共和国政府は、中日両国国民の友好のために、日本国に対する戦争賠償の請求を放棄することを宣言する。」と述べる日中共同声明第五項の文言を見る限り、放棄の対象となる「請求」の主体が明示されておらず、戦争賠償のほかに請求権の処理を含む趣旨か、また、個人の請求権の放棄を含む趣旨か、必ずしも明らかでない。

しかし、日中国交正常化交渉の経緯に照らすと、「中華人民共和国政府は、日中共同声明五項を、戦争賠償のみならず請求権の処理も含めてすべての戦後処理を行った創設的な規定ととらえていることは明らかであり、また、日本国政府としても、戦争賠償及び請求権の処理は日華平和条約によって解決済みであるとの考えは維持しつつも、中華人民共和国政府との間でも実質的に同条約と同じ帰結となる処理がされたことを確認する意味を持つものとの理解に立って、その表現について合意したものと解される。…日中共同声明は、中華人民共和国政府はもちろん、日本国政府にとっても平和条約の実質を有するものにほかならないというべきである。」

サンフランシスコ平和条約の枠組みを外れて、請求権放棄の対象から個人の請求権を除外した場合、平和条約の目的達成の妨げとなるおそれがあることが明らかであるが、「日中共同声明の発出に当たり、あえてそのような処理をせざるを得なかったような事情は何らうかがわれず、日中国交正常化交渉において、そのような観点からの問題提起がされたり、交渉が行われた形跡もない。したがって、日中共同声明五項の文言上、『請求』の主体として個人を明示していないからといって、サンフランシスコ平和条約の枠組みと異なる処理が行われたものと解することはできない。」以上によれば、「日中共同声明は、サンフランシスコ平和条約の枠組みと異なる趣旨のものではなく、請求権の処理については、個人の請求権を含め、戦争の遂行中に生じたすべての請求権を相互に放棄することを明らかにしたものというべきである。」

日中共同声明は、我が国において条約としての取扱いはされていないことから、その国際法上の法規範性が問題となり得る。しかし、「中華人民共和国が、これ〔＝五項 7〕を創設的な国際法規範として認識していたことは明らかであり、少なくとも同国側の一方的な宣言としての法規範性を肯定し得るものである。」さらに、「日中平和友好条約において、日中共同声明に示された諸原則を厳格に遵守する旨が確認されたことにより、日中共同声明五項の内容が日本国においても条約としての法規範性を獲得したというべきであ」る。

サンフランシスコ平和条約の枠組みにおいては、請求権の放棄とは、請求権に基づいて裁判上訴求する権能を失わせることを意味するのであるから、国内法上の措置は必要とせず、日中共同声明第五項が定める請求権《ママ》の放棄も同様である。

以上のとおりであるから、「日中戦争の遂行中に生じた中華人民共和国の国民の日本国又はその国民若しくは法人に対する請求権は、日中共同声明五項によって、裁判上訴求する権能を失ったというべきであり」、そのような請求権に基づく裁判上の請求に対し、同項に基づく請求権放棄の抗弁が主張されたときは、当該請求は棄却を免れないこととなる。

(四) まとめ

以上説示したところによれば、「被上告人らの請求は理由がないというべきであり、これを棄却した第一審判決は結論において正当であるから、被上告人らの控訴をいずれも棄却すべきである。」

なお、「サンフランシスコ平和条約の枠組みにおいても、個別具体的な請求権について債務者側において任意の自発的な対応をすることは妨げられないところ、本件被害者らの被った精神的・肉体的苦痛が極めて大きかった一方、上告人は…中国人労働者らを強制労働に従事させて相応の利益を受け、更に…補償金を取得しているなどの諸般の事情にかんがみると、上告人を含む関係者において、本件被害者らの被害の救済に向けた努力をすることが期待されるところである。」(この引用部分は西松建設事件の判決のみ)

裁判官全員一致の意見で、破棄自判。

第二節　中国人慰安婦二次訴訟

本件は、中華人民共和国の国民である上告人らが、第二次世界大戦当時、上告人X1および亡X2の両名が中国において日本軍の構成員らによって監禁され、繰り返し強姦されるなどの被害を被ったと主張して、被上告人(国)に対し、損害賠償等を求めたところ、原判決が、請求を棄却した第一審判決を維持し、控訴を棄却したため、上告人らが上告した事案である。判決は、日中戦争の遂行中に生じた中華人民共和国の国民の日本国またはその国民もしくは法人に対する請求権は、日中共同声明第五項によって、裁判上訴求する権能を失ったというべきであり、そのような請求権に基づく裁判上の請求に対し、同項に基づく請求権放棄の抗弁が主張されたときは、当該請求は棄却を免れないこととなるとして、上告を棄却した8。

一　事実

(一) 事実経過

本件の事実経過に関し、原審の適法に確定した事実関係の概要は次のとおりである。上告人X1は、一九四二年旧暦七月、武装した日本兵と清郷隊により連行・監禁された上、日本兵らによって繰り返し輪姦された。X2は、一九四二年旧暦三月、日本兵らに捕らえられた後、日本兵らによって暴行・強姦され、その後も繰り返し強姦・輪姦の被害を受けた。両名とも、上記監禁・強姦に起因すると思われる重度の心的外傷後ストレス障害の症状が存在する(した)。

(二) 上告人らの主張

中華人民共和国の国民であるX1およびX2(本訴提起後に死亡し、X3-7が訴訟を承継。以上二名または六名が、原告ら、控訴人ら、上告人ら)の両名は、第二次大戦当時、中国において、日本軍の構成員らによって監禁され、繰り返し強姦されるなどの被害を被ったと主張して、国(被告、被控訴人、被上告人)に対し、民法第七一五条一項、当時の中華民国民法上の使用者責任等に基づき、損害賠償および謝罪広告の掲載を求めた。

(三) 被上告人の主張

被上告人たる国は、本件にはいわゆる国家無答責の法理が妥当する上、民法第七二四条後段所定の除斥期間が経過しているなどと主張するとともに、本訴請求にかかる請求権については、いわゆる戦後処理の過程での条約等による請求権放棄の結果、日本国および日本国民がこれに基づく請求に応ずるべき法律上の義務が消滅していると主張した。

(四)戦後処理の事実関係

戦後処理における請求権の放棄等に関し、原審の適法に確定した事実関係の概要等は、上記西松建設事件の事実の(四)と同一である。

(五)控訴審判決9(二〇〇五年)

控訴審判決は、次のとおり判断して、上告人らの請求をいずれも棄却すべきものとした(上告審判決による要約を参照した)。

①中華民国の当時の民法によれば、被上告人は、本件認定加害行為につき、使用者責任としての慰謝料支払義務を負ったものと認められ、また、②日本法上の不法行為責任についても、本件認定加害行為は、戦争行為、作戦活動自体またはこれに付随する行為とはいえず、国の公権力の行使に当たるとは認められないから、国家無答責の原則は妥当せず、被上告人は、損害賠償責任を負う。

しかし、日華平和条約第一一条は、連合国による請求権等の放棄を規定するサンフランシスコ平和条約第一四条(b)に従うことを定めるところ、ここにいう請求権放棄とは、外交保護権の放棄にとどまらず、請求権自体を包括的に放棄する趣旨であったと解すべきであり、X1およびX2の請求権は日華平和条約によって放棄されたと解すべきである。

なお、当時、国際社会において中国を代表する政府であると承認されていたのは中華民国政府であると認められるのであり、日華平和条約は、同政府が中国を代表し、国家としての中国と日本国との間で結ばれたものとしての効力を有し、大陸を含む中国全体に適用されると解するのが相当である。その後に発出された日中共同声明における戦争賠償の放棄条項は、既に生じている権利関係を改めて確認したものにすぎず、新たに法的効果を生じさせるものではない。

二　上告受理申立て理由10

上告人らは次のような理由をもって上告受理申立てを行った。

原判決は、上告人らの被上告人国に対する損害賠償請求権の発生を認めつつ、「中華民国がサンフランシスコ平和条約一四条(b)をその内容に取り込んだ日華平和条約を締結したことによって、中国国民である控訴人［甲］らの…損害賠償請求権は放棄されたと認められる。」と判断した。

しかし、この判断は、「現在日中両国間の関係を規定している日中共同声明及び日中平和友好条約を無視するものである。また、［日華平和条約が締結された］一九五二年当時、すでに中華人民共和国が成立して上告人らの居住する地域を含め中国固有の領土のほぼ全域を実効支配していたこと、中華民国はわずかに台湾と微細な島々を実効支配していたに過ぎないことなど、日華平和条約締結に至る経緯を無視し、もって日華平和条約の解釈を誤ったものである。」

政府承認の切替えにおける条約の承継の原則には例外があるのであって、「政府承認の切り換えにより日華平和条約の効力が中華人民共和国に承継されることはない。」

日中共同声明第五項は、「中華人民共和国政府」は「日本国に対する戦争賠償の請求を放棄する」と規定しており、素直に読む限り、放棄されているのは「個人の賠償請求権」ではなく、中国政府の「賠償」の請求である。しかも「原判決が個人の賠償請求権を放棄したものと判示するサンフランシスコ平和条約一四条(b)ともまったく異なる文言により規定されていることに鑑みれば、この第五項で個人の請求権が放棄されていると解することはできない」。

仮に日華平和条約第一一条を通じてサンフランシスコ平和条約第一四条(b)が適用されると仮定しても、同項は個人の賠償請求権を放棄したものではない。「個人とは別人格である国家が、他人の権利を放棄することができるのか、そもそも疑問である。…本件個人の賠償請求権も、…国家が個人の授権なくして放棄することはできないと言わざるを得ない。」

三　判決理由

上記西松建設事件の「判決理由」のうち、西松建設事件の判決のみに含まれる一部の記述(「この引用部分は西松建設事件の判決のみ」と注記)を除き、全くの同文である。ただし、原告・被告に対する上告人・被上告人の関係は西松建設事件の判決と中国人慰安婦二次訴訟の判決とで逆になる。以下、両判決に共通する部分を「本件判決」という。

裁判官全員一致の意見で、上告棄却。

第三節　評釈

一　本件判決11の位置づけと意義

中国関連の戦後賠償裁判は、サンフランシスコ平和条約関連の裁判がオランダ人元捕虜等損害賠償請求事件の判決12によって、また日韓請求権協定関連の裁判がアジア太平洋戦争韓国人犠牲者補償請求事件の判決13によっておむね確定したのに対して、戦後賠償裁判としては最後まで残されたままとなっていたものである。それは、中国関連の戦後賠償裁判が、強制連行・強制労働、(従軍)慰安婦、捕虜虐待、細菌戦、虐殺、遺棄化学兵器問題など多種多様な主題をめぐって提起されており、数の点においてもそれ以外の戦後賠償裁判と比較して格段に多いということにもよるが、それに加えて、中国関連の戦後賠償問題には次のような多数の法的難問が含まれていたことによるものと思われる。

例えば、日本が、第二次大戦中に戦争状態になかった台湾を支配下に置くに過ぎない中華民国政府との間に日華平和条約を締結したこと、その日華平和条約に適用地域を制限する交換公文が附属していること、日華平和条約第一一条は、同条約に別段の定めがない場合におけるサンフランシスコ平和条約の「相当規定」の準用を規定するが、サンフランシスコ平和条約第一四条(b)に定める請求権放棄条項の準用を明記していないこと、中華人民共和国政府は日華平和条約を無効と主張していること、中華人民共和国政府との間で署名された日中共同声明の第五項は「戦争賠償の請求」の放棄を規定するが、サンフランシスコ平和条約とは異なり国民の請求権の放棄を明記していないこと、日中共同声明は条約ではなく政治的文書であるとされていること、などである。

そのような中で本件判決は、日華平和条約と日中共同声明における中国国民個人の請求権の放棄の問題について、最高裁として初めての判断を下したという点で何よりも注目される[14]。というのも、この問題は、国内法上の論点(不法行為や債務不履行のほか、時効、除斥期間、国家無答責などを含む)に関する判断のいかんを問わず、その結論をすべて覆しうる契機を含んでいるからである。その意味で本件判決は、中国関連の戦後賠償裁判に共通する決定的論点に関する最高裁の判断を示すものであり、本件判決によって中国関連の戦後賠償裁判には事実上の終止符[15]が打たれることになったとさえいえる。事実、最高裁に係属中の中国人関連戦後賠償事件については、その後いずれも原告側の上告および上告受理申立てを退ける決定処理が行われているし、下級審においても、本件判決と同旨の理由によって請求が棄却されているのである16。

二　本件判決の論点①――日華平和条約

(一)日華平和条約第一一条

本件判決は、日華平和条約との関連で三つの論点を提示している。第一に、同条約第一一条(サンフランシスコ平和条約の相当規定の準用)の解釈、第二に、中華民国政府との平和条約締結の可否、第三に、適用地域に関する交換公文の意味づけ、である。

第一の問題に関して判決は、サンフランシスコ平和条約の相当規定の中には「請求権の処理の問題も当然含まれていると解される」としており、この解釈は妥当なものである。西松建設事件の控訴審判決は、この点について、「日華平和条約一一条にいう『相当規定』に、このように重要な個人の損害賠償請求権の放棄規定が含まれるかどうかについても疑問がある」としていたが、次のように規定する日華平和条約議定書第一項(b)および同条約の同意議事録の四に照らしても、本件判決の解釈の妥当性は確認できる。議定書第一項(b)は、「中華民国は、日本国民に対する寛厚と善意の表徴として、サン・フランシスコ条約第十四条(a)1に基き日本国が提供すべき役務の利益を自発的に放棄する。」と規定し、同意議事録の四は、「…中華民国は本条約の議定書第一項(b)において述べられているように、役務賠償を自発的に放棄したので、サン・フランシスコ条約第十四条(a)に基き同国に及ぼされるべき唯一の残りの利益は、同条約第十四条(a)2に規定された日本国の在外資産である…」(傍点引用者)と規定している。これらの規定は、日華平和条約第一一条がサンフランシスコ平和条約第一四条(賠償・請求権条項)を準用の対象としていることのみならず、同条(b)の賠償・請求権放棄の規定も準用対象に含まれていることを示している。

(二)中華民国政府による平和条約の締結

第二の問題についての本件判決の判断も妥当である。一国に複数の政府が存在する場合の条約の締結は、基本的には自らが承認している政府との間で行うことになるが、それが客観的にも誠実な行為と見なされ、対世的にその有効性が承認されるかについては、政府承認をめぐる状況など一定の指標に照らして判断されることになろう。そこで、日華平和条約の締結当時における中華民国政府の国際的な地位を想起するならば、判決も触れているように、世界の国の中で中華民国政府(以下、「国民政府」ともいう)を承認している国の方が中華人民共和国政府(以下、「人民政府」ともいう)を承認している国よりも多く、しかも国連における議席も、安保理常任理事国の議席を含め国民政府が占めていた。したがって、そのような国民政府を承認し、これとの間に条約を締結することは、国際法上問題がないだけでなく、客観的にも妥当な選択であったということができる。

この点との関係で、国民政府が台湾とその周辺諸島を支配するにとどまっていたという事実は、さほど重要ではない。第二次大戦中に他国の領域たるロンドンに本拠を置いていた欧州の亡命政府でさえ、相互にまた第三国との間でも多数の条約を締結しており、それらの政府は完全な条約締結権能を有するものと考えられていた[17]。そして、そのような条約締結の権能は、条約の種類によって異なるものとはされていなかったのである[18]。したがって、サンフランシスコ平和条約の発効と同時に(台湾が日本の領土でなくなったので)亡命政権でなくなった国民政府の場合には、より強い理由をもって、完全な条約締結権能(平和条約の締結を含む)を有していたということができよう。他方、人民政府は、日華平和条約は無効であると主張しているが[19]、それは立場上当然である。しかし、そのような主張によって右の評価が変わる訳ではない。

(三) 適用地域に関する交換公文

このように、日華平和条約が国際法上有効に締結されたことに疑いはない。しかし、その有効性が人民政府との関係でも当然に主張できるかは別問題である。この点について日本政府は、戦争状態の終了、賠償、財産・請求権の問題は「一度限りの処分行為」であり、「日華平和条約によって法的に処理済み」との立場[20]、つまり日華平和条約の締結と同時に完了したとの立場をとってきた。しかし、そのような主張が人民政府に対しても当然に有効なものとしてなしうるかといえば、その点については疑問が残る。国民政府の支配する台湾は、第二次大戦の当時は日本の領土の一部であって、日本との間に戦争状態は存在しなかったのであり、日中戦争によって現実の被害を受けたのは中国大陸とそこに住む住民である。にも拘らず、内戦に敗北して台湾等を支配するに過ぎなくなっていた国民政府が中国国民の一般利益に反する形で日中戦争にかかる賠償・請求権を放棄した日華平和条約を、大陸中国全体を支配し一貫して日華平和条約の無効を主張する人民政府が当然に承継しなければならないということになるのか、疑問は払拭しがたい。こういった問題は、日華平和条約という条約の有効性そのものとは別の問題であって、有効に締結された条約であっても問題となりうる条約の政府承継ないし新政府に対する対抗力の問題である。

本件判決は、この点について右とは異なるアプローチをとった。すなわち、日華平和条約に附属する交換公文が、同条約の適用地域を「中華民国政府の支配下に現にあり、又は今後入るすべての領域」と定めていることを根拠に、中国大陸については、将来の適用の可能性が示されたに過ぎないとの解釈も可能であるとして、戦争賠償および請求権処理条項についても、同条約の大陸への適用を否定した(この点においては、中国人慰安婦二次訴訟の控訴審判決[21]を覆すものである)。このように適用地域に関する交換公文に依拠する論理は、理解が容易である反面、法的には次のような疑問が提起されることになろう。

第一に日本政府が主張し、中国人慰安婦二次訴訟の控訴審判決が判示したように、戦争状態とは国と国との間の全面的な法的関係であり、国の一部についてのみ戦争状態が終了するということは考えがたい。賠償や請求権の処理のような戦後処理についても通常は同様であろう、との主張がなされうる。また第二に、日華平和条約の国会審議において、当初は限定講和といった考え方も示されていたが、最終的には戦争状態とは国家間の全面的な法的関係であるという理解の下に批准承認がなされたのであって22、そのような経緯からは、交換公文における適用地域の限定は、戦争状態の終了や賠償・請求権の処理などの事項にはかかってこないと考えるべきとの主張もありうる。

判決も、この点については、日華平和条約の賠償・請求権放棄に関する条項が中国大陸に「適用されるものと断定することはでき」ないとか、「当然に…効力が及ぶとすることもできない」といった慎重な言い回しに終始している。しかし、交換公文による適用地域の限定を理由にするのであれば、適用があるかないかのいずれかであって、曖昧な言い回しにはならないはずである。逆に言えば、そこに交換公文による理由づけへの自信のなさが窺えるようにも思える。

この点に関連して、判決は、日本政府が判決とは異なる見解であることを自ら認めているが、中華民国政府も、日華平和条約の起草過程において、第二次大戦における連合国の一員である中国として日本との平和条約の締結に臨むことを強調し、日本政府以上に同条約の大陸への適用を希望していた。そうであれば、裁判所は二国間条約の両当事者が一致して意図したものとは異なる解釈をとったということになり、そのような解釈の妥当性が問われることになろう。

なお、評者は、この点について次のように考える。戦争状態の終了とは、国と国との間の全面的な関係であって、国の一部についてのみ終了するということは考え難い。賠償や請求権処理についても基本的には同様であろう。したがって、日華平和条約の右のような事項に関する諸規定は、適用地域に関する交換公文にも拘らず、大陸を含めて適用されると考えられる。しかし、これは日華間の関係に関する限りのことであって、問題はそれが人民政府との関係でも妥当するかである。政府承継に関する一般原則は包括承継であり23、旧政府の締結した条約は、原則として新政府にすべて承継される。しかし、同時に、新政府は、内戦中に(または内戦に敗北した)旧政府が締結した「国民の一般利益に反するような条約」を当然に承継しなければならないというわけではない、といわれる24。そうであれば、日華平和条約の場合にも、少なくとも中国国民の一般利益に反する賠償・請求権の放棄については、中華人民共和国政府との関係においても同条約で処理済み、ということにはならないように思える。換言すれば、日本としては、少なくとも中国による賠償・請求権の放棄については、人民政府との間で別途取決めを行う必要があったということになろう。

三　本件判決の論点②—日中共同声明

(一)日中共同声明第五項の解釈

いずれにせよ、本件判決において、日華平和条約の中国大陸およびそこに居住する中国国民への適用が基本的に否定された以上、中国国民の請求権の消長は、①日中共同声明第五項の解釈および②その法的性格のいかんによって決せられることになる。その意味では、この部分が本件判決の核心部分であるといってよかろう。実際、西松建設事件の判決も、「[原審の]判断のうち、日中共同声明による請求権放棄の抗弁を認めなかった部分は是認することができない」と述べて原判決を破棄しているのである。

まず、第一の論点である日中共同声明第五項の解釈について、判決は次のようにいう。すなわち、同項には「戦争賠償」の請求の放棄が規定されているのみで、請求権の処理、さらには個人の請求権の放棄まで含まれているか必ずしも明らかではないとしつつも、日中国交正常化交渉の経緯等から、①日中共同声明は「平和条約の実質」を有するものにほかならないと解すると共に25、②共同声明の交渉や発出に当たって、「サンフランシスコ平和条約の枠組み」(個人の請求権を含め戦争の遂行中に生じたすべての請求権の相互放棄を前提とした戦争賠償処理)とは異なる処理をせざるを得なかったような事情やそのような観点からの問題提起がなされた形跡もないことから、同枠組みと異なる処理が行われたと解することはできない、と述べる。

このように判決は、「サンフランシスコ平和条約の枠組み」という概念を示し、それを大前提として、日中共同声明においてそれとは異なる取決めがなされたとは解し得ないから、同共同声明は、請求権の放棄に関してサンフランシスコ平和条約と同様の内容を有するものと結論する(サンフランシスコ平和条約枠組み論)。こうしてまず、日本にかかる平和条約の大枠を示し、間接的・消極的論証に依拠することによって、「戦争賠償」にのみ言及する第五項の文言解釈に依拠する場合の困難を回避するという判決の論理は、巧みであるだけでなく、一面で説得的でもある。

しかし、そのような証明法のみに頼り、直接的・積極的な立証を回避している点で、本件判決は、実証性に欠けるとの批判を免れがたいところがある。日中共同声明第五項は中華人民共和国政府による一方的な宣言であり、その内容や法的性格は、本来、当該宣言を行った主体の意図に即して具体的に解釈されるべきものである。しかし、判決が右の結論に至った根拠として示しているのは、「日中国交正常化交渉の公式記録や関係者の回顧録等に基づく考証を経て今日では公知の事実となっている交渉経緯等」であり26、その内容として具体的に言及されているものも、日中共同声明全体についての経緯であって、第五項そのものに関するものではない。そしてほとんど専ら上記の枠組み論に依拠して第五項の解釈が引き出されているのである。

たしかに日本側の史料による限り[27]、日中共同声明の起草過程において「個人の請求権」に関する議論がなされた形跡が全くない以上[28]、「戦争賠償」の放棄にのみ言及する第五項との関係で、「個人の請求権」を含めすべての「請求権」が放棄されたことを明確に示すことは困難であろう。しかし、関連する様々な事実に言及することによって、この点についてのより説得的な論を展開することは可能であったように思える[29]。

例えば、人民政府による戦争賠償放棄の決定過程においては、対日平和条約や日華平和条約が強く意識されており、「中国も、アメリカ、台湾に劣らぬ善意を日本国民に示すべきだとの結論に達した」とされる。また、周恩来首相は、国内向けに作成した綱領において、蔣介石による賠償放棄に言及した上で、「共産党の度量は、蔣介石より広くならなければならない」と説いたとされる。これらの事実からすれば、日中共同声明における賠償の放棄が日華平和条約における放棄より狭いということは考え難いということになろう。

また、サンフランシスコ平和条約とは異なり、日中共同声明が「戦争賠償の請求」の放棄のみに言及しているに過ぎない点についても、次のような事実に言及することができる。実は、「連合国の…賠償請求権、…連合国及びその国民の他の請求権」の放棄を定めるサンフランシスコ平和条約第一四条(b)も、草案の段階では、単に「連合国の賠償請求権」の放棄に言及されているにすぎなかったが、日本政府がそれでは不明確であると主張して、「国民の請求権」を含む現在の文言に明確化されたという経緯がある[30]。日中共同声明第五項の文言は対日平和条約の右草案と同様、「賠償の請求」にのみ言及しているにすぎず、日本としては日中共同声明においても同様の修文を提案すべきところであった。しかし、日本政府は、対中戦後処理は日華平和条約で処理済みとの立場であったので、そのような修文を求めるならば、人民政府側に賠償請求権が存在すること、延いては日華平和条約が無効であることを認めたとも解されかねず、それゆえそのような提案を行わず、「国民の請求権」の放棄は明記されないままとなったと考えられる31。したがって、日中共同声明第五項の「戦争賠償の請求」には、サンフランシスコ平和条約の草案と同様、明記されてはいないが、「国民の請求権」も含まれていると考えることができるのである。

さらに、判決の依拠する「サンフランシスコ平和条約枠組み論」についても、同条約第二六条が、「日本国が、いずれかの国との間で、この条約で定めるところよりも大きな利益をその国に与える平和処理又は戦争請求権処理を行つたときは、これと同一の利益は、この条約の当事国にも及ぼされなければならない」と規定している点に言及すれば、より説得的となったように思える。日中共同声明第五項が中国国民の請求権を存続させる趣旨を含んでいたとすれば、右のいわゆる均霑条項のゆえに、サンフランシスコ平和条約のすべての連合国との関係で連合国国民の請求権は放棄されていないということにもなりかねなかったが32、日本が(人民政府による一方的な宣言であるにしても)そのような法的帰結を容認して共同声明に署名したとは到底考えられないからである。

(二)日中共同声明第五項の法的性格

第二の論点である日中共同声明第五項の法的性格について、判決は次のようにいう。すなわち、「日中共同声明は、我が国において条約としての取扱いはされておらず、国会の批准も経ていないものであることから、その国際法上の法規範性が問題となり得る」が、人民政府が共同声明第五項を「創設的な国際法規範として認識していたことは明らか」であり、また「日中平和友好条約において、日中共同声明に示された諸原則を厳格に遵守する旨が確認されたことにより」、同項の内容が「日本国においても条約としての法規範性を獲得したというべき」であると述べる。

しかし、以上の記述にはいくつかの問題点がある。第一に、日中共同声明を条約として扱っていないのが日本のみであるとも受け取ることのできる記述となっているが、この点については中国も同様の見解である。とはいえ、本件判決も述べるように、共同声明第五項に関する限り、人民政府がそれを「創設的な国際法規範」として認識していたことはまず間違いない。一貫して日華平和条約の無効を唱える人民政府が、日中共同声明において「戦争賠償の請求を放棄することを宣言」した以上、そこに法的な意味合いを認めないということはあり得ないからである。

第二に、より重大な問題は、判決が日中平和友好条約における言及を理由に、日本国においても第五項の内容が「条約としての法規範性を獲得した」と述べている点である。日中平和友好条約における日中共同声明の諸原則遵守の確認は、条約前文において行われているに過ぎない。条約前文は、基本的に、条約の背景や趣旨・目的を提示することで、条約解釈における文脈(条約法条約第三一条二項参照)を提供するものであって、それ自体、新たな権利義務を創設するという性格のものではない33。判決のいうように、「法規範性が問題となり得る」ものが「法規範性を獲得した」とすれば、そのような重大な取極は、条約の前文ではなく本文において規定されるのが通常である。前文の規定をもってそのような法的な性格の転換が行われたとする判決の主張は、説得力に欠けるといわねばならない34。

第三に、本件国内裁判との関係で直接に問題となるのは、大陸中国との戦後賠償の処理は日中共同声明第五項によるとした場合に、対中戦後賠償問題は日華平和条約で法的に処理済みとの立場をとる日本が、同項の法規範性を正面から認めることはできないという点をいかに考えるかという点である。

一つの考え方として、先に触れた「対抗力」の概念を用いる論理がありうる。すなわち、日華平和条約は大陸も含めた形で賠償・請求権問題を処理したが、それは中華民国政府との関係に関する限りであって、その無効を主張している人民政府との関係で当然にその有効性を主張できる(対抗力をもつ)訳ではない、しかし、人民政府がそのような処理を「受諾」すれば、同政府との関係でもその有効性を主張できる（対抗力を獲得する）ことになる、という考え方である。日本政府としては、そのような人民政府による「受諾」が日中共同声明において行われたと考えることができるかも知れない[35]。そのような考え方が認められるとすれば、日中間の戦後処理を法的に行った日華平和条約における取極が、法的な文書ではない日中共同声明の第五項によって中国によって受諾されて、人民政府に対しても対抗可能（適用可能）となったということになり、この問題を矛盾なく説明できることになろう。

しかし、一貫して日華平和条約の無効を唱える人民政府が、一部とはいえ同条約の最も問題とすべき規定を「受諾」したと考えるのは現実的ではなく、客観的にはやはり、本件判決も述べるように、人民政府が日中共同声明において賠償・請求権放棄を創設的に行ったと理解するほかないであろう[36]。

実は、国会審議における日本政府の答弁等に照らせば、日本政府も、日華平和条約によって大陸中国との関係は完全に処理済みである、とは言い切れない部分があることを認識していたように思えるし（例えば、日華平和条約の賠償問題に関する規定について「これは中華民国政府に関する限りの規定で[37]」あるとの岡崎勝男外相の答弁）、さらには、日中共同声明が全体としては法的文書でないとしても、その第五項は法的効果を伴うことを認めたことさえある（例えば、「中華人民共和国政府は、日本に対する戦争賠償の請求を放棄することを宣言するという一方行為をやりましたので、それに伴いまして法律的効果は出たというふうに解釈される[38]」との真田秀夫内閣法制局長官の答弁）。それらは、大陸中国との賠償・請求権の処理は日中共同声明第五項によるとする本件判決の考え方とまさに整合するものである。しかし、逆に、日華平和条約で法的に処理済みとする日本政府の立場と右の二つの答弁との関係を、いかにすれば整合的に理解することができるかは、不明というほかない[39]。

(三)日本国・日本国民の請求権の問題

本件では、中国国民の請求権の消長が主要な争点になっていることから、日本国および日本国民の中国および中国国民に対する請求権の消長は必ずしも明示的には言及されていない。しかし、後者の請求権も、第二次大戦中に中国および中国国民による違法行為が法的にありえないという前提に立たない限り、平和処理において問題となりうるものである。現にサンフランシスコ平和条約をはじめとする第二次大戦後の日本の平和条約には、まず例外なく、日本国および日本国民の請求権の放棄に関する規定が置かれている40。中国との関係についていえば、日華平和条約の第一一条(サンフランシスコ平和条約準用規定)がこの点を処理している。

しかし、本件判決は、日華平和条約の大陸中国への適用を基本的に否定した上で、「日中共同声明は、…個人の請求権を含め、戦争の遂行中に生じたすべての請求権を相互に放棄することを明らかにした」(傍点引用者)として、日本国および日本国民の対中請求権についても日中共同声明で放棄されたとの認識を示している。これも「サンフランシスコ平和条約枠組み論」によって説明されるということなのであろうが、「中華人民共和国政府は、…日本国に対する戦争賠償の請求を放棄する」(傍点引用者)という第五項しか関連規定がない日中共同声明から、日本国による日本国と日本国民の対中請求権の放棄という結論を引き出すというのであれば、余りにも無理があるように思われる。また、本件判決の上記判断(「請求権を相互に放棄」)は、本件判決が別の箇所において、共同声明第五項を「[中華人民共和国]側の一方的な宣言」と位置づけていることとも整合しないように思える。

この点について評者は、前述のように、日華平和条約の戦争状態終了規定も賠償・請求権処理規定も、基本的には大陸中国に適用されるものであるが、中国国民の一般利益に反する中華民国側の賠償・請求権放棄については、例外的に人民政府に承継されない、逆にいえば、日華平和条約の賠償・請求権関連規定(サンフランシスコ平和条約の準用規定を含む）のうち、日本側の請求権放棄については、中国国民の一般利益に反するものではないので、政府承継の原則どおりに人民政府に承継されると考えており、したがって後者の放棄については、日中間においても日華平和条約による処理（の承継）によって解決したと理解している[41]。

四　本件判決の論点③――戦後賠償における請求権放棄

以上に見てきたように、本件判決は、日中間の戦後賠償問題も「サンフランシスコ平和条約の枠組み」に従って解決されたとの前提に立っているが、では、「サンフランシスコ平和条約の枠組み」における「請求権の放棄」とは、具体的にはいかなる内容と効果を持つものなのであろうか。この問題は、日中間の戦後賠償に固有の問題というよりも、むしろサンフランシスコ平和条約第一四条(b)の解釈問題である。なお、日本政府は、同条約第一四条(b)（連合国による放棄）と第一九条(a)（日本国による放棄）を同趣旨の規定と見ているようであるので[42]、以下では、ここで直接に関係する前者の規定のみならず、後者の規定にも言及することがある（以下、両者を合わせて「請求権放棄条項」という）。

(一)オランダ人元捕虜等損害賠償請求事件における国の主張

サンフランシスコ平和条約の請求権放棄条項の解釈をめぐっては、オランダ人元捕虜等損害賠償請求事件との関係で、国会において大きく取り上げられた。二〇〇一年三月の参議院外交防衛委員会において、同事件における国の主張は、原爆訴訟等における従来の国の主張と異なっているのではないかとの質問がなされた。原爆訴訟等における国の主張は、サンフランシスコ平和条約第一九条(a)で放棄されたのは「外交的保護権のみ」であって、被害者から加害者に対する個人の請求権は放棄されていないというものであったが[43]、オランダ人元捕虜等損害賠償請求事件の控訴審において、国は、同条約第一四条(b)は「日本国及び日本国民が連合国国民による国内法上の権利に基づく請求に応ずる法律上の義務が消滅したものとして、これを拒絶することができる旨が定められたもの[44]」と主張したため、右のような質問が行われたのである。この質問に対して海老原紳外務省条約局長は、両者は「全く矛盾をしない」と述べ、従来からの説明は、「個人の請求権にかかわる問題を含め…すべて解決済みである」ということを「外交的保護権の観点から」述べたものであると答弁している[45]。

また、国は、原爆判決等では国民の請求権は消滅していないといい、今度はオランダ人元捕虜等に対しては全く消滅しているといっており、後者は新解釈ではないのかとの質問に対して、海老原局長は、今回の主張でも「個人の請求権そのものが消滅した」とはいっていないとした上で、サンフランシスコ平和条約第一四条(b)によって「これらの請求権、債権に基づく請求に応ずべき法律上の義務が消滅し、その結果救済が拒否される」ということであって、「請求権につき満足を得ることはできなくなる、すなわち権利はあるけれども救済はない」(救済なき権利)と説明している[46]。

(二)吉田・スティッケル交換公文の本件への関連性

本件(西松建設事件および中国人慰安婦二次訴訟)判決は、「サンフランシスコ平和条約の枠組み」が採用された理由を、「平和条約を締結しておきながら戦争の遂行中に生じた種々の請求権に関する問題を、事後的個別的な民事裁判上の権利行使をもって解決するという処理にゆだねたならば、…平和条約の目的達成の妨げとなるとの考え方によるもの」と解した上で、同条約第一四条(b)でいう「請求権の放棄」とは、「請求権を実体的に消滅させることまでを意味するものではなく、当該請求権に基づいて裁判上訴求する権能を失わせるにとどまるもの」と解している。これは、「裁判上の救済がない権利」ということで、右のオランダ人元捕虜等損害賠償請求事件の控訴審における国の主張（救済なき権利）と同様の解釈であるといえよう。

しかし、事後的個別的な民事裁判を回避するのが「サンフランシスコ平和条約の枠組み」の目的であるとすれば、「請求権の放棄」の後に「救済なき権利が残る」と解する必然性はない。少なくともそれが唯一の解釈という訳ではなかろう。文字通り「請求権が消滅した」と解することによっても、右の目的は達成できるからである。にも拘らず、最高裁が「救済なき権利が残る」と解した背景には、訴権の喪失が右の目的の達成にとって最小限必要な効果であるということのほか、一九五一年九月のサンフランシスコ平和会議における日本とオランダとの間の（アメリカを介した）やりとりがあった。

オランダは、サンフランシスコ平和条約における「請求権の放棄」が国民の請求権の消滅という効果を持つとすれば、自国の憲法上問題を生ずることになると主張したため、日本政府は「救済なき権利」が存続するとすることでこれに応じ、その合意が吉田・スティッケル交換公文の形で交わされることになった[47]。この事実は、西松建設事件の判決でも、「請求権の放棄」の結果を「救済なき権利」の存続と解した箇所において言及されている[48]。しかし、オランダ人による訴訟であればともかく、中国人による本件両訴訟において、サンフランシスコ平和会議でのオランダとのやりとりがどれだけの関連性を有するかは疑問である。

第一に、サンフランシスコ平和条約のような多数国間の平和条約は、本来であればそれぞれ二国間で締結してもよい平和条約を一括して締結したものであって、それぞれ事情の異なる各連合国との関係で、細部にわたってすべて完全に同一の解釈にならなければならないという必然性はないように思える[49]。実際、例えば戦争状態の開始の時点は、すべての連合国について必ずしも同一という訳ではない。第二に、サンフランシスコ平和条約第一四条(b)に関するオランダとのやりとりについていえば、かかるやりとりはオランダとの間でのみ行われ、しかも公文交換の事実を「他の列国は知らなかった[50]」のである。したがって、そのようなオランダとのやりとりに依拠して第一四条(b)の一般的解釈を行うのは適当ではなかろう。第三に、日本政府は、同交換公文がサンフランシスコ平和条約に対する留保に当たるとは見ていないが[51]、それは内容上留保(条約の法的効果の排除変更)に当たらないからということではないようである。正式な留保の形をとると「ほかの国の同様な留保を誘発」することから、「発表しない交換公文」の形をとったということのようである[52]。この事実は、逆に、吉田・スティッケル交換公文の内容がサンフランシスコ平和条約第一四条(b)の通常の(他の連合国との関係における)解釈とは異なるということを示唆しているともいえよう。

以上の諸点からすれば、オランダとのやりとりを根拠に、その結果導かれた「救済なき権利」という解釈を採用することは、少なくとも本件二訴訟との関係では適当でないように思える[53]。むしろ、本件との関係では、中国人慰安婦二次訴訟の東京高裁判決のいうように、「[中国]国民の日本国に対する請求権は消滅した[54]」と解するのが正しいように思える。

(三)「救済なき権利」の意味

ともあれ本件判決は、請求権放棄条項の三つの可能な解釈(①救済なき権利の存続、②請求権の消滅、③外交的保護権のみの放棄)の中から「救済なき権利」を採用した。では、「救済なき権利」とはいかなる内容の権利であるのか。判決によると、「請求権を実体的に消滅させること」までを意味するものではなく、「当該請求権に基づいて裁判上訴求する権能を失わせるにとどまるもの」とされる。これは、いわば自然債務[55]に対応する債権(訴求力のない債権/請求権)であって、裁判に訴えることによって履行を強制することはできないが、債権者の請求に応じて債務者が任意に履行する場合には、それを受領しても債権としての給付保持力のゆえに不当利得とはならないということであろう。このように判決は、請求権の「放棄」の後に残るものを「訴求力のない請求権」と解しているようであるが、日本政府はこの点について若干ニュアンスの異なる見解を有しているようにも思える。

一九九三年の国会答弁で、丹波實外務省条約局長は、平和条約における「請求権の相互放棄」の意味として、請求権そのものは消滅していないとした上で、では「請求権の処理はどうなるのか」という点について、「個々人の相手国の裁判所に訴える訴権と申しますか、そこまでは消滅させてはいない」とし、裁判を提起した場合に「裁判所がどう判断するかというのは司法府の問題」であると述べている56。そしてこのような見解は、二〇〇一年の参議院外交防衛委員会での海老原条約局長による「救済なき権利」論への「転換」後も政府によって維持されているように思える57。そうであれば、日本政府の見解によれば、請求権の「放棄」の後に残るものは「訴権はあるが救済はない」というものであるということになろう。

しかし、第一に、そもそも「訴権はあるが救済はない」という概念そのものが、やや理解困難である。訴権だけあっても救済される可能性がないのであれば、ほとんど意味がないからである58。もっとも、日本政府が、このようないわば「形式のみの訴権59」にも、その有無によって差異が生ずるとして一定の価値を見出しているというのであれば、話は別である。

第二に、右の丹波条約局長の答弁は、実体的権利の消長の観点からもやや不明なところがある。請求権そのものは消滅しておらず、それについては「裁判所が…判断する」という発言は、一般論としての司法権の独立について述べたものであるのか、それとも裁判所が請求を認容する可能性を排除していないということなのか、必ずしも明確でない。もし後者であるとすれば、そのようなものが果たして「救済なき権利」といえるか疑問である。また、請求が認容されることになれば、実体的権利が存続しているということになろうが、そうであれば、実体的権利も訴権も存在することになり、請求権がそのまま存続している60のと異ならないということにもなろう。

逆に、実体的権利が消滅しているというのであれば、裁判上請求が認容される可能性はなく、右に述べたように、その場合に存在する「形式のみの訴権」の意味がやや理解困難であるのみならず、実体的権利が消滅している中で、裁判外の自発的弁済を受けた場合には、不当利得の問題が生ずることにならないかという点に疑問が残る（もっとも、この場合、状況によっては「弁済」ではなく「贈与」であるとの法的構成をとることは可能かも知れない）。

その点、本件判決のいうように、「実体的権利は残るが、訴権はない」との説明であれば、（評者は同意しないものの）理解が容易であるだけでなく、右に述べたような様々な疑問も生じないであろう。

五　本件判決の論点④――請求権放棄の直接適用可能性

以上に述べてきたことは、主として国際関係における法的問題であるが、本件で直接に問われているのは、日本の国内裁判所が中国国民による請求を棄却できるかという国内法上の問題である。それができるためには、これまで述べてきた国際関係における請求権の放棄が、国内法的な意味でも効力を有しており、かつ国内の裁判所において直接に適用可能でなければならない。この点について裁判所は、サンフランシスコ平和条約の枠組みにおける「請求権の放棄」とは、「請求権に基づいて裁判上訴求する権能を失わせる」ということであるから、その内容を具体化するための国内法上の措置は必要とせず、（その枠組みを受けた）日中共同声明第五項における「請求権《ママ》の放棄」も、同様であるとする。国際法の国内的効力と国内における直接適用可能性を明確に区別しておらず、また直接適用可能性の要件に照らした具体的な検討も行っていないものの、国内裁判上訴求する権能を失わせた以上、それ以上に国内的に追加的な措置が必要であるとは考え難く、その結論は妥当である。

なお、法律上の権利である損害賠償請求権に基づく訴権が失われたとされるのは、そのような国際法上の取極が国内的効力と国内における直接適用可能性を有しているのみならず、日本国の国内法体系において、国際法が法律に優位する効力を有しているとされることによるのであり、判決においてもこの点への言及があれば、判旨がより明確なものとなったように思われる。

六　本件判決の論点⑤——両判決の相違点

西松建設事件の判決は、「まとめ」において判決の要旨をまとめると共に、その末尾において、サンフランシスコ平和条約の枠組みにおける請求権放棄においては、「個別具体的な請求権について債務者側において任意の自発的な対応をすることは妨げられない」ことを指摘したのち、次のような期待を表明している。すなわち、「本件被害者らの被った精神的・肉体的苦痛が極めて大きかった一方、上告人は…中国人労働者らを強制労働に従事させて相応の利益を受け、更に…補償金を取得しているなどの諸般の事情にかんがみると、上告人を含む関係者において、本件被害者らの被害の救済に向けた努力をすることが期待されるところである。」

この部分は、同日に下された中国人慰安婦二次訴訟の判決には含まれておらず、西松建設事件の判決と中国人慰安婦二次訴訟の判決とで実質的には唯一異なる部分である。このような相違が生じた理由としては、中国人慰安婦二次訴訟が対象とするいわゆる従軍慰安婦問題については、「女性のためのアジア平和国民基金」（アジア女性基金）の枠組みを使って一定の対応がなされていることから、同事件の判決においてはこの点が触れられなかったということが考えられる。

もっとも現実には、「アジア女性基金」を通じたいわゆる「償い金」を含む償いを、中国国民は受け取っていない。したがって、客観的には、中国人元慰安婦については「自発的な対応」が結実していないということになる。しかし、「アジア女性基金」の側が当初から中国人を償いの対象から除外したということは考えられず、基金側がオファーしたにも拘わらず、中国人の側が何らかの理由で受け取らなかったと考えるのが合理的であろう61。したがって最高裁としては、中国人元慰安婦については、償いのための制度を構築し、償いをオファーした(であろう)ことをもって、「自発的な対応」を行ったものと評価したということであろう。

第四節　中華人民共和国政府の反応

中華人民共和国政府は、本件判決の日、西松建設事件の判決言い渡しに関して、一問一答の形式で行われた次のような劉建超外交部報道官のコメントを発表している(以下、全文引用)。

「中国政府が『中日共同声明』の中で明らかにした対日戦争賠償請求権の放棄は両国人民の友好と共存に着眼して行った政治的な決断である。中国側が再三にわたって行った厳正な申し入れを顧みず、この条項を一方的に解釈した日本最高裁の行為に我々は強く反対する。

日本最高裁が『中日共同声明』について行った解釈は違法なものであり、無効だ。中国側の関心に真剣に対処し、この問題を適切に処理するよう我々は日本政府に求める。

日本は中国侵略戦争中、中国人民を強制連行し、奴隷のように扱った。これは日本軍国主義が中国人民に対して犯した重大な犯罪行為であり、現在も適切に処理されていない現実的で重大な人権問題でもある。中国側はすでに、歴史に責任を負う姿勢で問題を適切に処理するよう日本側に求めた。[62]」

このコメントは、表面上の厳しさとは裏腹に、法的な観点からは重要な点において欠落が見られる。すなわち、本件判決の中心的判示事項である、日中共同声明第五項において個人の請求権も放棄されているという判断に対して、それを誤りであるとして明確に否定する内容が含まれていないのである。このことは、一問一答の問いが、日中共同声明で放棄された対日戦争賠償請求権に「個人の損害賠償等の請求権を含めていると解釈できるとの考え」を日本の最高裁が示したことを指摘した上で、「中国側のコメント」を求めたのに対して、右のコメントが示されたという点において、とりわけ注目される。このような事実からすれば、中国政府としては、日中共同声明第五項において国民の請求権も放棄されたとする最高裁の実体的解釈そのものに対しては、意図して正面から反論することを選ばなかったものと考えることができよう。そうであれば、本件は、通常であれば抗議すべき場合に抗議しないことが一定の法的効果をもたらすことになるという「黙認の法理」が正に適用されるべき場合に当たるということにもなろう[63]。

劉報道官のコメントの中心は、最高裁が「一方的な解釈」を行ったとする点(それを違法、無効といっているようである)にあるが[64]、この点にも疑問がある。国内の裁判において条約その他の国際文書が関係する場合、裁判所としては、裁判に必要な限りでそれらの文書の解釈を行うのは当然であり、それが一方的解釈として無効であるとすれば、国内の裁判所はおよそ条約をはじめとする国際法を適用できないということにもなる。

また、同コメントは、「再三にわたって…厳正な申し入れ」を行った旨を述べる。これがいかなる経路を通じての誰に対する申入れであったのかは不明であるが、それが通常の外交経路を通じての申入れであったとすれば、司法権の独立の建前からしても、そのような申入れが効果を発揮することは考えられない。

おわりに

以上、西松建設事件を中心に、最高裁の判決に論評を加えてきたが、最後に本件判決の全般的な評価を行っておきたい。これまで少なくない数の下級審判決が、日中共同声明第五項の文言解釈などから、同共同声明によって中国国民個人の請求権は放棄されていないとしてきたのに対し[65]、また、日本政府が、中国との関係における賠償・請求権問題は日華平和条約によって法的に処理済みとしてきたのに対して、本件判決は、そのいずれも採用せず、日華平和条約の有効性を認めつつも、その適用地域に関する交換公文の存在を理由に、同条約の中国大陸への適用に疑義を唱え、しかしそれにも拘らず、日中国交正常化交渉の経緯等から、日中共同声明第五項における「戦争賠償の請求」の放棄に個人の請求権を含む請求権の相互放棄を読み込むという独自の解釈を展開した。このように本件判決は、これまでのいくつかの下級審判決の傾向を大きく変更するものであるという点で実務的に、またその解釈がこれまで判例はもちろんのこと学説上もほとんど提示されてこなかったものであるという点[66]で学術的にも注目に値する。本補論で種々指摘したように、個々の論点との関係では問題がない訳ではないが、全体としてみた場合、本件判決は、これまでの下級審判決とは比較にならないほどの周到な研究と論理に裏打ちされた好判決であると評することができるように思える[67]。

なお、本件最高裁判決から二年半後の二〇〇九年一〇月、西松建設は、元労働者との間で被害救済のための基金を設立することなどの内容で和解し、和解内容に法的効力を持たせるため、東京簡裁で即決和解の手続きをとった[68]。これは、西松建設事件判決がその末尾において、「上告人を含む関係者において、本件被害者らの被害の救済に向けた努力をすることが期待される」と述べていたことの実践という意味をもつといえよう。

注

1 『最高裁判所判例集』第六一巻三号（二〇〇七年）一一八八頁以下。

2 広島高裁・二〇〇四年七月九日判決、『最高裁判所判例集』第六一巻三号、一四五二頁以下、『判例時報』第一八六五号（二〇〇四年一〇月一一日）六二頁以下。評釈として、浅田正彦「日華平和条約・日中共同声明と中国国民の請求権」『ジュリスト』第一二九一号（二〇〇五年六月一〇日）二七八―二八〇頁、中西康「強制連行・労働についての戦後補償請求」『ジュリスト』第一三〇二号（二〇〇五年一二月一日）一七二―一七五頁、新井敦志「第二次世界大戦中の強制連行・強制労働と安全配慮義務論・期間制限論」『立正法学論集』第三九巻二号（二〇〇六年）二三七―二七一頁。なお、本判決は、本書第四章第一節④で扱った。

3 この部分で最高裁判決は、控訴審判決を要約して「中華人民共和国政府が放棄するとしたのは『戦争賠償の放棄』にとどまる」（傍点引用者）としているが、明らかに引用の誤りであるので、本文では訂正した。

4 ここでは、裁判所が上告を受理した「第4　日華平和条約・日中共同声明等による請求権放棄に関する理由不備の違法（民訴法三一二条二項六号）及び重要な法令の解釈適用の誤り（民訴法三二六条一項一号）」の部分のみを掲げる。『最高裁判所判例集』第六一巻三号、一二〇四―一二二四頁（特に一二〇五―一二〇六、一二〇八、一二一一―一二一九頁）。

5 本件判決において、「戦争の遂行中に生じた交戦国相互間又はその国民相互間の請求権であって戦争賠償とは別個に交渉主題となる可能性のあるもの」と定義される。

6 本件判決において、「講和に際し戦敗国が戦勝国に対して提供する金銭その他の給付」と定義される。

7 文脈上は、「これ」を「日中共同声明」と読むことも可能（むしろその方が自然）であるが、「これ」を中国の「一方的な宣言」と表現していることや、その節の冒頭で、日中共同声明第五項の法規範性および法的効力について検討すると述べられていることなどからして、「これ」が日中共同声明第五項を指すものとして意図されていることは明らかである。

8 『最高裁判所裁判集・民事』第二二四号（二〇〇七年）三二七頁以下、『判例時報』第一九六九号（二〇〇七年八月一一日）三八頁以下。

9 東京高裁・二〇〇五年三月一八日判決、『訟務月報』第五一巻一一号（二〇〇五年一一月）二八五八頁以下。評釈として、五十嵐正博「日華平和条約と中国国民の請求権」『ジュリスト』第一三一三号（二〇〇六年六月一〇日）二九一―二九二頁、山手治之「中国人『慰安婦』二次訴訟東京高裁判決について」『立命館法学』第三〇〇・三〇一号（二〇〇六年一月）六二八―

七一九頁。

10　ここでは、「第2　上告受理申立理由第1点・・・中立人らの請求権が日華平和条約によって放棄されたとする原判決は、日華平和条約の解釈を誤っている(上告受理申立理由1)。」の部分のみを掲げる。『最高裁判所裁判集・民事』第二二四号、三五一―三八九頁(特に三五一、三七四、三七七、三七八頁)。

11　本件判決の評釈等として、五十嵐正博「『請求権放棄』をめぐる最高裁判決」『法学セミナー』第六三一号(二〇〇七年七月)四―五頁、「判例特報」『判例時報』第一九六九号(二〇〇七年八月一一日)二八―三一頁、宮坂昌利「時の判例『日本国政府と中華人民共和国政府の共同声明』五項と日中戦争の遂行中に生じた中華人民共和国の国民の日本国又はその国民若しくは法人に対する請求権の帰すう」『ジュリスト』第一三四六号(二〇〇七年一二月一日)七八―八一頁、浅田正彦「日華平和条約および日中共同声明と日中戦争遂行中に生じた中華人民共和国国民の日本国および日本国民に対する請求権―西松建設事件・中国人慰安婦二次訴訟」『判例評論』第五九〇号(二〇〇八年四月一日)一六四―一七三頁、北村泰三「中国人個人の戦後補償請求権」『ジュリスト』第一三五四号(二〇〇八年四月一〇日)三〇八―三一〇頁、「小特集 中国人戦後補償裁判―国際人道法と個人請求権」『法律時報』第八〇巻四号(二〇〇八年四月)七九―一一六頁、宮坂昌利「『日本国政府と中華人民共和国政府の共同声明』五項と日中戦争の遂行中に生じた中華人民共和国の国民の日本国又はその国民若しくは法人に対する請求権の帰すう」『法曹時報』第六〇巻一一号(二〇〇八年一一月)三六四二―三六九三頁。

12　東京高裁・二〇〇一年一〇月一一日判決、『判例時報』第一七六九号(二〇〇二年二月二一日)六一頁、最高裁・二〇〇四年三月三〇日決定。

13　東京高裁・二〇〇三年七月二二日判決、『判例時報』第一八四三号(二〇〇四年三月一日)三二頁、最高裁・二〇〇四年一一月二九日判決、『判例時報』第一八七九号(二〇〇五年三月一日)五八頁。

14　五十嵐正博「日華平和条約・日中共同声明と中国『国民』の請求権」『世界』二〇〇七年四月号、六四頁。

15　ただし、中国関連の戦後賠償裁判でも、遺棄化学兵器問題については、一九九三年の化学兵器禁止条約が関連する限りで、日華平和条約および日中共同声明に関する議論のみではカバーできない部分が残りうる。もっとも、それを戦後賠償裁判というかは、戦後賠償裁判の定義の問題でもある。

16　「判例特報」『判例時報』第一九六九号(二〇〇七年八月一一日)二九頁。それらを含む関連訴訟の一覧表につき、『同上』第一九六九号、四三―四六頁参照。上告棄却の理由は、上告理由は違憲をいうが、その実質は単なる法令違反を主張するもので、明らかに民事訴訟法第三一二条一項および二項所定の場合に該当しないというものである。下級審については、岩沢雄司「国際法判例の動き」『ジュリスト』第一三五四号(二〇〇八年四月一〇日)三〇二頁など参照。

17 Manfred Rotter, "Government-in-Exile," in Rudolf Bernhardt (ed.), *Encyclopedia of Public International Law*, Vol. II (Elsevier, 1995), p. 610.

18 Stefan Talmon, *Recognition of Governments in International Law: With Particular Reference to Governments in Exile* (Oxford U.P., 1998), pp. 135-136.

19 日中国交正常化交渉に当たって中華人民共和国政府の提示した復交三原則の第三原則は、「『日台条約』[日華平和条約をさす]は不法であり、無効であって、廃棄されなければならない」というものであった。なお、人民政府はサンフランシスコ平和条約についても同様な主張を行っている。例えば、「対日平和条約調印に関する周恩来外交部長の声明(一九五一・九・十八)」『日中関係基本資料集　一九四九—一九九七年』(霞山会、一九九八年)二五—二七頁参照。

20 例えば、中国人強制連行京都訴訟(大江山訴訟)の際に京都地方裁判所へ提出の「被告国最終準備書面(補充)」(二〇〇二年七月一七日)二六頁参照。

21 中国人慰安婦二次訴訟の控訴審判決は、「少なくとも、国家間の戦争を終結させ、領土権や領土戦争に関する賠償請求権の問題を処理する内容を有する条項については、国家の一部のみに適用することは想定し難く、中華民国政府が国を代表して平和条約を締結した以上、附属交換公文により適用範囲が制限されると解することはできない」と述べていた。『訟務月報』第五一巻一一号、二八六八頁。

22 この点について、本書の第二章第五節五参照。

23 例えば、山本草二『国際法(新版)』(有斐閣、一九九四年)三一四頁、杉原高嶺ほか『現代国際法講義(第5版)』(有斐閣、二〇一二年)六五頁(水上千之・加藤信行執筆)、杉原高嶺『国際法学講義(第2版)』(有斐閣、二〇一三年)二四四頁など参照。See Sir Robert Jennings and Sir Arthur Watts (eds.), *Oppenheim's International Law*, Vol. I, 9th ed. (Longman, 1992), pp. 234-235.

24 H. Lauterpacht, *Recognition in International Law* (Cambridge U.P., 1948), pp. 93-94. 本文の括弧内は評者が追加したものである。

25 かつて園田直外相が、「事務当局と私の答弁が、いささか感じが違うような答弁でありますが」としつつ、同様な認識を示したことがある。『第八十五回国会参議院外務委員会会議録』第五号(一九七八年一〇月一八日)一八頁。

26 最高裁がこれらの点を「公知の事実」としていることへの批判として、高橋融「日中国交正常化の交渉過程は、まだ『公知の事実』とは言えない」『法律時報』第八〇巻四号(二〇〇八年四月)一〇二—一〇四頁参照。

27 中国側の史料は公開されていないようである。

28 日中国交正常化交渉において、賠償・請求権問題との関係で行われた起草上の議論は、実質的には、日本側から提起した「請求権」の「権」を取って「請求」にするという点のみであった。本書の第三章第四節二参照。

29　以下の記述については、浅田「日華平和条約・日中共同声明と中国国民の請求権」二七九―二八〇頁参照。

30　『第十二回国会参議院平和条約及び日米安全保障条約特別委員会会議録』第一四号(一九五一年一一月九日)五頁参照。

31　同様の見方は、日本政府がアメリカ国務省に提出した意見書からも導くことができる。"The Views of the Government of Japan on the Lawsuits against Japanese Companies by the Nationals of the Countries not being a Party to the San Francisco Peace Treaty," November 17, 2000, p. 2.

32　これは、日中共同声明がサンフランシスコ平和条約第二六条にいう非署名国との間の平和処理・戦争請求権処理と見なされる場合に妥当する点である。

33　See, e.g., Ian Sinclair, *The Vienna Convention on the Law of Treaties*, 2nd ed. (Manchester U.P., 1984), pp. 127-128; Anthony Aust, *Modern Treaty Law and Practice*, 2nd ed. (Cambridge U.P., 2007), pp. 235-236, 425-426. もっとも、中華人民共和国政府は本件判決と類似の発想をしているのかも知れない。『中日関係の諸問題』と題する在日中華人民共和国大使館の文書(本書の第三章第六節二に関連部分を掲載)参照。

34　もっとも、日中共同声明第五項が法規範性を獲得したとして、それを日中平和友好条約の「本文」に規定することは、日中間の戦後処理は日華平和条約で法的に処理済みという立場との関係で、少なくとも日本にとっては受入れ困難であったであろう。

35　もちろん、この考え方も、日中間の戦後処理は一度限りの処分行為として日華平和条約で法的に処理済みという日本政府の公式の立場とは異なる。しかし、本文のようにも捉えることのできる政府答弁がない訳ではない。例えば、水野清外務政務次官は、日中共同声明における賠償請求の放棄について、「日華［平和］条約によって規定されて戦後処理の問題が済んできたということを、これは別の表現で中華人民共和国に認めさせた、私はこういう結果であろうと思って評価をしております」と述べている。『第七十一回国会衆議院内閣委員会議録』第四五号(一九七三年七月二六日)七頁。

36　その放棄が日華平和条約のそれと同内容であるのか、それともサンフランシスコ平和条約のそれと同内容であるのかについて、最高裁の立場は必ずしも明確ではない。この点につき、本書の終章第二節参照。

37　『第十三回国会参議院外務委員会会議録』第四二号(一九五二年六月一八日)一七頁。

38　『第八十二回国会衆議院予算委員会議録』第二号(一九七七年一〇月一一日)二四―二五頁。真田長官は、また、法的でない文書に法的な効果を伴う条項が含まれることは排除されないと述べる。

39　園田直外相は、「事務当局と私の答弁が、いささか感じが違うような答弁でありますが」としつつ、次のように述べている。「日本の政府は日華条約で終えんという立場をとったわけでありますが、革命政権でありますから国家継承権はとらない、これは無効であると中国は真っ向から否定しているわけであります。そしてまた、その意見は合意することなしに、それでは非常に大事な問題であるから両方ともこれを超法規的に克服して、共同声明でいこうじゃないかというのが御承知の本当のいきさつでございます。」『第八十五回国会参議院外務委員会会議録』第五号（一九七八年一〇月一八日）一八頁。

40　サンフランシスコ平和条約第一九条(a)、日印平和条約第九条(a)、日・ビルマ平和条約第八条一項、日・インドネシア平和条約第五条一項、日ソ共同宣言第六項など参照。

41　張新軍「最高裁四・二七判決における解釈の一貫性問題について」『法律時報』第八〇巻四号（二〇〇八年四月）一〇八―一一〇頁は、日中共同声明第五項には中国側からの放棄しか規定されていないことから、同項で放棄されているのは戦勝国のみが有する戦争賠償に限られ、武力紛争法違反等に基づく相互の請求権は含まれていないとの解釈を導いている。

42　例えば、オランダ人元捕虜等損害賠償請求事件との関連で国が東京高裁に提出した準備書面でも、「サンフランシスコ平和条約の請求権の放棄条項（一四条(b)、一九条(a)）」の解釈として一括して論じられており、両者は特に区別されていない。「準備書面(三)」（二〇〇一年二月二七日）八―九頁。

43　平和条約請求権放棄賠償請求訴訟における国の主張（東京地裁・一九五六年八月二〇日判決、『下級裁判所民事裁判例集』第七巻八号（一九五六年八月）二二四一頁）、原爆訴訟における国の主張（東京地裁・一九六三年一二月七日判決、『下級裁判所民事裁判例集』第一四巻一二号（一九六三年一二月）二四五一頁）など参照。

44　「準備書面(三)」（二〇〇一年二月二七日）一八頁。

45　『第百五十一回国会参議院外交防衛委員会会議録』第四号（二〇〇一年三月二二日）一三頁。

46　『同右』第四号、一四頁。

47　この点につき、浅田正彦「対日平和条約における『国民の請求権』の放棄(一)」『法学論叢』第一六二巻一～六号（二〇〇八年三月）六三―八〇頁参照。

48　判決は、「サンフランシスコ平和条約一四条(b)の解釈をめぐって、吉田茂内閣総理大臣が、オランダ王国代表スティッカー外務大臣に対する書簡において、…自発的な対応の可能性を表明していることは公知の事実である。」と述べている。オランダとのやりとりが、西松建設事件の判決においてのみ触れられているのは、それが「任意の自発的対応」という同事件の判決でのみ示されている事項との関連で言及されていることによる。

49　もっとも、その解釈の相違が、連合国間で「実質的に同一の条件」の平和条約であることを超えた相違をもたらすような場合には、サンフランシスコ平和条約第二六条の趣旨との関係で問題を惹起することになるかもしれない。

50 『第二十四回国会衆議院外務委員会議録』第二五号(一九五六年三月三〇日)二一頁(下田武三外務省条約局長答弁)。吉田・スティッケル交換公文の公表は、オランダ議会においてサンフランシスコ平和条約が審議されているときに公表されたのが最初のようである。『同右』第二五号、二二頁。オランダは一九五二年六月一七日に対日平和条約を批准している。

51 『同右』第二五号、二一頁。

52 『同右』第二五号、二二頁。

53 もっとも、日本政府は、吉田・スティッケル交換公文において示された請求権に関する我が国の考え方は、「単にオランダとの関係ということだけ」ではなく、「平和条約についての我が国の立場を表明したもの」であるとしている。『第百五十五回国会参議院内閣委員会会議録』第三号(二〇〇二年一一月一二日)二〇頁(林景一外務省条約局長答弁)。

54 『訟務月報』第五一巻一一号、二八六八頁。

55 自然債務につき、潮見佳男『債権総論I(第2版)』(信山社、二〇〇三年)二四八―二五七頁、林良平ほか『債権総論(第3版)』(青林書院、一九九六年)七一―七四頁(林良平執筆・安永正昭補訂)参照。

56 『第百二十六回国会参議院外務委員会会議録』第三号(一九九三年四月六日)一一頁。日中共同声明との関係における同旨(訴権について)の発言として、『第百二十三回国会参議院内閣委員会会議録』第四号(一九九二年四月七日)五頁(加藤紘一内閣官房長官答弁)。

57 丹波条約局長の答弁は、小松一郎外務省国際法局長によるその後の論考にも引用されている。小松一郎「国際法の履行確保と国内裁判所による国際法の適用―いわゆる『米国POW訴訟』をめぐって―」島田征夫ほか編『国際紛争の多様化と法的処理』(信山社、二〇〇六年)二三六頁。

58 谷口安平教授は、実体的権利として確立していない利益であっても、裁判所が実体(本案)判断を行い、それを通じて新たな権利が生成するという可能性について、肯定的に論じているが(谷口安平「権利概念の生成と訴えの利益」『講座 民事訴訟② 訴訟の提起』(弘文堂、一九八四年)一六三―一八〇頁)、ここでは、そのような権利が認められる「可能性」すらない「救済なき権利」が請求の対象となるのである。

59 小松国際法局長は、この点について、平和条約は締約国に対し自国民が相手方に対して「訴訟を提起すること自体を禁止することまで求めているとは考えられない」とし、「政府が自国民一人一人の行動を四六時中監視」することは事実上不可能である、と述べる。小松「国際法の履行確保と国内裁判所による国際法の適用」二三六頁。

ただし、外交的保護権のみは放棄されていると考えられる。

60 この点について、「中国政府は日本政府へ、基金発足の直後からアジア女性基金による元慰安婦への個人給付は控えるよう連絡してきている」が、同時に、「民間ベースの訴訟提起や元慰安婦たちの訪日キャンペーンは黙認している」ことから、「中国政府が…慰安婦問題を対日外交カードの一つと意識しているのはたしかだろう」との観測もなされる。秦郁彦『慰安婦と戦場の性』(新潮社、一九九九年)三一二頁。アジア女性基金は、オランダを除いて、償いを受け取った元慰安婦の国別人数を明らかにしていないが、いずれの国・地域が償い事業の対象となったかについては、そのホームページで明らかにしている(対象は、韓国、台湾、フィリピン、オランダ、インドネシア)。なお、大沼保昭『「慰安婦」問題とは何だったのか』(中央公論新社、二〇〇七年)四四―七五、一〇五―一〇六頁、秦郁彦『慰安婦と戦場の性』二八七―三二〇頁参照。

61

62 『西松建設』訴訟判決に関するコメント中国外交部報道官(二〇〇七年四月二八日)」(中華人民共和国駐日本国大使館のホームページより)。

63 この点については、すでに別稿で指摘したことがあるが(浅田正彦「日華平和条約と国際法㈤」『法学論叢』第一五六巻二号(二〇〇四年一一月)三六頁)、今回はこれまで以上に中華人民共和国政府が抗議すべき場合に該当するように思える。なお高木喜孝「日中共同声明第五項のウィーン条約法条約の原則による司法解釈」『法律時報』第八〇巻四号(二〇〇八年四月)一〇〇―一〇一頁をも参照。「黙認の法理」につき、see I.C. MacGibbon, "The Scope of Acquiescence in International Law," *British Year Book of International Law*, Vol. 31 (1954), pp. 143, 182-183; Jörg Paul Müller and Thomas Cottier, "Acquiescence," in Rudolf Bernhardt (ed.), *Encyclopedia of Public International Law*, Vol. I (Elsevier, 1992), p. 14.

64 この点は、本件判決言い渡しの前日における劉報道官の定例記者会見での一問一答においても強調されており、同報道官は『中日共同声明』は中日両国政府が調印した厳粛な政治・外交文書であり、戦後の中日関係の回復・発展の政治的基礎をなしており、どちらの側も文書で述べられた重要な原則、事項について、司法解釈を含め、一方的解釈を行うべきではない」と述べている。「二〇〇七年四月二六日の中国外交部劉建超報道官の定例記者会見(二〇〇七年四月二六日)」(中華人民共和国駐日本国大使館のホームページより)。

同様に、二〇一四年二月二七日の定例記者会見において、戦時の強制労働に関して日本企業を相手に起こされた中国における損害賠償訴訟について、日本の菅義偉官房長官が個人の請求権の問題を含め戦争賠償の問題はすべて日中共同声明によって解決済みであると述べたことに関してコメントを求められた華春瑩外交部報道官は、次のように述べている。

「日本側は過去において日本国が戦争を通じて中国国民に重大な損害を与えたことについての責任を痛感し、深く反省する、と［日中］共同声明において明確に述べられている。同共同声明に含まれる原則と精神は完全に遵守されなければならない。我々は、日本側によるいかなる一方的な解釈にも歪曲にも反対する。

労働者の強制連行と奴隷化は、日本の軍国主義がその侵略と植民地支配の時期に行った重大な犯罪である。犠牲者の肉体的および精神的傷害はなお続いている。中国は日本側に対して、歴史に責任を負い、歴史的に残されているこの重要な問題を重大に受け取って、適切に処理するよう求める。中国の裁判所は、法に則って訴訟を取り扱うであろう。」

"Foreign Ministry Spokesperson Hua Chunying's Regular Press Conference on February 27, 2014," at http://www.fmprc.gov.cn/mfa_eng/xwfw_665399/s2510_665401/2511_665403/t1132846.shtml

この華報道官のコメントは、本文に掲げた二〇〇七年四月の劉報道官のコメントと軌を一にするものであり、この問題に対する中国政府の立場は不変のもののようである。

65　本書の第四章参照。

66　ただし、少なくとも日中共同声明第五項の解釈については、浅田正彦「日華平和条約と国際法㈠〜㈤」『法学論叢』第一四七巻四号〜第一五六巻二号(二〇〇〇年七月〜二〇〇四年一一月)が同旨の解釈を提示しているとされる。「判例特報」『判例時報』第一九六九号(二〇〇七年八月一一日)三一頁。

67　この点は国際法の観点からもいえる。もっとも、日中共同声明の法的性格との関連で、国会による「批准」と表現されている部分は、「批准承認」の誤りである。また、日本が、サンフランシスコ平和条約の当事国とならなかった諸国・地域について個別に締結した二国間条約等の例の一つとして、日蘭私的請求権議定書をあげているが、オランダはサンフランシスコ平和条約の当事国であり、これも明らかな誤りである。

68　『読売新聞』二〇〇九年一〇月二四日。西松建設は当初、被害救済に消極的であったが、二〇〇九年三月に同社のダミー団体を使った違法献金事件が摘発されたことなどを受けて方針を転換したといわれる。

資　料

一　対日平和条約1（一九五一年九月八日署名、一九五二年四月二八日効力発生）（抄）

日本国との平和条約

〔前文省略2〕

第一章　平　和

第一条(a)　日本国と各連合国との間の戦争状態は、第二十三条の定めるところによりこの条約が日本国と当該連合国との間に効力を生ずる日に終了する。

(b)〔略〕

第二章　領　域

第二条(a)〔略〕

(b)　日本国は、台湾及び澎湖諸島に対するすべての権利、権原及び請求権を放棄する。

(c)〜(e)〔略〕

(f)　日本国は、新南群島及び西沙群島に対するすべての権利、権原及び請求権を放棄する。

第三条〔残存主権〕〔略〕

第四条(a)　この条の(b)の規定を留保して、日本国及びその国民の財産で第二条に掲げる地域にあるもの並びに日本国及びその国民の請求権（債権を含む。）で現にこれらの地域の施政を行っている当局及びそこの住民（法人を含む。）に対するものの処理並びに日本国におけるこれらの当局及び住民の財産並びに日本国及びその国民に対するこれらの当局及び住民の請求権（債権を含む。）の処理は、日本国とこれらの当局との間の特別取極の主題とする。第二条に掲げる地域にある連合国又はその国民の財産は、まだ返還されていない限り、施政を行つている当局が現状で返還しなければならない。（国民という語は、この条約で用いるときはいつでも、法人を含む。）

(b)　日本国は、第二条及び第三条に掲げる地域のいずれかにある合衆国軍政府により、又はその指令に従つて行われた日本国及びその国民の財産の処理の効力を承認する。

(c)　日本国とこの条約に従つて日本国の支配から除かれる領域とを結ぶ日本所有の海底電線は、二等分され、日本国は、日本の終点施設及びこれに連なる電線の半分を保有し、分離される領域は、残りの電線及びその終点施設を保有する。

第三章　安　全

第五条〔国連憲章の原則、自衛権〕〔略〕

第六条(a)　連合国のすべての占領軍は、この条約の効力発生の後なるべくすみやかに、且つ、いかなる場合にもその後九十日以内に、日本国から撤退しなければならない。但し、この規定は、一又は二以上の連合国を一方とし、日本国を他方として双方の間に締結された若しくは締結される二国間若しくは多数国間の協定に基く、又はその結果としての外国軍隊の日本国の領域における駐とん又は駐留を妨げるものではない。

(b)　日本国軍隊の各自の家庭への復帰に関する千九百四十五年七月二十六日のポツダム宣言の第九項の規定は、まだその実施が完了されていない限り、実行されるものとする。

(c)　まだ代価が支払われていないすべての日本財産で、占領軍の使用に供され、且つ、この条約の効力発生の時に占領軍が占有しているものは、相互の合意によつて別段の取極が行われない限り、前記の九十日以内に日本国政府に返還しなければならない。

第四章　政治及び経済条項

第七条(a)　各連合国は、自国と日本国との間にこの条約が効力を生じた後一年以内に、日本国との戦前のいずれの二国間の条約又は協約を引き続いて有効とし又は復活させることを希望するかを日本国に通告するものとする。こうして通告された条約又は協約は、この条約に適合することを確保するための必要な修正を受けるだけで、引き続いて有効とされ、又は復活される。こうして通告された条約及び協約は、通告の日の後三箇月で、引き続いて有効なものとみなされ、又は復活され、且つ、国際連合事務局に登録されなければならない。日本国にこうして通告されないすべての条約及び協約は、廃棄されたものとみなす。

(b)　この条の(a)に基いて行う通告においては、条約又は協約の実施又は復活に関し、国際関係について通告国が責任をもつ地域を除外することができる。この除外は、除外の適用を終止することが日本国に通告される日の三箇月後まで行われるものとする。

第八条〔終戦関係条約の承認、特定条約上の権益の放棄〕〔略〕

第九条〔漁業協定〕〔略〕

第十条　日本国は、千九百一年九月七日に北京で署名された最終議定書並びにこれを補足するすべての附属書、書簡及び文書の規定から生ずるすべての利得及び特権を含む中国におけるすべての特殊の権利及び利益を放棄し、且つ、前記の議定書、附属書、書簡及び文書を日本国に関して廃棄することに同意する。

第十一条　日本国は、極東国際軍事裁判所並びに日本国内及び国外の他の連合国戦争犯罪法廷の裁判を受諾し、且つ、日本国で拘禁されている日本国民にこれらの法廷が課した刑を執行するものとする。これらの拘禁されている者を赦免し、減刑し、及び仮出獄させる権限は、各事件について刑を課した一又は二以上の政府の決定及び日本国の勧告に基く場合の外、行使することができない。極東国際軍事裁判所が刑を宣告した者については、この権限は、裁判所に代表者を出した政府の過半数の決定及び日本国の勧告に基く場合の外、行使することができない。

第十二条〔通商航海条約〕〔略〕

第十三条〔国際民間航空〕〔略〕

第五章　請求権及び財産

第十四条(a)　日本国は、戦争中に生じさせた損害及び苦痛に対して、連合国に賠償を支払うべきことが承認される。しかし、また、存立可能な経済を維持すべきものとすれば、日本国の資源は、日本国がすべての前記の損害及び苦痛に対して完全な賠償を行い且つ同時に他の債務を履行するためには現在充分でないことが承認される。よつて、

1　日本国は、現在の領域が日本国軍隊によつて占領され、且つ、日本国によつて損害を与えられた連合国が希望するときは、生産、沈船引揚げその他の作業における日本人の役務を当該連合国の利用に供することによつて、与えた損害を修復する費用をこれらの国に補償することに資するために、当該連合国とすみやかに交渉を開始するものとする。その取極は、他の連合国に追加負担を課することを避けなければならない。また、原材料からの製造が必要とされる場合には、外国為替上の負担を日本国に課さないために、原材料は、当該連合国が供給しなければならない。

2(I)　次の(II)の規定を留保して、各連合国は、次に掲げるもののすべての財産、権利及び利益でこの条約の最初の効力発生の時にその管轄の下にあるものを差し押え、留置し、清算し、その他何らかの方法で処分する権利を有

する。

(a)　日本国及び日本国民

(b)　日本国又は日本国民の代理者又は代行者　並びに

(c)　日本国又は日本国民が所有し、又は支配した団体

この(I)に明記する財産、権利及び利益は、現に、封鎖され、若しくは所属を変じており、又は連合国の敵産管理当局の占有若しくは管理に係るもので、これらの資産が当該当局の管理の下におかれた時に前記の(a)、(b)又は(c)に掲げるいずれかの人又は団体に属し、又はこれらのために保有され、若しくは管理されていたものを含む。

(II)　次のものは、前記の(I)に明記する権利から除く。

(i)　日本国が占領した領域以外の連合国の一国の領域に当該政府の許可を得て戦争中に居住した日本の自然人の財産。但し、戦争中に制限を課され、且つ、この条約の最初の効力発生の日にこの制限を解除されない財産を除く。

(ii)　日本国政府が所有し、且つ、外交目的又は領事目的に使用されたすべての不動産、家具及び備品並びに日本国の外交職員又は領事職員が所有したすべての個人の家具及び用具類その他の投資的性質をもたない私有財産で外交機能又は領事機能の遂行に通常必要であったもの

(iii)　宗教団体又は私的慈善団体に属し、且つ、もっぱら宗教又は慈善の目的に使用した財産

(iv)　関係国と日本国との間における千九百四十五年九月二日後の貿易及び金融の関係の再開の結果として日本国の管轄内にはいった財産、権利及び利益。但し、当該連合国の法律に反する取引から生じたものを除く。

(v)　日本国若しくは日本国民の債務、日本国に所在する有体財産に関する権利、権原若しくは利益、日本国の法

律に基いて組織された企業に関する利益又はこれらについての証書。但し、この例外は、日本国の通貨で表示された日本国及びその国民の債務にのみ適用する。

(Ⅲ)　前記の例外(i)から(v)までに掲げる財産は、その保存及び管理のために要した合理的な費用が支払われることを条件として、返還しなければならない。これらの財産が清算されているときは、代りに売得金を返還しなければならない。

(Ⅳ)　前記の(I)に規定する日本財産を差し押え、留置し、清算し、その他何らかの方法で処分する権利は、当該連合国の法律に従つて行使され、所有者は、これらの法律によつて与えられる権利のみを有する。

(Ⅴ)　連合国は、日本の商標並びに文学的及び美術的著作権を各国の一般的事情が許す限り日本国に有利に取り扱うことに同意する。

(b)　この条約に別段の定がある場合を除き、連合国は、連合国のすべての賠償請求権、戦争の遂行中に日本国及びその国民がとつた行動から生じた連合国及びその国民の他の請求権並びに占領の直接軍事費に関する連合国の請求権を放棄する。

第十五条(a)　この条約が日本国と当該連合国との間に効力を生じた後九箇月以内に申請があつたときは、日本国は、申請の日から六箇月以内に、日本国にある各連合国及びその国民の有体財産及び無体財産並びに種類のいかんを問わずすべての権利又は利益で、千九百四十一年十二月七日から千九百四十五年九月二日までの間のいずれかの時に日本国内にあつたものを返還する。但し、所有者が強迫又は詐欺によることなく自由にこれらを処分した場合は、この限りでない。この財産は、戦争があつたために課せられたすべての負担及び課金を免除して、その返還のための課金を課さずに返還しなければならない。所有者により若しくは所有者のために又は所有者の政府により所定の期間内に返還が申請されない財産は、日本国政府がその定めるところに従つて処分することができる。この財産が千九百四十一年十二月七日に日本国に所在し、且つ、返還することができず、又は戦争の結果として損傷若しくは損害を受けている場合には、日本国内閣が千九百五十一年七月十三日に決定した連合国財産補償法案の定める条件よりも不利でない条件で補償される。

(b) 戦争中に侵害された工業所有権については、日本国は、千九百四十九年九月一日施行の政令第三百九号、千九百五十年一月二十八日施行の政令第十二号及び千九百五十年二月一日施行の政令第九号(いずれも改正された現行のものとする。)によりこれまで与えられたところよりも不利でない利益を引き続いて連合国及びその国民に与えるものとする。但し、前記の国民がこれらの政令に定められた期限までにこの利益の許与を申請した場合に限る。

(c)(i) 日本国は、公にされ及び公にされなかつた連合国及びその国民の著作物に関して千九百四十一年十二月六日に日本国に存在した文学的及び美術的著作権がその日以後引き続いて効力を有することを認め、且つ、その日に日本国が当事国であつた条約又は協定が戦争の発生の時又はその時以後日本国又は当該連合国の国内法によつて廃棄され又は停止されたかどうかを問わず、これらの条約及び協定の実施によりその日以後日本国において生じ、又は戦争がなかつたならば生ずるはずであつた権利を承認する。

(ii) 権利者による申請を必要とすることなく、且つ、いかなる手数料の支払又は他のいかなる手続もすることなく、千九百四十一年十二月七日から日本国と当該連合国との間にこの条約が効力を生ずるまでの期間は、これらの権利の通常期間から除算し、また、日本国において翻訳権を取得するために文字的著作物が日本語に翻訳されるべき期間からは、六箇月の期間を追加して除算しなければならない。

第十六条〔非連合国にある日本資産〕〔略〕

第十七条(a)　いずれかの連合国の要請があつたときは、日本国政府は、当該連合国の国民の所有権に関係のある事件に関する日本国の捕獲審検所の決定又は命令を国際法に従い再審査して修正し、且つ、行われた決定及び発せられた命令を含めて、これらの事件の記録を構成するすべての文書の写を提供しなければならない。この再審査又は修正の結果、返還すべきことが明らかになつた場合には、第十五条の規定を当該財産に適用する。

(b)　日本国政府は、いずれかの連合国の国民が原告又は被告として事件について充分な陳述ができなかつた訴訟手続において、千九百四十一年十二月七日から日本国と当該連合国との間にこの条約が効力を生ずるまでの期間に日本国の裁判所が行つた裁判を、当該国民が前記の効力発生の後一年以内にいつでも適当な日本国の機関に再審査のため提出することができるようにするために、必要な措置をとらなければならない。日本国政府は、当該国民が前記の裁判の結果損害を受けた場合には、その者をその裁判が行われる前の地位に回復するようにし、又はその者にそれぞれの事情の下において公正且つ衡平な救済が与えられるようにしなければならない。

第十八条(a)　戦争状態の介在は、戦争状態の存在前に存在した債務及び契約(債券に関するものを含む。)並びに戦争状態の存在前に取得された権利から生ずる金銭債務で、日本国の政府若しくは国民が連合国の一国の政府若しくは国民に対して、又は連合国の一国の政府若しくは国民が日本国の政府若しくは国民に対して負つているものを支払う義務に影響を及ぼさなかつたものと認める。戦争状態の介在は、また、戦争状態の存在前に財産の滅失若しくは損害又は身体傷害若しくは死亡に関して生じた請求権で、連合国の一国の政府が日本国政府に対して、又は日本国政府が連合国政府のいずれかに対して提起し又は再提起するものの当否を審議する義務に影響を及ぼすものとみなしてはならない。この項の規定は、第十四条によつて与えられる権利を害するものではない。

(b)　日本国は、日本国の戦前の対外債務に関する責任と日本国が責任を負うと後に宣言された団体の債務に関する責任とを確認する。また、日本国は、これらの債務の支払再開に関して債権者とすみやかに交渉を開始し、他の戦前の請求権及び債務に関する交渉を促進し、且つ、これに応じて金額の支払を容易にする意図を表明する。

第十九条(a) 日本国は、戦争から生じ、又は戦争状態が存在したためにとられた行動から生じた連合国及びその国民に対する日本国及びその国民のすべての請求権を放棄し、且つ、この条約の効力発生の前に日本国領域におけるいずれかの連合国の軍隊又は当局の存在、職務遂行又は行動から生じたすべての請求権を放棄する。

(b) 前記の放棄には、千九百三十九年九月一日からこの条約の効力発生までの間に日本国の船舶に関していずれかの連合国がとつた行動から生じた請求権並びに連合国の手中にある日本人捕虜及び被抑留者に関して生じた請求権及び債権が含まれる。但し、千九百四十五年九月二日以後いずれかの連合国が制定した法律で特に認められた日本人の請求権を含まない。

(c) 〔略〕

(d) 日本国は、占領期間中に占領当局の指令に基いて若しくはその結果として行われ、又は当時の日本国の法律によつて許可されたすべての作為又は不作為の効力を承認し、連合国民をこの作為又は不作為から生ずる民事又は刑事の責任に問ういかなる行動もとらないものとする。

第二十条〔ドイツ財産〕〔略〕

第二十一条 この条約の第二十五条の規定にかかわらず、中国は、第十条及び第十四条(a)2の利益を受ける権利を有し、朝鮮は、この条約の第二条、第四条、第九条及び第十二条の利益を受ける権利を有する。

第六章 紛争の解決

第二十二条〔条約の解釈・実施〕〔略〕

第七章　最　終　条　項

第二十三条(a)　この条約は、日本国を含めて、これに署名する国によつて批准されなければならない。この条約は、批准書が日本国により、且つ、主たる占領国としてのアメリカ合衆国を含めて、次の諸国、すなわちオーストラリア、カナダ、セイロン、フランス、インドネシア、オランダ、ニュー・ジーランド、パキスタン、フィリピン、グレート・ブリテン及び北部アイルランド連合王国及びアメリカ合衆国の過半数により寄託された時に、その時に批准しているすべての国に関して効力を生ずる。この条約は、その後これを批准する各国に関しては、その批准書の寄託の日に効力を生ずる。

(b)　この条約が日本国の批准書の寄託の日の後九箇月以内に効力を生じなかつたときは、これを批准した国は、日本国の批准書の寄託の日の後三年以内に日本国政府及びアメリカ合衆国政府にその旨を通告して、自国と日本国との間にこの条約の効力を生じさせることができる。

第二十四条〔批准書の寄託〕〔略〕

第二十五条　この条約の適用上、連合国とは、日本国と戦争していた国又は以前に第二十三条に列記する国の領域の一部をなしていたものをいう。但し、各場合に当該国がこの条約に署名し且つこれを批准したことを条件とする。第二十一条の規定を留保して、この条約は、ここに定義された連合国の一国でないいずれの国に対しても、いかなる権利、権原又は利益も与えるものではない。また、日本国のいかなる権利、権原又は利益も、この条約のいかなる規定によつても前記のとおり定義された連合国の一国でない国のために減損され、又は害されるものとみなしてはならない。

第二十六条　日本国は、千九百四十二年一月一日の連合国宣言に署名し若しくは加入しており且つ日本国に対して戦争状態にある国又は以前に第二十三条に列記する国の領域の一部をなしていた国で、この条約の署名国でないものと、この条約に定めるところと同一の又は実質的に同一の条件で二国間の平和条約を締結する用意を有すべきものとする。但し、この日本国の義務は、この条約の最初の効力発生の後三年で満了する。日本国が、いずれかの国との間で、この条約で定めるところよりも大きな利益をその国に与える平和処理又は戦争請求権処理を行つたときは、これと同一の利益は、この条約の当事国にも及ぼされなければならない。

第二十七条〔条約の寄託〕〔略〕

〔末文省略〕

二　日華平和条約日本側第一次草案3（一九五二年三月一日）

戦争状態の終結及び正常関係の再開に関する日本国政府と中華民国政府との間の條約案

日本国政府と中華民国政府は、

東亜の平和と安定が国際連合憲章の原則に従つてもたらされることを希望するので、

戦争状態を終結せしめ、正常関係を再開し、且つ、若干の未決の問題を解決するための條約を締結することに決定し、

よつて、日本国政府は、

…………………

中華民国政府は、

…………………

を全権委員として任命した。これらの全権委員は、その全権委任状を示し、それが良好妥当であると認められた後、次の規定を協定した。

第一条　日本国政府及び中華民国政府は、この條約が効力を生ずる日に、戦争状態を終結せしめ、正常の関係を再開するものとする。

第二条　日本国政府及び中華民国政府は、国際連合憲章の原則に従つて協力するものとし、特に経済の分野における友好的協力によりその共通の福祉を増進する。

第三條　日本国は、千九百五十一年九月八日にサン・フランシスコ市で署名された日本国との平和條約第二條(b)で、台湾及び澎湖諸島に対するすべての権利、権原および請求権を放棄した。

よつて、

日本国政府及び中華民国政府は、日本国及びその国民の財産で台湾及び澎湖諸島にあるもの並びに日本国及びその国民の請求権(債権を含む。)で中華民国政府並びに台湾及び澎湖諸島の住民に対するものの處理と日本国にある中華民国政府並びに台湾及び澎湖諸島の住民の財産並びに日本国及びその国民に対する中華民国政府並びに台湾及び澎湖諸島の住民の請求権(債権を含む。)の處理とについて、和協の精神により、且つ、正義と衡平の原則に従つて迅速に解決するものとする。

第四條(a)　日本国の領域と中華民国政府の支配する領域との間の通商航海関係は、次の規定に従うものとする。

(1)　日本国の国民及び中華民国政府の支配する領域の住民たる中国人は、それぞれ他方の領域に入り、滞在し、旅行し及び居住することを許される。もつともこれらの権利を享有するに当つては、一般にすべての外国人に対してひとしく適用されるべき当該国の法令及び規則に従うものとする。

(2)　貨物の輸出入に対する、又はこれに関連する、関税、課金、制限及び他の規制、無体財産権並びに自然人の入国、旅行、滞在及び出国に関しては、相互に最恵国待遇を与えるものとする。

(3)　海運、航海及び輸入貨物並びに自然人、法人及びその利益に関しては、相互に最恵国待遇を与えるものとする。この待遇は、税金の賦課及び徴収、裁判を受けること、契約の締結及び履行、財産権、法人への参加並びに一般に金融業(保険業を含む。)、水先人及び公証人業を除くすべての種類の事業活動及び職業活動の遂行に関するすべての事項を含むものとする。

(4)　政府の商企業の国外における売買は、商業的考慮にのみ基くものとする。

(b)　この條の適用上、差別的措置であつて、それを適用する当事者の通商條約に通常規定されている例外に基くもの、その当事者の対外的財政状態若しくは国際収支を保護する必要に基くもの(海運及び航海に関するものを除く。)又は重大な安全上の利益を維持する必要に基くものは、事態に相応しており、且つ、ほしいまゝな又は不合理な方法で適用されない限り、最恵国待遇の許与を害するものとは認めない。

第五條　民間航空運送に関する協定が締結されるまで、日本国政府は、この條約の効力発生の時から四年間、現在民航空運公司に与えている航空交通の権利を引続き与えるものとする。

第六條(a)　この條約は、中華民国政府が、現実に支配し又は支配すべきすべての領域に適用があるものとする。

(b)　この條約は、批准されなければならない。この條約は、批准書が台北で交換されたとき効力を生ずる。

以上の証拠として、下名の全権委員は、この條約に署名した。

千九百五十二年　月　日に　　　で、ひとしく正文である日本語及び中国語により、本書二通を作成した。

三　日華平和条約日本側第二次草案[4]（一九五二年三月一二日）

日本国と中華民国との間の平和條約案

日本国政府及び中華民国大統領は、

両者の歴史的且つ文化的ちゅう帯及び地理的近接にかんがみ善隣関係に対する両者の相互の希望を考慮し、

共通の福祉を増進し、且つ、国際の平和と安全を維持するために友好的提携のうちに協力することの重要性を自覚し、

両者間の戦争状態の存在の結果として生じた諸問題を解決する必要を認め、

平和條約を締結することに決定し、よつて、それぞれの全権委員として次のとおり任命した。

日本国政府

……………………

中華民国大統領

……………………

これらの全権委員は、互に各自の全権委任状を示し、それが良好妥当であると認められた後、次の諸條を協定した。

第一條　日本国と中華民国との間の戦争状態は、この條約が効力を生ずる日に終了する。

第二條　千九百五十一年九月八日にアメリカ合衆国のサン・フランシスコ市で署名された日本国との平和條約（以下サン・フランシスコ條約という。）第二條において、日本国は、台湾及び澎湖島並びに新南群島及び西沙群島に対するすべての権利、権原及び請求権を放棄したことが承認される。

第三條(a)　日本国及びその国民の財産で台湾及び澎湖諸島にあるもの並びに日本国及びその国民の請求権（債権を含む。）で台湾及び澎湖諸島にある中華民国の当局及びそこの住民（法人を含む。）に対するものの処理並びに日本国におけるこの当局及び住民の財産並びに日本国及びその国民に対するこの当局及び住民の請求権（債権を含む。）の処理は日本国及び中華民国政府間の特別取極の主題とする。（国民という語は、この條約で用いるときはいつでも法人を含む。）

(b)　サン・フランシスコ條約第四條(b)の規定において日本国とサン《マ》フ《マ》ランシスコ條約に従つて日本国の支配から除かれる領域とを結ぶ日本所有の海底電線は、二等分され、日本国は、日本の終点施設及びこれに連なる電線の半分を保有し、分離される領域は、残りの電線及びその終点施設を保有することが承認される。

第四條　日本国政府及び中華民国政府は、国際連合憲章の原則に従つて協力するものとし、特に経済の分野における友好的協力によりその共通の福祉を増進するものとする。

第五條　千九百四十一年十二月九日前に日本国と中国との間で締結されたすべての條約、協約及び協定が戦争の結果として無効となつたことが承認される。

第六条　日本国政府及び中華民国政府は、国際法及び国際慣習の原則に基く公海の漁業資源を開発する各自の権利に照らし、自由且つ平等の立場において、漁業の保存及び発展のために公海における漁猟の制限又は規制を規定する協定を必要に応じて締結するよう努めるものとする。

第七条　日本国はサン・フランシスコ条約第十条の規定において、千九百一年九月七日に北京で署名された最終議定書並びにこれを補足するすべての附属書、書簡及び文書の規定から生ずるすべての利得及び特権を含む中国におけるすべての特殊の権利及び利益を放棄し、且つ、前記の議定書、附属書、書簡及び文書を日本国に関して廃棄することに同意したことが承認される。

第八条(a)　日本国の領域と中華民国政府の支配する地域との間の通商航海関係は、次の規定に従つて行うものとする。

(1)　日本国の国民及び中華民国政府が支配する地域に居住する中華民国の国民は、それぞれ他方の領域又は地域に入り、滞在し、旅行し及び居住することを許される。但し、これらの権利を享有するに当つては、一般にすべての外国人に対してひとしく適用される当該他の当事者の法令に従うものとする。

(2)　貨物の輸出入に対する、又はこれに関連する、関税、課金、制限及び他の規制に関し、並びに自然人の入国、旅行、滞在及び出国に関し相互に最恵国待遇を与えるものとする。

(3)　海運、航海及び輸入貨物並びに自然人、法人及びその利益に関し最恵国待遇を与えるものとする。この待遇は、税金の賦課及び徴収、裁判を受けること、契約の締結及び履行、財産権(無体財産に関するものを含み、鉱業権を含まない。)、法人への参加並びに一般にすべての種類の事業活動及び職業活動の遂行に関するすべての事項を含み、金融業(保険業を含む。)、水先人及び公証人の活動を除くものとする。

財産権(無体財産に関するものを含み、鉱業権を含まない。)、法人への参加、並びに事業活動及び職業活動の遂行に関し、一方の政府が他方の政府に対し最恵国待遇を与えるとすれば実質的に内国民待遇を与えることとなる場合においては、自己に対し他方の政府が最恵国待遇として与える待遇と同一の待遇を許与すれば足りるものとする。

(4) 両政府の国営商企業の国外における売買は、商業的考慮にのみ基くものとする。

(b) 本條の適用上、差別的措置であつて、それを適用する当事者の通商條約に通常規定されている例外に基くもの、その当事者の対外的財政状態若しくは国際収支を保護する必要に基くもの(海運及び航海に関するものを除く。)、又は重大な安全上の利益を維持する必要に基くものは、事態に相応しており、且つ、ほしいままな又は不合理な方法で適用されない限り、最恵国待遇の許与を害するものと認めない。

第九條　日本国政府及び中華民国政府のいずれの一方も、他方の当事者に対して、この條約の効力発生の日以後いずれかの国が日本国の領域内又は中華民国政府の支配する地域内で行使しているところよりも不利でない航空交通の権利及び特権に関する待遇、並びに航空業務の運営及び発達に関する完全な機会均等を与えるものとする。

第十條5　サン・フランシスコ條約第二十一條において、中国が同條約第十四條(a)2の規定の利益を受ける権利を有することが承認されるので、この條約に別段の定がある場合を除き、中華民国の賠償請求権並びに戦争の遂行中に日本国及びその国民がとつた行動から生じた中華民国及びその国民の他の請求権は、これにより満足されたものとみなされる。

第十一條　この條約又はその一若しくは二以上の條の解釈又は適用から生ずる紛争は、先ず第一に交渉によつて解決されなければならない。交渉の開始から一年の期間内に何らの解決にも達しない場合には、今後両政府間に一般又は特別の協定により決定される方法で仲裁によつて解決されなければならない。

第十二條　この條約の適用上、中華民国の国民は、台湾及び澎湖諸島で中華民国が施行し、又は今後施行する法令に従つて中国国籍を有する台湾及び澎湖諸島のすべての住民を含むものとみなされる。第三條の規定を留保して、中華民国の法人及び船舶は、台湾及び澎湖諸島で中華民国が施行し、又は今後施行する法令に基いて登録されるすべてのものを含むものとみなされ、また、中華民国の生産物は、台湾及び澎湖諸島に由来するすべてのものを含むものとみなされる。

第十三條　この條約は、批准されなければならず、批准書は、なるべくすみやかに台北で交換されなければならない。この條約は、批准書の交換の日に効力を生ずる。

以上の証拠として、前記の全権委員は、この條約に署名した。

日本国の昭和二十七年　月　日すなわち中華民国の四十一年　月　日及び千九百五十二年　月　日に台北で、日本語、中国語及び英語により本書二通を作成した。解釈に関して相違がある場合には、英語の本文による。

日本国政府のために
中華民国政府のために

交換公文往簡（案）

書簡をもつて啓上いたします。本日署名された日本国と中華民国との間の平和条約に関し、本全権委員は、本国政府のために次のとおり声明する光栄を有します。

一、日本国政府は、日本国と中華民国との間の平和条約は、中華民国に関しては、中華民国政府が、現実に支配し又は今後支配すべき地域に限り適用があることに同意する。

二、日本国政府は、前記の条約及びこれを補足するすべての文書に別段の定がある場合を除く外、戦争状態の存在の結果として日本国と中華民国との間に生じた問題で千九百五十一年九月八日にサン・フランシスコ市で署名された平和条約の諸原則を適用することによつて解決が可能であるものがこの条約の適用地域において生じていることが明らかとなつたときは、これらの問題は、前記のサン・フランシスコ条約の諸原則に副つて処理されることに同意する。

三、日本国政府は、この覚書が貴国政府全権委員の同趣旨の覚書とともに両国政府間の合意を構成することに同意する。

以上を申し進めるのに際しまして、本全権委員は、貴全権委員に向つて敬意を表します。

千九百五十二年三月　日　台北において

河田　烈

中華民国政府全権委員

葉　公　超　殿

(註)拿捕船問題については、別途公文を交換する。

四　日華平和条約国府側第二次草案[6]（一九五二年三月二一日）

Peace Treaty between Japan and the Republic of China (Draft)

Japan and the Republic of China,

Considering their mutual desire for good neighborliness in view of their historical and cultural ties and geographical proximity;

Realizing the importance of the close cooperation to the promotion of their common welfare and to the maintenance of international peace and security;

Desiring to [place] on a firm and friendly [basis their mutual[7]] relations which have been unfortunately marred since the so-called "Mukden Incident" of September 18, 1931;

Recognizing the need of a settlement of problems that have arisen as a result of the existence of a state of war between them;

Have resolved to conclude a Treaty of Peace and have accordingly appointed as their Plenipotentiaries:

The Government of Japan,

……………………………………………,

His Excellency the President of the Republic of China,

……………………………………………,

Who, having communicated to each other their full powers, found to be in good and due form, have agreed upon the following articles:

Article 1

The state of war between Japan and the Republic of China is terminated as from the date on which the present Treaty enters into force.

Article 2

It is recognized that under Article 2 of the Treaty of Peace with Japan singed at the city of San Francisco in the United States of America on September 8, 1951 (hereinafter referred to as the San Francisco Treaty), Japan has renounced all right, title and claim to Taiwan (Formosa) and Penghu (the Pescadores) as well as the Spratly Islands and the Paracel Islands.

Article 3

The disposition of property of Japan and of its nationals in Taiwan (Formosa) and Penghu (the Pescadores), and their claims, including debts, against the authorities of the Republic of China in Taiwan (Formosa) and Penghu (the Pescadores) and the residents thereof, and the disposition in Japan of property of such authorities and residents and their claims, including debts, against Japan and its nationals, shall be the subject of special arrangements between the Government of Japan and the Government of the Republic of China. (The terms nationals and residents whenever used in the present Treaty include juridical persons.)

It is recognized that under the provisions of Article 4 (b) of the San Francisco Treaty, Japanese owned submarine cables connecting Japan with territory removed from Japanese control pursuant to the San Francisco Treaty shall be equally divided, Japan retaining the Japanese terminal and adjoining half of the cable, and the detached territory the remainder of the cable and connecting terminal facilities.

Article 4

The Republic of China and Japan will be guided by the principles of Article 2 of the Charter of the United Nations in their mutual relations and their respective relations with other states.

Article 5

The Government of Japan and the Government of the Republic of China will cooperate in accordance with the principles of the Charter of the United Nations and, in particular, will promote their common welfare through friendly cooperation in the economic field.

Article 6

It is recognized that all treaties, conventions and agreements concluded before December 9, 1941, between Japan and China have become null and void as a consequence of the war.

Article 7

The Government of Japan and the Government of the Republic of China will endeavor to conclude, as soon as possible, an agreement providing for the regulation or limitation of fishing and fisheries on the high seas.

Article 8

It is recognized that under the provisions of Article 10 of the San Francisco Treaty, Japan has renounced all special rights and interests in China, including all benefits and privileges resulting from the provisions of the final Protocol signed at Peking on September 7, 1901, and all annexes, notes and documents supplementary thereto, and has agreed to the abrogation in respect to Japan of the said protocol, annexes, notes and documents.

Article 9

The Republic of China and Japan will endeavor to conclude, as soon as possible, a Treaty or Agreement to place their trading, maritime and other commercial relation on a stable and friendly basis.

Article 10

For the purpose of the present Treaty, the nationals of the Republic of China shall be deemed to include all the inhabitants of Taiwan (Formosa) and Penghu (the Pescadores) who are of the Chinese nationality in accordance with the laws and regulations which have been or may hereafter be enforced by the Republic of China in Taiwan (Formosa) and Penghu (the Pescadores). Subject to the provisions of Article 3, the juridical persons and vessels of the Republic of China shall be deemed to include all those registered under the laws and regulations which have been or may hereafter be enforced by the Republic of China in Taiwan (Formosa) and Penghu (the Pescadores), and the products of the Republic of China shall be deemed to include all those originating in Taiwan (Formosa) and Penghu (the Pescadores).

Article 11

Unless otherwise provided for in the present Treaty and its Protocol, any advantage granted under the provisions of the San Francisco Treaty to the signatories thereof other than Japan shall be extended to the Republic of China.

Article 12

Any dispute that may arise out of the interpretation or application of the present Treaty shall be settled by negotiation and other pacific means.

Article 13

The present Treaty shall be ratified and the instruments of ratification shall be exchanged at Taipei as soon as possible. The present Treaty shall enter into force as from the date on which such instruments of ratification are exchanged.

IN WITNESS WHEREOF, the above-mentioned Plenipotentiaries have signed the present Treaty and affixed thereto their seals.

Done at Taipei, this ____(   ) day of the____(   ) month of the Twenty-seventh year of Showa of Japan, corresponding to the ____(   ) day of the____(   ) month of the Fourty-first [sic] year of the Republic of China and to the____(   ) day of ____ in the year one thousand nine hundred and fifty-two, in duplicate in the Japanese, Chinese and English languages. In case of any divergence of interpretation, the English text shall prevail.

For Japan: ____________

For the Republic of China: ____________

Exchange of Notes (Japanese Note)

Monsieur le Ministre:

In regard to the peace treaty between Japan and the Republic of China sighed today, I have the honor to refer to the understanding reached between us that the terms of the present treaty shall, in respect of the Republic of China, be applicable to all the territories under the sovereignty of the Republic of China which are now or may hereinafter be under the control of its government.

I shall be appreciative, if you will confirm the understanding setforth [sic] above. I avail myself of this opportunity to convey to your excellency the assurance of my highest consideration.

Protocol

At the moment of signing this day the peace treaty between the Republic of China and Japan (hereinafter referred to as the present treaty), the undersigned plenipotentiaries have agreed upon the following:

1. The application of Article 11 of the present treaty shall be subject to the following understandings:
   (a) The property to be returned, and rights and interests to be restored, by Japan to the other signatories in accordance with Article 15 of the Sanfrancisco [sic] Treaty shall, in respect of the Republic of China, include those properties, rights and interests which were at one time claimed to be under the custody of, or belong to, a collaborationist regime created in China as a result of the socalled [sic] "Mukden Incident" of September 18, 1931, such as "Manchukuo" and the "Wan Ching Wei Regime".
   (b) Wherever a period is stipulated in the Sanfrancisco [sic] Treaty during which Japan assumes an obligation or undertaking, such period shall, in respect of any part of the territories of the Republic of China, commence immediately when the present treaty becomes applicable to such part of the territories.
   (c) The date of December 7, 1941, wherever it appears in the Sanfrancisco [sic] Treaty shall, in respect of the Republic of China, be substituted by the date of September 18, 1931; and the date of December 6, 1941, by the date of September 17, 1931.
   (d) In extending to the Republic of China all the advantages she is obligated to extend to the other signatories of the Sanfrancisco [sic] Treaty, Japan declares her recognition that she should pay reparation to the Republic of China for the damage and suffering

caused by her during the war. The Republic of China, on the other hand, recognizes that the resources of Japan are not at the present time sufficient to make complete reparation for all such damage without endangering her national economy. In consideration of this recognition and as a sign of magnanimity and goodwill towards the Japanese people, the Republic of China decides to accept all the rights and obligations stipulated in Article 14 of the Sanfrancisco [sic] Treaty, and to waive the benefit of the services to be made available by Japan pursuant to subparagraph 1, paragraph (a) of that Article.

2. The Republic of China proposes and Japan accepts that the commerce and navigation between them shall be governed by the following arrangements:

(a) Most favored nation treatment shall be mutually granted with respect to customs duties, charges, restrictions and other regulations on or in connection with, the importation and exportation of goods.

(b) Most favored nation treatment shall be mutually granted with respect to shipping, navigation and imported goods, and with respect to natural and juridical persons and their interests – such treatment to include all matters pertaining to the levying and collection of taxes, access to the courts, the making and performance of contracts, right to property (including those relating to intangible property and excluding those with respect to mining), participation in juridical entities and generally the conduct of all kinds of business and professional activities (except those reserved exclusively to nationals of the country).

(c) External purchases and sales of government trading enterprises shall be based solely on commercial considerations.

(d) In the application of this Article, a discriminatory measure shall not be considered to derogate from the grant of most favored nation treatment, if such measure is based on an exception customarily provided in the commercial treaties of the party applying it, or on the need to safe guard [sic] that party's external financial position or balance of payments (except in respect to shipping and navigation), or on the need to maintain its essential security interests, and provided such measure is proportionate to the circumstances and not applied in an arbitrary or unreasonable manners [sic].

The arrangements set forth in this paragraph shall remain inforce [sic] for a period of one year as from the day on which the present treaty comes into effect.

五　日華平和条約国府側第二次草案修正案[8]（一九五二年三月二五日）

TREATY OF PEACE BETWEEN THE REPUBLIC OF CHINA AND JAPAN

The Republic of China and Japan,

Considering their mutual desire for good neighborliness in view of their historical and cultural ties and geographical proximity;

Realizing the importance of their close cooperation to the promotion of their common welfare and to the maintenance of international peace and security;

Desiring to place on a firm and friendly basis their mutual relations which have been unfortunately marred since the so-called "Mukden incident" of September 18, 1931;

Recognizing the need of a settlement of problems that have arisen as a result of the existence of a state of war between them;

Have resolved to conclude a Treaty of Peace and have accordingly appointed as their Plenipotentiaries:

His Excellency the President of the Republic of China:

....;

The Government of Japan:

....;

Who, having communicated to each other their full powers found to be in good and due form, have agreed upon the following articles:

ARTICLE I

The state of war between the Republic of China and Japan is terminated as from the date on which the present Treaty enters into force.

ARTICLE II

It is recognized that under Article 2 of the Treaty of Peace with Japan singed at the city of San Francisco in the United States of America on September 8, 1951(hereinafter referred to as the San Francisco Treaty), Japan has renounced all right, title and claim to Taiwan (Formosa) and Penghu (the Pescadores) as well as the Spratly Islands and the Paracel Islands.

ARTICLE III

The disposition of property of Japan and of its nationals in Taiwan (Formosa) and Penghu (the Pescadores), and their claims, including debts, against the authorities of the Republic of China in Taiwan (Formosa) and Penghu (the Pescadores) and the residents thereof, and the disposition in Japan of property of such authorities and residents and their claims, including debts, against Japan and its nationals, shall be the subject of special arrangements between the Government of the Republic of China and the Government of Japan. The terms nationals and residents whenever used in the present Treaty include juridical persons.

ARTICLE IV

It is recognized that all treaties, conventions and agreements concluded before December 9, 1941, between China and Japan have become null and void as a consequence of the war.

ARTICLE V

It is recognized that under the provisions of Article 10 of the San Francisco Treaty, Japan has renounced all special rights and interests in China, including all benefits and privileges resulting from the provisions of the final Protocol signed at Peking on September 7, 1901, and all annexes, notes and documents supplementary therto [sic], and has agreed to the abrogation in respect to Japan of the said protocol, annexes, notes and documents.

ARTICLE VI

The Republic of China and Japan will be guided by the principles of Article 2 of the Charter of the United Nations in their mutual relations and in their respective relations with other States.

ARTICLE VII

The Republic of China and Japan will cooperate in accordance with the principles of the Charter of the United Nations and, in particular, will promote their common welfare through friendly cooperation in the economic field.

ARTICLE VIII

The Republic of China and Japan will endeavor to conclude, as soon as possible, a treaty or agreement to place their trading, maritime and other commercial relations on a stable and friendly basis.

ARTICLE IX

The Republic of China and Japan will endeavor to conclude, as soon as possible, an agreement relating to civil air transport.

ARTICLE X

The Republic of China and Japan will endeavor to conclude, as soon as possible, an agreement providing for the regulation or limitation of fishing and the conservation and development of fisheries on the high seas.

ARTICLE XI

For the purpose of the present Treaty, the nationals of the Republic of China shall be deemed to include all the inhabitants of Taiwan (Formosa) and Penghu (the Pescadores) who are of the Chinese nationality in accordance with the laws and regulations which have been or may hereafter be enforced by the Republic of China in Taiwan (Formosa) and Penghu (the Pescadores). Subject to the provisions of Article 3, the juridical persons of the Republic of China shall be deemed to include all those registered under the laws and regulations which have been or may hereafter be enforced by the Republic of China in Taiwan (Formosa) and Penghu (the Pescadores).

ARTICLE XII

Unless otherwise provided for in the present Treaty, any advantage granted under the provisions of the San Francisco Treaty to the signatories thereof other than Japan shall be extended to the Republic of China, without prejudice to Japan's interest as provided for therein.

ARTICLE XIII

Any dispute that may arise out of the interpretation of [sic] application of the present Treaty shall be settled by negotiation and other pacific means.

ARTICLE XIV

The present Treaty shall be ratified and the instruments of ratification shall be exchanged at Taipei as soon as possible. The present Treaty shall enter into force as from the date on which such instruments of ratification are exchanged.

IN WITNESS WHEREOF, the above mentioned Plenipotentiaries have signed the present Treaty and affixed therto [sic] their seals.

DONE at Taipei, this____day of the____month of the Forty First year of the Republic of China corresponding to the____day of the____month of the Twenty Seventh year of Showa of Japan and to the____day of____in the year One Thousand Nine Hundred and Fifty Two, in duplicate in the Chinese, Japanese and English languages. In case of any divergence of interpretation, the English text shall prevail.

For the Republic of China:

....

For Japan:

....

PROTOCOL

At the moment of signing this day the Treaty of Peace between the Republic of China and Japan (hereinafter referred to as the present Treaty), the undersigned Plenipotentiaries have agreed upon the following terms which shall constitute an integral part of the present Treaty:

1. The application of Article 12 of the present Treaty shall be subject to the following understandings:

(a) The property to be returned, and rights and interests to be restored, by Japan to the other signatories in accordance with Article 15 of the San Francisco Treaty shall, in respect of the Republic of China, include those properties, rights and interests which were at one time claimed to be under the custody of, or belong to, a collaborationist regime created in China as a result of the so-called "Mukden incident" of September 18, 1931, such as "Manchukuo" and the "Weng Ching Wei regime".

(b) Wherever a period is stipulated in the San Francisco Treaty during which Japan assumes an obligation or undertaking, such period shall, in respect of any part of the territories of the Republic of China, commence immediately when the present Treaty becomes applicable to such part of the territories.

(c) In extending to the Republic of China all the advantages she is obligated to extend to the other signatories of the San Francisco Treaty, Japan declares her recognition that she should pay reparation to the Republic of China for the damage and suffering caused by her during the war. The Republic of China, on the other hand, recognizes that the resources of Japan are not at the present time sufficient to make complete reparation for all such damage without endangering her national economy.

In consideration of this recognition and as a sign of magnanimity and good will towards the Japanese people, the Republic of China decides to accept all the rights and obligations stipulated in Article 14 of the San Francisco Treaty, and to waive the benefit of the services to be made available by Japan pursuant to sub-paragraph 1, paragraph (a) of that Article. It is understood, however, that nothing in the provisions under (a) 2 (II)(ii) of that Article shall be construed to extend any exceptions to the real property, furniture and fixture used by such set-ups as were established since September 18, 1931 without the concurrence of the Republic of China and were once claimed to be diplomatic or consular set-ups of the Japanese Government in China and the personal furniture and furnishings and other private property used by the personnel of such set-ups.

(d) Articles 11 and 18 of the San Francisco Treaty shall be excluded from the operation of Article 12 of the present Treaty.

2. It is agreed that the commerce and navigation between the Republic of China and Japan shall be governed by the following arrangements:

(a) Most-favored-nation treatment shall be mutually granted with respect to customs duties, charges, restrictions and other regulations on, or in connection with, the importation and exportation of goods.

(b) Most-favored-nation treatment shall be mutually granted with respect to shipping, navigation and imported goods, and with respect to natural and juridical persons and their interests – such treatment to include all matters pertaining to the levying and collection of taxes, access to the courts, the making and performance of contracts, rights to property (including those relating to intangible property and excluding those with respect to mining), participation in juridical entities and generally the conduct of all kinds of business and professional activities (except those reserved exclusively to nationals of the country).

(c) External purchases and sales of government trading enterprises shall be based solely on commercial considerations.

(d) In the application of the present arrangements, it is understood

(i) that vessels of the Republic of China shall be deemed to include all those registered under the laws and regulations which have been or may hereafter be enforced by the Republic of China in Taiwan (Formosa) and Penghu (the Pescadores); and the products of the Republic of China shall be deemed to include all those originating in Taiwan (Formosa) and Penghu (the Pescadores); and

(ii) that a discriminatory measure shall not be considered to derogate from the grant of most-favord-nation [sic] treatment, if such measure is based on an exception customarily provided in the commercial treaties of the party applying it, or on the need to safeguard that party's external financial position or balance of payments (except in respect to shipping and navigation), or on the need to maintain its essential security interests, and provided such measure is proportionate to the circumstances and not applied in an arbitrary or unreasonable manner.

The arrangements set forth in this paragraph shall remain in force for a period of one year as from the day on which the present Treaty comes into force.

Exchange of Notes

(Japanese Note)

Monsieur le Ministre:

In regard to the Treaty of Peace between Japan and the Republic of China sighed to-day, I have the honor to refer to the understanding reached between us that the terms of the present Treaty shall, in respect of the Republic of China, be applicable to all the territories which are now or may hereafter be under the control of its Government.

The above understanding, however, shall in no way prejudice the sovereignty of the Republic of China over all its territories.

I shall be appreciative, if you will confirm the understanding set forth above.

I avail myself of this opportunity to convey to Your Excellency the assurance of my highest consideration.

(Isao Kawada)
Plenipotentiary of
The Government of Japan

His Excellency
Monsieur Yeh Kung-Chao
Plenipotentiary of the Republic of China.

六　日華平和条約日本側第三次草案[9]（一九五二年三月二八日）

TREATY OF PEACE BETWEEN THE REPUBLIC OF CHINA AND JAPAN

The Republic of China and Japan,

Considering their mutual desire for good neighborliness in view of their historical and cultural ties and geographical proximity;

Realizing the importance of their close cooperation to the promotion of their common welfare and to the maintenance of international peace and security;

Recognizing the need of a settlement of problems that have arisen as a result of the existence of a state of war between them;

Have resolved to conclude a Treaty of Peace and have accordingly appointed as their Plenipotentiaries:

His Excellency the President of the Republic of China:

……………………………………………………;

The Government of Japan:

……………………………………………………;

Who, having communicated to each other their full powers found to be in good and due form, have agreed upon the following articles:

ARTICLE I

The state of war between the Republic of China and Japan is terminated as from the date on which the present Treaty enters into force.

ARTICLE II

It is recognized that under Article 2 of the Treaty of Peace with Japan signed at the city of San Francisco in the United States of America on September 8, 1951 (hereinafter referred to as the San Francisco Treaty), Japan has renounced all right, title and claim to Taiwan (Formosa) and Penghu (the Pescadores) as well as the Spratly Islands and the Paracel Islands.

ARTICLE III

The disposition of property of Japan and of its nationals in Taiwan (Formosa) and Penghu (the Pescadores), and their claims, including debts, against the authorities of the Republic of China in Taiwan (Formosa) and Penghu (the Pescadores) and the residents thereof, and the disposition in Japan of property of such authorities and residents and their claims, including debts, against Japan and its nationals, shall be the subject of special arrangements between the Government of the Republic of China and the Government of Japan. The terms nationals and residents whenever used in the present Treaty include juridical persons.

ARTICLE IV

It is recognized that all treaties, conventions and agreements concluded before December 9, 1941, between China and Japan have become null and void as a consequence of the war.

ARTICLE V

It is recognized that under the provisions of Article 10 of the San Francisco Treaty, Japan has renounced all special rights and interests in China, including all benefits and privileges resulting from the provisions of the final Protocol signed at Peking on September 7, 1901, and all annexes, notes and documents supplementary thereto, and has agreed to the abrogation in respect to Japan of the said protocol, annexes, notes and documents.

ARTICLE VI

The Republic of China and Japan will cooperate in accordance with the principles of the Charter of the United Nations and, in particular, will promote their common welfare through friendly cooperation in the economic field.

ARTICLE VII

The Republic of China and Japan will endeavor to conclude, as soon as possible, a treaty or agreement to place their trading, maritime and other commercial relations on a stable and friendly basis.

ARTICLE VIII

The Republic of China and Japan will endeavor to conclude, as soon as possible, an agreement relating to civil air transport.

ARTICLE IX

The Republic of China and Japan will conclude, a convention, stipulating limitation or regulation on high sea fisheries for the conservation and development of fishery resources, on a free and equal footing and in the light of their respective rights to high sea fisheries under the principles of international law and custom.

ARTICLE X

For the purposes of the present Treaty, the nationals of the Republic of China shall be deemed to include all the inhabitants and former inhabitants of Taiwan (Formosa) and Penghu (the Pescadores) and their descendants who are of the Chinese nationality in accordance with the laws and regulations which have been or may hereafter be enforced by the Republic of China in Taiwan (Formosa) and Penghu (the Pescadores).

ARTICLE XI

In cases where it has become clear that there are, within the areas where the present Treaty is applicable, those problems which have arisen as a result of the existence of a state of war between Japan and the Republic of China, and which are possible of settlement by the application of the principles of the San Francisco Treaty, such problems shall be disposed of, except as otherwise provided in the present Treaty and its Protocol, in accordance with the above-mentioned principles of the San Francisco Treaty.

ARTICLE XII

Any dispute that may arise out of the interpretation or application of the present Treaty shall be settled by negotiation and other pacific means.

ARTICLE XIII

The present Treaty shall be ratified and the instruments of ratification shall be exchanged at Taipei as soon as possible. The present Treaty shall enter into force as from the date on which such instruments of ratification are exchanged.

IN WITNESS WHEREOF, the above-mentioned Plenipotentiaries have signed the present Treaty and affixed thereto their seals.

DONE at Taipei, this____day of the____month of the Forty First year of the Republic of China corresponding to the____ day of the____month of the Twenty Seventh year of Showa of Japan and to the____day of____in the year One Thousand Nine Hundred and Fifty Two, in duplicate in the Chinese, Japanese and English languages. In case of any divergence of interpretation, the English text shall prevail.

For the Republic of China:

....

For Japan:

....

Exchange of Notes

(Japanese Note)

Monsieur le Ministre:

In regard to the Treaty of Peace between Japan and the Republic of China signed to-day, I have the honor to refer to the understanding reached between us that the terms of the present Treaty shall, in respect of the Republic of China, be applicable to all the territories which are now or may hereafter be under the control of its Government.

I shall be appreciative, if you will confirm the understanding set forth above.

I avail myself of this opportunity to convey to Your Excellency the assurance of my highest consideration.

(Isao Kawada)
Plenipotentiary of the
Government of Japan

His Excellency
Monsieur Yeh Kung-Chao
Plenipotentiary of the Republic of China.

七　日華平和条約 10（一九五二年四月二八日署名、同年八月五日効力発生）

日本国と中華民国との間の平和条約

日本国及び中華民国は、
その歴史的及び文化的のきずなと地理的の近さとにかんがみ、善隣関係を相互に希望することを考慮し、
その共通の福祉の増進並びに国際の平和及び安全の維持のための緊密な協力が重要であることを思い、
両者の間の戦争状態の存在の結果として生じた諸問題の解決の必要を認め、
平和条約を締結することに決定し、よつて、その全権委員として次のとおり任命した。
日本国政府　　河田　烈
中華民国大統領　　葉　公超
これらの全権委員は、互にその全権委任状を示し、それが良好妥当であると認められた後、次の諸条を協定した。
第一条　日本国と中華民国との間の戦争状態は、この条約が効力を生ずる日に終了する。
第二条　日本国は、千九百五十一年九月八日にアメリカ合衆国のサン・フランシスコ市で署名された日本国との平和条約(以下「サン・フランシスコ条約」という。)第二条に基き、台湾及び澎湖諸島並びに新南群島及び西沙群島に対するすべての権利、権原及び請求権を放棄したことが承認される。
第三条　日本国及びその国民の財産で台湾及び澎湖諸島にあるもの並びに日本国及びその国民の請求権(債権を含む。)で台湾及び澎湖諸島における中華民国の当局及びそこの住民に対するものの処理並びに日本国におけるこれらの当局及び住民の財産並びに日本国及びその国民に対するこれらの当局及び住民の請求権(債権を含む。)の処理は、日本国政府と中華民国政府との間の特別取極の主題とする。国民及び住民という語は、この条約で用いるときはいつでも、法人を含む。
第四条　千九百四十一年十二月九日前に日本国と中国との間で締結されたすべての条約、協約及び協定は、戦争の結

果として無効となつたことが承認される。

第五条　日本国は、サン・フランシスコ条約第十条の規定に基き、千九百一年九月七日に北京で署名された最終議定書並びにこれを補足するすべての附属書、書簡及び文書の規定から生ずるすべての利得及び特権を含む中国におけるすべての特殊の権利及び利益を放棄し、且つ、前記の議定書、附属書、書簡及び文書を日本国に関して廃棄することに同意したことが承認される。

第六条(a)　日本国及び中華民国は、相互の関係において、国際連合憲章第二条の原則を指針とするものとする。
(b)　日本国及び中華民国は、国際連合憲章の原則に従つて協力するものとし、特に、経済の分野における友好的協力によりその共通の福祉を増進するものとする。
第七条　日本国及び中華民国は、貿易、海運その他の通商の関係を安定した且つ友好的な基礎の上におくために、条約又は協定をできる限りすみやかに締結することに努めるものとする。
第八条　日本国及び中華民国は、民間航空運送に関する協定をできる限りすみやかに締結することに努めるものとする。
第九条　日本国及び中華民国は、公海における漁猟の規制又は制限並びに漁業の保存及び発展を規定する協定をできる限りすみやかに締結することに努めるものとする。
第十条　この条約の適用上、中華民国の国民には、台湾及び澎湖諸島のすべての住民及び以前にそこの住民であつた者並びにそれらの子孫で、台湾及び澎湖諸島において中華民国が現に施行し、又は今後施行する法令によつて中国の国籍を有するものを含むものとみなす。また、中華民国の法人には、台湾及び澎湖諸島において中華民国が現に施行し、又は今後施行する法令に基いて登録されるすべての法人を含むものとみなす。

第十一条　この条約及びこれを補足する文書に別段の定がある場合を除く外、日本国と中華民国との間に戦争状態の存在の結果として生じた問題は、サン・フランシスコ条約の相当規定に従つて解決するものとする。
第十二条　この条約の解釈又は適用から生ずる紛争は、交渉又は他の平和的手段によつて解決するものとする。
第十三条　この条約は、批准されなければならない。批准書は、できる限りすみやかに台北で交換されなければならない。この条約は、批准書の交換の日に効力を生ずる。
第十四条　この条約は、日本語、中国語及び英語によるものとする。解釈の相違がある場合には、英語の本文による。

以上の証拠として、それぞれの全権委員は、この条約に署名調印した。

昭和二十七年四月二十八日（中華民国の四十一年四月二十八日及び千九百五十二年四月二十八日に相当する。）に台北で、本書二通を作成した。

日本国のために　河田　烈
中華民国のために　葉　公超

議　定　書

本日日本国と中華民国との間の平和条約（以下「この条約」という。）に署名するに当り、下名の全権委員は、この条約の不可分の一部をなす次の条項を協定した。

1　この条約の第十一条の適用は、次の了解に従うものとする。

(a)　サン・フランシスコ条約において、期間を定めて、日本国が義務を負い、又は約束をしているときは、いつでも、この期間は、中華民国の領域のいずれの部分に関しても、この条約がこれらの領域の部分に対して適用可能となつた時から直ちに開始する。

(b)　中華民国は、日本国民に対する寛厚と善意の表徴として、サン・フランシスコ条約第十四条(a)1に基き日本国が提供すべき役務の利益を自発的に放棄する。

(c)　サン・フランシスコ条約第十一条及び第十八条は、この条約の第十一条の実施から除外する。

2　日本国と中華民国との間の通商及び航海は、次の取極によつて規律する。

(a)　各当事国は、相互に他の当事国の国民、産品及び船舶に対して、次の待遇を与える。

(I)　貨物の輸出及び輸入に対する、又はこれに関連する関税、課金、制限その他の規制に関する最恵国待遇

(II)　海運、航海及び輸入貨物に関する最恵国待遇並びに自然人及び法人並びにその利益に関する最恵国待遇。この待遇には、税金の賦課及び徴収、裁判を受けること、契約の締結及び履行、財産権(無体財産に関するものを含み、鉱業権に関するものを除く。)、法人への参加並びに一般にあらゆる種類の事業活動及び職業活動(金融(保険を含む。)活動及び一方の当事国がその国民にもつぱら留保する活動を除く。)の遂行に関するすべての事項を含むものとする。

(b)　前記の(a)(II)に明記する財産権、法人への参加並びに事業活動及び職業活動の遂行に関して、一方の当事国が他方の当事国に対し最恵国待遇を与えることが、実質的に内国民待遇を与えることとなるときは、いつでも、この当事国は、他の当事国が最恵国待遇に基き与える待遇よりも有利な待遇を与える義務を負わない。

(c) 政府の商企業の国外における売買は、商業的考慮にのみ基くものとする。

(d) この取極の適用上、次のとおり了解する。

(Ⅰ) 中華民国の船舶には、台湾及び澎湖諸島において中華民国が現に施行し、又は今後施行する法令に基き登録されたすべての船舶を含むものとみなす。また、中華民国の産品には、台湾及び澎湖諸島を原産地とするすべての産品を含むものとみなす。

(Ⅱ) 差別的措置であつて、それを適用する当事国の通商条約に通常規定されている例外に基くもの、その当事国の対外的財政状態若しくは国際収支を保護する必要に基くもの(海運及び航海に関するものを除く。)又は重大な安全上の利益を維持する必要に基くものは、事態に相応しており、且つ、ほしいままな又は不合理な方法で適用されない限り、前記の待遇の許与を害するものと認めてはならない。

本項に定める取極は、この条約が効力を生ずる日から一年間効力を有する。

昭和二十七年四月二十八日(中華民国の四十一年四月二十八日及び千九百五十二年四月二十八日に相当する。)に台北で、本書二通を作成した。

河田　烈

葉　公超

交換公文

第一号

書簡をもつて啓上いたします。本日署名された日本国と中華民国との間の平和条約に関して、本全権委員は、本国政府に代つて、この条約の条項が、中華民国に関しては、中華民国政府の支配下に現にあり、又は今後入るすべての領域に適用がある旨のわれわれの間で達した了解に言及する光栄を有します。

本全権委員は、貴全権委員が前記の了解を確認されれば幸であります。

以上を申し進めるのに際しまして、本全権委員は、貴全権委員に向つて敬意を表します。

千九百五十二年四月二十八日台北において

河田　烈

中華民国全権委員　葉　公超殿

第一号

書簡をもつて啓上いたします。本日署名された中華民国と日本国との間の平和条約に関して、本全権委員は、本日付の貴全権委員の次の書簡を受領したことを確認する光栄を有します。

本日署名された日本国と中華民国との間の平和条約に関して、本全権委員は、本国政府に代つて、この条約の条項が、中華民国に関しては、中華民国政府の支配下に現にあり、又は今後入るすべての領域に適用がある旨のわれわれの間で達した了解に言及する光栄を有します。

本全権委員は、貴全権委員が前記の了解を確認されれば幸であります。

本全権委員は、本国政府に代つて、ここに回答される貴全権委員の書簡に掲げられた了解を確認する光栄を有します。

以上を申し進めるのに際しまして、本全権委員は、貴全権委員に向つて敬意を表します。

千九百五十二年四月二十八日台北において

葉　公超

日本国全権委員　河田　烈殿

第二号

書簡をもつて啓上いたします。本全権委員は、中華民国と日本国との間の平和条約第八条において予見される協定が締結されるまでの間、サン・フランシスコ条約の関係規定が適用されるという本国政府の了解を申し述べる光栄を有します。

本全権委員は、貴全権委員が、前記のことが日本国政府の了解でもあることを確認されることを要請する光栄を有します。

以上を申し進めるのに際しまして、本全権委員は、貴全権委員に向つて重ねて敬意を表します。

千九百五十二年四月二十八日台北において

葉　公超

日本国全権委員　河田　烈殿

〔復簡省略〕

書簡をもって啓上いたします[12]。本日署名された日本国と中華民国と間の平和条約に関して、本全権委員は、本国政府に代つて、千九百四十五年九月二日以後に中華民国の当局がだ捕し、又は抑留した日本国の漁船に関する日本国の請求権に言及する光栄を有します。これらの請求権は、サン・フランシスコ条約が締結される前に、連合国最高司令官及び日本国政府を一方とし中華民国政府を他方とする交渉の主題となつていました。よつて、この交渉を継続し、且つ、これらの請求権を本日署名された日本国と中華民国との間の平和条約の相当規定に関係なく解決することを提議いたします。

本全権委員は、貴全権委員が、中華民国政府に代つて、前記の提案を受諾することを表示されれば幸であります。

以上を申し進めるのに際しまして、本全権委員は、貴全権委員に向つて敬意を表します。

千九百五十二年四月二十八日台北において

河田　烈

中華民国全権委員　葉　公超殿

〔復簡省略〕

同意された議事録

一、

中華民国代表

私は、本日交換された書簡の「又は今後入る」という表現は、「及び今後入る」という意味にとることができると了解する。その通りであるか。

日本国代表

然り、その通りである。私は、この条約が中華民国政府の支配下にあるすべての領域に適用があることを確言する。

二、

中華民国代表

私は、千九百三十一年九月十八日のいわゆる「奉天事件」の結果として中国に設立された「満州国」及び「汪精衛政権」のような協力政権の日本国における財産、権利又は利益は、両当事国間の同意によりこの条約及びサン・フランシスコ条約の関係規定に従い、中華民国に移管されうるものであると了解する。その通りであるか。

日本国代表

その通りである。

三、

中華民国代表

私は、サン・フランシスコ条約第十四条(a)２(II)(ii)の規定は千九百三十一年九月十八日以降中華民国の同意なしに設置され、且つ、かつて中国における日本国政府の外交上又は領事上の機関であると称せられたものが使用した不動産、家具及び備品並びにこの機関の職員が使用した個人の家具、備品及び他の私有財産について除外例を及ぼすものと理解してはならないと了解する。その通りであるか。

日本国代表

その通りである。

四、

日本国代表

私は、中華民国は本条約の議定書第一項(b)において述べられているように、役務賠償を自発的に放棄したので、サン・フランシスコ条約第十四条(a)に基き同国に及ぼされるべき唯一の残りの利益は、同条約第十四条(a)２に規定された日本国の在外資産であると了解する。その通りであるか。

中華民国代表

然り、その通りである。

河田　烈

葉　公超

八　日華平和条約（一九五二年四月二八日署名、同年八月五日効力発生）（英語正文[13]）

TREATY OF PEACE BETWEEN JAPAN AND THE REPUBLIC OF CHINA

Japan and the Republic of China,

Considering their mutual desire for good neighborliness in view of their historical and cultural ties and geographical proximity;

Realizing the importance of their close cooperation to the promotion of their common welfare and to the maintenance of international peace and security;

Recognizing the need of a settlement of problems that have arisen as a result of the existence of a state of war between them;

Have resolved to conclude a Treaty of Peace and have accordingly appointed as their Plenipotentiaries,

The Government of Japan:

Mr. Isao Kawada;

His Excellency the President of the Republic of China:

Mr. Yeh Kung Chao;

Who, having communicated to each other their full powers found to be in good and due form, have agreed upon the following articles:

ARTICLE I

The state of war between Japan and the Republic of China is terminated as from the date on which the present Treaty enters into force.

ARTICLE II

It is recognized that under Article 2 of the Treaty of Peace with Japan signed at the city of San Francisco in the United States of America on September 8, 1951 (hereinafter referred to as the San Francisco Treaty), Japan has renounced all right, title and claim to Taiwan (Formosa) and Penghu (the Pescadores) as well as the Spratly Islands and the Paracel Islands.

ARTICLE III

The disposition of property of Japan and of its nationals in Taiwan (Formosa) and Penghu (the Pescadores), and their claims, including debts, against the authorities of the Republic of China in Taiwan (Formosa) and Penghu (the Pescadores) and the residents thereof, and the disposition in Japan of property of such authorities and residents and their claims, including debts, against Japan and its nationals, shall be the subject of special arrangements between the Government of Japan and the Government of the Republic of China. The terms nationals and residents whenever used in the present Treaty include juridical persons.

ARTICLE IV

It is recognized that all treaties, conventions and agreements concluded before December 9, 1941, between Japan and China have become null and void as a consequence of the war.

ARTICLE V

It is recognized that under the provisions of Article 10 of the San Francisco Treaty, Japan has renounced all special rights and interests in China, including all benefits and privileges resulting from the provisions of the final Protocol signed at Peking on September 7, 1901, and all annexes, notes and documents supplementary thereto, and has agreed to the abrogation in respect to Japan of the said protocol, annexes, notes and documents.

ARTICLE VI

(a) Japan and the Republic of China will be guided by the principles of Article 2 of the Charter of the United Nations in their mutual relations.

(b) Japan and the Republic of China will cooperate in accordance with the principles of the Charter of the United Nations and, in particular, will promote their common welfare through friendly cooperation in the economic field.

ARTICLE VII

Japan and the Republic of China will endeavor to conclude, as soon as possible, a treaty or agreement to place their trading, maritime and other commercial relations on a stable and friendly basis.

ARTICLE VIII

Japan and the Republic of China will endeavor to conclude, as soon as possible, an agreement relating to civil air transport.

ARTICLE IX

Japan and the Republic of China will endeavor to conclude, as soon as possible, an agreement providing for the regulation or limitation of fishing and the conservation and development of fisheries on the high seas.

ARTICLE X

For the purposes of the present Treaty, nationals of the Republic of China shall be deemed to include all the inhabitants and former inhabitants of Taiwan (Formosa) and Penghu (the Pescadores) and their descendants who are of the Chinese nationality in accordance with the laws and regulations which have been or may hereafter be enforced by the Republic of China in Taiwan

(Formosa) and Penghu (the Pescadores); and juridical persons of the Republic of China shall be deemed to include all those registered under the laws and regulations which have been or may hereafter be enforced by the Republic of China in Taiwan (Formosa) and Penghu (the Pescadores).

ARTICLE XI

Unless otherwise provided for in the present Treaty and the documents supplementary thereto, any problem arising between Japan and the Republic of China as a result of the existence of a state of war shall be settled in accordance with the relevant provisions of the San Francisco Treaty.

ARTICLE XII

Any dispute that may arise out of the interpretation or application of the present Treaty shall be settled by negotiation or by other pacific means.

ARTICLE XIII

The present Treaty shall be ratified and the instruments of ratification shall be exchanged at Taipei as soon as possible. The present Treaty shall enter into force as from the date on which such instruments of ratification are exchanged.

ARTICLE XIV

The present Treaty shall be in the Japanese, Chinese and English languages. In case of any divergence of interpretation, the English text shall prevail.

IN WITNESS WHEREOF, the respective Plenipotentiaries have signed the present Treaty and have affixed thereto their seals.

DONE in duplicate at Taipei, this Twenty Eighth day of the Fourth month of the Twenty Seventh year of Showa of Japan corresponding to the Twenty Eighth day of the Fourth month of the Forty First year of the Republic of China and to the Twenty Eighth day of April in the year One Thousand Nine Hundred and Fifty Two.

FOR JAPAN:

(Isao Kawada)

FOR THE REPUBLIC OF CHINA:

(Yeh Kung Chao)

PROTOCOL

At the moment of signing this day the Treaty of Peace between Japan and the Republic of China (hereinafter referred to as the present Treaty), the undersigned Plenipotentiaries have agreed upon the following terms which shall constitute an integral part of the present Treaty:

1. The application of Article XI of the present Treaty shall be subject to the following understandings:

(a) Wherever a period is stipulated in the San Francisco Treaty during which Japan assumes an obligation or undertaking, such period shall, in respect of any part of the territories of the Republic of China, commence immediately when the present Treaty becomes applicable to such part of the territories.

(b) As a sign of magnanimity and good will towards the Japanese people, the Republic of China voluntarily waives the benefit of the services to be made available by Japan pursuant to Article 14 (a) 1 of the San Francisco Treaty.

(c) Articles 11 and 18 of the San Francisco Treaty shall be excluded from the operation of Article XI of the present Treaty.

2. The commerce and navigation between Japan and the Republic of China shall be governed by the following Arrangements:

(a) Each Party will mutually accord to nationals, products and vessels of the other Party:

(i) Most-favored-nation treatment with respect to customs duties, charges, restrictions and other regulations on or in connection with the importation and exportation of goods; and

(ii) Most-favored-nation treatment with respect to shipping, navigation and imported goods, and with respect to natural and juridical persons and their interests – such treatment to include all matters pertaining to the levying and collection of taxes, access to the courts, the making and performance of contracts, rights to property (including those relating to intangible property and excluding those with respect to mining), participation in juridical entities, and generally the conduct of all kinds of business and professional activities with the exception of financial (including insurance) activities and those reserved by either Party exclusively to its nationals.

(b) Whenever the grant of most-favored-nation treatment by either Party to the other Party, concerning rights to property, participation in juridical entities and conduct of business and professional activities, as specified in sub-paragraph (a) (ii) of this paragraph, amounts in effect to the grant of national treatment, such Party shall not be obligated to grant more favorable treatment than that granted by the other Party under most-favored-nation treatment.

(c) External purchases and sales of government trading enterprises shall be based solely on commercial considerations.

(d) In the application of the present Arrangements, it is understood

(i) that vessels of the Republic of China shall be deemed to include all those registered under the laws and regulations which have been or may hereafter be enforced by the Republic of China in Taiwan (Formosa) and Penghu (the Pescadores); and the products of the Republic of China shall be deemed to include all those originating in Taiwan (Formosa) and Penghu (the Pescadores); and

(ii) that a discriminatory measure shall not be considered to derogate from the grant of treatments prescribed above, if such measure is based on an exception customarily provided for in the commercial treaties of the Party applying it, or on the need to safeguard that Party's external financial position or balance of payments (expect in respect to shipping and navigation), or on the need to maintain its essential security interests, and provided such measure is proportionate to the circumstances and not applied in an arbitrary or unreasonable manner.

The Arrangements set forth in this paragraph shall remain in force for a period of one year as from the date on which the present Treaty enters into force.

DONE in duplicate at Taipei, this Twenty Eighth day of the Fourth month of the Twenty Seventh year of Showa of Japan corresponding to the Twenty Eighth day of the Fourth month of the Forty First year of the Republic of China and to the Twenty Eighth day of April in the year One Thousand Nine Hundred and Fifty Two.

(Isao Kawada)

(Yeh Kung Chao)

EXCHANGE OF NOTES

No. 1

Taipei, April 28, 1952

Excellency,

In regard to the Treaty of Peace between Japan and the Republic of China signed this day, I have the honor to refer, on behalf of my Government, to the understanding reached between us that the terms of the present Treaty shall, in respect of the Republic of China, be applicable to all the territories which are now, or which may hereafter be, under the control of its Government.

I shall be appreciative, if you will confirm the understanding set forth above.

I avail myself of this opportunity to convey to Your Excellency the assurance of my highest consideration.

(Isao Kawada)

His Excellency
Monsieur Yeh Kung Chao,
Plenipotentiary of the Republic of China.

No. 1

Taipei, April 28, 1952

Excellency,

In connection with the Treaty of Peace between the Republic of China and Japan signed this day, I have the honor to acknowledge receipt of Your Excellency's Note of to-day's date reading as follows:

> In regard to the Treaty of Peace between Japan and the Republic of China signed this day, I have the honor to refer, on behalf of my Government, to the understanding reached between us that the terms of the present Treaty shall, in respect of the Republic of China, be applicable to all the territories which are now, or which may hereafter be, under the control of its Government.
>
> "I shall be appreciative, if you will confirm the understanding set forth above."

I have the honor to confirm, on behalf of my Government, the understanding set forth in Your Excellency's Note under reply.

I avail myself of this opportunity to convey to Your Excellency the assurance of my highest consideration.

(Yeh Kung Chao)

His Excellency
Mr. Isao Kawada,
Plenipotentiary of Japan.

No. 2

Taipei, April 28, 1952

Excellency,

I have the honor to state that it is the understanding of my Government that pending the conclusion of the agreement envisaged in Article VIII of the Treaty of Peace between the Republic of China and Japan signed this day, the relevant provisions of the San Francisco Treaty shall apply.

I have the honor to request that Your Excellency will be so good as to confirm that this is also the understanding of the Government of Japan.

I avail myself of this opportunity to renew to Your Excellency the assurance of my highest consideration.

(Yeh Kung Chao)

His Excellency
Mr. Isao Kawada,
Plenipotentiary of Japan.

〔復簡省略〕

Taipei, April 28, 1952

Excellency,

In regard to the Treaty of Peace between Japan and the Republic of China signed this day, I have the honor to refer, on behalf of my Government, to the claims of Japan concerning her fishing vessels captured or seized by the authorities of the Republic of China after the date of September 2, 1945. As these claims had formed a subject of negotiation between the SCAP and the Government of Japan on the one hand and the Government of the Republic of China on the other before the San Francisco Treaty was concluded, it is proposed that such negotiation be continued and that these claims be settled without any reference to the relevant provisions of the Treaty of Peace between Japan and the Republic of China signed this day.

I shall be appreciative, if you will, on behalf of the Government of the Republic of China, signify your acceptance of the proposal set forth above.

I avail myself of this opportunity to convey to Your Excellency the assurance of my highest consideration.

(Isao Kawada)

His Excellency
Monsieur Yeh Kung Chao,
Plenipotentiary of the Republic of China.

〔復簡省略〕

AGREED MINUTES

I.

Chinese Delegate:

It is my understanding that the expression "or which may hereafter be" in the Notes No. 1 exchanged to-day can be taken to mean "and which may hereafter be". Is it so ?

Japanese Delegate:

Yes, it is so. I assure you that the Treaty is applicable to all the territories under the control of the Government of the Republic of China.

II.

Chinese Delegate:

It is my understanding that the property, rights or interests in Japan of the collaborationist regimes created in China, as a result of the so-called "Mukden incident" of September 18, 1931, such as "Manchukuo" and the "Wang Ching Wei regime", shall be transferrable to the Republic of China upon agreement between the two Parties in accordance with the relevant provisions of the present Treaty and of the San Francisco Treaty. Is it so ?

Japanese Delegate:

It is so.

III.

Chinese Delegate:

I understand that nothing in the provisions under Article 14 (a) 2 (II) (ii) of the San Francisco Treaty shall be construed to extend any exceptions to the real property, furniture and fixtures used by such set-ups as were established since September 18, 1931 without the concurrence of the Republic of Chana and were once claimed to be diplomatic or consular set-ups of the Japanese Government in China and the personal furniture and furnishings and other private property used by the personnel of such set-ups. Is it so ?

Japanese Delegate:

It is so.

IV.

Japanese Delegate:

It is my understanding that since the Republic of China has voluntarily waived the service compensation as stated in paragraph 1 (b) of the Protocol of the present Treaty, the only benefit that remains to be extended to her under Article 14 (a) of the San Francisco Treaty is Japan's external assets as stipulated in Article 14 (a) 2 of the same Treaty. Is it so?

Chinese Delegate:

Yes, it is so.

九　日中共同声明中国側原案[14]（一九七二年七月二九日）

日中共同声明文案大綱

1　中華人民共和国と日本国との間の戦争状態はこの声明が公表される日に終了する。

2　日本国政府は、中華人民共和国政府が提出した中日国交回復の三原則を十分に理解し、中華人民共和国政府が、中国を代表する唯一の合法政府であることを承認する。

これに基づき両国政府は外交関係を樹立し、大使を交換する。

3　双方は、中日両国の国交樹立が両国人民の長期にわたる願望にも合致し、世界各国人民の利益にも合致するものであると声明する。

（「双方は次のように声明する」と冒頭にいってもよい）

4　双方は主権と領土保全の相互尊重、相互不可侵、内政の相互不干渉、平等互恵、平和共存の五原則に基づいて、中日両国の関係を処理することに同意する。

中日両国間の紛争は、五原則に基づき、平和的話合いを通じて解決し、武力や武力による威嚇に訴えない。

5　双方は、中日両国のどちらの側も、アジア・太平洋地域で覇権を求めず、いずれの側も、他のいかなる国、あるいは国家集団が、こうした覇権をうちたてようとすることに反対するものであると声明する。

（相談に応ずる）

6　双方は、両国の外交関係が樹立された後、平和共存の五原則に基づいて平和友好条約を締結することに同意する。

7　中日両国人民の友誼のため、中華人民共和国政府は日本国に対する戦争賠償の請求権を放棄する。

8　中華人民共和国政府と日本国政府は、両国間の経済と文化関係をいっそう発展させ人的往来を拡大するため、平和友好条約が締結される前に、必要と既存の取極めに基づいて通商、航海、航空、気象、郵便、漁業、科学技術などの協定をそれぞれ締結する。

黙　約　事　項

1　台湾は中華人民共和国の領土であり、台湾を解放することは、中国の内政問題である。

2　共同声明が発表された後、日本政府は、台湾からその大使館、領事館を撤去し、また効果的な措置を講じて、蔣介石集団（台湾でもよい）の大使館、領事館を撤去させる。

3　戦後、台湾における日本の団体と個人の投資、及び企業は、台湾が開放《ママ》される際に適当な配慮が払われるものである。（もちろん中国側が適当な配慮を払うという意味である。）

一〇　日中共同声明日本側原案[15]（一九七二年九月一〇日）

日中共同声明要綱の日本側基本方針要旨

一、両国政府は、戦争状態が終結したことを確認する。

二、日本側は、中華人民共和国政府を中国を代表する唯一の合法政権として承認する。

三、中国側は、台湾は中国の領土の一部であることを再確認する。日本側は、中国の主張を理解し、尊重する。

四、中国側は、対日賠償請求権を放棄する。

五、両国政府は、一九七二年〇月〇日から外交関係を開設し、なるべく速やかに大使を交換する。

一一　日中共同声明中国側案[16]（一九七二年九月二六日）

中華人民共和国政府日本国政府共同声明（草案）

（中国文による翻訳）

中日両国は海ひとつへだてた隣国であり、両国間の歴史には悠久な伝統的友誼があつた。両国人民は、両国間にこれまで存在していたきわめて不正常な状態をあらためることを切望している。中日国交の回復は、両国の関係史上に新たな1ページを開くであろう。

（日本国政府は、過去において日本軍国主義が中国人民に戦争の損害をもたらしたことを深く反省する。同時に、中華人民共和国政府が提起した国交回復三原則を十分理解することを表明し、この立場にたつて中日関係正常化の実現をはかる。）中国政府はこれを歓迎するものである。

中日両国の社会制度は異なつているとはいえ、平和かつ友好的につきあうべきであり、また、つきあうことができる。中日両国の国交をあらたに樹立し、善隣友好関係を発展させることは、両国人民の根本的な利益に合致するばかりでなく、アジアの緊張情勢の緩和と世界平和の擁護にも役だつものである。

両国政府は友好的な話合いをつうじて、つぎの合意に達した。

(1)　本声明が公表される日に、中華人民共和国と日本国との間の戦争状態は終了する。

(2)　（日本国政府は、中華人民共和国政府が中国を代表する唯一の合法政府であることを承認する。）

中華人民共和国政府は、台湾が中華人民共和国の領土の不可分の一部であることを重ねて表明する。

（日本国政府は、カイロ宣言にもとづいて中国政府のこの立場に賛同する。）

(3)　中華人民共和国政府と日本国政府は、１９７２年9月　日から外交関係を樹立することを決定した。双方は国際法及び国際慣例に従い、それぞれの首都における相手側の大使館の設置とその任務遂行のために必要な条件をつくり、また　箇月以内に大使を交換することを申し合わせた。

(4)　中華人民共和国政府は、中日両国人民の友好のために日本国にたいし戦争賠償請求権を放棄することを宣言する。

(5)　中華人民共和国政府と日本国政府は、主権と領土保全の相互尊重、相互不可侵、相互内政不干渉、平等互恵、平和共存の五原則にのつとつて中日両国間の関係を処理し、両国間の平和友好関係を恒久的な基礎のうえに確立することに合意する。

上記の原則にもとづき、両国政府は相互の関係において、すべての紛争を平和的手段により解決し、武力の行使あるいは武力による威かくをおこなわないことに合意する。

(6)　中華人民共和国政府と日本国政府は、中日両国のどちらの側もアジア・太平洋地域において覇権を求めるべきではなく、いずれの側もいかなるその他の国あるいは国家集団がこうした覇権を確立しようとするこころみに反対するものであると声明する。

(7)　中華人民共和国政府と日本国政府は、両国間の平和友好関係を強固にし、発展させるため、平和友好条約を締結することに合意する。

(8)　中華人民共和国政府と日本国政府は、両国間の経済、文化関係をいっそう発展させ、人的往来を拡大するため、平和友好条約が締結される前に交渉を通じて、必要と既存の取り決めにもとづき、貿易、航海、航空、漁業、気象、郵便、科学技術などの協定をそれぞれ締結する。

中華人民共和国
国務院総理　（署　名）
日　本　国
内閣総理大臣（署　名）

一二　日中共同声明日本側案[17]（一九七二年九月二六日）

日本国と中華人民共和国との間の国交正常化に関する日本国政府と中華人民共和国政府の共同声明案

（前文省略）

1　日本国政府及び中華人民共和国政府は、日本国と中国との間の戦争状態の終了をここに確認する。

2　日本国政府は、中華人民共和国政府を中国の唯一の合法政府として承認する。

3　日本国政府及び中華人民共和国政府は、1972年　月　日から外交関係を開設することを決定した。
両政府は、また、できるだけすみやかに大使を交換することに合意し、国際法及び国際慣行に従い、それぞれの首都における他方の外交使節団の設置及びその任務の遂行のために必要なすべての援助を相互に提供することを決定した。

4　中華人民共和国政府は、台湾が中華人民共和国の領土の不可分の一部であることを再確認する。日本国政府は、この中華人民共和国政府の立場を十分理解し、かつ、これを尊重する。

5　日本国政府及び中華人民共和国政府は、主権及び領土保全の相互尊重、相互不可侵、国内問題に対する相互不干渉、平等及び互恵並びに平和共存の諸原則に従つて、両国間の平和的かつ友好的関係を恒久的な基礎の上に確立すべきことに合意する。

これに関連して、両政府は、日本国と中国が、外部からのいかなる干渉も受けることなく政治的、経済的又は社会的制度を選択する両国の固有の権利を相互に尊重すること、及び、両国が、国際連合憲章の原則に従い、相互の関係において、いかなる紛争も平和的手段により解決し、武力による威嚇又は武力の行使を慎むことを確認する。

6　日本国政府及び中華人民共和国政府は、両国のいずれも、アジア・太平洋地域において覇権を求めるべきではなく、また、このような覇権を確立しようとする他のいかなる国あるいは国の集団による試みにも反対するとの見解を有する。

(7　中華人民共和国政府は、日中両国国民の友好のため、日本国に対し、両国間の戦争に関連したいかなる賠償の請求も行なわないことを宣言する。)

8　日本国政府及び中華人民共和国政府は、両国間の平和友好の関係を強固にし、かつ、両国間の将来の関係を発展させることを目的として、平和友好条約及び通商航海、航空、漁業等の各種の分野における必要な諸取極の締結のため、外交上の経路を通じて交渉を行なうことに合意した。

一三 日中共同声明日本側案の対中説明18（一九七二年九月二六日）

日本側が準備した日中国交正常化に関する共同声明案は、先般中国側から非公式に提示された「日中共同声明文案大綱19」を基礎にして、同大綱に示されている中華人民共和国政府の見解を尊重しつつ、若干の重要な点に関する日本政府の立場も反映されるように配慮したものである。以下、中国側の「大綱」と対比しつつ、共同声明案本文の各項についての日本側の考えを説明する。

1 第1項は、中国側の「大綱」と同様に、日中両国間の戦争状態の終結問題をとり上げている。「大綱」との相違は、日中両国政府による戦争状態終了の確認という形式をとつていること及び戦争状態の終了時期が明示されていないことの2点である。この相違は、日本側としてきわめて重要視する点であるので、この機会に、この問題に関する日本政府の基本的立場を説明し、これに対する中国側の理解を得たいと考える。

日中間の戦争状態終結の問題は、いうまでもなく、日華平和条約に対する双方の基本的立場の相違から生じたものである。この点は、昨日大平大臣から説明したとおりであるが、繰り返し説明したい。中国側が、その一貫した立場から、わが国が台湾との間に結んだ条約にいつさい拘束されないとすることは、日本側としても十分理解しうるところであり、日本政府は、中華人民共和国政府がかかる立場を変更するよう要請するつもりは全くない。しかしながら、他方において、日本政府が、自らの意思に基づき締結した条約が無効であつたとの立場をとることは、責任ある政府としてなしうることではなく、日本国民も支持しがたいところである。したがつて、わが国と台湾との間の平和条約が当初から無効であつたとの前提に立つて、今日未だに日中両国間に法的に戦争状態が存在し、今回発出されるべき共同声明によつて初めて戦争状態終了の合意が成立するとしか解する余地がない表現に日本側が同意することはできない。

第1項の表現は、このような考慮に基づいて書かれたものである。これまでの日中関係に対する法的認識についての双方の立場に関して決着をつけることは必要ではなく、また、可能でもないので、それはそれとして、今後は、日中両国間に全面的に平和関係が存在するという意味で、戦争状態終了の時期を明示することなく、終了の事実を確認することによつて、日中双方の立場の両立がはかられるとの考えである。表現については、中国側の提案をまつてさらに検討したい。

2　第2項は、日本政府による中華人民共和国政府の承認であり、中国側の「大綱」第2項の前段に相当する。「大綱」は、まず承認問題を含む中国側の三つの原則的立場に対する日本政府の態度を包括的かつ抽象的に述べた後に、具体的に承認問題に言及する構成をとつているが、日本側は、本項においては、承認問題のみをとり上げ、これに対する日本政府の明確な態度を示すことが適当と信ずるものである。その他の二つの問題(すなわち、台湾問題と日華平和条約問題)については、それぞれ別途に処理することとしたい。中国と諸外国との間の共同声明においても、承認と台湾問題とは切り離して処理されていると承知しているので、このように、三つの問題を個別に解決していく方式については、中国側にも特に異存はないものと考えた次第であるが、昨日の周総理の発言に関連し、この点に関する中国側の見解を伺いたい。

3　第3項は、外交関係の開設、大使の交換及び外交使節団の設置に関する日中間の合意に関するものであり、中国側の「大綱」第2項の後段に相当する。「大綱」に比してその内容がより詳細なものとなつているが、本項の表現は、中国と諸外国との間の共同声明を先例として参考にしたものであるので、特に補足的な説明を要しないであろう。

なお、日中両国間の外交関係開設は、この共同声明発出の日と同日付けで行なわれるべきであるというのが日本側の考えであり、中国側も同様の見解と了解している。

この項の内容は、日中両国政府の正式の合意を必要とする事項であり、わが方としては、国内手続上、共同声明とは別個の事務的な合意文書を必要とするので、中国側に特に異存がない場合には、別途同趣旨の簡単な覚書を作成し、共同声明ではこの合意を確認するという形にしたいと考える。

4　次の第4項は台湾問題に関する部分であり、中国側の「大綱」別添の「黙約事項」の一に対応する。すでに中国側も理解しているとおり、日本側は、日中国交正常化に際しては、いつさい秘密了解のごとき文書を作るべきではないと考えており、台湾問題についても、他の項目と同様に、日中双方が合意しうる表現を見出だし、これを共同声明に含めることとしたい。

台湾問題に関する日本政府の立場については、この機会にこれを要約すれば次のとおりである。

サン・フランシスコ平和条約によつて、台湾に対するすべての権利を放棄したわが国は、台湾の現在の法的地位に関して独自の認定を下す立場にない。中国側が、サン・フランシスコ条約について、日本と異なる見解を有することは十分承知しているが、わが国は、同条約の当事国として、右の立場を崩すことはできない。しかしながら、同時に、カイロ、ポツダム両宣言の経緯に照らせば、台湾は、これらの宣言が意図したところに従い、中国に返還されるべきものであるというのが日本政府の変わらざる見解である。わが国は、また、「中国は一つ」との中国の一貫した立場を全面的に尊重するものであり、当然のことながら、台湾を再び日本の領土にしようとか、台湾独立を支援しようといつた意図は全くない。したがつて、わが国としては、将来台湾が中華人民共和国の領土以外のいかなる法的地位を持つことも予想していない。

このような見地から、日本政府は、台湾が現在中華人民共和国政府とは別個の政権の支配下にあることから生ずる問題は、中国人自身の手により、すなわち、中国の国内問題として解決されるべきものと考える。他方、わが国は、台湾に存在する国民政府と外交関係を維持している諸国の政策を否認する立場になく、また、米中間の軍事的対決は避けられなくてはならないというのがすべての日本国民の念願である以上、台湾問題はあくまでも平和裡に解決さ〔一字判読不能〕なくてはならないというのが日本政府の基本的見解である。

共同声明案の第4項第2文の「日本国政府は、この中華人民共和国政府の立場を十分理解し、かつ、これを尊重する。」との表現は、右に述べたような日本側の考えを中国側の立場に対応して簡潔に表わしたものである。

5　中国側の「大綱」第4項に述べられている日中関係に適用されるべき基本原則については、日本側としても、その内容に特に異存がないので、これを若干ふえんした形で第5項において確認することとしたい。

なお、本項後段において、両国間の紛争の平和的解決及び武力不行使と並んで、日中双方が自由に自国の国内制度を選択する固有の権利を相互に尊重する旨をうたつているが、これは、前段で強調されているように、「両国間に平和的かつ友好的関係を恒久的な基礎の上に確立」するためには、日中両国が、それぞれの政治信条に基づき、異なる政治、経済、社会制度を有している事実を相互に認め合い、これを許容するという基本的姿勢がきわめて重要であると考えられるからである。

6　第6項は、中国側の「大綱」第5項と同じ内容であるので、日本側から特に補足すべき点はない。

7　賠償の問題に関する第7項は、本来わが方から提案すべき性質の事項ではないので、括弧内に含めてある。その内容は、中国側の「大綱」第7項とその趣旨において変わりがないが、若干の表現上の修正が行なわれている。すなわち、日本政府は、わが国に対して賠償を求めないとの中華人民共和国政府の〔二字判読不能〕を率直に評価するものであるが、他方、第1項の戦争状態終結の問題と全く同様に、日本が台湾との間に結んだ平和条約が当初から無効であつたことを明白に意味する結果となるような表現が共同声明の中で用いられることは同意できない。日本側提案のような法律的ではない表現であれば、日中双方の基本的立場を害することなく、問題を処理しうると考えるので、この点について中国側の配慮を期待したい。

8　最後の第8項においては、中国側の「大綱」第6項と第8項を一項にまとめ、国交正常化後日中間において締結交渉が予想される平和友好条約及びその他若干の諸取極が例示的にあげられている。本項において触れられていない他の分野に関する取極については、日本側として、これを積極的に排除する意図はないが、当面その締結の必要性につき確信がえられないのであえて言及しなかつた次第である。

なお、本項に関連して、日本側としては、二つの点について、中国側との間に誤解がないように確認しておきたい。

まず、平和友好条約に関しては、日本側は、中国側が予想している条約の内容を具体的に承知していないが、日本政府としては、この条約が、将来の日中関係がよるべき指針や原則を定める前向きの性格のものである限り、その締結のために適当な時期に中国側の具体的提案をまつて交渉に入ることに異存はない。戦争を含む過去の日中間の不正常な関係の清算に関連した問題は、今回の話合いとその結果である共同声明によつてすべて処理し、今後にかかる後向きの仕事をいつさい残さないようにしたい。

次に、個個の実務的分野を対象とする取極については、既存の民間ベースの取極がある場合、従来これが果たしてきた役割を否定するものではないが、やはり政府間の取極ということになれば、民間取極の内容をそのまま取り入れることができない場合もありうると考えられるので、政府がこれに拘束されるかのように解される表現を共同声明において用いることは避けたい。

9　日華平和条約に関するわが国の基本的立場は、すでに第1項の戦争状態終了の問題に関連して述べたとおりであるが、他方、日中国交正常化が達成されれば、日華平和条約は実質的にその存続意義を完全に失うこととなるので、日本政府としては、今後の日中関係が全く新しい基礎の上に出発することを明確にする意味で、なんらかの適当な方法により同条約の終了を公けに確認する用意がある。

10　なお、中国側の「大綱」別添の「黙約事項」においては、台湾問題のほかに、わが国と台湾との間の大使館、領事館の相互撤去及び戦後の台湾に対する日本の投資に対する将来の中国側の配慮の2点が言及されているが、このうち第1点に関しては、これが日中国交正常化の必然的帰結と認識しており、妥当な期間内に当然実現されるものであるので、このようなことのために、公表・不公表を問わず、あえて文書を作成する必要はなく、中国側において日本政府を信用してもらいたい。また、第2点に関しても、秘密文書を作成しないとの基本方針に基づき、これを口頭での了解にとどめておくべきものと考える。

一四　日中共同声明20（一九七二年九月二九日署名）

日本国政府と中華人民共和国政府の共同声明

日本国内閣総理大臣田中角栄は、中華人民共和国国務院総理周恩来の招きにより、一九七二年九月二五日から九月三〇日まで、中華人民共和国を訪問した。田中総理大臣には大平正芳外務大臣、二階堂進内閣官房長官及びその他の政府職員が随行した。

毛沢東主席は九月二七日に田中角栄総理大臣と会見した。双方は、真剣かつ友好的な話合いを行なつた。

田中総理大臣及び大平外務大臣と周恩来総理及び姫鵬飛外交部長は、日中両国間の国交正常化問題をはじめとする両国間の諸問題及び双方が関心を有するその他の諸問題について、終始、友好的な雰囲気のなかで真剣かつ卒直に意見を交換し、次の両政府の共同声明を発出することに合意した。

日中両国は、一衣帯水の間にある隣国であり、長い伝統的友好の歴史を有する。両国国民は、両国間にこれまで存在していた不正常な状態に終止符を打つことを切望している。戦争状態の終結と日中国交の正常化という両国国民の願望の実現は、両国関係の歴史に新たな一頁を開くこととなろう。

日本側は、過去において日本国が戦争を通じて中国国民に重大な損害を与えたことについての責任を痛感し、深く反省する。また、日本側は、中華人民共和国政府が提起した「復交三原則」を十分理解する立場に立つて国交正常化の実現をはかるという見解を再確認する。中国側は、これを歓迎するものである。

日中両国間には社会制度の相違があるにもかかわらず、両国は、平和友好関係を樹立すべきであり、また、樹立することが可能である。両国間の国交を正常化し、相互に善隣友好関係を発展させることは、両国国民の利益に合致するところであり、また、アジアにおける緊張緩和と世界の平和に貢献するものである。

1　日本国と中華人民共和国との間のこれまでの不正常な状態は、この共同声明が発出される日に終了する。

2　日本国政府は、中華人民共和国政府が中国の唯一の合法政府であることを承認する。

3　中華人民共和国政府は、台湾が中華人民共和国の領土の不可分の一部であることを重ねて表明する。日本国政府は、この中華人民共和国政府の立場を十分理解し、尊重し、ポツダム宣言第八項に基づく立場を堅持する。

4　日本国政府及び中華人民共和国政府は、一九七二年九月二九日から外交関係を樹立することを決定した。両政府は、国際法及び国際慣行に従い、それぞれの首都における他方の大使館の設置及びその任務遂行のために必要なすべての措置をとり、また、できるだけすみやかに大使を交換することを決定した。

5　中華人民共和国政府は、中日両国国民の友好のために、日本国に対する戦争賠償の請求を放棄することを宣言する。

6　日本国政府及び中華人民共和国政府は、主権及び領土保全の相互尊重、相互不可侵、内政に対する相互不干渉、平等及び互恵並びに平和共存の諸原則の基礎の上に両国間の恒久的な平和友好関係を確立することに合意する。

両政府は、右の諸原則及び国際連合憲章の原則に基づき、日本国及び中国が、相互の関係において、すべての紛争を平和的手段により解決し、武力又は武力による威嚇に訴えないことを確認する。

7　日中両国間の国交正常化は、第三国に対するものではない。両国のいずれも、アジア・太平洋地域において覇権を求めるべきではなく、このような覇権を確立しようとする他のいかなる国あるいは国の集団による試みにも反対する。

8　日本国政府及び中華人民共和国政府は、両国間の平和友好関係を強固にし、発展させるため、平和友好条約の締結を目的として、交渉を行なうことに合意した。

9　日本国政府及び中華人民共和国政府は、両国間の関係を一層発展させ、人的往来を拡大するため、必要に応じ、また、既存の民間取決めをも考慮しつつ、貿易、海運、航空、漁業等の事項に関する協定の締結を目的として、交渉を行なうことに合意した。

一九七二年九月二九日に北京で

日本国内閣総理大臣　田中角栄（署　名）
日本国外務大臣　大平正芳（署　名）
中華人民共和国国務院総理　周　恩来（署　名）
中華人民共和国外交部長　姫　鵬飛（署　名）

一五　略年表

日華平和条約関連

一九五一年

三月二三日　対日平和条約アメリカ三月草案

四月　七日　対日平和条約イギリス草案

六月　四日―一四日　ダレス・モリソン会談（中国の講和会議不招請決定）

七月一二日　対日平和条約英米草案公表

九月　八日　対日平和条約署名

一二月二四日　吉田書簡

一九五二年

一月一六日　吉田書簡公表

一月一八日　中華民国が平和条約早期締結の意向を表明

一月三一日　日本より日華条約交渉の正式申し入れ

二月一八日　日華条約会議予備会談開催

二月二〇日　日華条約会議開会、国府側第一次草案提出

三月　一日　日本側第一次草案提出

三月一二日　日本側第二次草案提出

三月二〇日　アメリカ上院が対日平和条約の批准承認
三月二一日　国府側第二次草案提出（日本側第二次草案を基礎に）
三月二五日　国府側第二次草案修正案提出
　　　　　　現地より手を打つ潮時として請訓
三月二八日　日本側第三次草案提出
四月一六日　現地非公式妥結、承認の請訓
四月二二日　日本政府最終案を打電
四月二八日　日華平和条約署名
　　　　　　対日平和条約発効

日中共同声明関連
一九七二年
七月　七日　田中角栄内閣の成立
　　　　　　田中首相が中国との国交正常化を急ぐとの談話
七月　九日　周恩来首相が田中談話を歓迎するとの声明
七月二九日　中国側共同声明原案提示（竹入義勝公明党委員長に提示）
九月一〇日　日本側共同声明原案提示（古井喜実自民党代議士が提示）
九月二五日―二九日　日中国交正常化交渉

九月二五日　第一回田中・周会談
九月二六日　第一回大平・姫会談、日本側共同声明案提示、中国側共同声明案提示
　　　　　　第二回田中・周会談
九月二七日　第二回大平・姫会談
　　　　　　第三回田中・周会談
　　　　　　第三回大平・姫会談
九月二八日　第四回田中・周会談
九月二九日　日中共同声明署名

注
1　『官報』号外第五〇号(一九五二年四月二八日)一―五頁。
2　本資料において、〔　〕および［　］内は著者による挿入である。
3　『日華平和条約関係一件』第三巻、〇〇四四―〇〇五〇頁。
4　『同右』第三巻、〇〇九二―〇一〇三頁。
5　本条は、右出典資料において全面伏字となっていたため、著者が行政文書の開示手続によって入手したものである。「特定歴史公文書等利用決定通知書　利用決定第〇一〇五号」(二〇一四年四月一四日)。
6　『日華平和条約関係一件』第三巻、〇一二八―〇一三八頁。
7　原典に判読不能ないし意味不明な部分があったので、本資料の「五　日華平和条約国府側第二次草案修正案」を参考にして補った。
8　『日華平和条約関係一件』第三巻、〇一五二―〇一六一頁。
9　『同右』第三巻、〇一七一―〇一七七頁。

10 『官報』号外第九二号(一九五二年八月五日)二—四頁。
11 官報では「第十四条(a)Ⅰ」となっているが、「第十四条(a)1」の誤りであることが明らかであるので、訂正しておいた。
12 この交換公文には番号(第＊号)が付されていない。
13 外務省条約局『条約集』第三〇集第五六巻(一九五二年一〇月)。
14 「大平・姫会談」〇八一—〇八四頁。なお、この中国側原案は「第三回竹入・周会談」〇六二—〇七一頁にも収録されており、実質的な内容は同一であるが、表現に若干異なるところがある。ここでは、本資料の「一三　日中共同声明日本側案の対中説明」でも頻繁に言及されていることから、「大平・姫会談」に収録のものを掲げた。
15 田川誠一『日中交渉秘録　田川日記〜14年の証言』(毎日新聞社、一九七三年)三五九頁。なお、第一項の傍点は原文のママ。
16 「大平・姫会談」〇八五—〇八九頁。
17 「大平・姫会談」〇七七—〇八〇頁。
18 「大平・姫会談」〇六三—〇七六頁。本文書は、九月二六日午前の第一回大平・姫会談において、高島条約局長が読み上げたものである。
19 本資料の「九　日中共同声明中国側原案」参照。
20 外務省『わが外交の近況』昭和四八年版(第一七号)五〇六—五〇八頁。

初出一覧

「日華平和条約と国際法㈠」『法学論叢』第一四七巻四号（二〇〇〇年七月）
「日華平和条約と国際法㈡」『法学論叢』第一五一巻五号（二〇〇二年八月）
「日華平和条約と国際法㈢」『法学論叢』第一五二巻二号（二〇〇二年一一月）
「日華平和条約と国際法㈣」『法学論叢』第一五二巻四号（二〇〇三年一月）
「日華平和条約と国際法㈤」『法学論叢』第一五六巻二号（二〇〇四年一一月）
「日華平和条約と国際法㈥」『法学論叢』第一七三巻四号（二〇一三年七月）
「日華平和条約と国際法㈦」『法学論叢』第一七三巻五号（二〇一三年八月）
「日華平和条約と国際法㈧・完」『法学論叢』第一七四巻四号（二〇一四年一月）
「日中共同声明における請求権の放棄と私人の請求権」『民商法雑誌』第一三九巻六号（二〇〇九年三月）

人名索引

【ハ行】

【ヤ行】

【ラ行】

条約等索引

【マ行】

【ヤ行】

【ラ行】

【ナ行】

【ハ行】

事項索引

［著者紹介］

浅田　正彦（あさだ　まさひこ）

1958 年　山口県防府市に生まれる

1981 年　京都大学法学部卒業

1985 年　京都大学大学院法学研究科博士後期課程中退

　　　　岡山大学法学部助教授、同教授、検証に関する国連事務総長諮問委員会委員、国連安全保障理事会北朝鮮制裁専門家パネル委員などを経て

現　在　京都大学公共政策大学院／大学院法学研究科教授

［主著］

『21 世紀国際法の課題』（編著、有信堂高文社、2006 年）

『核軍縮不拡散の法と政治』（共編著、信山社、2008 年）

『輸出管理』（編著、有信堂高文社、2012 年）

『国際法（第 2 版）』（編著、東信堂、2013 年）

『国際裁判と現代国際法の展開』（共編著、三省堂、2014 年）

日中戦後賠償と国際法

2015 年 2 月 28 日　初版　第 1 刷発行　　〔検印省略〕

※定価はカバーに表示してあります。

著者©浅田正彦　発行者　下田勝司　　印刷・製本／中央精版印刷

東京都文京区向丘 1-20-6　郵便振替 00110-6-37828

〒 113-0023　TEL（03）3818-5521　FAX（03）3818-5514

発行所 株式会社 東信堂

Published by TOSHINDO PUBLISHING CO., LTD

1-20-6, Mukougaoka, Bunkyo-ku, Tokyo, 113-0023, Japan

E-mail : tk203444@fsinet.or.jp　http://www.toshindo-pub.com

ISBN978-4-7989-1283-7　C3032

東信堂

国際法新講〔上〕〔下〕	田畑茂二郎	〔上〕二九〇〇円 〔下〕二七〇〇円
ベーシック条約集〔二〇一五年版〕	編集代表 田中・薬師寺・坂元	二六〇〇円
ハンディ条約集	編集代表 松井芳郎	一六〇〇円
国際環境条約・資料集	編集 松井・富岡・田中・薬師寺・坂元・高村・西村	八六〇〇円
国際人権条約・宣言集〔第3版〕	編集 松井・薬師寺・坂元・小畑・徳川	三八〇〇円
国際機構条約・資料集〔第2版〕	編集代表 香西茂 安藤仁介	三二〇〇円
判例国際法〔第2版〕	編集代表 松井芳郎	三八〇〇円
国際環境法の基本原則	松井芳郎	三八〇〇円
国際民事訴訟法・国際私法論集	高桑昭	六五〇〇円
国際機構法の研究	中村道	八六〇〇円
条約法の理論と実際	坂元茂樹	四二〇〇円
国際立法—国際法の法源論	村瀬信也	六八〇〇円
日中戦後賠償と国際法	浅田正彦	五二〇〇円
国際法〔第2版〕	浅田正彦編著	二九〇〇円
小田滋・回想の海洋法	小田滋	七六〇〇円
小田滋・回想の法学研究	小田滋	三八〇〇円
国際法と共に歩んだ六〇年—学者として 裁判官として	小田滋	六八〇〇円
21世紀の国際法秩序—ポスト・ウェストファリアの展望	R・フォーク 川崎孝子訳	三八〇〇円
国際法から世界を見る—市民のための国際法入門〔第3版〕	松井芳郎	二八〇〇円
国際法／はじめて学ぶ人のための〔新訂版〕	大沼保昭	三六〇〇円
国際法学の地平—歴史、理論、実証	中川淳司 寺谷広司 編著	一二〇〇〇円
核兵器のない世界へ—理想への現実的アプローチ	黒澤満	二三〇〇円
軍縮問題入門〔第4版〕	黒澤満編著	二五〇〇円
ワークアウト国際人権法—人権を理解するために	W・ベネデェック編 中坂・徳川編訳	三〇〇〇円
難民問題と『連帯』—EUのダブリン・システムと地域保護プログラム	中坂恵美子	二八〇〇円
難民問題のグローバル・ガバナンス	中山裕美	三二〇〇円

〒113-0023　東京都文京区向丘 1-20-6　TEL 03-3818-5521　FAX03-3818-5514　振替 00110-6-37828
Email tk203444@fsinet.or.jp　URL:http://www.toshindo-pub.com/

※定価：表示価格（本体）＋税